税收理论与实务

王 玲 主 编
何 清 陈露丝 张 丽 刘光英 副主编

清华大学出版社
北 京

内 容 简 介

全书共分 4 篇 18 章，其中第一篇税收基本理论包括第一章税收导论、第二章税收征收管理法；第二篇流转税类包括第三章增值税、第四章消费税、第五章关税；第三篇所得税类包括第六章企业所得税、第七章个人所得税；第四篇其他税种。本书不仅介绍各税种的基本要素、计算方法等理论知识，还介绍了各税种的纳税申报及基本的税务会计处理等实务内容，每章后面还配有课后练习，包括基础演练、提高演练、综合演练不同层次的习题，以加深读者对理论与实务的理解和应用。

本书不仅可以作为高校财经类学生学习的教材，也可以作为企业财会人员了解税收知识和实务操作的参考用书。

本书封面贴有清华大学出版社防伪标签，无标签者不得销售。
版权所有，侵权必究。举报：010-62782989，beiqinquan@tup.tsinghua.edu.cn。

图书在版编目(CIP)数据

税收理论与实务/王玲主编. —北京：清华大学出版社，2020.11
ISBN 978-7-302-56660-1

Ⅰ. ①税… Ⅱ. ①王… Ⅲ. ①税收理论—中国—教材 ②税收管理—中国—教材 Ⅳ. ①F812.42

中国版本图书馆 CIP 数据核字(2020)第 203677 号

责任编辑：	孟 攀
封面设计：	刘孝琼
责任校对：	周剑云
责任印制：	宋 林

出版发行：清华大学出版社
网　　址：http://www.tup.com.cn, http://www.wqbook.com
地　　址：北京清华大学学研大厦 A 座　邮　编：100084
社 总 机：010-62770175　邮　购：010-62786544
投稿与读者服务：010-62776969, c-service@tup.tsinghua.edu.cn
质量反馈：010-62772015, zhiliang@tup.tsinghua.edu.cn
课件下载：http://www.tup.com.cn, 010-62791865

印 装 者：三河市金元印装有限公司
经　　销：全国新华书店
开　　本：185mm×260mm　印 张：20.75　字 数：504 千字
版　　次：2020 年 12 月第 1 版　印 次：2020 年 12 月第 1 次印刷
定　　价：59.80 元

产品编号：083755-01

前　言

21世纪以来，从全面取消农业税到实现内外资企业所得税合并，从不断上调个税"免征额"到消费税的不断调整，到2018年《环境保护税法》《烟叶税法》《船舶吨税法》的实施，到2019年《个人所得税法》《耕地占用税法》《资源税法》《车辆购置税法》的改革，再到2020年《城市维护建设税法》《契税法》的通过，我国"税收法定"的进程又前进了一步。

本书按照我国最新的税收政策对内容进行了梳理和调整，力求体现最新的教学内容。

本书在介绍税收的基本概念和基本理论的基础上，对我国现行税制按照征税对象的不同进行了分类，并分别进行了介绍。全书共分4篇18章，其中第一篇税收基本理论包括第一章税收导论、第二章税收征收管理法；第二篇流转税类包括第三章增值税、第四章消费税、第五章关税；第三篇所得税类包括第六章企业所得税、第七章个人所得税；第四篇其他税种包括第八章城市维护建设税及教育费附加、第九章资源税、第十章土地增值税、第十一章城镇土地使用税、第十二章耕地占用税、第十三章房产税、第十四章车船税、第十五章印花税、第十六章车辆购置税、第十七章契税、第十八章环境保护税。

本书一方面体现了税收政策的最新变化，如第七章个人所得税就是对2019年新个税政策的解读，第九章资源税、第八章城市维护建设税、第十七章契税体现的都是最新资源税法、城市维护建设税法、契税法；另一方面强调理论与实务的紧密结合，在对具体税种进行理论介绍的基础上，对重要知识点都配有相应的案例点击以加深读者对其的理解和应用，并且增加了各税种的基本税务会计处理。本书不仅适用于高校学生的专业学习，也可以作为企业财会人员了解税法知识的参考工具。

本书具有内容新颖、重点突出、条理清晰、具体务实的特点。每章基本上包括4个部分：学习目标、重难点、章前导读、关键词、正文、课后练习。各章以学习目标作为开始，按照了解、理解、熟悉、掌握4个层次对该章的学习内容作了总括性的要求。重难点部分，对每章的重点、难点内容进行了梳理，便于学生抓住每章的重难点。章前导读，通过提问式的小案例导读，可以让学生带着问题进入每章的学习。在正文部分，针对重点、难点内容及容易混淆的内容均配有案例点击讲解，便于学生对问题的理解。课后练习包括基础演练、提高演练、综合演练三个层次的练习题，并配有习题的参考答案。

本书由具有多年税法教学经验的老师编写，重庆科技学院的王玲老师担任主编，何清、陈露丝、张丽、刘光英担任副主编。其中第七、八章由王玲编写，第三、四章由何清编写，第六、十八章由陈露丝编写，第一、九、十章由张丽编写，第五、十三、十五章由刘光英编写，第十一、十二章由程芬编写，第二、十七章由杨先平编写，第十四、十六章由王欢编写。特别感谢清华大学出版社的编辑对本书出版给予的指导和帮助。为了便于教学的需要，本教材提供电子课件和各章习题的答案。

本书在编写过程中,参阅了大量的书刊和网络资源,在此谨向所有参考文献的作者和网络资源的提供者表示深深的感谢!

　　由于编者水平有限,教材中难免存在不妥、疏漏等有待完善之处,敬请各位同行专家和广大读者赐教。

编　者

目　录

第一篇　税收基本理论

第一章　税收导论 ……………………… 2

第一节　税收与税法 …………………… 2
一、税收的内涵 ……………………… 2
二、税法的概念与特点 ……………… 6
三、税法的分类 ……………………… 7
四、税法的原则 ……………………… 8

第二节　税收法律关系 ………………… 10
一、税收法律关系的概念、构成与特点 …………………………… 10
二、税收法律关系的产生、变更与消失 …………………………… 12

第三节　税收的构成要素 ……………… 13
一、纳税义务人 …………………… 13
二、征税对象 ……………………… 13
三、税率 …………………………… 14
四、纳税环节 ……………………… 16
五、纳税期限 ……………………… 16
六、纳税地点 ……………………… 16
七、减税、免税 …………………… 17

课后练习 …………………………… 18

第二章　税收征收管理法 ……………… 21

第一节　税收征收管理法概述 ………… 21
一、税收征收管理法的概念 ……… 21
二、税收征收管理的立法目的 …… 21
三、税收征收管理法的适用范围 … 23

第二节　税务管理 ……………………… 23
一、税务登记 ……………………… 23
二、账证管理 ……………………… 25
三、纳税申报 ……………………… 29

第三节　税款征收 ……………………… 30
一、税款征收方式 ………………… 30
二、税款征收措施 ………………… 31

第四节　税务检查 ……………………… 33
一、税务检查的概念 ……………… 33
二、税务检查的范围 ……………… 33
三、税务机关在检查中的权利与义务 …………………………… 34

课后练习 …………………………… 35

第二篇　流转税类

第三章　增值税 ………………………… 38

第一节　增值税的基本理论 …………… 38
一、增值税的分类 ………………… 38
二、增值税税额的计算方法 ……… 39
三、增值税的特点 ………………… 39

第二节　增值税的基本要素 …………… 41
一、增值税的征税范围 …………… 41
二、增值税的纳税义务人 ………… 48
三、增值税的税率和征收率 ……… 50
四、增值税的优惠政策 …………… 52

第三节　增值税计算方法 ……………… 54
一、一般计税方法的税额计算 …… 54
二、简易计税方法的税额计算 …… 66
三、进口环节税额的计算 ………… 69
四、出口货物劳务增值税退(免)的计算 ……………………… 70

第四节　增值税纳税申报与会计处理 … 73
一、增值税的纳税申报 …………… 73

二、增值税的会计处理 75

第五节　增值税发票的管理 78
　　一、增值税发票的种类 78
　　二、增值税发票开具基本规定 79
课后练习 82

第四章　消费税 87

第一节　消费税的基本理论 87
　　一、消费税的基本要素 87
　　二、消费税与增值税的比较分析 93
第二节　消费税的计算 94
　　一、消费税计算的基础知识 94
　　二、不同征税范围消费税计算 97
第三节　消费税的纳税申报与会计
　　　　 处理 105
　　一、消费税的纳税申报 105
　　二、消费税的会计处理 106

课后练习 107

第五章　关税 111

第一节　关税的基本要素 111
　　一、基本概念 111
　　二、关税纳税人 112
　　三、关税征税对象和税目 113
　　四、关税税率 113
　　五、税收优惠 114
第二节　关税的计算 116
　　一、计算关税完税价格 116
　　二、计算关税税额 119
第三节　关税的征收管理与会计处理 ... 120
　　一、关税的征收管理 120
　　二、关税的会计处理 122
课后练习 122

第三篇　所　得　税　类

第六章　企业所得税 126

第一节　企业所得税的基本要素 126
　　一、企业所得税的纳税人 127
　　二、征税对象 128
　　三、税率 128
第二节　企业所得税应纳税所得额的
　　　　 确定 129
　　一、收入总额 129
　　二、不征税收入 131
　　三、免税收入 132
　　四、税前扣除项目的范围 135
　　五、不得扣除的项目 144
　　六、亏损弥补 145
第三节　企业所得税税收优惠政策 146
　　一、免征与减征优惠 146
　　二、高新技术企业税收优惠政策 ... 148
　　三、技术先进型企业税收优惠
　　　　政策 149
　　四、小型微利企业税收优惠政策 ... 149

　　五、加计扣除的税收优惠政策 151
　　六、创业投资企业税收优惠政策 ... 152
　　七、加速折旧的税收优惠政策 152
　　八、减计收入的税收优惠政策 153
　　九、税额抵免的税收优惠政策 153
　　十、民族自治地方税收优惠政策 ... 153
　　十一、非居民企业税收优惠政策 ... 153
　　十二、特殊行业的税收优惠政策 ... 153
　　十三、特殊地区的税收优惠政策 ... 155
　　十四、其他事项 156
第四节　应纳所得税额的计算 157
　　一、居民企业应纳税额的计算 157
　　二、境外所得抵扣税额的计算 158
　　三、居民企业核定征收应纳税额的
　　　　计算 160
　　四、非居民企业应纳税额的计算 ... 161
　　五、非居民企业所得税核定征收
　　　　办法 161

第五节　企业所得税的纳税申报与
　　　　会计处理..................163
　　一、企业所得税的纳税申报...........163
　　二、企业所得税的会计处理...........164
课后练习..............................166

第七章　个人所得税..................173

第一节　个人所得税的概述...............173
　　一、个人所得税的特点..................173
　　二、个人所得税的纳税人................174
　　三、个人所得的来源....................175
　　四、个人所得税的征收对象.............175
　　五、个人所得税的税率..................179
　　六、个人所得税的减免项目.............181
第二节　个人所得税的计算...............183
　　一、居民个人综合所得预扣预缴
　　　　税款的计算......................183
　　二、非居民个人代扣代缴个税的
　　　　计算............................188
　　三、经营所得应纳税额的计算.........190
　　四、财产租赁所得应纳税额的
　　　　计算............................191
　　五、财产转让所得应纳税额的
　　　　计算............................192
　　六、利息、股息、红利所得和偶然
　　　　所得应纳税额的计算..............193
　　七、全年一次性奖金应纳税额的
　　　　计算............................194
　　八、对公益救济性捐赠支出扣除的
　　　　应纳税额的计算..................195
　　九、两个或两个以上的个人共同
　　　　取得一项收入的个人所得税的
　　　　计算............................196
　　十、境外所得已纳税款抵免的
　　　　计算............................196
第三节　个人所得税的征收管理...........197
　　一、个人所得税的代扣代缴............197
　　二、个人所得税的自行申报............198
　　三、个人所得税的会计处理............200
课后练习..............................200

第四篇　其他税种

第八章　城市维护建设税及
　　　　教育费附加....................206

第一节　城市维护建设税.................206
　　一、城市维护建设税的特点............206
　　二、城市维护建设税的纳税人..........207
　　三、城市维护建设税的计税依据.......207
　　四、城市维护建设税的税率............207
　　五、城市维护建设税的计算............208
　　六、城市维护建设税的税收优惠.......208
　　七、城市维护建设税的纳税申报.......208
　　八、城市维护建设税的会计处理.......209
第二节　教育费附加.....................210
　　一、教育费附加概述..................210
　　二、纳费义务人.....................210
　　三、教育费附加的征收比率...........210
　　四、教育费附加的计算................210
　　五、教育费附加的减免规定...........210
　　六、教育费附加的征收管理...........210
　　七、教育费附加的会计处理...........211
课后练习..............................211

第九章　资源税.......................214

第一节　资源税的基本要素...............214
　　一、资源税的纳税义务人与扣缴
　　　　义务人..........................214
　　二、税目与税率......................215
　　三、计税依据........................218
第二节　资源税的计算与税收优惠........221
　　一、应纳税额的计算..................221

二、资源税的税收优惠政策 224

第三节 资源税的征收管理与会计
处理 225
一、资源税的征收管理 225
二、资源税的会计处理 226
课后练习 226

第十章 土地增值税 229

第一节 土地增值税概述 229
一、土地增值税的概念 229
二、土地增值税的特点 229
第二节 土地增值税基本要素 230
一、征税范围 230
二、纳税义务人 232
三、税率 232
第三节 转让房地产增值额的确定 233
一、收入额的确定 233
二、扣除项目金额的确定 233
第四节 土地增值税应纳税额的计算 .. 236
一、计算土地增值税的简便方法 236
二、转让土地使用权和出售新房及
配套设施应纳税款的计算 236
三、出售旧房应纳税额的计算 237
四、土地增值税的优惠政策 238
第五节 土地增值税的征收管理及会计
处理 238
一、土地增值税的预征 238
二、土地增值税的纳税期限 238
三、土地增值税的纳税地点 239
四、土地增值税的纳税申报 239
五、土地增值税核算的会计处理 239
课后练习 240

第十一章 城镇土地使用税 243

第一节 城镇土地使用税基本要素 243
一、城镇土地使用税的特点 243
二、城镇土地使用税的纳税
义务人 244

三、城镇土地使用税的征税对象 244
四、城镇土地使用税的税率 245
五、城镇土地使用税的计税依据 245
六、城镇土地使用税的税收优惠 246
第二节 城镇土地使用税的计算 247
第三节 城镇土地使用税的纳税申报与
会计处理 247
一、城镇土地使用税的纳税申报 247
二、城镇土地使用税的会计处理 248
课后练习 249

第十二章 耕地占用税 253

第一节 耕地占用税的基本要素 253
一、耕地占用税的特点 253
二、耕地占用税的纳税义务人 254
三、耕地占用税的征税范围 254
四、耕地占用税的税率和计税
依据 255
五、耕地占用税的税收优惠 255
第二节 耕地占用税的计算 257
第三节 耕地占用税的纳税申报与
会计处理 257
一、耕地占用税的纳税申报 257
二、耕地占用税的会计处理 258
课后练习 258

第十三章 房产税 261

第一节 房产税基本要素 261
一、房产税的概念 261
二、房产税的纳税人 261
三、房产税的征税对象和征税
范围 262
四、房产税的优惠政策 262
五、房产税的税率 263
第二节 房产税的计算 264
一、从价计征 264
二、从租计征 264

第三节　房产税的纳税申报与会计
　　　　　处理 265
　　　　一、房产税的纳税申报 265
　　　　二、房产税的会计处理 266
　　课后练习 266

第十四章　车船税 269
　　第一节　车船税基本要素 269
　　　　一、纳税义务人 269
　　　　二、征税范围 270
　　　　三、税目与税率 270
　　　　四、应纳税额的计算 271
　　　　五、车船税的优惠政策 272
　　第二节　车船税的征收管理与
　　　　　会计处理 273
　　　　一、车船税的征收管理 273
　　　　二、车船税的会计处理 273
　　课后练习 274

第十五章　印花税 276
　　第一节　印花税基本要素 276
　　　　一、纳税义务人 276
　　　　二、税目与税率 277
　　　　三、税收优惠 281
　　第二节　印花税的计算 282
　　　　一、计税依据的一般规定 282
　　　　二、计税依据的特殊规定 283
　　　　三、应纳税额的计算方法 284
　　第三节　印花税的征收管理与
　　　　　会计处理 285
　　　　一、印花税的征收管理 285
　　　　二、印花税的会计处理 287
　　课后练习 287

第十六章　车辆购置税 291
　　第一节　车辆购置税基本要素 291
　　　　一、纳税义务人与征税范围 291
　　　　二、税率与计税依据 292

　　　　三、应纳税额的计算 294
　　　　四、税收优惠 295
　　第二节　车辆购置税的征收管理与
　　　　　会计处理 296
　　　　一、车辆购置税的征收管理 296
　　　　二、车辆购置税的会计处理 297
　　课后练习 298

第十七章　契税 300
　　第一节　契税基本要素 300
　　　　一、契税的纳税人 300
　　　　二、契税的征税范围 300
　　第二节　契税的计算 301
　　　　一、契税的税率 301
　　　　二、契税的计税依据 301
　　　　三、契税的税收优惠 302
　　　　四、契税的计算公式 303
　　第三节　契税的纳税申报与会计处理 ... 303
　　　　一、契税的纳税申报 303
　　　　二、契税的会计处理 304
　　课后练习 305

第十八章　环境保护税 308
　　第一节　环境保护税基本要素 308
　　　　一、环境保护税的纳税人 308
　　　　二、环境保护税的税目 309
　　　　三、环境保护税的税率 309
　　第二节　环境保护税的计算 310
　　　　一、计税依据 310
　　　　二、应纳税额的计算 314
　　　　三、税收减免 318
　　第三节　环境保护税的纳税申报与
　　　　　会计处理 318
　　　　一、环境保护税的纳税申报 318
　　　　二、环境保护税的会计处理 319
　　课后练习 319

参考文献 322

第一篇

税收基本理论

第一章 税收导论

【本章学习目标】

通过本章的学习，了解税收的概念与特点；了解税收与税法的概念及关系；熟悉税收的职能及分类；熟悉税法的分类及原则；掌握税收的法律关系；掌握税收的构成要素。

【本章重点】

- 税收的特点
- 税收的法律关系

【本章难点】

- 税收的构成要素

【章前导读】

税收的"取之于民，用之于民"与税收的"无偿性"特点是否矛盾？

解析：不矛盾。无偿性强调的是税收是从纳税人处无偿收取的，不需要以直接或间接的方式进行偿还。"取之于民，用之于民"指的是税收是从人民处收取所得，最终还是会用到人民身上。这两个论述的范围不同："无偿"比较狭义，指的是纳税人；而"取之于民"的"民"指纳税人，"用之于民"的"民"涵盖整个人民大众。

【关键词】

税收 税法 法律关系 构成要素

第一节 税收与税法

一、税收的内涵

(一)税收的概念

税收是国家为满足社会公共需要，凭借其政治权力，依照法律规定，强制、无偿地参与国民收入分配，以取得财政收入的一种形式。税收是经济学概念，对于税收的基本内涵，人们的认识不尽相同，但就税收的概念而言，至少包括以下几个共同点。

1. 税收是国家取得财政收入的主要形式

税收是人类社会发展到一定历史阶段的产物。马克思指出："赋税是政府机器的经济基础。""国家存在的经济体现就是捐税。"这说明，只有在国家出现后，才会产生国家税收。然而，国家的存在以及其职能的实现，离不开一定的物质基础，历史上的国家财政收入有税收收入、官产收入、债务收入、专卖收入、国有资产经营收益、政府收费等多种形式，但在这些财政收入形式中，产生最早、运用最普遍、筹集财政资金最有效的形式首推税收，这说明税收一直扮演最主要的收入角色。在我国，自1994年税制改革以来，税收收入占财政收入的比重基本维持在90%以上。

2. 国家征税的依据是政治权力

在现代社会中，国家可以凭借两种权力参与社会财富的分配进而取得财政收入，即财产权力和政治权力。财产权力是国家以资产所有者的身份参与社会财富的分配，它是基于自愿、有偿基础上的权力行使；而政治权力是国家权力，它凌驾于财产权力之上，而非纳税人的一种自愿缴纳。一旦纳税人发生纳税义务，就必须依法纳税，否则就会受到法律的严厉制裁。

3. 征税的基本目的是满足社会公共需要

社会需要分为个人需要和公共需要。满足个人需要的主要是私人物品(如手机、服装、水果等)，可以由市场提供，个人根据自身的需求，依据等价交换的原则，通过支付货币购买获取；满足公共需要的主要是公共产品(如安全、灯塔、道路等)，这些公共产品在消费中存在非排他性和非竞争性，因此这些产品使其提供者很难通过市场交易的方式实现其成本上的补偿，所以，经济组织或个人常因无利可图而不愿为之，或因为投资过大而无力为之，只能由国家出面提供。而国家本身不从事生产活动，它提供公共产品所需要的大量而稳定的物质基础只有通过税收来取得。

4. 税收是用法律建立起来的分配关系

首先，税收体现的是一种分配关系，其分配的主体是国家，分配的客体是剩余产品。"国家征税，纳税人纳税"表现为一部分社会产品价值从社会成员向国家转移，结果是国家对社会产品的价值的占有由无到有，纳税人对社会产品价值的占有由多到少，导致不同阶层和不同经济部门占有和支配社会产品价值的比例和份额发生变化。其次，税收必须借助法律的形式进行。国家征税的主要目的是满足社会公共需要，那么国家凭借政治权力，强制、无偿地向经济单位和社会成员征税也必须在一定的法律规范之内进行。只有通过法律的形式，才能合法地进行，才能规范和协调征纳双方的权利与义务关系，使征税主体依法治税，不多征、滥征或少征，使纳税主体依法纳税，不多缴也不少缴，使税收取之有度，各种税收关系协调有序。

(二)税收的形式特征

税收的形式特征，是指税收分配形式区别于其他分配形式的质的规定性。税收形式特征通常被概括为税收"三性"，即无偿性、强制性和固定性。

(1) 税收的无偿性，是指国家征税以后对其具体纳税人既不需要直接偿还，也不需要支付任何直接形式的报酬，纳税人从政府支出所获得的利益通常与其支付的税款不完全成一一对应的比例关系。无偿性是税收的核心特征，它使税收明显地区别于财政收入的其他形式，决定了税收是国家筹集财政收入的主要手段，并成为调节经济和矫正社会分配不公的有力工具。

(2) 税收的强制性，是指国家凭借其政治权力，通过法律形式对社会产品进行强制性分配，可防止国家不顾客观经济条件和纳税人的负担能力，滥用征收权力；对纳税人而言，可以保护其合法权益不受侵犯，增强其依法纳税的法律意识，同时也有利于纳税人通过税收筹划选择合理的经营方式、经营结构和经营规模，降低经营成本。

(3) 税收的固定性，是指国家征税预先规定了统一的征税标准，包括纳税人、征税对象、税率、纳税期限、纳税地点等。这些标准一经确定，在一定时间内是相对稳定的。对于税收预先规定的标准，征税和纳税双方都必须共同遵守，非经国家法令修订或调整，征纳双方都不得违背或改变这个固定的比例或数额以及其他制度的规定。

税收"三性"是一个完整的统一体，它们相辅相成、缺一不可。税收的无偿性是核心，必然要求征税方式的强制性；税收的强制性又是无偿性和固定性得以实现的保证；税收的固定性，是税收强制性的必然结果。

(三)税收的职能

税收的职能是指其本身所固有的功能，它是税收本质的体现。一般来讲，在现代社会里，税收具有三种职能，即财政职能、经济职能和监督职能。

(1) 财政职能，是指税收具有为国家组织财政收入的职能，它是税收最基本的职能。即国家依据法律规定通过税收参与社会财富的分配，能够把分散在各部门、各企业以及个人手中的一部分社会财富集中到国家手中，形成国家财政收入，以满足国家的需要。税收的财政职能的特点主要表现在：税收的适用范围具有广泛性、税收取得财政收入具有及时性、税收征收的数额具有稳定性。

(2) 经济职能，是指税收具有调节经济的功能。国家在征税过程中必然会改变国民收入在各部门、各地区、各纳税人等之间的分配比例，进而改变利益分配格局，从而对经济产生影响。这种影响可能是积极的，也可能是消极的；可能是有意识的，也可能是无意识的。税收的经济职能主要表现在稳定经济、资源配置和财富分配方面。税收的稳定经济职能是指税收对社会总需求与总供给的调节，是利用税收的内在稳定机制和相机抉择机制来发挥作用的；税收的资源配置职能是指税收对资源配置的调节，是通过对投资产生的影响而实现的；税收的财富分配职能是指国家运用税收手段进行宏观调控来缓解社会贫富悬殊，使分配趋于公平。

(3) 监督职能，是指税收对整个社会经济生活进行有效监督和管理的职能。国家要征税，必然要进行税收管理、纳税检查、税务审计、税源预测和调查等一系列工作。这些工作一方面能够反映有关经济动态，为国家进行经济管理提供依据；另一方面也能够对纳税人的经济活动进行有效的监督。因此，税收成为国家监督社会经济活动的强有力的工具，税收监督社会经济活动的广泛性与深入性，是随着商品经济的发展和国家干预社会经济生活的程度而发展的。一般来讲，商品经济越发达，经济生活越复杂，国家干预或调节社会经济生活的必要性就越强烈，税收监督也就越广泛而深入。

(四)税收的分类

税收的分类是指按照一定的标准将性质相同或相近的税种划归一类，以便同其他税种相区分。科学合理的税收分类，有助于研究各类税种的性质、特点、作用和它们之间的内部联系；有助于发挥税收的杠杆作用；有助于分析税源的分布和税收负担的状况。

1. 按照征税对象的性质分类

按照征税对象的不同，可以将税种划分为流转税、所得税、资源税、财产税、行为税五大类，这是最基本的分类方法。

(1) 流转税，是指以货物、劳务和服务的流转额为征税对象的税种。流转税以商品交换、提供劳务和提供服务为前提，它主要以商品的流转额和营业额为计税依据。我国现行税制中的增值税、消费税和关税属于流转税系。

(2) 所得税，是指以所得额为征税对象的税种，是国家调节企业所得和个人所得的重要手段。所得税是世界各国普遍开征的税种，也是许多国家特别是发达国家的主要财政收入来源，我国现行税制中的企业所得税、个人所得税属于所得税系。

(3) 资源税，是指以资源绝对收益和级差收益为征税对象的税种。前者以纳税人拥有某种国有资源的开发和利用权为征税对象；后者以纳税人占用资源的数量和质量的差额所形成的级差收入为征税对象，征税的目的在于调节资源的级差收入。我国现行税制中的资源税、城镇土地使用税、土地增值税和耕地占用税属于资源税系。

(4) 财产税，是指以纳税人所拥有或支配的财产为征税对象的税种。作为征税对象的财产包括不动产和动产两类。不动产指的是不能移动或移动后会损失其经济价值的财产，如土地和土地上的附着物；动产是指除不动产以外的各种可以移动的财产，包括有形动产和无形动产。有形动产如车辆、船舶等；无形动产如股票、债券等。从世界各国的税收实践来看，主要以不动产征税为主。我国现行税制中的房产税、契税和车船税属于财产税系。

(5) 行为税，是指以某些特定行为为征税对象的税种。开征行为税，一是为了加强对某些特定行为的监督、限制、管理，或是对某些特定行为的认可，从而实现国家政治上、经济上的某种特定目的或管理上的某种需要；二是为了开辟财源，增加财政收入。从世界范围来看，各国开征的行为税名目繁多，如赌博税、彩票税、狩猎税等。我国现行税制中的车辆购置税、印花税和城市维护建设税属于行为税系。

2. 按照税收的计量标准分类

按税收计量标准的不同，可以将税收分为从价税、从量税和复合税。从价税是以征税对象的价值或价格为计税依据征收的一种税，如增值税、企业所得税等；从量税是以征税对象的重量、体积、面积等实物数量为计税依据的一种税，如城镇土地使用税、耕地占用税等；复合税是指对征税对象采取从量和从价相结合的计税方式征收的一种税，如对白酒、卷烟开征的消费税。

3. 按照税收与价格的组成关系分类

以计税价格中是否包括税款为依据，可以将从价计征的税种分为价内税和价外税。凡税金是计税价格的组成部分的税种称为价内税，如消费税；凡税金独立于计税价格的，即不构成计税依据的税种称为价外税，如增值税。

4. 按照税负是否可转嫁分类

税负转嫁是指税法上规定的纳税人将自己所缴纳的税款通过各种途径转嫁给他人负担的过程。以税收负担是否可转嫁为标准，税收可以分为直接税和间接税。直接税是指纳税人负担税负的各种税收。对于纳税人而言，由于税负不能转嫁，纳税人就是负税人，如所得税、财产税等；间接税是指纳税人能将税收负担转嫁给他人负担的各种税收，此时纳税人并不是负税人，如消费税等。

5. 按照税收管理和收益权限分类

按照税收管理和收益权限的不同，可以将税收划分为中央税、地方税和中央与地方共享税。中央税是指收入归中央政府支配和使用的税种，如我国现行税制中的消费税、车辆购置税、关税等；地方税是指收入归地方政府支配和使用的税种，如我国现行税制中的契税、房产税、耕地占用税、城镇土地使用税等；中央与地方共享税是指收入由中央和地方政府按比例共同分享的税收，如我国现行税制中的增值税、企业所得税、个人所得税等。

二、税法的概念与特点

(一)税法的概念

税法是指有权的国家机关制定的有关调整税收分配过程中形成的权利与义务关系的法律规范的总和。税收是经济学概念，侧重解决分配关系；税法则是法学概念，侧重解决权利与义务关系。对税法的理解应当把握住以下几方面。

(1) 税收立法机关是指有权的国家机关。所谓有权的国家机关，是指国家的最高权力机关，在我国即为全国人民代表大会及其常务委员会、拥有一定的立法权的地方立法机关和获得授权制定某些税法的行政机关。

(2) 税法调整的对象是税收分配过程中形成的权利与义务关系。从经济角度来讲，税收分配关系是国家参与社会剩余产品分配所形成的一种经济利益关系，它包括国家与纳税人之间的税收分配关系和各级政府间的税收利益分配关系两个方面。这种经济利益关系是借助于法律的形式来规定国家与纳税人可以怎样做、应当怎样做和不应当怎样做，即通过设定税收权利与义务来实现。如果说实现税收分配是目标，从法律上设定税收权利与义务则是实现目标的手段。所以说税法调整的是税收权利与义务关系，而不是直接调整分配关系。

(3) 税法可以有广义和狭义之分。广义的税法是指各种税收法律规范的总和，即由国家立法机关、政府及有关部门制定的税收法律、法规、规章、制度等。狭义的税法指的是经国家最高权力机关正式立法的税收法律，如我国的税收征收管理法、个人所得税法等。

(二)税法的特点

税法具有以下特点。

(1) 从立法过程看，税法属于制定法，而不属于习惯法。现代国家的税法都是通过一定的立法程序制定出来的，即税法是由国家制定而不是认可的。这表明税法属于制定法而不是习惯法，其根本原因在于国家征税权凌驾于生产资料所有权之上，是对纳税人收入的再分配。征纳双方在利益上的矛盾与对立是极其明显的，离开法律约束的纳税习惯其实并不存在，由纳税习惯演化成习惯法只是空谈。同时，为确保税收收入的稳定实现，需要提高其可预测性，这也促使税收采用制定法的形式。

(2) 从法律性质来看，税法属于义务性法规，而不属于授权性法规。义务性法规是相对于授权性而言的，即直接规定人们某种义务的法规。义务性法规的一个显著特点是具有强制性。税法属于义务性法规的道理在于：税收是纳税人的经济利益向国家无偿让渡；权利与义务对等是一个基本的法律原则，但从税法的角度来看，纳税人以尽义务为主；纳税人的权利是建立在其纳税义务基础上的，是从属性的，这些权利从总体上看不是纳税的实体权利，而是纳税人的程序性权利。

(3) 从内容来看，税法属于综合法，而不属于单一法。税法是由实体法、程序法、争讼法等构成的综合法律体系，其内容涉及面极其广泛，包括课税的基本原则、征纳双方的权利与义务、税收管理规则、法律责任、解决税务争议的法律规范等，也包括税收立法、行政执法、司法等各方面。税法的综合性，是保证国家正确行使课税权力、有效实施税务管理、保障纳税人合法权利、建立良好的税收征纳关系的需要，也表明了税法在国家法律体系中的重要地位。

三、税法的分类

税法的分类是指按照一定的标准将性质相同或相近的税法划归一类，以便同其他税法相区分。在税法体系中，按照不同的标准可以把税法分成不同的类型。

(一)按税法的内容和功能标准分类

按税法的内容和功能标准的不同，可将税法分为税收基本法、税收实体法、税收程序法。

(1) 税收基本法。税收基本法是指规定税收性质、立法、种类、体制和税务机构设置以及征纳双方权利与义务等内容的法律规范，是税法体系的主体和核心，在税法体系中起着母法的作用。

目前，我国还没有制定统一的税收基本法，但随着我国社会主义市场经济的发展和税收法制的不断完善，研究并出台税收基本法已经为时不远了。

(2) 税收实体法。税收实体法是规定税种及其征税对象、纳税人、税目、税率、计税依据、纳税地点等要素内容的法律规范。如《中华人民共和国增值税暂行条例》《中华人民共和国个人所得税法》《中华人民共和国企业所得税法》等。

(3) 税收程序法。税收程序法是规定税收管理工作的步骤和方法等方面的法律规范。它主要包括税务管理法、纳税程序法、发票管理法、税务处罚法和税务争议处理法等。如《中华人民共和国税收征收管理法》《税务行政复议规则》等。

(二)按法律效力分类

按税法的法律效力分类，税法可分为税收法律、税收法规和税收规章。

(1) 税收法律。税收法律是指享有国家立法权的国家最高权力机关依照法律程序制定的规范性税收文件。在我国，税收法律是由全国人民代表大会及其常务委员会制定的，其法律地位和法律效力仅次于宪法而高于税收法规、规章。我国现行税法体系中，《中华人民共和国企业所得税法》《中华人民共和国个人所得税法》《中华人民共和国税收征收管理法》就属于税收法律。

(2) 税收法规。税收法规是指国家最高行政机关、地方立法机关根据其职权或国家最高权力机关的授权，依照宪法和税收法律，通过一定的法律程序制定的规范性税收文件。在我国，由国务院制定税收行政法规、由地方立法机关制定地方税收法规，其具体形式主要是"条例"或"暂行条例"。税收法规的效力低于宪法、税收法律，高于税收规章。

(3) 税收规章。税收规章是指国家税务管理职能部门、地方政府根据其职权和国家最高行政机关的授权,依照有关法律、法规制定的规范性税收文件。在我国,具体是指财政部、国家税务总局、海关总署以及地方人民政府在其权限范围内制定的有关税收的"办法""规则""细则""规定",如《税务行政复议规则》《税务代理试行办法》等。税收规章可以增强税法的灵活性和可操作性,是税法的必要组成部分,但法律效力较低。一般情况下,税收规章不作为税收司法的直接依据,而只具有参考的效力。

(三)按征税对象标准分类

按照税法规定的征税对象的不同,税法可以分为流转税法、所得税法、资源税法、财产税法、行为目的税法。

(1) 流转税法。流转税法是对纳税人的流转额征税的法律规范,如增值税、消费税、关税等税法,其特点是与商品生产、流通、消费以及劳务、服务有着密切的联系,不受成本费用的影响,对商品经济活动有直接影响,有利于国家发挥对经济的宏观调控作用。

(2) 所得税法。所得税法是对纳税人所得额(或收入额)征税的法律规范,如《企业所得税法》《个人所得税法》等。其特点是可以直接调节纳税人的收入水平,发挥税收公平税负和调整分配关系的作用。

(3) 资源税法。资源税法是指对纳税人利用各种自然资源所获得的收入征税的法律规范,包括资源税、城镇土地税等税法。其特点是可以调节因自然资源或客观原因所形成的级差收入,避免资源浪费,保证合理使用国家自然资源。

(4) 财产税法。财产税法是指对纳税人所拥有的财产的价值或数量征税的法律规范。如房产税、车船使用税、契税等税法。其特点是避免利用财产投机取巧或造成财产闲置浪费,以促进财产节约和合理使用为根本目的。

(5) 行为目的税法。行为目的税法是指对纳税人特定行为征税的法律规范。如印花税、车辆购置税、城市维护建设税等税法。其特点是可选择面较大,有利于国家引导和限制某些特定行为而达到预期的目的。

(四)按税收管辖权分类

按照主权国家行使税收管辖权的不同,可以将税法分为国内税法、国际税法。

(1) 国内税法。国内税法是指一个国家在其税收管辖权范围内调整税收分配过程中形成的权利与义务关系的法律规范的总称。一般是按照属人或属地原则,规定一个国家的内部税法律、法规、规章等规范性文件。

(2) 国际税法。国际税法是指调整国家与国家之间税收权益分配的法律规范的总称。它主要包括政府间双边或多边国家间的税收协定、条约和国际惯例等。国际税法效力高于国内税法。

四、税法的原则

税法的原则反映税收活动的根本属性,是税收法律制度建立的基础。税法原则可以分为税法基本原则和税法适用原则两个层次。

(一)税法基本原则

税法基本原则是统领所有税收规范的根本准则,税收立法、执法、司法等一切税收活动都必须遵守。从法理学角度来讲，税法基本原则可以概括为税收法定原则、税收公平原则、税收合作信赖原则和实质课税原则。

1. 税收法定原则

税收法定原则又称为税收法律主义原则，是指税法主体的权利与义务必须由法律加以规定，税法的各类构成要素必须且只能由法律予以明确规定。税收法定原则贯穿于税收立法和执法的全部领域，其目的偏重于保持税法的稳定性和可预测性。其内容包括：课税要素必须由法律规定；课税要素的规定必须尽量明确且不出现歧义、矛盾，在基本内容上不出现漏洞；税务行政机关必须严格依据法律的规定稽核征收，无权变更法定课税要素和法定征收程序。

2. 税收公平原则

税收公平原则包括横向公平原则和纵向公平原则。一般认为，税收公平原则最基本的含义是：税收负担必须根据纳税人的负担能力分配，即负担能力相等，税负相同；负担能力不等，税负不同。纳税人既可以要求实体利益上的税收公平，也可以要求程序上的税收公平。

3. 税收合作信赖原则

税收合作信赖原则在很大程度上吸取了民法"诚实守信"原则的合理思想，认为税收征纳双方的关系就其主流来看是相互信赖、相互合作的，而不是对抗性的。一方面，纳税人应按照税务机关的决定及时缴纳税款，税务机关有责任向纳税人提供完整的税收信息资料，征纳双方应建立密切的信息联系和沟通渠道；另一方面，没有充分的依据，税务机关不能对纳税人是否依法纳税有所怀疑，纳税人有权利要求税务机关予以信任，纳税人也应该信赖税务机关的决定是公正和正确的。

4. 实质课税原则

实质课税原则应根据客观事实确定是否符合课税要件，并根据纳税人的真实负担能力决定纳税人的税负，而不能仅考虑相关外观和形式。也就是说，判断某个具体人是否满足课税要件，是否应当承担纳税义务，不能受其外在形式的蒙蔽，而是要深入探求其实质，如果实质条件满足课税要件，就应该按实质条件的指向确认纳税义务。

(二)税法适用原则

税法适用原则是指税收行政机关和司法机关运用税收法律规范解决具体问题所必须遵守的准则，其作用在于在使税收法律规定具体化的过程中，提供方向性指导，保障税法顺利实施。税法适用原则并不违背税法基本原则，而且在一定程度上体现着税法的基本原则。但与税法基本原则相比，税法适用原则含有更多的法律技术性准则，更加具体化。

1. 法律优位原则

法律优位原则的基本含义是：法律的效力高于行政法规的效力。法律优位原则在税法中的作用主要体现在处理不同等级税法的关系上，即明确了税收法律的效力高于税收行政法规的效力，税收行政法规的效力优于税收行政规章的效力。在效力低的税法与效力高的税法发生冲突时，效力低的税法是无效的。

2. 法律不溯及既往原则

法律不溯及既往原则的基本含义是：一部新法实施后，对新法实施之前人们的行为不得适用新法，而只能继续适用旧法。其目的在于维护税法的稳定性和可预测性，使纳税人能在知道纳税结果的前提下做出相应的经济决策，使税收的调节作用更加有效。

3. 新法优于旧法原则

新法优于旧法原则的基本含义是：新法、旧法对同一事项有不同规定时，新法效力优于旧法。其目的在于避免因法律修订造成新法、旧法对同一事项有不同的规定而给法律的适用带来麻烦和混乱，为法律的更新与完善提供法律适用上的保证。新法优于旧法原则的适用，以新法生效实施日期为标志。但是当新法与旧法为普通法与特别法的关系时，以及某些程序性税法引用"实体从旧，程序从新"原则时，可以例外。

4. 特别法优于普通法的原则

特别法优于普通法的原则的基本含义是：对同一事项，两部法律分别订有一般和特别规定时，特别规定的效力高于一般规定的效力。当某些税收问题需要做出特殊规定，但是又不便于普遍修改税法时，就可以通过特别法的形式加以规定。凡是特别法中作出规定的，即排除普通法的适用。不过这种排斥仅就特别法中的具体规定而言，并不是说随着特别法的出现，原有居于普通法地位的税法即告废止。特别法优于普通法原则打破了税法效力等级的限制，即居于特别法地位的级别较低的税法，其效力也可以高于作为普通法的级别较高的税法。

5. 实体从旧、程序从新原则

实体从旧、程序从新原则的基本含义是：实体法不具备溯及力，而程序法在特定条件下具备一定的溯及力。即对于一项新税法公布实施前发生的纳税义务，在新税法公布实施后进入税款征收程序的，原则上新税法具有约束力。比如税务机关在税务检查过程中发现某企业在新所得税法实施前的某项偷税行为，在计算该企业应当补缴的税金时按原税法执行，该处理过程就遵循了实体从旧、程序从新的税法原则。

6. 程序优于实体原则

程序优于实体原则是关于税收争讼方面适用性的原则，其基本含义是：在税收争讼发生时，程序法优于实体法适用。即纳税人即使对具体行政行为不服，也要先缴税，然后再通过诉讼解决，以保证税款及时、足额入库。

第二节　税收法律关系

一、税收法律关系的概念、构成与特点

(一)税收法律关系的概念

税收法律关系是指税法所确认和调整的，国家与纳税人之间、国家与国家之间以及各级政府之间在税收分配过程中形成的权利与义务关系。国家征税与纳税人纳税形式上表现为利益分配关系，但经过法律明确其双方的权利与义务后，这种关系实际上已上升为一种特定的法律关系。

从税法性质来看，税收法律关系是一种国家意志关系，对什么征税、对谁征税、征多少税、什么时候征税，都由国家以法律的形式加以规定，反映的是国家意志而不是纳税人的意志；从税法的经济内容来看，税收法律关系是一种财产所有权(或支配权)单向转移的关系，表现为社会财富从社会各阶层、单位、个人手中无偿地转移到国家手中。

(二)税收法律关系的构成

税收法律关系在总体上与其他法律关系一样，都是由权利主体、客体和法律关系内容三方面构成的，但在三方面的具体内涵上，税收法律关系有其特殊性。

1. 权利主体

法律关系的主体是指法律关系的参与者。税收法律关系的主体是指参与税收法律关系而享有权利和承担义务的当事人。在我国税收法律关系中，权利主体一方是代表国家行使征收职责的国家行政机关(又称为征税主体)，它包括国家各级税务机关、海关等，另一方则是纳税人(又称为纳税主体)，包括自然人、法人和其他组织。对于纳税主体的确定，我国采用的是属地兼属人原则。

2. 权利客体

权利客体就是税收法律关系主体的权利、义务所共同指向的对象，也就是征税对象。例如所得税法律关系的客体就是生产经营所得和其他所得，财产税法律关系的客体就是财产，流转税法律关系的客体就是货物的流转额或劳务、服务的营业额。税收法律关系的客体是国家利用税收杠杆调整和控制的目标，国家在一定时期根据客观经济发展的需要，通过扩大或缩小征税范围来调整征税对象，以达到限制或鼓励国民经济中的某些行业、某些产业发展的目的。

3. 税收法律关系的内容

税收法律关系的内容就是权利与义务主体所享受的权利和所承担的义务，这是税收法律关系最本质的东西，同时也是税法的灵魂。它规定了税法主体什么可以为、什么不可以为，以及违反了这些规定必须承担的相应法律责任。税务机关的权利表现为税务管理权、税收征收权、税收检查权、税务违法处理权、税收行政立法权、代位权和撤销权等；税务机关的义务主要表现为依法办理登记、开具完税证明、为纳税人保密、多征税款的返还、依法解决税务争议过程中应履行的义务、依法受理、限期复议、举证的义务等。

纳税人的权利表现为申请延期纳税权、申请减免税权、多缴税款申请退还权、委托代理权、要求税务机关承担赔偿权、申请复议和提起诉讼权等；纳税人的主要义务表现为依法办理税务登记、变更税务登记、重新登记、依法设置账簿、合理使用有关凭证、按规定定期向主管税务机关报送纳税申请报表、及时足额缴纳税款、主动接受税务机关的检查、违反税法规定的纳税人应按规定缴纳滞纳金和罚款并接受其他处理等。

(三)税收法律关系的特点

税收法律关系具有以下特点。

(1) 主体的一方只能是国家。在税收法律关系中，国家不仅以立法者和执法者的姿态参与税收法律关系的运行与调节，而且直接以税收法律关系主体的身份出现。这样，构成税收法律关系主体的一方可以是任何负有纳税义务的法人和自然人，但是另一方只能是国家。因为税收分配的主体是国家，没有国家参与的分配，就不能称其为税收分配。所以，没有国家的参与，在自然人和法人之间就不可能产生税收法律关系。因此，固定一方主体为国家，成为税收法律关系的特点之一。

(2) 体现国家单方面意志。税收法律关系只体现国家单方面的意志，不体现纳税人一方主体的意志。税收法律关系的成立、变更、消灭不以主体双方意思表示一致为要件。这是因为税收以无偿占有纳税人的财产或收入为目标，从根本上来讲，双方不可能意思表示一致。一旦纳税人发生了应税行为，就产生了税收法律关系，其纳税事宜不能由税务机关与纳税人协商，即税收法律关系的成立不以双方意思表示一致为要件。

(3) 权利与义务关系具有不对等性。纳税人和国家的法律地位是平等的，但在权利与义务方面具有不对等性。这种权利与义务的不对等性是由税收无偿性和强制性的特征所决定的。

(4) 具有财产所有权或支配权单向转移的性质。在税收法律关系中，纳税人履行纳税义务，缴纳税款，意味着将自己拥有的或支配的一部分财产，无偿地转移给国家，成为政府的财政收入，国家不直接给予纳税人任何回报。所以，税收法律关系中涉及的财产转移，具有无偿、单向、连续等特点。只要纳税人不中断税法规定的应税行为，税法不发生变更，税收法律关系就将一直延续下去。

二、税收法律关系的产生、变更与消失

税收法律关系与其他社会关系一样，处在不断的发展与变化之中，这一变化过程可以概括为税收法律关系的产生、变更与消失。

(一)税收法律关系的产生

通俗地讲，税收法律关系的产生是指在税收法律关系主体之间形成权利与义务关系。由于税法是义务性法规，税收法律关系的产生应以引起义务成立的法律事实为基础和标志。纳税义务产生的标志应当是纳税主体发生税法规定的应税行为，如个人所得税税收法律关系的产生是因为纳税人取得了个人所得这一法律事实，车辆购置税税收法律关系的产生是因为纳税人发生了购置车辆这一行为，所以税收法律关系的产生只能以纳税主体的应税行为的出现为标志。

(二)税收法律关系的变更

税收法律关系的变更是指由于某一法律事实的发生，使税收法律关系的主体、客体发生了变化。引起税收法律关系变更的原因有很多，归纳起来，主要有：①纳税人自身的组织状况发生变化；②纳税人的经营或财产情况发生变化；③税务机关组织结构或管理方式发生变化；④税法的修订或调整；⑤因不可抗拒力造成的破坏。

(三)税收法律关系的消失

税收法律关系的消失是指这一税收法律关系的终止，即税收法律关系主体之间的权利与义务关系终止。导致税收法律关系消失的原因很多，归纳起来，主要有：①纳税人履行

纳税义务；②纳税义务因超过期限而消失；③纳税义务的免除；④某些税法的废止；⑤纳税主体的消失。

第三节　税收的构成要素

税收实体法是规定税收法律关系的实体权利、义务的法律规范的总称。其主要内容包括纳税主体、征税客体、计税依据、税目、税率、减税、免税等，是国家向纳税人行使征税权利和纳税人负担纳税义务的要件。只有具备这些要件后，国家才能向纳税人征税，纳税人才负有纳税义务。税收实体法直接影响到国家与纳税人之间权利与义务的分配，是税法的核心部分。没有税收实体法，税收法律关系就不能成立。

一、纳税义务人

纳税义务人或纳税人又叫作纳税主体，是税法规定的直接负有纳税义务的单位和个人。任何一个税种，首先要解决的就是国家对谁征税的问题。如我国个人所得税、增值税、消费税、资源税以及印花税等暂行条例的第一条规定的都是该税种的纳税义务人。

纳税义务人一般分为自然人和法人两种。自然人是基于自然规律而出生的，有民事权利和义务的主体，包括本国公民、外国人和无国籍人。法人是基于法律规定享有权利能力和行为能力，具有独立的财产和经费，依法独立承担民事责任的社会组织。我国的法人主要有：机关法人、事业法人、企业法人和社团法人。

在实际纳税过程中，与纳税义务人相关的一些概念如下。

(1) 负税人。负税人是指实际负担税款的单位和个人。纳税人与负税人有时一致，有时不一致。纳税人与负税人不一致的主要原因，是由于价格与价值背离，引起税负转移或转嫁。

(2) 代扣代缴义务人。代扣代缴义务人是指有义务从持有的纳税人收入中扣除其应纳税款并代为缴纳的单位或个人。代扣代缴义务人在向纳税人支付款项时，代扣代缴税款(如个人所得税)，其目的是保证国家税款及时入库。

(3) 代收代缴义务人。代收代缴义务人是指有义务借助与纳税人的经济交往而向纳税人收取应纳税款并代为缴纳的单位，如受托加工应税消费品消费税的代收代缴。

(4) 代征代缴义务人。代征代缴义务人是指因税法规定，受税务机关委托而代征税款的单位和个人。通过代征代缴义务人代征税款，不仅方便纳税人税款的缴纳，有效地保障了税款征收的实现；同时，对于强化税收征管，有效地杜绝和防止税款流失，也有明显作用。

二、征税对象

征税对象又叫作课税对象、征税客体，是指税法规定对什么征税，是征纳税双方权利与义务共同指向的客体或标的物，是区别一种税与另一种税的重要标志。如消费税的征税对象是消费税条例所列举的应税消费品，房产税的征税对象是房屋等。征税对象是税法最基本的要素，因为它体现着征税的最基本的界限，决定着某一种税的基本征税范围，同时，征税对象也决定了各个不同税种的名称。如消费税、土地增值税、个人所得税等，这些税种因征税对象不同、性质不同，税名也就不同。与征税对象相关的一些概念如下。

(1) 税目。税目是课税对象的具体化，反映具体的征税范围，代表征税的广度。并不是所有的税种都规定了税目，比如有些税种征税对象比较简单，就不必设置税目(如房产税)，但大多数税种都规定了税目。规定税目的好处有：使征税对象具体化，凡列入该税目的就征该税；同时，有利于国家针对不同税目规定不同的税率，体现国家产业政策。

(2) 计税依据。计税依据是指税法中规定的据以计算各种应征税款的依据和标准。它主要解决税款的计算问题。计税依据在表现形态上一般有两种：一种是价值形态，即以征税对象的价值作为计税依据。在这种情况下，课税对象和计税依据一般是一致的，例如，所得税的所得额。另一种是实物形态，即以征税对象的数量、重量、容积、面积等作为计税依据。在这种情况下，课税对象和计税依据一般是不一致的，例如车船税的课税对象是各种车辆、船舶，而计税依据则是车船的辆、净吨位等。课税对象与计税依据的关系为：课税对象是指征税的目的物，计税依据则是在征税对象已经确定的前提下，对征税对象计算税款的依据或标准；课税对象是从质的方面对征税所做的规定，而计税依据则是从量的方面对征税所做的规定，是课税对象量的表现。

(3) 税源。税源是指税款的最终来源，或者说是税收负担的最终归宿。税源的大小体现了纳税人的负担能力。纳税人缴纳税款的直接来源是一定的货币收入，而一切货币收入都是由社会产品价值派生出来的。因此，从社会产品价值层面来看，能够成为税源的只能是国民收入中形成的各种收入，如工资、奖金、利润、利息等。当某种税以国民收入分配中形成的各种收入为课税对象时，税源与征税对象是一致的，如各种所得税。但是，很多税种的征税对象不是国民收入分配中形成的各种收入(如房产税、消费税等)，因此，课税对象与税源不一致。

三、税率

税率是对征税对象的征收比例或征收额度。税率是计算税额的尺度，代表征税深度，也是衡量税负轻重的重要标志。我国现行的税率主要有以下几种。

(一)比例税率

比例税率即对同一征税对象，不分数额大小，规定相同的征收比例。我国的增值税、城市维护建设税、企业所得税等采用的就是比例税率。比例税率在适用中又可分为以下四种具体形式。

(1) 产品比例税率，即一种(或一类)产品采用一个税率。如我国现行的消费税、增值税等都采用这种税率。分类、分级、分档比例税率是产品比例税率的特殊形式，如消费税中，酒是按类设计税率，卷烟是按级设计税率，小汽车是按排气量分档设计税率。

(2) 行业比例税率，即对不同行业分别适用不同的比例税率，而同一行业采用同一比例税率，如增值税中的服务业、建筑业、金融业适用的增值税税率是按行业不同设计的税率。

(3) 地区差别比例税率，即不同的地区分别适用不同的比例税率，而同一地区采用同一比例税率，如城市维护建设税等。

(4) 幅度比例税率，是指对同一征税对象，税法只规定最低税率和最高税率，各地区在该幅度内自行确定具体的适用税率。

比例税率具有计算简单、税负透明度高、有利于保证财政收入、有利于纳税人公平竞争、不妨碍商品流转额或非商品营业额扩大等优点，符合税收效率原则。但比例税率不能针对不同收入水平实施不同的税收负担，在调节纳税人的收入水平方面难以体现税收的公平原则。

(二)累进税率

累进税率是指随着征税对象数量的增大而随之提高的税率，即按征税对象数额的大小划分为若干等级，不同等级的课税数额分别适用不同的税率，一般来说，课税数额越大，适用税率越高。累进税率一般在所得课税中使用，可以充分体现对纳税人收入多的多征、收入少的少征、无收入的不征的税收原则，从而有效地调节了纳税人的收入，正确处理税收负担的纵向公平问题。累进税率分为"额累"和"率累"两种。额累是指按照征税对象数量的绝对额分级累进，如所得税一般按所得额的大小分级累进。率累是指按照与征税对象有关的某一比率分级累进，如我国的土地增值税就是按照增值额与扣除项目金额的比率实行四级超率累进税率。额累和率累按照累进依据的构成分为"全累"和"超累"，因此额累分为全额累进和超额累进；率累分为全率累进和超率累进。

1. 全额累进税率

全额累进税率是把征税对象的数额划分为若干等级，对每个等级分别规定相应的税率，当征税对象超过某个级距时，课税对象的全部数额都按提高后的级距的相应税率征税。

2. 超额累进税率

超额累进税率是把征税对象按数额的大小分成若干等级，每一等级规定一个税率，税率依次提高，将纳税人的征税对象依所属等级同时适用几个税率分别计算，将计算结果相加后得出应纳税款。

3. 全率累进税率

全率累进税率即按征税对象的相对率划分若干级距，每个级距规定的税率随征税对象相对率的增大而提高，纳税人的全部征税对象都按与征税对象相对率所对应的税率计算纳税。目前我国没有采用这种税率形式。

4. 超率累进税率

超率累进税率即以征税对象数额的相对率划分若干级距，分别规定相应的差别税率，相对率每超过一个级距的，对超过的部分就按高一级的税率计算征税。目前我国税收体系中采用这种税率的税种是土地增值税。

(三)定额税率

定额税率又称"固定税额""单位税额"，它是按征税对象的一定计量单位规定固定的税额。定额税率又分为地区差别定额税率和分类分项定额税率。

(1) 地区差别定额税率，即对同一对象按照不同地区分别规定不同的征税数额。它具有调节地区之间级差收入的作用。我国现行税制的城镇土地使用税和耕地占用税等使用的税率就属于这种税率。

(2) 分类分项定额税率，即首先按照某种标志把课税对象分为几类，每一类再按一定的标志分为若干项，然后对每一项分别规定不同的征税数额。我国现行税制中车船税等使用的税率就属于这种税率。

定额税率的特点是：税率与课税对象的价值量脱离了联系，不受课税对象价值量变化的影响。它适用于对价格稳定、质量等级和品种规格单一的大宗产品征税的税种。定额税率的优点是：计算简便，有利于提高产品的质量。其缺点是：由于产品价格变动的总趋势是上升的，因此，产品的税负就会呈现累退性，有失公平，将无法保障财政收入稳定增长。

四、纳税环节

纳税环节主要指税法规定的征税对象在生产到消费的流转过程中应当缴纳税款的环节。如流转税在生产和流通环节纳税、所得税在分配环节纳税等。纳税环节有广义和狭义之分。广义的纳税环节是指全部课税对象在再生产中的分布情况。如资源税分布在资源生产环节，商品税分布在生产或流通环节，所得税分布在分配环节等。狭义的纳税环节特指应税商品在流转过程中应纳税的环节。商品从生产到消费要经历诸多流转环节，各环节都存在销售额，都有可能成为纳税环节。但考虑到税收对经济的影响、财政收入的需要以及税收征管的能力等因素，国家常常对商品流转过程中所征税种规定不同的纳税环节。按照某种税征税环节的多少，可以将税种划分为一次课征制或多次课征制。合理选择纳税环节，对加强税收征管，有效控制税源，保证国家财政收入的及时、稳定、可靠，方便纳税人生产经营活动和财务核算，灵活机动地发挥税收调节经济的作用，具有十分重要的理论价值和实践意义。

五、纳税期限

纳税期限是指税法规定的关于税款缴纳时间方面的限定。税法关于纳税期限的规定，有三个概念：一是纳税义务发生时间。纳税义务发生时间，是指应税行为发生的时间。如采取预收货款方式销售货物的，其纳税义务发生时间为货物发出的当天。二是纳税期限。纳税人每次发生纳税义务后，不可能立即去缴纳税款。税法规定了每种税的纳税期限，即每隔固定时间汇总一次纳税义务的时间。如增值税的具体纳税期限分别为 1 日、3 日、5 日、10 日、15 日、1 个月或者 1 个季度。纳税人的具体纳税期限，由主管税务机关根据纳税人应纳税额的大小分别核定；不能按照固定期限纳税的，可以按次纳税。三是缴库期限，即税法规定的纳税期满后，纳税人将应纳税款缴入国库的期限。如增值税纳税人以 1 个月或者 1 个季度为 1 个纳税期的，自期满之日起 15 日内申报纳税；以 1 日、3 日、5 日、10 日或者 15 日为 1 个纳税期的，自期满之日起 5 日内预缴税款，于次月 1 日起 15 日内申报纳税并结清上月应纳税款。

六、纳税地点

纳税地点主要是指根据各个税种纳税对象的纳税环节和有利于对税款的源泉控制而规

定纳税人(包括代征、代缴、抵扣义务人)的具体纳税地点。

七、减税、免税

减税、免税是对某些纳税人或征税对象的鼓励或照顾措施。减税是从应征税款中减征部分税款；免税是免征全部税款。减税、免税规定是为了解决按税制规定的税率征税时所不能解决的具体问题而采取的一种措施，是在一定时期内给予纳税人的一种税收优惠，同时也是税收的统一性和灵活性相结合的具体体现。

(一)减免税的基本形式

减免税的基本形式有如下几种。

(1) 税基式减免，即通过直接缩小计税依据的方式实现的减税、免税。它具体包括起征点、免征额、项目扣除以及跨期结转等。其中，起征点是征税对象达到一定数额开始征税的起点，免征额是在征税对象的全部数额中免以征税的数额。起征点与免征额同为征税与否的界限，对纳税人来说，在其征税对象没有达到起征点或没有超过免征额的情况下，都不征税，两者是一样的。但是，它们又有明显的区别：一方面，当纳税人收入达到或超过起征点时，就其征税对象全额征税；而当纳税人征税对象超过免征额时，则只就超过的部分征税。另一方面，当纳税人的征税对象恰好达到起征点时，就要按其征税对象全额征税；而当纳税人的征税对象恰好与免征额相同时，则免予征税。两者相比，享受免征额的纳税人就要比享受同额起征点的纳税人税负轻。此外，起征点只能照顾一部分纳税人，而免征税额则可以照顾适用范围内的所有纳税人。项目扣除是指在课税对象中扣除一定项目的数额，以其余额作为依据计算税额。跨期结转是指将以前纳税年度的经营亏损等在本纳税年度经营利润中扣除，也等于直接缩小了税基。

(2) 税率式减免，即通过直接降低税率的方式实行的减税、免税。它具体包括重新确定税率、选用其他税率、零税率等形式。

(3) 税额式减免，即通过直接减少应纳税额的方式实行的减税、免税。它具体包括全部免征、减半征收、核定减免率、抵免税额以及另定减征税额等。

在上述三种形式的减税、免税中，税基式减免适用范围最广泛，从原则上说它适用于所有的生产经营情况；税率式减免适用于对某个行业或某种产品这种"线"上的减免，在流转税中运用最多；税额式减免适用范围最窄，它一般仅限于解决"点"上的个别问题，往往仅在特殊情况下使用。

(二)减免税的分类

减免税可分为以下几类。

(1) 法定减免，凡是由各种税的基本法规定的减税、免税都称为法定减免。它体现了该种税减免的基本原则规定，具有长期的适用性。法定减免必须在基本法规中明确列举减免税的项目、减免税的范围和时间。如《中华人民共和国增值税暂行条例》明确规定：农业生产者销售的自产农业产品、避孕用品等免税。

(2) 临时减免，又称"困难减免"，是指除法定减免和特定减免以外的其他临时性减税、免税，主要是为了照顾纳税人的某些特殊的、暂时的困难，而临时批准的一些减税、免税。它通常是定期的减免税或一次性的减免税。

(3) 特定减免，是指根据社会经济情况发展变化和发挥税收调节作用的需要，而规定的减税、免税。特定减免可分为无限期的和有限期的两种。大多数特定减免都是有限期的，减免税到了规定的期限，就应该按规定恢复征税。

(三)税收附加与加成

税收附加也称为地方附加，是地方政府按照国家规定的比例随同正税一起征收的列入地方预算外收入的一种款项。正税是指国家正式开征并纳入预算内收入的各种税收。税收附加由地方财政单独管理并按规定的范围使用，不得自行变更。例如，教育费附加只能用于发展地方教育事业。税收附加的计算方法是以正税税款为依据，按规定的附加率计算附加额。

税收加成是指根据税制规定的税率征税以后，再以应纳税额为依据加征一定成数和税额。加征一成相当于纳税额的 10%，加征成数一般规定在一成到十成之间。税收加成实际上是税率的延伸，但因这种措施只是针对个别情况，所以没有采取提高税率的办法，而是以已征税款为基础再加征一定的税款。例如，我国《个人所得税法》规定，对劳务报酬所得畸高的，可以实行加成征收，具体办法由国务院规定。

无论是税收附加还是税收加成，都增加了纳税人的负担。但这两种加税措施的目的是不同的。实行地方附加是为了给地方政府筹措一定的机动财力，用于发展地方建设事业；实行税收加成则是为了调节和限制某些纳税人获取的过多的收入或者是对纳税人违章行为进行的处罚措施。

课 后 练 习

基 础 演 练

单项选择题

1. 一种税区别于另一种税的主要标志是(　　)。
   A. 税率　　　　　　　　　　　B. 计税依据
   C. 纳税人　　　　　　　　　　D. 征税对象
2. 构成税制的主要因素是(　　)。
   A. 纳税人、征税对象和纳税环节　　B. 纳税人、纳税环节和纳税期限
   C. 征税对象、纳税期限和税率　　　D. 纳税人、征税对象和税率
3. 增值税属于(　　)。
   A. 价内税　　　　　　　　　　B. 价外税
   C. 从量税　　　　　　　　　　D. 地方税
4. 国家征税以后，纳税人缴纳的实物或货币随之转变为国家所有，国家不需要直接付给纳税人任何代价或报酬，也不再直接返还给纳税人，这体现了税收的(　　)。
   A. 固定性　　　　　　　　　　B. 无偿性
   C. 强制性　　　　　　　　　　D. 自愿性

5. 国家征税的目的是( )。
   A. 为满足政府开支的需要   B. 为满足某些人的需要
   C. 为满足社会公共需要   D. 为满足经济建设的需要

提 高 演 练

一、单项选择题

1. 以下对税收概念的相关理解，不正确的是( )。
   A. 税收的本质是一种分配关系
   B. 税收分配是以国家为主体的分配，征税依据的是财产权力
   C. 征税的目的是满足社会公共需要
   D. 税收"三性"是区别税与非税的外在尺度和标志

2. 税收是国家与纳税人之间形成的以国家为主体的( )。
   A. 社会剩余产品分配关系   B. 社会剩余产品分配活动
   C. 社会产品分配关系   D. 社会产品分配活动

3. 在税收分配活动中，税法的调整对象是( )。
   A. 税收分配关系   B. 经济利益关系
   C. 税收权利与义务关系   D. 税收征纳关系

4. 下列有关税收法律主义原则的表述中，错误的是( )。
   A. 税收法律主义的功能侧重于保持税法的稳定性
   B. 课税要素明确原则更多的是从立法技术角度来保证税收分配关系的确定性
   C. 课税要素必须由法律直接规定
   D. 依法稽征原则的含义包括税务机关有选择税种开征和停征的权力

5. 下列对特别法优于普通法原则的陈述，错误的是( )。
   A. 凡是特别法中作出规定的，即排除普通法的适用
   B. 随着特别法的规定，原有居于普通法地位的税法即告废止
   C. 特别法优于普通法原则打破了税法效力等级的限制
   D. 居于特别法地位级别较低的税法，其效力可以高于作为普通法级别较高的税法

二、多项选择题

1. 税收制度构成的基本要素是( )。
   A. 征税对象   B. 税率
   C. 违章处理   D. 纳税人   E. 纳税期限

2. 我国税收按其征税对象划分，可分为( )。
   A. 资源税   B. 所得税
   C. 流转税   D. 财产税   E. 行为税

3. 属于减轻纳税人负担的措施有( )。
   A. 免税   B. 规定起征点
   C. 减税   D. 规定免征额   E. 加成

4. 下列税种中，属于对流转额课税的有(　　)。
   A. 增值税　　　　　　B. 所得税
   C. 关税　　　　　　　D. 车船税　　　　　　E. 印花税
5. 对资源征税的税种有(　　)。
   A. 消费税　　　　　　B. 资源税
   C. 土地增值税　　　　D. 耕地占用税　　　　E. 土地使用税

综 合 演 练

思考题

1. 如何理解税收的特点？
2. 如何理解税法的基本原则？
3. 如何理解税收法律关系？

第二章 税收征收管理法

【本章学习目标】

通过本章的学习，了解税收征收管理的基本法律规定，能够办理税务登记；熟悉纳税申报和账证设置的相关内容；熟悉税务检查的内容、形式和权限。

【本章重点】

- 涉税事务登记的相关规定和要求
- 纳税申报和税款征收
- 纳税人、扣缴义务人的法律责任

【本章难点】

- 纳税申报
- 税款征收和缴纳的方式

【章前导读】

马鹏飞是一名货车司机，工商登记一直没有办下来，但已经在当地税务局办理了临时税务登记。他可以就发生的货运业务向税务机关申请代开增值税专用发票吗？

解析：同时符合《国家税务总局关于取消增值税扣税凭证认证确认期限等增值税征管问题的公告》(2019年第45号)第六条规定的三个条件(办理了税务登记、取得相关的运输经营证件、按增值税小规模纳税人管理)的货车司机，自2020年1月1日起，在境内提供公路或内河货物运输服务，需要开具增值税专用发票的，可在税务登记地、货物起运地、货物到达地或运输业务承揽地中的任何一地，就近向税务机关申请代开增值税专用发票。

【关键词】

税收征管法　税务登记　纳税申报　税款征收　税务检查　税收法律责任　纳税信用

第一节 税收征收管理法概述

一、税收征收管理法的概念

《中华人民共和国税收征收管理法》(以下简称《税收征收管理法》)是为了加强税收征收管理，规范税收征收和缴纳行为，保障国家税收收入，保护纳税人的合法权益，促进经济和社会发展而制定的法律。

二、税收征收管理的立法目的

税收征收管理的立法目的具体如下。

(1) 加强税收征收管理。

税收是国家为实现其职能，凭借政治权力参与社会产品分配的国家活动，反映了国家与其他社会主体之间的经济利益分配关系，具有强制性、无偿性和固定性的特点。税收分配必须以法律为基础，只有将税收分配活动纳入法制轨道，以法律的形式确定税收分配关系，才能真正体现税收的强制性，实现税收的无偿性，保证税收的固定性。税收征收管理是国家征税的具体过程，是税收分配程序的主要内容，加强税收征收管理，必然要确立相应的法律规范，建立税收征收管理法律制度。我国目前税收征收管理的基础比较薄弱，征管的手段不够发达，征管的制度不够健全，同时，也存在着一些征税方面的不规范行为，严重地损害了国家利益，影响了税收作用的发挥。因此，有必要加强税收征收管理，而制定税收征收管理法就是为了满足加强税收征收管理的需要。

(2) 规范税收征收和缴纳的行为。

规范税收征收和缴纳行为，是加强税收征收管理的重要保障。税收征收管理活动可以分为征税和纳税两个方面。征税的主体是国家，代表国家行使征税权的是税务机关，税务机关征收税款的行为就是税收征收行为；纳税的主体是纳税人，纳税人缴纳税款的行为就是税收缴纳行为。在税收征收过程中，税务机关与纳税人之间自然会产生一系列权利义务关系，这些权利义务的履行都应当规范地进行，不能不加任何约束。税收征收管理法正是为税收征收管理活动确立具有普遍约束力的行为规则，使税收征收管理活动在法律规定的范围内有序进行。

(3) 保障国家税收收入。

税收收入是国家财政收入的重要来源，是国家实现其职能的重要物质条件，是国家利益的重要体现。组织国家财政收入是税收的基本职能之一，税收征收管理工作的基本任务就是征收税款，取得税收收入，而每一分税款都是通过具体的征收管理工作征收入库的。加强税收征收管理的直接目标，就是保障国家税收收入。规范税收征收管理活动，确定税收征收和缴纳的程序，有利于维护税收秩序，使国家税收收入和财政收入有法律保障。

(4) 保护纳税人的合法权益。

税收是国家从纳税人所占有的社会产品或价值中无偿地强制地取得的，与纳税人的利益密切相关，纳税人除履行法定纳税义务外，其他的财产权益如财产所有权、生产经营权、受益权等，都应受到保护，不容侵犯。在税收征收和缴纳关系中，相对于税务机关的税收征收管理行政主体而言，纳税人是行政相对人，处于弱势地位，需要得到法律的特别保护。同时，规范税收征收管理活动，确定税务机关行使征税权的法定程序，并确定该程序中税务机关征税行为的法定规则，既是对行政权力的有效制约，也是对纳税人合法权益的有力保护。

(5) 促进经济和社会发展。

税收是为经济和社会发展服务的手段。从税收实践来看，经济和社会越发展，税收越重要。随着税收的财政地位不断提高，其对经济发展和社会进步的影响和作用也将日益增强。规范税收征收管理程序，建立良好的税收秩序，有利于加强税收征收管理，保障税收收入，充分发挥税收的积极作用，从而促进经济和社会的发展。

三、税收征收管理法的适用范围

《税收征收管理法》的适用范围是：由税务机关负责征收的各种税收的征收管理，均适用《税收征收管理法》，就现行有效税种而言，具体适用增值税、消费税、资源税、企业所得税、个人所得税、城镇土地使用税、土地增值税、房产税、车船税、车辆购置税、印花税、城市维护建设税等的征收管理。但是，我国同外国缔结的有关税收的条约、协定同该法有不同规定的，则依照有关条约、协定的规定办理。

第二节 税 务 管 理

一、税务登记

税务登记是税务机关依据税法规定，对纳税人的生产、经营活动进行登记管理的一项法定制度，也是纳税人依法履行纳税义务的法定手续。税务登记是整个税收征收管理的起点。税务登记的种类包括：开业登记，变更登记，停业、复业登记，注销登记，外出经营报验登记，纳税人税种登记，扣缴税款登记等。

(一)设立登记

企业，包括企业在外地设立分支机构和从事生产、经营的场所，个体工商户和从事生产、经营的事业单位(以下统称从事生产、经营的纳税人)，向生产、经营所在地税务机关申报办理税务登记。

从事生产、经营的纳税人领取工商营业执照(含临时工商营业执照)的，应当自领取工商营业执照之日起 30 日内申报办理设立税务登记，税务机关核发税务登记证及副本(纳税人领取临时工商营业执照的，税务机关核发临时税务登记证及副本)。

纳税人在申报办理税务登记时，应当根据不同情况向税务机关如实提供以下证件和资料：

(1) 工商营业执照或其他核准执业证件。
(2) 有关合同、章程、协议书。
(3) 银行账户证明。
(4) 组织机构统一代码证书。
(5) 法定代表人或负责人或业主的居民身份证、护照或其他合法证件。
(6) 税务机关要求的其他需要提供的资料。

从 2016 年 10 月 1 日起正式实施"五证合一、一照一码"。

(二)变更登记

变更税务登记是指发生纳税人税务登记的内容改变，如改变单位名称、改变法定代表人、改变住所和经营地点(不涉及主管税务机关变动的)、扩大和缩小生产经营范围、其他税务登记内容发生重要变化时，向税务机关申报办理的一种税务登记手续。

纳税人已在工商行政管理机关办理变更登记的，应当自工商行政管理机关变更登记之日起 30 日内，向原税务登记机关如实申报办理变更税务登记，按照规定不需要在工商行政机关办理变更登记，或其变更登记的内容与工商登记内容无关的，应当自税务登记内容实际发生变化之日起 30 日内，或自有关机关批准或宣布变更之日起 30 日内申报办理变更税务登记。

(三)停业、复业登记

实行定期定额征收方式的个体工商户需要停业的，应当在停业前(通常为停业前 1 个星期)向税务机关申报办理停业登记。纳税人的停业期限不得超过 1 年。

纳税人应当于恢复生产经营之前，向税务机关申报办理复业登记，如实填写《停业/复业报告书》，领回并启用税务登记证件、发票领购簿及其停业前领购的发票。

纳税人停业期满不能及时恢复生产、经营的，应当在停业期满前填写《延期复业申请审批表》向主管地方税务机关提出延长停业登记申请，如实填写《停业/复业报告书》，主管地方税务机关核准后发放《核准延期复业通知书》，方可延期。

纳税人停业期满未按期复业又不申请延长停业的，主管地方税务机关视为已恢复营业，实施正常的税收征收管理。纳税人在停业期间发生纳税义务的，应当按照税收法律、行政法规的规定申报缴纳税。

(四)注销登记

注销税务登记是指纳税人发生解散、破产、撤销以及其他情形，依法终止纳税义务的，在向工商行政管理机关或者其他机关办理注销登记前，持有关证件向原税务登记机关申报办理注销税务登记的活动。

(1) 按照规定不需要在工商行政管理机关或者其他机关办理注册登记的，应当自有关机关批准或者宣告终止之日起 15 日内，持有关证件向原税务登记机关申报办理注销税务登记。

(2) 纳税人因住所、经营地点变动，涉及变更税务登记机关的，应当在向工商行政管理机关或者其他机关申请办理变更或注销登记前，或者住所、经营地点变动前，向原税务登记机关申报办理注销税务登记，并在 30 日内向迁达地的税务机关申报办理税务登记。

(3) 纳税人被工商行政管理机关吊销营业执照或者被其他机关予以撤销登记的，应当自营业执照被吊销或者被撤销登记之日起 15 日内，向原税务登记机关申报办理注销税务登记。

(4) 纳税人办理注销税务登记前，应当向税务机关提交相关证明文件和资料，结清应纳税款、多退(免)税款、滞纳金和罚款、缴销发票、税务登记证件和其他税务证件，经税务机关核准后，办理注销税务登记手续。

(五)外出经营报验登记

外出经营报验登记是指纳税人到外县(市)临时从事生产经营活动的，应当在外出生产经营以前，持税务登记证向主管税务机关申请开具《外出经营活动税收管理证明》(以下简称《外管证》)。地方税务机关当日按照一地一证的原则，即时核发《外管证》，《外管证》的有效期限一般为 30 日，最长不得超过 180 天。

纳税人应当在《外管证》注明地进行生产经营前向当地地方税务机关报验登记，并提交下列证件、资料：

(1) 《税务登记证》(副本)。
(2) 《外出经营活动税收管理证明》。
(3) 主管税务机关需要的其他资料、证件。

纳税人在《外管证》注明地销售货物的，除提交以上证件、资料外，还应如实填写《外出经营货物报验单》，申报查验货物。

纳税人外出经营活动结束，应当向经营地地方税务机关填报《外出经营活动情况申报表》，并结清税款、缴销发票。

纳税人应当在《外管证》有效期届满后10日内，持《外管证》回原税务登记地税务机关办理《外管证》缴销手续。

二、账证管理

(一)账簿管理

账簿是纳税人用来连续地登记各种经济业务的账册或簿籍。凭证是记录经济业务、明确经济责任的书面证明，也是记账和查账的重要依据。从财务会计的角度讲，账簿凭证主要用于核算企业的经济效益，反映企业的经济成果。从税收的角度讲，账簿凭证是纳税人记载、核算应缴税额，填报纳税申报表的主要数据来源，是纳税人正确履行纳税义务的基础环节。

1. 账簿凭证的种类和范围

账簿包括总账、明细账、日记账和其他辅助性账簿。总账、日记账必须采用订本式。

凭证的种类按取得来源的不同可以分为外来凭证和自制凭证。

对从事生产、经营的各类纳税人，都要按规定设置账簿，根据合法、有效的凭证记账，进行核算。

对个体工商户因生产经营规模小又无建账能力确实不能设置账簿的，经税务机关核准，可以不设置账簿，或可以聘请注册会计师或者经税务机关认可的财会人员代为建账或办理账务。

2. 账簿凭证的设置

账簿凭证的设置应注意以下几点。

(1) 从事生产、经营的纳税人应当自领取营业执照之日起15日内设置账簿。

(2) 扣缴义务人应当自扣缴义务发生之日起10日内，按照所代扣、代收的税种，分别设置代扣代缴、代收代缴税款账簿。

(3) 生产经营规模小又确无建账能力的个体工商户，可以聘请注册会计师或者经税务机关认可的财会人员代为建账和办理账务；聘请注册会计师或者经税务机关认可的财会人员有实际困难的，经县以上税务机关批准，可以按照税务机关的规定，建立收支凭证粘贴簿、进货销货登记簿等。

3. 账簿凭证的备案

账簿凭证的备案应注意以下事项。

(1) 从事生产经营的纳税人自领取税务登记证件之日起 15 日内，将其财务、会计制度或者财务、会计处理办法报送税务机关备案。

(2) 纳税人、扣缴义务人采用计算机记账的，应当在使用前将其记账软件、程序和使用说明书及有关资料报送主管税务机关备案。

纳税人、扣缴义务人会计制度健全，能够通过计算机正确、完整地计算其收入或者所得的，其计算机储存和输出的会计记录，可视同会计账簿，但是应当打印成书面记录并完整保存；会计制度不健全，不能通过电子计算机正确、完整地计算其收入或者所得的，应当建立总账和与纳税或者代扣代缴、代收代缴税款有关的其他账簿。

(3) 账簿、会计凭证和报表，应当使用中文。民族自治地方可以同时使用当地通用的一种民族文字，外商投资企业和外国企业可以同时使用一种外国文字。

(4) 从事生产、经营的纳税人的财务、会计制度或者财务、会计处理办法与国务院或者国务院财政、税务主管部门有关税收的规定抵触的，依照国务院或者国务院财政、税务主管部门有关税收的规定计算纳税。

4. 账簿凭证的保管

纳税人、扣缴义务人对各类账簿、会计凭证、报表、完税凭证及其他有关纳税资料应当保存 10 年。但是，法律、行政法规另有规定的除外。

5. 账簿凭证的法律责任

账簿凭证的法律责任具体如下。

(1) 纳税人未按照规定设置、保管账簿或者保管记账凭证和有关资料的，未按照规定将财务、会计制度或者财务、会计处理办法报送税务机关备查的，税务机关自检查发现之日起 3 日内向纳税人发出责令限期改正通知书，逾期不改正的，可以处以 2 000 元以下的罚款；情节严重的，处以 2 000 元以上 10 000 元以下的罚款。

(2) 扣缴义务人未按照规定设置、保管代扣代缴、代收代缴税款账簿或者保管代扣代缴、代收代缴税款记账凭证及有关资料的，由税务机关责令限期改正，逾期不改正的，可以处以 2 000 元以下的罚款；情节严重的，处以 2 000 元以上 5 000 元以下的罚款。

(3) 纳税人违反《税收征收管理法》规定，在规定的保存期限以前擅自损毁账簿、记账凭证和有关资料的，税务机关可以处以 2 000 元以上 10 000 元以下的罚款；情节严重，构成犯罪的，移送司法机关依法追究刑事责任。

(二)发票管理

税务机关是发票的主管机关，负责发票的印制、领购、开具、取得、保管、缴销的管理和监督。

增值税专用发票由国务院税务主管部门指定的企业印制；其他发票，按照国务院税务主管部门的规定，分别由省、自治区、直辖市国家税务局、地方税务局指定企业印制。未经规定的税务机关指定，不得印制发票。

1. 发票领取管理

依法办理税务登记的单位和个人，在领取税务登记证后，向主管税务机关申请领用发票。对无固定经营场地或者财务制度不健全的纳税人申请领用发票，主管税务机关有权要求其提供担保人，不能提供担保人的，可以视其情况，要求其缴纳保证金，并限期缴销发票。对发票保证金应设专户储存，不得挪作他用。纳税人可以根据自己的需要申请领用普通发票。

2. 发票开具、使用、取得的管理

《税收征收管理法》单位、个人在购销商品、提供或者接受经营服务以及从事其他经营活动中，应当按照规定开具、使用、取得发票。普通发票开具、使用、取得的管理，应注意以下几点(增值税专用发票开具、使用、取得的管理，按增值税有关规定办理)。

(1) 销货方按规定填开发票。
(2) 购买方按规定索取发票。
(3) 纳税人进行电子商务必须开具或取得发票。
(4) 发票要全联次填写。
(5) 发票不得跨省、直辖市、自治区使用。发票限于领购单位和个人在本省、自治区、直辖市内开具。发票领购单位未经批准不得跨规定使用区域携带、邮寄、运输空白发票，禁止携带、邮寄或者运输空白发票出入境。
(6) 开具发票要加盖财务印章或发票专用章。
(7) 开具发票后，如发生销货退回需开红字发票的，必须收回原发票并注明"作废"字样或取得对方有效证明；发生销售折让的，在收回原发票并注明"作废"后，重新开具发票。

3. 发票保管管理

根据发票管理的要求，发票保管分为税务机关保管和用票单位、个人保管两个层次，都必须建立严格的发票保管制度，包括专人保管制度、专库保管制度、专账登记制度、保管交接制度和定期盘点制度。

4. 发票缴销管理

发票缴销包括发票收缴和发票销毁。发票收缴是指用票单位和个人按照规定向税务机关上缴已经使用或者未使用的发票；发票销毁是指由税务机关统一将自己或他人已使用或者未使用的发票进行销毁。发票收缴与发票销毁既有联系又有区别，发票销毁首先必须收缴；但收缴的发票不一定都要销毁，一般都要按照法律法规保存一段时期后才能销毁。

5. 增值税电子普通发票的推广与应用

2015年11月26日，国家税务总局发布了《关于推行通过增值税电子发票系统开具的增值税电子普通发票有关问题的公告》，对增值税电子发票的开具和使用提出了具体规定。

(1) 规定了增值税电子发票系统开具的增值税电子普通发票票样。
(2) 增值税电子普通发票的开票方和受票方需要纸质发票的，可以自行打印增值税电子普通发票的版式文件，其法律效力、基本用途、基本使用规定等与税务机关监制的增值税普通发票相同。

(3) 增值税电子普通发票的发票代码为12位，编码规则：第1位为0，第2～5位代表省、自治区、直辖市和计划单列市，第6～7位代表年度，第8～10位代表批次，第11～12位代表票种(如第11～12位的数字为11，则代表增值税电子普通发票)。发票号码为8位，按年度、分批次编制。

6. 网络发票管理

网络发票是指符合国家税务总局统一标准并通过国家税务总局及省、自治区、直辖市税务局公布的网络发票管理系统开具的发票。国家积极推广使用网络发票管理系统开具发票，并提供便捷的网络发票信息查询渠道。

(1) 税务机关应根据开具发票的单位和个人的经营情况，核定其在线开具网络发票的种类、行业类别、开票限额等内容。开具发票的单位和个人需要变更网络发票核定内容的，可向税务机关提出书面申请，经税务机关确认，予以变更。

(2) 开具发票的单位和个人开具网络发票应登录网络发票管理系统，如实完整地填写发票的相关内容及数据，确认保存后打印发票。开具发票的单位和个人在线开具的网络发票，经系统自动保存数据后即完成开票信息的确认、查验。

(3) 单位和个人取得网络发票时，应及时查询验证网络发票信息的真实性、完整性，对不符合规定的发票，不得作为财务报销凭证，任何单位和个人都有权拒收。

(4) 开具发票的单位和个人需要开具红字发票的，必须收回原网络发票全部联次或取得受票方出具的有效证明，通过网络发票管理系统开具金额为负数的红字网络发票。开具发票的单位和个人作废开具的网络发票，应收回原网络发票全部联次，注明"作废"，并在网络发票管理系统中进行发票作废处理。开具发票的单位和个人应当在办理变更或者注销税务登记的同时，办理网络发票管理系统的用户变更、注销手续并缴销空白发票。

(5) 税务机关根据发票管理的需要，可以按照国家税务总局的规定委托其他单位通过网络发票管理系统代开网络发票。税务机关应当与受托代开发票的单位签订协议，明确代开网络发票的种类、对象、内容和相关责任等内容。

(6) 开具发票的单位和个人必须如实地在线开具网络发票，不得利用网络发票进行转借、转让、虚开发票及其他违法活动。当网络出现故障，无法在线开具发票时，可离线开具发票。开具发票后，不得改动开票信息，并于48小时内上传开票信息。

(7) 省以上税务机关在确保网络发票电子信息正确生成、可靠存储、查询验证、安全唯一等条件的情况下，可以试行电子发票。

(三)税控管理

税控管理是税收征收管理的一个重要组成部分，也是近期提出来的一个崭新的概念。它是指税务机关利用税控装置对纳税人的生产经营情况进行监督和管理，以保障国家税收收入，防止税款流失，提高税收征管工作效率，降低征收成本的各项活动的总称。

《税收征收管理法》第二十三条规定："国家根据税收征收管理的需要，积极推广使用税控装置。纳税人应当按照规定安装、使用税控装置，不得损毁或者擅自改变税控装置。"同时还在第六十条中增加了一款，规定："不能按照规定安装、使用税控装置，损毁或者擅自改动税控装置的，由税务机关责令限期改正，可以处以2 000元以下的罚款；情节严重的，处 2 000 元以上 10 000 元以下的罚款。"这样不仅使推广使用税控装置有法可依，而且可以打击推广使用税控装置中的各种违法犯罪活动。

三、纳税申报

纳税申报是指纳税人按照税法规定的期限和内容向税务机关提交有关纳税事项书面报告的法律行为，是纳税人履行纳税义务、承担法律责任的主要依据，是税务机关税收管理信息的主要来源和税务管理的一项重要制度。

(一)纳税申报的对象

纳税申报的对象为纳税人或者扣缴义务人、代征人，他们应当按期向主管国家税务机关办理纳税申报或者代扣代缴、代收代缴税款报告，委托代征税款报告，包括依法已向国家税务机关办理税务登记的纳税人，按规定不需向国家税务机关办理税务登记，以及应当办理而未办理税务登记的纳税人，扣缴义务人和国家税务机关确定的委托代征人。

(二)纳税申报的内容

纳税人办理纳税申报时，应当如实填写纳税申报表，并根据不同的情况相应地报送下列有关证件、资料：

(1) 财务会计报表及其说明材料。
(2) 与纳税有关的合同、协议书及凭证。
(3) 税控装置的电子报税资料。
(4) 外出经营活动税收管理证明和异地完税凭证。
(5) 境内或者境外公证机构出具的有关证明文件。
(6) 纳税人、扣缴义务人的纳税申报或者代扣代缴、代收代缴税款报告表的主要内容包括：税种、税目，应纳税项目或者应代扣代缴、代收代缴税款项目，计税依据，扣除项目及标准，适用税率或者单位税额，应退税项目及税额、应减免税项目及税额，应纳税额或者应代扣代缴、代收代缴税额，税款所属期限、延期缴纳税款、欠税、滞纳金等。
(7) 扣缴义务人办理代扣代缴、代收代缴税款报告时，应当如实填写代扣代缴、代收代缴税款报告表，并报送代扣代缴、代收代缴税款的合法凭证以及税务机关规定的其他有关证件、资料。
(8) 税务机关规定应当报送的其他有关证件、资料。

(三)纳税申报的方式

从税务管理部门的角度来说，必须建立比较健全的纳税人自行申报管理制度，这个自行申报的管理制度是由税务机关或是主管部门进行批准。对于纳税人或是扣缴义务人来说，可以采取不同的方式来进行申请以及上报，大多可以采用邮寄或是数据电文的方式来进行办理相应的纳税申报管理，通过报送或是代扣代缴或是代收代缴等不同的方式来进行税款的上报工作。除此以外，我国还实行定期定额进行缴纳税款的方式进行纳税，可以分别采用简易申报、简并征期等不同的方式来进行纳税申报的工作。

(四)纳税申报的期限

关于纳税申报期限具体注意以下几点。

(1) 缴纳增值税、消费税的纳税人,以 1 个月为一期纳税的,于期满后 15 日内申报;以 1 天、3 天、5 天、10 天、15 天为一期纳税的,自期满之日起 5 日内预缴税款,于次月 1 日起 15 日内申报并结算上月应纳税款。

(2) 企业应当自月份或者季度终了之日起 15 日内,向税务机关报送预缴企业所得税纳税申报表,预缴税款。企业应当自年度终了之日起 5 个月内,向税务机关报送年度企业所得税纳税申报表,并汇算清缴,结清应缴应退税款。

(3) 其他税种,税法已明确规定纳税申报期限的,按税法规定的期限申报。

(4) 税法未明确规定纳税申报期限的,按主管国家税务机关根据具体情况确定的期限申报。

第三节 税款征收

税款征收是税务机关依照税收法律、行政法规的规定,将纳税义务人依法应缴纳的工商各税组织征收入库的一系列活动的总称。税款征收是税务机关依法征税和纳税人依法纳税过程的统一。

一、税款征收方式

税款征收方式有以下几种。

(一)查账征收

查账征收是指纳税人在规定的期限内根据自己的财务报表或经营情况,向税务机关申报应税收入或应税所得及纳税额,并向税务机关报送有关账册和资料,经税务机关审查核实后,填写纳税缴款书,由纳税人到指定的银行缴纳税款的一种征收方式。因此,这种征收方式比较适用于对企业法人的征税。

(二)查定征收

查定征收是指由税务机关通过按期查实纳税人的生产经营情况确定其应纳税额,分期征收税款的一种征收方式。这种征收方式主要适用于对生产经营规模小、财务会计制度不够健全、账册不够完备的小型企业和个体工商户的征税。

(三)查验征收

查验征收是指税务机关对某些难以进行源泉控制的征税对象,通过查验证照和实物,据以确定应征税额的一种征收方式。在实际征管工作中,这种方式又分就地查验征收和设立检查站两种形式。对财务会计制度不健全和生产经营不固定的纳税人,可选择采用这种征收方式。

(四)定期定额征收

定期定额征收是指税务机关根据纳税人的生产经营情况，按税法规定直接核定其应纳税额，分期征收税款的一种征收方式。这种征收方式主要适用于一些没有记账能力，无法查实其销售收入或经营收入和所得额的个体工商户。

(五)代扣代缴、代收代缴

代扣代缴、代收代缴，是指依照税法规定负有代扣代缴、代收代缴税款义务的单位和个人，按照税法规定对纳税人应当缴纳的税款进行扣缴或代缴的征收方式。这种方式有利于加强对税收源泉的控制，减少税款流失，降低税收成本，手续也比较简单。

(六)委托征收

委托征收是指税务机关委托有关单位或个人代为征收税款的征收方式。这种方式主要适用于一些零星、分散、难以管理的税收。

二、税款征收措施

税款征收措施是为了保证税款征收的顺利进行。税收征收管理法赋予税务机关在税款征收中根据不同情况采取相应措施的权利，主要有如下规定。

(一)税收滞纳金

根据《税收征收管理法》的规定，纳税人未按照规定期限缴纳税款的，扣缴义务人未按照规定期限解缴税款的，税务机关除责令限期缴纳外，从滞纳税款之日起，按日加收滞纳税款万分之五的滞纳金。加收滞纳金的起止时间，为法律、行政法规规定或者税务机关依照法律、行政法规的规定确定的税款缴纳期限届满次日起至纳税人、扣缴义务人实际缴纳或者解缴税款之日止。经税务机关批准延期缴纳税款的，在批准期限内不加收滞纳金。

(二)核定应纳税额

1. 核定应纳税额的对象

有下列情形之一的纳税人，税务机关有权核定其应纳税额。

(1) 依照法律、行政法规的规定可以不设置账簿的。

(2) 依照法律、行政法规的规定应当设置但未设置账簿的。

(3) 擅自销毁账簿或者拒不提供纳税资料的。

(4) 虽设置账簿，但账目混乱或者成本资料、收入凭证、费用凭证残缺不全，难以查账的。

(5) 发生纳税义务，未按照规定的期限办理纳税申报，经税务机关责令限期申报，逾期仍不申报的。

(6) 纳税人申报的计税依据明显偏低，又无正当理由的。

(7) 未按照规定办理税务登记的从事生产、经营的纳税人以及临时经营的纳税人。

2. 核定应纳税额的方式

为了减少核定应纳税额的随意性,使核定的税额更接近纳税人实际情况和法定负担水平,税务机关按以下方式进行核定。

(1) 参照当地同类行业或者类似行业中经营规模和收入水平相近的纳税人的收入额和利润率核定。

(2) 按照成本加合理的费用和利润核定。

(3) 按照耗用的原材料、燃料、动力等推算或者测算核定。

(4) 按照其他合理的方法核定。

采用上述所列一种方法不足以正确核定应纳税额时,可以同时采用两种以上方法核定。

(三)税收保全措施

税收保全措施是指为确保国家税款不受侵犯而由税务机关采取的行政保护手段。税收保全措施通常是在纳税人法定的缴款期限之前税务机关所作出的行政行为。实际上就是税款征收的保全,以保护国家税款及时足额入库。

根据《税收征收管理法》的规定,税务机关有根据认为从事生产、经营的纳税人有逃避纳税义务行为的,可以在规定的纳税期之前,责令限期缴纳应纳税款;在限期内发现纳税人有明显的转移、隐匿其应纳税的商品、货物以及其他财产或者应纳税的收入的迹象的,税务机关可以责成纳税人提供纳税担保。

如果纳税人不能提供纳税担保,经县以上税务局(分局)局长批准,税务机关可以采取下列税收保全措施。

(1) 书面通知纳税人开户银行或者其他金融机构冻结纳税人的金额相当于应纳税款的存款。

(2) 扣押、查封纳税人的价值相当于应纳税款的商品、货物或者其他财产。

上述所说的纳税担保,包括由纳税人提供并经税务机关认可的纳税担保人,以及纳税人所拥有的未设置抵押权的财产;国家机关不得作纳税担保人。(外出经营申请领购发票,有类似规定)

纳税人在税务机关规定的限期内缴纳税款的,税务机关必须立即解除税收保全措施;限期期满仍未缴纳税款的,经县以上税务局(分局)局长批准,税务机关可以书面通知纳税人开户银行或者其他金融机构从其冻结的存款中扣缴税款,或者依法拍卖或者变卖所扣押、查封的商品、货物或者其他财产,以拍卖或者变卖所得抵缴税款。

个人及其所扶养家属维持生活必需的住房和用品,不在税收保全措施的范围之内。

(四)强制执行措施

税收强制执行措施是指税务机关在采取一般税收管理措施无效的情况下,为了维护税法的严肃性和国家征税的权利所采取的税收强制手段。这不仅是税收的无偿性和固定性的内在要求,也是税收强制性的具体表现。当今各国都在税收法律或行政法规中赋予了税务机关必要的税收强制执行权,以确保国家征税的有效行使。

从事生产、经营的纳税人、扣缴义务人未按照规定的期限缴纳或者解缴税款,纳税担保人未按照规定的期限缴纳所担保的税款,由税务机关责令限期缴纳,逾期仍未缴纳的,经县以上税务局(分局)局长批准,税务机关可以采取下列强制执行措施。

(1) 书面通知其开户银行或者其他金融机构,从其存款中扣缴税款。

(2) 扣押、查封、依法拍卖或者变卖其价值相当于应纳税款的商品、货物或者其他财产,以拍卖或者变卖所得抵缴税款。

税务机关采取强制执行措施时,对前款所列纳税人、扣缴义务人、纳税担保人未缴纳的滞纳金同时强制执行。

个人及其所扶养家属维持生活必需的住房和用品,不在强制执行措施的范围之内。

(五)阻止出境

根据《税收征收管理法》的规定,欠缴税款的纳税人或者其法定代表人需要出境的,应当在出境前向税务机关结清应纳税款、滞纳金,或者提供纳税担保。未结清税款、滞纳金,又不提供担保的,税务机关可以通知出境管理机关阻止其出境。

(六)税款优先执行

《税收征收管理法》规定了税收优先权,主要内容有以下几个方面。

(1) 税务机关征收税款,税收优先于无担保债权,法律另有规定的除外。

(2) 纳税人欠缴的税款发生在纳税人以其财产设定抵押、质押或者纳税人的财产被留置之前的,税收应当先于抵押权、质权、留置权执行。

(3) 税收优先于罚款、没收违法所得,即纳税人欠缴税款,同时又被行政机关处以罚款、没收违法所得的,税收优先于罚款、没收违法所得。

第四节 税 务 检 查

一、税务检查的概念

税务检查是指税务机关依法对纳税人履行缴纳税款义务和扣缴义务人履行代扣、代收税款义务的状况所进行的监督检查。纳税人、扣缴义务人必须接受税务机关依法进行的税务检查,如实反映情况,提供有关资料,不得拒绝、隐瞒。税务机关依法进行税务检查时,有关部门和单位应当支持、协助。

通过税务检查,既有利于全面贯彻国家的税收政策,严肃税收法纪,加强纳税监督,查处偷税、漏税和逃骗税等违法行为,确保税收收入足额入库,也有利于帮助纳税人端正经营方向,促使其加强经济核算,提高经济效益。税务检查是税收征收管理的一个重要环节。

二、税务检查的范围

税务检查的范围具体如下。

(1) 检查纳税人的账簿、记账凭证、报表和有关资料,检查扣缴义务人代扣代缴、代收代缴税款账簿、记账凭证和有关资料。

(2) 到纳税人的生产、经营场所和货物存放地检查纳税人应纳税的商品、货物或者其他财产，检查扣缴义务人与代扣代缴、代收代缴税款有关的经营情况。

(3) 责成纳税人、扣缴义务人提供与纳税或者代扣代缴、代收代缴税款有关的文件、证明材料和有关资料。

(4) 询问纳税人、扣缴义务人与纳税或者代扣代缴、代收代缴税款有关的问题和情况。

(5) 到车站、码头、机场、邮政企业及其分支机构检查纳税人托运、邮寄应纳税商品、货物或者其他财产的有关单据、凭证和有关资料。

(6) 经县以上税务局(分局)局长批准，凭全国统一格式的检查存款账户许可证明，查询从事生产、经营的纳税人、扣缴义务人在银行或者其他金融机构的存款账户。税务机关调查税收违法案件时，经设区的市、自治州以上税务局(分局)局长批准，可以查询案件涉嫌人员的储蓄存款。

三、税务机关在检查中的权利与义务

(一)税务机关在检查中的权利

税务机关在检查中的权利具体如下。

(1) 查账权。税务机关有权检查纳税人的账簿、记账凭证、报表和有关资料，检查扣缴义务人代扣代缴、代收代缴税款账簿、记账凭证和有关资料。

(2) 调查权。税务机关依法进行税务检查时，有权向有关单位和个人调查纳税人、扣缴义务人和其他当事人与纳税、代扣代缴、代收代缴税款有关的情况。

(3) 存款账户检查权。经县以上税务局(分局)局长批准，凭全国统一格式的检查存款账户许可证明，查询从事生产经营的纳税人、扣缴义务人在银行或其他金融机构的存款账户。税务机关在调查税收违法案件时，经设区的市、县自治州以上税务局(分局)局长批准，可以查询案件涉嫌人员的储蓄存款。

(4) 实地检查权。税务机关有权到纳税人的生产、经营场所和货物存放地检查纳税人的商品、货物或其他财产，检查扣缴义务人与代扣代缴、代收代缴税款有关的经营情况；有权到车站、码头、机场、邮政企业及其分支机构检查纳税人托运、邮寄应税商品、货物或其他财产的有关单据、凭证和有关资料。

(5) 责成提供资料权。税务机关有权责成纳税人、扣缴义务人提供与纳税或者代扣代缴、代收代缴税款有关的文件、证明材料和有关资料。

(6) 询问权。税务机关有权询问纳税人、扣缴义务人与纳税或者代扣代缴、代收代缴税款有关的问题和情况。

(7) 税收保全措施或税收强制执行措施权。税务机关对从事生产、经营的纳税人以前纳税期的纳税情况依法进行税务检查时，发现纳税人有逃避纳税义务行为，并有明显的转移、隐匿其应纳税的商品、货物以及其他财产或者应纳税收入的迹象的，可以按规定的程序执行税收保全措施或税收强制执行措施。

(8) 资料获取权。税务机关调查税务违法案件时，对与案件有关的资料和情况，可以记录、录音、录像、照相和复制。

(二)税务机关在检查中的义务

税务机关在检查中的义务具体如下。

(1) 持证检查。税务机关派出的税务人员进行税务检查时,出示税务检查证和税务检查通知书,未出示税务检查证和税务检查通知书的,被查人有权拒绝检查。即税务检查人员在检查纳税人存款账户时,必须出示全国统一格式的检查存款账户许可证明,在进行其他方面检查时,必须出示税务检查证。

(2) 保守秘密。税务检查人员在检查纳税人账簿时,对企业的生产经营状况有了很大的了解,但是必须为企业保守秘密。税务机关派出的检查人员有责任为被查人保守秘密。

(3) 严格资料的使用。税务机关查询所获得的资料,不得用于税收以外的用途。同时,税务机关检查的资料、询问的对象和内容都必须与税收有关。

课 后 练 习

基 础 演 练

单项选择题

1. 企业发生的下列情形中,应当办理注销税务登记的是(　　)。
   A. 改变生产经营方式　　　　　　　B. 改变行政隶属关系
   C. 住所迁移涉及主管税务机关的变动　　D. 减少注册资本

2. 下列税费征收管理中,适用《中华人民共和国税收征收管理法》的是(　　)。
   A. 关税　　　　　　　　　　　　　B. 房产税
   C. 教育费附加　　　　　　　　　　D. 海关代征增值税

3. 税务机关采取税收保全措施的期限,一般不得超过 6 个月,重大案件需要延长的,应报经批准。有权批准的税务机关是(　　)。
   A. 县级税务局　　B. 市级税务局　　C. 省级税务局　　D. 国家税务总局

4. 税务机关采取的下列措施中,属于税收保全措施的是(　　)。
   A. 查封纳税人的价值相当于应纳税款的商品或货物
   B. 书面通知纳税人的开户银行从其银行存款中扣缴税款
   C. 拍卖纳税人其价值相当于应纳税款的商品用以抵缴税款
   D. 对纳税人逃避纳税义务的行为处以 2 000 元以上 5 000 元以下的罚款

5. 下列各项关于纳税申报管理的表述中,正确的是(　　)。
   A. 扣缴人不得采取邮寄申报的方式
   B. 纳税人在纳税期内没有应纳税款的,不必办理纳税申报
   C. 实行定期定额缴纳税款的纳税人可以实行简易申报、简并征期等申报纳税方式
   D. 主管税务机关根据纳税人实际情况及所纳税种确定的纳税申报期限不具有法律效力

提 高 演 练

多项选择题

1. 根据《税收征收管理法》的规定,下列属于纳税申报对象的有( )。
   A. 代扣代缴义务人　　　　　　　　B. 享受减税的纳税人
   C. 纳税期内没有应纳税款的纳税人　　D. 享受免税的纳税人

2. 某房地产开发企业被税务机关要求提供纳税担保,该企业拥有的下列资产中,可以用作纳税抵押品的有( )。
   A. 小轿车　　　B. 写字楼　　　C. 库存钢材　　　D. 土地所有权

3. 下列纳税申报方式中,符合《税收征收管理法》规定的有( )。
   A. 直接申报　　　B. 网上申报　　　C. 邮寄申报　　　D. 口头申报

4. 下列各项中,税务机关可以采取"核定征收"方式征税的有( )。
   A. 擅自销毁账簿或者拒不提供纳税资料的
   B. 企业开业初期、生产经营尚未正规的
   C. 企业财务会计人员严重不足的
   D. 纳税人申报的计税依据明显偏低,又无正当理由的

5. 根据《税收征收管理法》的规定,下列关于税收强制执行措施的说法,正确的有( )。
   A. 仅适用于从事生产、经营的纳税人
   B. 必须发生在责令限期缴纳税款期满之后
   C. 采取税收强制执行措施前,应当报经县以上税务局(分局)局长批准
   D. 对逾期不履行法定义务的纳税人必须告诫在先,执行在后

综 合 演 练

某市税务分局对辖区内一家内资企业进行税务检查时,发现该企业故意少缴增值税 58 万元,遂按相关执法程序对该企业做出补缴增值税、城建税并加收滞纳金(滞纳时间 50 天)和罚款(与税额等额)的处罚决定。该企业于当日接受了税务机关的处罚,补缴增值税、城建税及滞纳金、罚款合计为多少?

第二篇

流转税类

第三章 增值税

【本章学习目标】

通过本章的学习，了解增值税的概念、分类、核算方法和特点；熟悉增值税的基本要素：征收范围、纳税人、税率及征收率等内容；掌握增值税一般计税方法和简易计税方法的计算；掌握进口环节增值税税额的计算；熟悉出口货物退税的处理；熟悉增值税纳税申报处理与会计处理；了解增值税发票的管理。

【本章重点】

- 增值税的基本要素：征收范围、纳税人、税率
- 增值税的一般计税方法和简易计税方法
- 增值税的纳税申报与会计处理
- 增值税发票的管理

【本章难点】

- 增值税视同销售的规定
- 增值税一般销售额和特殊销售额的确定
- 增值税的进项税额：准予扣除、不得扣除、进项税额转出
- 增值税的出口退税

【章前导读】

企业使用滴滴平台等网约车软件取得的普通电子发票是否可以进行抵扣？

解析：现行政策规定，一般纳税人购进国内旅客运输服务，取得增值税电子普通发票的，暂允许按发票上注明的税额抵扣进项税。因此，纳税人取得增值税电子普通发票无须注明旅客身份信息，而是按现行发票开具的相关规定执行。

【关键词】

增值税　一般纳税人　小规模纳税人　税率　征收率　销项税　进项税　简易计税　出口退税　增值税发票　纳税申报　会计处理

第一节　增值税的基本理论

增值税是对单位和个人在销售货物、劳务或服务等生产经营活动中的增值额征收的一种流转税。

一、增值税的分类

根据增值额的计算原理不同，可以将增值税分为不同的类型，具体见表3-1。

表 3-1　增值税的类型

类　型	增值额计算公式	特　点
生产型增值税	=销售收入-原材料等流动资产购入额	不允许抵扣固定资产购入额
收入型增值税	=销售收入-(原材料等流动资产购入额+固定资产折旧额)	与增值额思想最接近,但会受会计政策影响而各个企业不同,不便于操作
消费型增值税	=销售收入-(原材料等流动资产购入额+固定资产当期购入额)	固定资产在购入当期一次全额扣除,易于操作,企业可以提前享受少缴纳税款的机会,获得资金的时间价值

我国从 1979 年开始在部分城市试行生产型增值税。根据 2008 年 11 月 10 日颁布的国务院令第 538 号文件,修改后的《中华人民共和国增值税暂行条例》的规定,我国自 2009 年 1 月 1 日起,增值税实施从生产型转为消费型,实现了购入设备等固定资产的进项税额允许抵扣的转变。

二、增值税税额的计算方法

根据计算增值税税额时是否要求先计算出增值额,增值税的计算可以分为直接法和间接法两种计算方法,见表 3-2。

表 3-2　增值税的计算方法

方法名称	计算原理	特　点
直接法	(1)增值额=销售额-购买额 (2)当期应纳增值税=增值额×增值税税率	先计算出增值额,再计算增值税税额
间接法	增值税税额 =销售额×增值税税率-购买额×增值税税率 =销项税额-进项税额	企业不需要计算出增值额,根据销售业务计算出销项税额,再抵扣购买业务的进项税额,从而计算出增值税税额

我国现行的增值税计算方法采用的是间接法:先根据销售业务计算出销项税额,再从中抵减可扣除的进项税额,从而计算当期的应交增值税税额。

三、增值税的特点

增值税具有以下特点。

(一)普遍征收

在商品与劳务流转过程中的各个环节均需要计算缴纳增值税税额,也称为道道征收。

(二)税收中性

税收中性一般包含两种含义:一是国家征税使社会所付出的代价以税款为限,尽可能不给纳税人或社会带来其他的额外损失或负担；二是国家征税应避免对市场经济的正常运行进行干扰，特别是不能使税收超越市场机制而成为资源配置的决定因素。

以服装厂销售服装为例，某件服装假设有多个流转环节和单一流转环节两种流转方式，具体见图3-1和图3-2。

(1) 在图3-1中，该服装经历多个流转环节，最终销售给消费者。

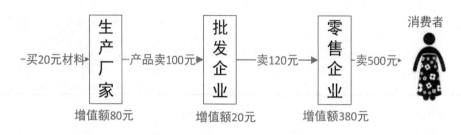

图3-1　服装多个流转环节示意图

该服装整体的增值额=生产厂家(80元)+批发企业(20元)+零售企业(380元)=480(元)

(2) 在图3-2中，该服装只经历一个流转环节，由厂家直接销售给消费者。

图3-2　服装单一流转环节示意图

该服装整体的增值额=480(元)

从上述可以看出，由于增值税只对服装每个流转环节的增值额征税，尽管服装经历了不同的流转方式，在服装总增值额一定的情况下，两种流转方式下的增值税总税负保持一致，商品流转环节的多少对该商品或劳务的整体税负不造成影响。也就是说，根据各个流转环节的增值额征收增值税不会额外增加纳税人的负担，也不会对市场经济正常运行(如商品的正常流转环节)造成干扰，体现了增值税的税收中性特征。

(三)间接税

销售方作为增值税的纳税义务人，需要计算缴纳增值税，但他会把税负转嫁给购买方，最终由消费者承担。

(四)价外税

计算交易中涉及的增值税税额时，以不包含增值税的价格为计税依据。

图3-3中，销售者购买手机取得发票，一共支付了4 788元，价款中负担的税负为550.83元，是以不包含增值税的价格4 237.17元为计税依据进行计算的。

图3-3 增值税电子普通发票

(五)间接计算方法

增值税纳税人计算应纳税额采用间接计算方法进行：应纳税额=销项税额-进项税额。

第二节 增值税的基本要素

一、增值税的征税范围

(一)增值税的一般征税范围

增值税是对在我国境内销售货物，提供加工修理修配劳务、服务，销售无形资产或不动产，进口货物的单位或个人，就其销售货物、劳务、服务、无形资产或不动产的增值税和进口货物金额为计税依据而课征的一种流转税。

案例点击

下面哪些需要缴纳增值税？（　　）
A. 供电局为居民提供电力
B. 汽车修理厂提供修车服务
C. 民政局提供结婚证办理服务
D. 某酒店修理部员工为酒店设施提供修理服务
E. 某餐馆为员工提供包吃包住服务
F. 某汽车厂将汽车与钢材厂交换，从而取得钢材

G. 某房地产公司销售房产
H. 某新能源车企业转让专利技术
I. 某企业获得的定期存款利息

〖点石成金〗

答案：ABFGH

A 项为增值税征税范围中的销售货物；B 项为增值税征税范围中的提供劳务；C、D、E 项为非经营活动；F 项为其他经济利益；G 项为增值税征税范围中的销售不动产；H 项为增值税征税范围中的销售无形资产；I 项为不需要缴纳增值税项目。

在征税范围中需要注意以下几个概念。

(1) 应税销售行为：具体指销售货物、劳务(加工、修理修配劳务)、服务(交通运输业、邮政业、电信业、建筑业等)、无形资产和不动产等行为。

(2) 对销售的理解：是指有偿转让货物的所有权，有偿提供劳务、服务，有偿转让无形资产或者不动产(有偿，是指取得货币、货物或者其他经济利益)。但属于下列非经营活动的情形除外：①行政单位收取的同时满足以下条件的政府性基金或者行政事业性收费。由国务院或者财政部批准设立的政府性基金，由国务院或者省级人民政府及其财政、价格主管部门批准设立的行政事业性收费；收取时开具省级以上(含省级)财政部门监(印)制的财政票据；所收款项全额上缴财政。②单位或者个体工商户聘用的员工为本单位或者雇主提供取得工资的劳务或服务。③单位或者个体工商户为聘用的员工提供服务。④财政部和国家税务总局规定的其他情形。

(3) 对境内的理解。

应税行为发生在中华人民共和国境内，具体是指：

① 服务(租赁不动产除外)或者无形资产(自然资源使用权除外)的销售方或者购买方在境内。

② 所销售或者租赁的不动产在境内。

③ 所销售自然资源使用权的自然资源在境内。

④ 财政部和国家税务总局规定的其他情形。

下列情形不属于在境内销售服务或者无形资产：

① 境外单位或者个人向境内单位或者个人销售完全在境外发生的服务。

② 境外单位或者个人向境内单位或者个人销售完全在境外使用的无形资产。

③ 境外单位或者个人向境内单位或者个人出租完全在境外使用的有形动产。

④ 财政部和国家税务总局规定的其他情形。

根据《国家税务总局关于营改增试点若干征管问题的公告》，境外单位或者个人发生的下列行为不属于在境内销售服务或者无形资产：

① 为出境的函件、包裹在境外提供的邮政服务、收派服务。

② 向境内单位或者个人提供的工程施工地点在境外的建筑服务、工程监理服务。

③ 向境内单位或者个人提供的工程、矿产资源在境外的工程勘察勘探服务。

④ 向境内单位或者个人提供的会议展览地点在境外的会议展览服务。

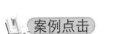

下列属于增值税征收范围的有( )。
A. 德国某公司转让专利技术权供我国 A 公司在德国和我国使用
B. 我国 A 公司转让专利技术权给德国某公司在德国使用
C. 美国某公司转让专利技术权供我国 B 公司仅在美国使用
D. 我国 B 公司转让专利技术权给美国某公司在美国和我国使用
E. 德国某公司将其在中国的不动产租赁给美国某公司
F. 美国某会议筹划公司为中国某手机品牌公司在美国召开新品全球发布会
G. 美国某会议筹划公司为中国某手机品牌公司在中国召开新品全球发布会

〖点石成金〗

根据对境内的理解分析,答案为 ABDEG。

(二)征税范围的详细解释

增值税的具体征税范围,具体适用税率见表 3-3。

表 3-3 增值税的具体征税范围与税率对应表

一级	二级	具体内容	适用税率
销售货物		货物指有形动产,包括电力、热力、气体等	除特别规定的低税率货物 9%外,一般为 13%
销售劳务		加工修理修配劳务	13%
销售服务	交通运输服务	包括陆路运输、水路运输、航空运输和管道运输	9%
	邮政服务	包括邮政普通服务、邮政特殊服务和其他邮政服务	9%
	电信服务	包括基础电信服务和增值电信服务	基础电信 9% 增值电信 6%
	建筑服务	包括工程服务、安装服务、修缮服务、装饰服务和其他建筑服务	9%
	金融服务	包括贷款服务、直接收费金融服务、保险服务和金融商品转让	6%
	现代服务	包括研发和技术服务、信息技术服务、文化创意服务、物流辅助服务、租赁服务、鉴证咨询服务、广播影视服务、商务辅助服务和其他现代服务	除有形动产租赁 13%,不动产租赁 9%之外,其余为 6%
	生活服务	包括文化体育服务、教育医疗服务、旅游娱乐服务、餐饮住宿服务、居民日常服务和其他生活服务	6%
销售无形资产		具体指销售技术、商标、著作权、商誉、自然资源使用权和其他权益性无形资产	除了土地使用权 9%税率外,其余为 6%

续表

一级	二级	具体内容	适用税率
销售不动产		销售建筑物(包括住宅、商业营业用房、办公楼等可供居住、工作或者进行其他活动的建造物)、构筑物(包括道路、桥梁、隧道、水坝等建造物)等	9%
进口货物		进口的货物按销售的货物理解	除特别规定的低税率货物为9%外,一般为13%

征税范围详细解释如下。

1. 销售或进口货物

销售货物是指有偿转让货物的所有权。货物是指有形动产,包括电力、热力、气体在内。进口货物是指申报进入我国海关关境的货物。

2. 销售劳务

销售劳务是指纳税人提供加工、修理修配劳务。加工是指受托加工货物,即委托方提供原料及主要材料,受托方按照委托方的要求制造货物并收取加工费的业务;修理修配是指受托对损伤和丧失功能的货物进行修复,使其恢复原状和功能的业务。

3. 销售服务

销售服务是指销售交通运输、邮政、电信、建筑、金融、现代服务和生活服务。

(1) 交通运输包括陆路运输服务、水路运输服务、航空运输服务和管道运输服务。其中陆路运输服务包括铁路运输服务和其他陆路运输服务(铁路运输以外的陆路运输业务活动,包括公路运输、缆车运输、索道运输、地铁运输、城市轻轨运输等)。

(2) 邮政服务,是指中国邮政集团公司及其所属邮政企业提供邮件寄递、邮政汇兑和机要通信等邮政基本服务的业务活动,包括邮政普遍服务、邮政特殊服务和其他邮政服务。

(3) 电信服务,是指利用有线、无线的电磁系统或者光电系统等各种通信网络资源,提供语音通话服务,传送、发射、接收或者应用图像、短信等电子数据和信息的业务活动。包括基础电信服务和增值电信服务。基础电信服务,是指利用固网、移动网、卫星、互联网,提供语音通话服务的业务活动,以及出租或者出售带宽、波长等网络元素的业务活动。增值电信服务,是指利用固网、移动网、卫星、互联网、有线电视网络,提供短信和彩信服务、电子数据和信息的传输及应用服务、互联网接入服务等业务活动。

(4) 建筑服务,是指各类建筑物、构筑物及其附属设施的建造、修缮、装饰、线路、管道、设备、设施等的安装以及其他工程作业的业务活动,包括工程服务、安装服务、修缮服务、装饰服务和其他建筑服务。

(5) 金融服务,是指经营金融保险的业务活动,包括贷款服务、直接收费金融服务、保险服务和金融商品转让。

(6) 现代服务,是指围绕制造业、文化产业、现代物流产业等提供技术性、知识性服务的业务活动,包括研发和技术服务、信息技术服务、文化创意服务、物流辅助服务、租赁服务、鉴证咨询服务、广播影视服务、商务辅助服务和其他现代服务。

① 研发和技术服务,包括研发服务、合同能源管理服务、工程勘察勘探服务、专业

技术服务。

② 信息技术服务，是指利用计算机、通信网络等技术对信息进行生产、收集、处理、加工、存储、运输、检索和利用，并提供信息服务的业务活动，包括软件服务、电路设计及测试服务、信息系统服务、业务流程管理服务和信息系统增值服务。

③ 文化创意服务，包括设计服务、知识产权服务、广告服务和会议展览服务。

④ 物流辅助服务，包括航空服务、港口码头服务、货运客运场站服务、打捞救助服务、装卸搬运服务、仓储服务和收派服务。

⑤ 租赁服务，包括融资租赁服务和经营租赁服务。按标的物的不同，租赁服务可分为有形动产租赁服务和不动产租赁服务。

⑥ 鉴证咨询服务，包括认证服务、鉴证服务和咨询服务。

⑦ 广播影视服务，包括广播影视节目(作品)的制作服务、发行服务和播映(含放映，下同)服务。

⑧ 商务辅助服务，包括企业管理服务、经纪代理服务、人力资源服务、安全保护服务。

⑨ 其他现代服务，是指除研发和技术服务、信息技术服务、文化创意服务、物流辅助服务、租赁服务、鉴证咨询服务、广播影视服务和商务辅助服务以外的现代服务。

(7) 生活服务，是指为满足城乡居民日常生活需求提供的各类服务活动，包括文化体育服务、教育医疗服务、旅游娱乐服务、餐饮住宿服务、居民日常服务和其他生活服务。

① 文化体育服务，包括文化服务和体育服务。

② 教育医疗服务，包括教育服务和医疗服务。

③ 旅游娱乐服务，包括旅游服务和娱乐服务。

④ 餐饮住宿服务，包括餐饮服务和住宿服务。

⑤ 居民日常服务，是指主要为满足居民个人及其家庭日常生活需求提供的服务，包括市容市政管理、家政、婚庆、养老、殡葬、照料和护理、救助救济、美容美发、按摩、桑拿、氧吧、足疗、沐浴、洗染、摄影扩印等服务。

⑥ 其他生活服务，是指除文化体育服务、教育医疗服务、旅游娱乐服务、餐饮住宿服务和居民日常服务之外的生活服务。

4. 销售无形资产

销售无形资产是指销售技术、商标、著作权、商誉、自然资源使用权和其他权益性无形资产。

5. 销售不动产

销售不动产是指销售建筑物(包括住宅、商业营业用房、办公楼等可供居住、工作或者进行其他活动的建造物)、构筑物(包括道路、桥梁、隧道、水坝等建造物)等。

案例点击

请判断以下业务属于增值税哪类具体征税范围？

(1) 某自来水公司取得居民用水收入100万元。

(2) 某房地产中介公司取得中介服务收入10万元，帮客户垫支资金取得占用资金收入

2万元。

(3) 某航空公司取得机票收入100万元，退票手续费收入10万元。

(4) 某游戏公司取得游戏道具收入10万元。

(5) 某共享单车公司取得租车收入20万元。

(6) 某快餐店取得堂食收入10万元，外卖收入2万元。

(7) 某典当行典当收入100万元，销售绝当物品收入10万元。

(8) 顺丰快递取得快递收入100万元。

〖点石成金〗

(1)项属于销售货物。

(2)项取得中介收入属于销售服务—现代服务—商务辅助服务—经纪代理服务。

帮客户垫支资金属于销售服务—金融服务—贷款服务。

(3)项取得机票收入属于销售服务—交通运输服务—航空运输服务。

退票手续费收入属于销售服务—现代服务—其他现代服务。

(4)项取得游戏道具收入属于销售无形资产—其他权益性无形资产。

(5)项中取得租车收入属于销售服务—现代服务—租赁服务—租赁有形动产。

(6)项中堂食收入和外卖收入均属于销售服务—生活服务—餐饮服务。

政策依据：《财政部 国家税务总局关于明确金融 房地产开发 教育辅助服务等增值税政策的通知》(财税〔2016〕140号)第九条规定，提供餐饮服务的纳税人销售的外卖食品，按照"餐饮服务"缴纳增值税。

(7)项中典当收入属于销售服务—金融服务—贷款服务。

销售绝当物品属于销售货物。

(8)项快递服务属于销售服务—现代服务—物流辅助服务—收派服务。

(三)征税范围中的特殊规定

增值税征税范围中的特殊规定具体如下。

(1) 自2018年1月1日起，纳税人已售票但客户逾期未消费取得的运输逾期票证收入，按照"交通运输服务"9%税率缴纳增值税。纳税人为客户办理退票而向客户收取的退票费、手续费等收入，按照"其他现代服务"6%税率缴纳增值税。

(2) 无运输工具承运业务，按照交通运输服务9%税率缴纳增值税。无运输工具承运业务，是指经营者以承运人身份与托运人签订运输服务合同，收取运费并承担承运人责任，然后委托实际承运人完成运输服务的经营活动。

(3) 水路运输的程租、期租业务，属于水路运输服务；航空运输的湿租业务，属于航空运输服务，税率均为9%。水路运输的光租业务、航空运输的干租业务，属于有形动产经营租赁，按13%缴纳增值税。

(4) 出租车公司向使用本公司自有出租车的出租车司机收取的管理费用，按照陆路运输服务9%缴纳增值税。

(5) 卫星电视信号落地转接服务，按照增值电信服务6%缴纳增值税。

(6) 固定电话、有线电视、宽带、水、电、燃气、暖气等经营者向用户收取的安装费、初装费、开户费、扩容费以及类似收费，按照安装服务9%税率缴纳增值税。

(7) 租赁分为有形动产租赁服务和不动产租赁服务，有形动产租赁服务税率为13%，不动产租赁服务税率为9%。融资性售后回租中，承租方出租资产行为不属于增值税的征税范围，不征收增值税，回租时属于金融服务中的贷款服务的，税率为6%。

(8) 港口设施经营人收取的港口设施保安费按照现代服务业—物流辅助服务—港口码头服务6%缴纳增值税。

(9) 将建筑物、构筑物等不动产或者飞机、车辆等有形动产的广告位出租给其他单位或个人用于发布广告，按照经营租赁服务缴纳增值税，税率分别为9%和13%。

(10) 车辆停放服务、道路通行服务(包括过路费、过桥费、过闸费等)等按照不动产经营租赁服务9%税率缴纳增值税。

(11) 翻译服务和市场调查服务按照现代服务——鉴证咨询服务6%税率缴纳增值税。

(12) 电梯安装属于建筑服务中的安装服务，税率为9%；对安装后的电梯提供维护保养服务，按现代服务中的其他现代服务6%缴纳增值税。

(四)不需要缴纳增值税的项目

不需要缴纳增值税的项目具体如下。

(1) 存款利息。

(2) 被保险人获得的保险赔付。

(3) 房地产主管部门或者其指定机构、公积金管理中心、开发企业以及物业管理单位代收的住宅专项维修资金。

(4) 在资产重组过程中，通过合并、分立、出售、置换等方式，将全部或者部分实物资产以及与其相关联的债权、负债和劳动力一并转让给其他单位和个人，其中涉及的不动产、土地使用权转让行为。

(5) 根据国家指令无偿提供的铁路运输服务、航空运输服务，属于《试点实施办法》第十四条规定的用于公益事业的服务。

(6) 纳税人取得的中央财政补贴，不属于增值税应税收入，不征收增值税。

(五)增值税征税范围的扩展——视同销售行为

确定经济行为是否缴纳增值税的一般条件：第一，应税行为发生在我国境内；第二，属于增值税规定的业务活动；第三，应税行为是为他人提供的；第四，应税行为有偿。当不同时满足这四个条件但需要缴纳增值税的情况称为视同销售行为，具体如下。

(1) 委托代销。

(2) 受托代销。

(3) 总分机构(不在同一县市)之间移送货物用于销售的，移送当天发生增值税纳税义务。

(4) 将自产或委托加工的货物用于非增值税应税项目。

(5) 将自产、委托加工的货物用于集体福利或个人消费。

(6) 将自产、委托加工或购买的货物作为投资，提供给其他单位或个体经营者。

(7) 将自产、委托加工或购买的货物分配给股东或投资者。

(8) 将自产、委托加工或购买的货物无偿赠送给他人。

(9) 单位和个体工商户向其他单位或个人提供无偿应税服务、无偿转让无形资产或不动产,但以公益活动为目的或以社会公众为对象的除外。

(10) 其他情形。

案例点击

下列属于增值税的征税范围中的视同销售行为的有( )。
A. 为本单位员工无偿提供搬家服务
B. 向客户无偿提供信息咨询服务
C. 销售货物同时无偿提供运输服务
D. 为客户无偿提供广告设计服务
E. 将购买的货物用于集体福利
F. 将购买的货物作为投资提供给其他单位
G. 将自产的货物用于集体福利
H. 将自产的货物作为投资提供给其他单位

〖点石成金〗

答案:BCDFGH

与将自产货物、委托加工收回货物用于非增值税应税项目、集体福利或个人消费需要视同销售的纳税处理不同,将购买的货物用于这三种用途,不需要视同销售纳税处理,那应如何做纳税处理呢?(纳税处理详见本章第三节一(二)2. 不得抵扣的进项税额(1)中的规定)

二、增值税的纳税义务人

(一)概念

在中华人民共和国境内销售货物、劳务、服务、无形资产、不动产,进口货物的单位和个人为增值税纳税义务人。单位是指企业、行政单位、事业单位、军事单位、社会团体及其单位;个人是指个体工商户和其他个人。即除非明文规定不征或者免征增值税外,所有类型的单位和个人发生增值税应税业务均属于增值税纳税义务人。

注意增值税纳税义务人与扣缴义务人的区别。扣缴义务人是指中华人民共和国境外的单位或个人在境内销售劳务,在境内未设有经营机构的,以其境内代理人为扣缴义务人;在境内没有代理人,以购买方为扣缴义务人。从定义得知,一般由纳税义务人(取得收入的一方)缴纳税款,如果纳税义务人在境外不方便缴纳税款,则规定由扣缴义务人缴纳税款。

注意事项:①单位以承包、承租、挂靠方式经营的,承包人、承租人、挂靠人(以下统称承包人)以发包人、出租人、被挂靠人(以下统称发包人)的名义对外经营并由发包人承担相关法律责任的,以该发包人为纳税人,否则,以承包人为纳税人;②资管产品运营过程中发生的增值税应税销售行为,以资管产品管理人为增值税纳税人。

(二)增值税纳税人的分类

按会计核算水平和经营规模可将增值税纳税人划分为一般纳税人和小规模纳税人。

《财政部税务总局关于统一增值税小规模纳税人标准的通知》规定：自 2018 年 5 月 1 日起，增值税纳税人应纳税销售额划分标准统一为 500 万元，超过该标准的纳税人除国家税务总局另有规定以外，应登记为一般纳税人。登记为一般纳税人后除税务总局另有规定外，不得转为小规模纳税人。年应税销售额未超过规定标准，会计核算健全，能够提供税务资料的，可向主管税务机关办理一般纳税人登记。

法规解读如下。

1. 对年应纳税销售额的理解

案例点击

某服装企业计入衡量一般纳税人标准的年应税销售额，包括在不超过 12 个月经营期内的( )。

A. 销售自产服装的销售额
B. 偶然视同销售自产服装的销售额
C. 偶然出租仓库收取的租金额
D. 偶然转让企业自主商标品牌的销售额

〖点石成金〗

年应纳税销售额指纳税人在连续不超过 12 个月或者 4 个季度的经营期内累计应征增值税销售额，包括纳税申报销售额、稽查查补销售额、纳税评估调整销售额。纳税人偶然发生的销售无形资产、转让不动产的销售额，不计入应税行为年应税销售额。

因此，答案为 ABC。

2. 超过标准是否登记为一般纳税人

年应税销售额超过小规模纳税人标准的其他个人不属于一般纳税人，按小规模纳税人纳税；非企业性单位、不经常发生应税行为的企业可选择按小规模纳税人纳税。年应税销售额超过规定标准但不经常发生应税行为的单位和个体工商户可选择按照小规模纳税人纳税。选择小规模纳税人纳税的，不得办理一般纳税人登记。

3. 不同类型的纳税人对其增值税计算缴纳的影响

划分两类纳税人后，对缴纳增值税的影响：一般纳税人生效之日起，用增值税税率按照增值税一般计税方法计算应纳税额，并可按照规定领用开具增值税专用发票，另有规定的除外；小规模纳税人按照简易征税方法用增值税征收率计算应纳税额。

4. 一般纳税人登记时限以及处理

纳税人在年应税销售额超过规定标准的月份(或季度)的所属申报期结束后 15 日按照规定办理相应手续；未按规定时限办理的，主管税务机关应当在规定时限结束后 5 日告知纳税人在 5 日内办理手续，逾期仍不办理，次月起按照销售额依照增值税税率计算应纳税额，不得抵扣进项税额，直至纳税人办理相关手续为止。

三、增值税的税率和征收率

(一)一般计税方法适用税率——4档增值税税率

根据《财政部 税务总局 海关总署关于深化增值税改革有关政策的公告》(财政部 税务总局 海关总署公告2019年第39号)文件的规定,自2019年4月1日起,我国增值税税率为以下4档税率。

(1) 13%税率：主要适用于销售货物(除低税率货物之外)、劳务、有形动产租赁服务或进口货物(除低税率货物之外)。

(2) 9%税率：主要适用于销售交通运输、邮政、基础电信、建筑、不动产租赁服务，销售不动产，转让土地使用权以及销售和进口下列低税率货物。

① 粮食等农产品(指种植业、养殖业、林业、牧业、水产业生产的各种植物、动物的初级产品)、食用植物油、食用盐。

② 自来水、暖气、冷气、热水、煤气、石油液化气、天然气、二甲醚、沼气、居民用煤炭制品。

③ 图书、报纸、杂志、音像制品、电子出版物。

④ 饲料、化肥、农药、农机、农膜。

⑤ 国务院规定的其他货物。

(3) 6%税率：销售增值电信服务、金融服务、现代服务(租赁服务除外)、生活服务、无形资产(不含土地使用权)。

(4) 零税率：纳税人出口货物，税率为零，另有规定的除外；境内单位和个人跨境销售国务院规定范围内的服务、无形资产。

案例点击

增值税一般纳税人销售外购的下列货物，自2019年4月1日起按低税率9%计征增值税的有(　　)。

A. 动物骨粒　　　　B. 淀粉　　　　C. 姜黄　　　　D. 麦芽

〖点石成金〗

答案：AC

案例点击

一般纳税人发生下列应税销售行为，自2019年4月1日起适用9%低税率的有(　　)。

A. 销售农机整机　　　　　　　　B. 销售农机零件

C. 受托加工农机整机的加工劳务　　D. 受托加工农机零件的加工劳务

〖点石成金〗

答案：A

(二)简易计税方法适用的税率——两档征收率

(1) 3%征收率：小规模纳税人销售货物、劳务、服务、无形资产；一般纳税人发生按规定适用或可选择适用简易计税方法计税的特定应税行为(除适用 5%征收率外)。

(2) 5%征收率：小规模纳税人、一般纳税人(选择简易计税方法计税)、其他个人销售不动产；小规模纳税人、一般纳税人(选择简易计税方法计税)、其他个人经营租赁不动产(不含个人出租住房)；选择差额纳税的提供劳务派遣、安全保护服务；一般纳税人提供人力资源外包服务；一般纳税人转让 2016 年 4 月 30 日前取得的土地使用权，选择适用简易计税方法的。

案例点击

一般纳税人选择简易计税方法计算增值税时应采用 3%的征收率的情况有(　　)。
A. 一般纳税人销售不动产
B. 一般纳税人提供人力资源外包服务
C. 一般纳税人选择差额纳税的提供劳务派遣
D. 一般纳税人经营租赁不动产
E. 一般纳税人转让 2016 年 4 月 30 日前取得的土地使用权
F. 一般纳税人销售建筑用的砂、土、石料
G. 一般纳税人销售自产的自来水
H. 为甲供工程提供的建筑服务
I. 一般纳税人选择全额纳税的提供劳务派遣

〖点石成金〗
答案：FGHI

一般纳税人采用简易计税方法计算增值税税额常见于以下两种情况：第一，销售取得时无抵扣进项税额的情况(如销售 2016 年 4 月 30 日之前取得的不动产等)；第二，可抵扣的进项税额较低时(如提供清包工方式的建筑服务，销售自产自来水、自产沙土石料等)。

(3) 增值税征收率的特殊规定及处理见表 3-4。

表 3-4　增值税征收率的特殊规定及处理

项　目	处　理	计算公式
1. 销售自己使用过的固定资产(不包括不动产)	按照 3%征收率减按 2%征收增值税	不含税销售额=含税销售额/(1+3%) 应纳税额=不含税销售额×2%
2. 提供物业管理服务的纳税人代收水费	对收入差额按 3%征收率计算增值税	含税销售收入差额=收取水费-支付水费 应纳税额=含税销售收入差额/(1+3%)×3%
3. 提供劳务派遣服务	有下列两种方法可供选择： (1)对收入全额按3%征收率计算 (2)对收入差额按5%计算	(1)应纳税额=含税销售收入全额(包含价外费用)/(1+3%)×3% (2)含税销售收入差额=含税销售收入(包含价外费用)-支付的工资福利和社保公积金 应纳税额=含税销售收入差额×5%

续表

项　目	处　理	计算公式
4. 个人出租住房	按5%征收率减按1.5%计算	不含税销售额=含税销售额/(1+5%) 应纳税额=不含税销售额×1.5%
5. 销售旧货	按照3%征收率减按2%征收增值税	不含税销售额=含税销售额/(1+3%) 应纳税额=不含税销售额×2%

(三)影响判断增值税税率的其他因素——混合销售行为和兼营行为

混合销售行为：一项销售行为既涉及货物又涉及服务，称为混合销售。从事货物的生产、批发或者零售的单位和个体工商户的混合销售行为，按照销售货物缴纳增值税；其他单位和个体工商户的混合销售行为，按照销售服务缴纳增值税。

纳税人兼营不同税率征收率的应税销售行为，应当分别核算不同税率或征收率的销售额；未分别核算销售额的，从高适用税率或征收率。

纳税人销售活动板房、机器设备、钢结构等自产货物的同时提供建筑、安装服务不属于"营改增通知"规定中的混合销售，应分别核算货物和建筑服务的销售额，分别适用不同的税率或征收率。

【案例点击】

请判断如下经济业务的增值税税率。

(1) 某商场为一般纳税人，2019年5月为某客户销售空调并提供安装服务，取得销售收入2万元。

(2) 某饭店为一般纳税人，2019年5月为某桌客人提供餐饮服务并销售一条香烟，取得收入2 000元。

(3) 某汽车美容店为增值税一般纳税人，2019年5月取得修车收入100万元，洗车收入2万元。

〖点石成金〗

题(1)中的销售行为从形式上看销售空调属于销售货物(13%)，安装属于建筑劳务(9%)，但因为满足混合销售行为，应作为一项销售行为判断增值税税率。商场属于从事货物零售的单位，应按照销售货物确认税率(13%)。

题(2)中判断为混合销售行为，确认税率为销售服务的税率6%。

题(3)中，因为分别核算两种业务收入，应判断为兼营，修车业务属于修理修配劳务13%税率，洗车属于销售服务6%税率。

四、增值税的优惠政策

(一)《增值税暂行条例》规定的免税项目

《增值税暂行条例》规定的免税项目有以下几方面。

(1) 农业生产者销售自产的农产品。

(2) 避孕药品和用具。

(3) 古旧图书。

(4) 直接用于科学研究、科学实验和教学的进口仪器、设备。
(5) 外国政府、国际组织无偿援助的进口物资和设备。
(6) 来料加工、来件装配和补偿贸易所需进口的设备。
(7) 由残疾人组织直接进口供残疾人专用的物品。
(8) 销售自己使用过的物品,是指其他个人使用过的物品。

(二)"营改增通知"规定的税收优惠政策

1. 免征增值税项目

免征增值税项目主要有以下几方面。

(1) 托儿所、幼儿园提供的保育和教育服务。
(2) 养老机构提供的养老服务。
(3) 残疾人福利机构提供的育养服务。
(4) 婚姻介绍服务。
(5) 殡葬服务。
(6) 残疾人员本人为社会提供的服务。
(7) 医疗机构提供的医疗服务。
(8) 从事学历教育的学校提供的教育服务。
(9) 学生勤工俭学提供的服务。
(10) 农业机耕、排灌、病虫害防治、植物保护、农牧保险以及相关技术培训业务,家禽、牲畜、水生动物的配种和疾病防治。
(11) 纪念馆、博物馆、文化馆、文物保护单位管理机构、美术馆、展览馆、书画院、图书馆在自己的场所提供文化体育服务取得的第一道门票收入。
(12) 寺院、宫观、清真寺和教堂举办文化、宗教活动的门票收入。
(13) 行政单位之外的其他单位收取的政府性基金和行政事业性收费。
(14) 个人转让著作权。
(15) 个人销售自建自用住房。
(16) 自 2012 年 1 月 1 日,免征蔬菜流通环节增值税。
(17) 除豆粕以外的其他粕类饲料产品,均免征增值税。
(18) 自 2008 年 6 月 1 日起,纳税人生产销售和批发、零售有机肥产品免征增值税。
(19) 纳税人提供技术转让、技术开发和与之相关的技术咨询、技术服务。
(20) 福利彩票、体育彩票的发行收入。

2. 增值税即征即退项目

增值税即征即退项目主要有以下几方面。

(1) 增值税一般纳税人销售其自行开发生产的软件产品,按适用税率征收增值税后,对其增值税实际税负 3%的部分实行即征即退。
(2) 一般纳税人提供管道运输服务,对其增值税实际税负 3%的部分实行即征即退。
(3) 经批准从事融资租赁业务的试点纳税人中的一般纳税人,提供有形动产融资租赁和有形动产融资性售后回租服务,对其增值税实际税负 3%的部分实行即征即退。
(4) 纳税人享受安置残疾人增值税即征即退政策。

(三)增值税起征点的规定

个人发生应税行为的销售额未达到增值税起征点的,免征增值税;达到起征点的,全额计算缴纳增值税。增值税起征点不适用于登记为一般纳税人的个体工商户,即仅适用于按照小规模纳税人纳税的个体工商户和其他个人。

增值税起征点幅度如下。
(1) 按期纳税的,为月销售额 5 000～20 000 元(含本数)。
(2) 按次纳税的,为每次(日)销售额 300～500 元(含本数)。

起征点的调整由财政部和国家税务总局规定。省、自治区、直辖市财政厅(局)和国家税务局应当在规定的幅度内,根据实际情况确定本地区适用的起征点,并报财政部和国家税务总局备案。对增值税小规模纳税人中月销售额未达到 2 万元的企业或非企业性单位,免征增值税。自 2018 年 1 月 1 日至 2020 年 12 月 31 日,对月销售额 2 万元(含本数)至 3 万元的增值税小规模纳税人,继续免征增值税。

第三节 增值税计算方法

一、一般计税方法的税额计算

我国采用的增值税税额的计算方法为间接法,即先根据当期销售额和适用税率计算出销项税额,再将当期准予抵扣的进项税额进行扣除,从而计算出当期应缴纳的增值税税额。一般纳税人发生除适用简易计税方法外的应税销售行为,均应采用一般计税方法计算增值税税额。其计算公式为

$$当期应交增值税税额=销项税额-进项税额$$

(一)销项税额的计算

一般纳税人在从事应税销售行为(销售货物、劳务、服务、无形资产或不动产),按照销售额和税法规定的税率计算并向购买方收取的增值税税额称为销项税额。其计算公式为

$$销项税额=销售额×增值税税率$$

在增值税税率既定的情况下,计算销项税额正确性的前提取决于销售额的正确合理确定。

1. 一般销售行为销售额的确定

销售额是指纳税人发生应税销售行为向购买方收取的全部价款和价外费用。
1) 计税时的销售额为不含税销售额

由于销项税额是由销售方向购买方收取,而增值税是价外税,计税销售额不包含向购买方收取的销项税额。如取得的销售额是包含增值税销项税额即含增值税的销售额,计算销项税额时需做含税销售额换算为不含税销售额的处理。其计算公式为

$$不含(增值)税销售额=含(增值)税销售额÷(1+增值税税率)$$

📖 **案例点击**

某新华书店(一般纳税人)2019 年 5 月取得图书零售收入 100 000 元,计算当月的销项

税额。

〖点石成金〗

因为图书为低税率货物，选择9%的适用税率：

不含税销售额=100 000/(1+9%)=91 743.12(元)

当月的销项税额=91 743.12×9%=8 256.88(元)

2) 计税时的销售额应包含价外费用

计算增值税税额时的销售额应包含价外收取的各种性质的收费。具体如手续费、补贴、基金、集资费、返还利润、奖励费、违约费、包装费、包装物租金、运输装卸费等其他各种性质的价外收费。但是不包括以下内容。

① 受托加工应税消费品的货物所代收代缴的消费税。

② 以委托方名义开具发票代委托方收取的款项。

③ 同时符合以下条件代为收取的政府性基金或行政事业性收费：由国务院或者财政部批准设立的政府性基金，由国务院或者省级人民政府及其财政、价格主管部门批准设立的行政事业性收费；收取时开具省级以上(含省级)财政部门印制的财政票据；所收款项全额上缴财政。

④ 销售货物的同时代办保险等而向购买方收取的保险费，以及向购买方收取的代购买方缴纳的车辆购置税、车辆牌照费。

价外费用视为含税价，计入销售额计算销项税额时也要先换算为不含税销售额。

不含税销售额=含税销售额/(1+增值税税率)

案例点击

某汽车品牌4S店2019年5月销售某小汽车时向客户收取了车价10万元外，另外收取了2万元的车辆改装费，1万元的车辆购置税和5 000元的保险费。请计算该笔销售业务的销项税额。

〖点石成金〗

要计入销售额的有10万元的车价和2万元的改装费。代为收取的1万元的车辆购置税和5 000元的保险费不计入销售额。由于向客户收取的总价款包含增值税税额即为含税销售额，适用的税率为13%，所以计算公式如下。

不含税销售额=120 000/(1+13%)=106 194.69(元)

销项税额=106 194.69×13%=13 805.31(元)

知识拓展

如何区分含税销售额和不含税销售额？

增值税专用发票会将不含税价格和税额分开列示，一般注明增值税专用发票价格为不含税销售额；其他如发票价税合计金额、零售价、价外费用(如逾期的包装物押金、租金等)均属于含税销售额。

案例点击

增值税一般纳税人收取的下列款项中，应作为价外费用并入销售额计算增值税销项税额的有(   )。

A. 商业企业向供货方收取的与商品销售量挂钩的返还收入

B. 生产企业销售货物时收取的包装费

C. 设计企业提供设计服务向客户收取的提前完成奖励费

D. 4S店销售汽车同时向购买方收取的代购买方缴纳的车辆购置税、车辆牌照费

〖点石成金〗

答案：BC

2. 视同销售行为销售额的确定

视同销售行为要作为销售处理，计入销售额计算销项税额。发生视同销售行为而无销售额或者发生销售行为价格明显偏低并无正当理由的，由主管税务机关按照下列顺序核定销售额。

(1) 按照纳税人最近时期发生同类应税销售行为的平均价格确定。

(2) 按照其他纳税人最近时期发生同类应税销售行为的平均价格确定。

(3) 无以上两个参考销售额的，按组成计税价格确定销售额。

组成计税价格的计算公式为

① 销售不征消费税的货物：

组成计税价格＝成本＋利润＝成本×(1+成本利润率)

② 销售征收消费税的货物：

组成计税价格＝成本＋利润＋消费税

案例点击

某服装企业(一般纳税人)2019年6月的经济业务如下：对外销售女款运动装A款1 000件，单位为200元/件(不含税)，另将同款10件无偿赠送给某客户单位作为其运动会服装，A款运动装的单位成本为100元/件；将新研发尚未上市销售的B款运动装一套，赞助给某明星作为其活动服装，成本为1 000元/套。成本利润率为10%。请计算当月的销项税额。

〖点石成金〗

有同类销售行为的以同类销售价格为视同销售额；没有同类销售行为的，采用组成计税价格作为销售额。

销售额=200×(1 000+10)+1 000×(1+10%)=203 100(元)

当月销项税额=203 100×13%=26 403(元)

3. 特殊销售行为销售额的确定

在实际销售活动中，销售方为了达到销售目的可能采用多种销售方式，这些特殊的销售方式下的销售额的确定要求如下。

1) 采用折扣方式销售时的处理

折扣方式销售主要分为三种：折扣销售、销售折扣和销售折让。三种方式的界定和纳税处理有所区别。

① 折扣销售(商业折扣)：是指销售方在进行应税销售行为时，因为购买方购买数量较多，而给予的价格上的优惠。如一件原价、两件八折的促销活动。《税法》规定：纳税人在发生这类应税销售行为时，应将价款和折扣额在同一张发票上的"金额栏"分别注明，

这样可按折扣后的销售额征收增值税。如果价款和折扣额分开在两张发票或者只在"备注栏"注明折扣额的,折扣额均不能扣减。

② 销售折扣(现金折扣):是指销售方采用赊销方式进行销售活动后,为了尽早收回货款,给予购买方的一种折扣优待。常见的形式为2/10,1/20,n/30(表示10天内付款给与2%的优惠,20天内付款给与1%的优惠,30天内付款需支付全价)。《税法》规定:销售折扣本质是一种融资费用,销售折扣额不得在销售额中扣除。

③ 销售折让:是指纳税人售出商品后由于商品的质量不合格等原因而在价格上给予的减让行为。《税法》规定:销售方可按现行《增值税专用发票使用规定》开具红字专用发票,从而在销售额中减除折让额;未按规定开具红字专用发票的,不能减除折让额。

2) 采用以旧换新方式销售时的处理

以旧换新是指纳税人在销售新货物时,有偿收回旧货物的行为。比如超市在销售单价为200元新锅具时,允许消费者将旧锅具作价50元,实际只收取150元的差额。《税法》规定:纳税人采用以旧换新方式销售货物的(金银首饰除外),应将新货物的同期销售价格确定销售额,不得扣除旧货物的收购价格。在超市以以旧换新方式销售锅具的活动中,必须以新锅具单价200元作为销售额来计算销项税额。

3) 采用还本销售方式销售时的处理

还本销售是指纳税人在销售货物后,在约定的时间内,采用一次或分次的方式将部分或全部本金退还给购买方。这种销售方式本质上是一种融资行为。《税法》规定:退还的本金不得在原销售额中扣除。

4) 采用以物易物方式销售时的处理

以物易物是指交易双方不直接用货币进行结算,而以同价位的应税销售行为进行交换,实现双方的购销业务。《税法》规定:以物易物的双方都应作为购销处理,以发出的应税销售行为核算销项税额,以各自取得的应税销售行为的满足抵扣进项税额条件的票据确定进项税额。

5) 包装物押金的处理

包装物押金是指为了督促借入包装物的单位或个人尽早归还包装物,在销售货物借出包装物时另收取押金的行为。包装物押金不同于包装物租金,借入包装物的单位或个人在约定的时间内返还包装物,押金需要退还。其纳税处理与包装物租金有所不同,包装物租金在收取时直接作为价外费用处理,而包装物押金要分一般押金和特殊押金两种情况进行处理,见表3-5。

表3-5 包装物押金的处理

押金形式	处理方式
①一般押金 (一般货物以及酒类中的啤酒、黄酒)	①收取时单独记账,不计入销售额计算销项税额 ②逾期时(或未逾期但超过1年的),视同价外费用,并入销售额计算销项税额
②特殊押金 (除啤酒、黄酒外的其他酒类)	收取时作为价外费用,并入销售额计算销项税额

案例点击

2019年6月,某酒厂(增值税一般纳税人)销售白酒和啤酒给某食品公司,其中销售白酒开具增值税专用发票,收取不含税价款50 000元,另收取包装物押金3 000元;销售啤酒开具普通发票,收取价税合计20 000元,另外收取包装物押金1 000元。食品公司按照合同约定,于2019年7月将白酒、啤酒包装物全部退还给酒厂,并取回全部押金。就此项业务,该酒厂2019年6月增值税销项税额应为多少元?

〖点石成金〗

白酒包装物押金应视同价外费用(含税销售额)计入6月的销售额,啤酒的包装物押金不用计入销售额。

6月的销售额=50 000+3 000/(1+13%)+20 000/(1+13%)=70 353.98(元)

销项税额=70 353.98×13%=9 146.02(元)

4. 按差额确定销售额的情况

在营改增试点在全国推开的过程中,存在有些情况无法通过增值税的抵扣机制来避免重复征税的情况,因此在《营业税改征增值税试点有关事项的规定》中列出某些应税销售行为中销售额按照差额进行确定的情况,见表3-6。

表3-6 按销售额差额计算增值税的业务和可扣除项目汇总表

业 务	可扣除项目
(1)金融商品转让	买入价
(2)经纪代理服务	向委托方收取并代为支付的政府性基金或者行政事业性收费
(3)航空运输服务	代收的机场建设费和代售其他航空运输企业客票而代收转付的价款
(4)一般纳税人提供客运场站服务	支付给承运方的运费
(5)提供旅游服务	向旅游服务购买方收取并支付给其他单位或者个人的住宿费、餐饮费、交通费、签证费、门票费和支付给其他接团旅游企业的旅游费用
(6)提供建筑服务适用简易计税方法的	扣除支付的分包款
(7)纳税人转让其取得(不含自建)的不动产	不动产购置原价或者取得不动产时的作价
(8)劳务派遣	代用工单位支付给劳务派遣员工的工资、福利和为其办理的社会保险及住房公积金
(9)房地产开发企业中的一般纳税人销售其开发的房地产项目采用一般计税方法的	受让土地时向政府部门支付的土地价款

案例点击

对下列增值税应税行为计算销项税额时,按照全额确定销售额的是( )。

A. 贷款服务   B. 金融商品转让

C. 一般纳税人提供客运场站服务   D. 经纪代理服务

〖点石成金〗

答案：A

(二)进项税额的确定

进项税额是纳税人购入货物、劳务、服务、无形资产、不动产而向销售方支付或负担的增值税额。

1．准予抵扣的进项税额

1） 一般抵扣规定

进项税额一般要求凭专用抵扣凭证(如增值税专用发票、增值税专用缴款书等完税凭证)所列示的税额进行抵扣。

① 从销售方取得的增值税专用发票(含税控机动车销售统一发票，下同)上注明的增值税额(图3-4中为取得的增值税专用发票)。

图3-4 增值税专用发票

② 从海关取得的海关进口增值税专用缴款书上注明的增值税额。

③ 从境外单位或者个人购进服务、无形资产或者不动产，自税务机关或者扣缴义务人取得的解缴税款的完税凭证上注明的增值税额。

2） 特殊抵扣规定

除了一般抵扣规定中的以专用凭证上的税额抵扣进项税额的情况外，税法还列示了一些特殊规定。

① 购入农产品的特殊抵扣政策。

根据《中华人民共和国增值税暂行条例》《关于简并增值税税率有关政策的通知》《关于深化增值税改革有关政策的公告》的规定，对于购入农产品除了一般抵扣规定中从一般纳税人处取得增值税专用发票或增值税专用缴款书上所注明的进项税额进行抵扣外,还有特殊的计算抵扣方式。

自2019年4月1日起,从小规模纳税人处取得3%征收率的增值税专用发票或者取得(开具)农产品销售发票(收购发票)的,以注明的金额(或买价)以 9%的扣除率计算进项税额进行抵扣。

即:可抵扣的进项税额=不含税价格(或买价)×9%

在营改增试点期间,纳税人购进的用于生产销售或委托加工13%税率的农产品的扣除率自2019年4月1日起按照10%的扣除率计算进项税额。

纳税人从批发、零售环节购进适用免征增值税政策的蔬菜、部分鲜活肉蛋而取得的普通发票,不得作为计算抵扣进项税额的凭证。

纳税人购进农产品既用于生产销售或委托受托加工13%税率货物又用于生产销售其他货物服务的,应当分别核算用于生产销售或委托受托加工13%税率货物和其他货物服务的农产品进项税额。未分别核算的,统一以增值税专用发票或海关进口增值税专用缴款书上注明的增值税额为进项税额,或以农产品收购发票或销售发票上注明的农产品买价和9%的扣除率计算进项税额。

案例点击

2019年6月,某化妆品厂(增值税一般纳税人)向农业生产者购买一批自产的农产品作为原材料,农产品销售发票注明价款10万元,委托运输公司运送货物回厂,支付运费取得增值税专用发票注明金额1 200元。该企业的当月进项税额为多少元?

【点石成金】

化妆品厂购入农产品用于生产销售化妆品,化妆品的税率为13%,所以农产品可按10%扣除率计算进项税额的扣除额。

当月的进项税额=100 000×10%+1 200×9%=10 108(元)

案例点击

某面食厂为增值税一般纳税人,2019年6月向农业生产者购入小麦,取得农产品销售发票注明买价100 000元;支付运费,取得增值税普通发票,注明不含税价款为0.6万元。本月销售挂面、饺子皮等,取得不含税价20万元;销售馒头、包子,取得不含税价10万元。该厂本月应交多少增值税?

【点石成金】

若购入的小麦能分别核算用于生产9%的货物(挂面、饺子皮等)和13%的货物(馒头、包子)的进项税额,则可以分别使用9%和10%的扣除率。未分别核算,只能按9%的抵扣率进行计算。支付运输费用,取得普通发票不得抵扣。

销项税额=200 000×9%+100 000×13%=31 000(元)

进项税额=100 000×9%+0=9 000(元)

当月应交增值税税额=销项税额-进项税额=22 000(元)

【知识链接】 收购农产品的买价,包括纳税人购进农产品在农产品收购发票或销售发票上注明的价款和按规定缴纳的烟叶税。

农产品中收购烟叶的进项税额抵扣公式如下。

准予抵扣的增值税进项税额=(收购烟叶实际支付的价款总额+应纳烟叶税)×扣除率

收购烟叶实际支付的价款总额=烟叶收购价款+价外补贴

=烟叶收购价款×(1+10%)

应交烟叶税=收购烟叶实际支付的价款总额×烟叶税税率(20%)

② 购入不动产的特殊抵扣政策。

根据《关于深化增值税改革有关政策的公告》的规定,自2019年4月1日起,纳税人取得不动产或者不动产在建工程的进项税额不再分2年抵扣,可于购入当期全额扣除。此前按照《不动产进项税额分期抵扣办法》(国税2016年15号)文件执行尚未抵扣完毕的待抵扣进项税额,可自2019年4月税款所属期起从销项税额中抵扣。

③ 进项税额的加计扣除。

根据《关于深化增值税改革有关政策的公告》的规定,自2019年4月1日至2021年12月31日,允许生产、生活性服务业纳税人按照当期可抵扣进项税额加计10%,抵减应纳税额(以下称加计抵减政策)。生产、生活性服务业纳税人,是指提供邮政服务、电信服务、现代服务、生活服务(以下称四项服务)取得的销售额占全部销售额的比重超过50%的纳税人。2019年3月31日前设立的纳税人,自2018年4月至2019年3月期间的销售额(经营期不满12个月的,按照实际经营期的销售额)符合上述规定条件的,自2019年4月1日起适用加计抵减政策。2019年4月1日后设立的纳税人,自设立之日起3个月的销售额符合上述规定条件的,自登记为一般纳税人之日起适用加计抵减政策。

纳税人应按照当期可抵扣进项税额的10%计提当期加计抵减额。按照现行规定不得从销项税额中抵扣的进项税额,不得计提加计抵减额;已计提加计抵减额的进项税额,按规定作进项税额转出的,应在进项税额转出当期,相应调减加计抵减额。其计算公式如下。

当期计提加计抵减额=当期可抵扣进项税额×10%

当期可抵减加计抵减额=上期末加计抵减额余额+当期计提加计抵减额-当期调减加计抵减额

纳税人应按照现行规定计算一般计税方法下的应纳税额(以下称抵减前的应纳税额)后,区分以下情形加计抵减。

抵减前的应纳税额等于零的,当期可抵减加计抵减额全部结转下期抵减;抵减前的应纳税额大于零,且大于当期可抵减加计抵减额的,当期可抵减加计抵减额全额从抵减前的应纳税额中抵减;抵减前的应纳税额大于零,且小于或等于当期可抵减加计抵减额的,以当期可抵减加计抵减额抵减应纳税额至零。未抵减完的当期可抵减加计抵减额,结转下期继续抵减。

纳税人出口货物劳务、发生跨境应税行为不适用加计抵减政策,其对应的进项税额不得计提加计抵减额。纳税人兼营出口货物劳务、发生跨境应税行为且无法划分不得计提加计抵减额的进项税额,按照以下公式计算。

不得计提加计抵减额的进项税额=当期无法划分的全部进项税额×当期出口货物劳务和发生跨境应税行为的销售额÷当期全部销售额

④ 收费公路通行费的特殊抵扣。

根据《交通运输部 国家税务总局关于收费公路通行费增值税电子普通发票开具等有关

事项的公告》的规定，自 2018 年 1 月 1 日起，收费公路通行费统一开具增值税电子普通发票。根据《财政部 税务总局关于租入固定资产进项税额抵扣等增值税政策的通知》的规定，纳税人支付的道路通行费，按照收费公路通行费增值税电子普通发票上注明的增值税额抵扣进项税额；纳税人支付的桥、闸通行费，未取得增值税普通电子发票的，暂凭取得的通行费发票上注明的收费金额按照下列公式计算可抵扣的进项税额：

桥、闸通行费可抵扣进项税额=(桥、闸通行费发票上注明的金额)/(1+5%)×5%

⑤ 纳税人购进国内旅客运输服务。

纳税人购进国内旅客运输服务，其进项税额允许从销项税额中抵扣。

根据《关于深化增值税改革有关政策的公告》，纳税人未取得增值税专用发票的，暂按照以下规定确定进项税额。

取得增值税电子普通发票的，为发票上注明的税额。

取得注明旅客身份信息的航空运输电子客票行程单的，按照下列公式计算进项税额。

航空旅客运输进项税额=(票价+燃油附加费)/(1+9%)×9%

取得注明旅客身份信息的铁路车票的，按照下列公式计算进项税额。

铁路旅客运输进项税额=票面金额/(1+9%)×9%

取得注明旅客身份信息的公路、水路等其他客票的，按照下列公式计算进项税额。

公路、水路等其他旅客运输进项税额=票面金额/(1+3%)×3%

2. 不得抵扣的进项税额

根据《营业税改征增值税试点实施办法》和《财政部 税务总局 海关总署关于深化增值税改革有关政策的公告》的规定，纳税人取得的增值税扣税凭证不符合法律、行政法规或者国家税务总局有关规定的，其进项税额不得从销项税额中抵扣。增值税扣税凭证，是指增值税专用发票、海关进口增值税专用缴款书、农产品收购发票、农产品销售发票和完税凭证。

下列项目的进项税额不得从销项税额中抵扣。

(1) 用于简易计税方法计税项目、免征增值税项目、集体福利或者个人消费的购进货物、加工修理修配劳务、服务、无形资产和不动产。其中涉及的固定资产、无形资产、不动产，仅指专用于上述项目的固定资产、无形资产(不包括其他权益性无形资产)和不动产。

纳税人的交际应酬消费属于个人消费。

(2) 非正常损失的购进货物，以及相关的加工修理修配劳务和交通运输服务。

(3) 非正常损失的在产品、产成品所耗用的购进货物(不包括固定资产)、加工修理修配劳务和交通运输服务。

(4) 非正常损失的不动产，以及该不动产所耗用的购进货物、设计服务和建筑服务。

(5) 非正常损失的不动产在建工程所耗用的购进货物、设计服务和建筑服务。

非正常损失是指因管理不善造成货物被盗、丢失、霉烂变质，以及因违反法律法规造成货物或者不动产被依法没收、销毁、拆除的情形。

纳税人新建、改建、扩建、修缮、装饰不动产，均属于不动产在建工程。

(6) 购进的贷款服务、餐饮服务、居民日常服务和娱乐服务。

(7) 纳税人接受贷款服务向贷款方支付的与该笔贷款直接相关的投融资的顾问费、手续费、咨询费等费用。

(8) 财政部和国家税务总局规定的其他情形。

适用一般计税方法的纳税人，兼营简易计税方法计税项目、免征增值税项目而无法划分不得抵扣的进项税额，按照下列公式计算不得抵扣的进项税额。

不得抵扣的进项税额=当期无法划分的全部进项税额×(当期简易计税方法计税项目销售额+免征增值税项目销售额)/当期全部销售额

【小贴士】 对一般纳税人购入取得增值税专用发票的，兼营用于不得抵扣项目上的理解：①如购入为固定资产、无形资产、不动产，进项税额可以全部抵扣。②其他货物，需要划分可以抵扣和不能抵扣的进项税额；如无法划分，按销售额的比例进行计算。

案例点击

某企业为增值税一般纳税人，2019年6月同时生产免税产品A和应税产品B，本月购入柴油50吨，不含税价1 000元/吨，将其中的20吨用于生产A产品；购入汽油，不含税价为10 000元，A、B产品共同使用，无法划分；购入设备，不含税价为100 000元，A、B产品共同使用，无法划分。购入时均取得增值税专用发票。本月实现产品的不含税销售收入为600 000元，其中A产品100 000元。B产品的适用税率为13%。求当月应纳增值税税额。

〖点石成金〗

当月的销项税额=(600 000-100 000)×13%=65 000(元)

当月的进项税额=(50-20)×1 000×13%+500 000/600 000×10 000×13%+100 000×13%
　　　　　　=17 983.33(元)

当月应交税额=65 000-17 983.33=47 016.67(元)

案例点击

某生产企业(增值税一般纳税人)2019年6月发生的下列进项税额，应该如何处理？

(1) 购买涂料装修会议室发生的进项税额。
(2) 购买涂料装修职工食堂发生的进项税额。
(3) 购买办公复印纸发生的进项税额。
(4) 购买用于生产应税商品和免税商品的设备所发生的进项税额。
(5) 购买用于生产应税商品和免税商品的原材料所发生的进项税额。
(6) 将上月外购已经抵扣进项税额的货物用于不动产的基建工程。
(7) 将外购的货物无偿赠送给外单位。
(8) 将外购的货物用于交际应酬。
(9) 因自然灾害损失的产品所对应的进项税额。

〖点石成金〗

可以在当月抵扣进项税额的为(1)(3)(4)(7)(9)。

不能抵扣进项税额的为(2)(8)。

需要划分可以抵扣和不能抵扣进项税额的为(5)。

(6)项自2019年4月1日起，购入不动产不再进行分期抵扣，所以上月已经抵扣的进项税额不再进行分期处理。

3. 进项税额的转出

已抵扣进项税额的购进货物(不含固定资产)、劳务、服务,发生进项税额不得抵扣情况(简易计税方法计税项目、免征增值税项目除外)的,应当将该进项税额从当期进项税额中扣减;无法确定该进项税额的,按照当期实际成本计算应扣减的进项税额。

已抵扣进项税额的固定资产、无形资产或者不动产,发生进项税额不得抵扣情况,按照下列公式计算不得抵扣的进项税额。

不得抵扣的进项税额=固定资产、无形资产或者不动产净值×适用税率

固定资产、无形资产或者不动产净值,是指纳税人根据财务会计制度计提折旧或摊销后的余额。如某企业在2019年5月购入一台设备,不含税价为100万元,当月取得增值税专用发票并进行抵扣进项税额,该设备的残值为5%,预计可使用5年,采用直线法进行折旧。在2019年12月该设备因为管理不善被盗,则12月应进行进项税额转出。该设备已计提折旧=100×(1-5%)÷5÷12×7=11.08万元,则需进项税额转出=(100-11.08)×13%=11.56万元。

纳税人适用一般计税方法计税的,因销售折让、中止或者退回而退还给购买方的增值税额,应当从当期的销项税额中扣减;因销售折让、中止或者退回而收回的增值税额,应当从当期的进项税额中扣减。

有下列情形之一者,应当按照销售额和增值税税率计算应纳税额,不得抵扣进项税额,也不得使用增值税专用发票。

(1) 一般纳税人会计核算不健全,或者不能够提供准确税务资料的。

(2) 应当办理一般纳税人资格登记而未办理的。

📖 案例点击

某蛋糕厂(一般纳税人)2019年5月向农业生产者收购小麦,取得收购发票注明的价款为10 000元,另支付运费,取得专用发票注明的价款为600元。请问当月可以抵扣进项税额多少?如果在2019年6月发生5月购入的小麦(已进行进项税额抵扣)因管理不善出现了全部损失,2019年6月应该进项税额转出多少元?

〖点石成金〗

2019年5月的进项税额=10 000×10%+600×9%=1 054(元)

2019年6月发生损失时因进项税额转出1 054元。

📖 案例点击

2019年6月,某蛋糕厂(一般纳税人)因管理不善导致上月向农业生产者收购的小麦(上月已按10%抵扣进项税额)发生损失,该小麦的账面成本为10 000元(含运费600元,取得增值税专用发票)。请问,当月因为小麦损失应该进项税额转出多少?

〖点石成金〗

因为向农业生产者购入自产农产品免征增值税,可以在计算抵扣进项税额时按10%抵扣率进行抵扣,则

小麦的账面成本=买价×(1-10%)+运输费的不含税价=10 000(元)

进项税额=买价×10%+运输费的不含税价×9%
=(10 000-600)/(1-10%)×10%+600×9%=1 098.44(元)

(三)应纳税额的计算

应纳税额的计算公式为

当期应纳税额=当期销项税额-当期进项税额

正确计算当期应纳税额,必须先确定企业应税销售行为是否应在当期计算销项税额,以及购入业务取得抵扣凭证所涉及的进项税额是否能在当期抵扣。

1. 判断应税销售行为涉及的税额归属于哪期的标准

判断应税销售行为涉及的税额归属于哪期(即纳税义务发生时间)的标准如下。

(1) 纳税人发生应税销售行为并收讫销售款项或者取得索取销售款项凭据的当天;先开具发票的,为开具发票的当天。

收讫销售款项,是指纳税人在销售应税行为过程中或者完成后收到款项。取得索取销售款项凭据的当天,是指书面合同确定的付款日期;未签订书面合同或者书面合同未确定付款日期的,为货物、劳务、服务、无形资产转让完成的当天或者不动产权属变更的当天。

(2) 进口货物,为报关进口的当天。

(3) 增值税扣缴义务发生时间为纳税人增值税义务发生的当天。

2. 进项税额的抵扣时限

自2017年7月1日起,增值税一般纳税人取得的2017年7月1日及以后开具的增值税专用发票和机动车销售统一发票,应自开具之日起360日内认证或登录增值税发票选择确认平台进行确认,并在规定的纳税申报期内,向主管税务机关申报抵扣进项税额。

增值税一般纳税人取得的2017年7月1日及以后开具的海关进口增值税专用缴款书,应自开具之日起360日内向主管税务机关报送《海关完税凭证抵扣清单》,申请稽核比对。

根据2019年2月3日《国家税务总局关于扩大小规模纳税人自行开具增值税专用发票试点范围等事项的公告》的规定,自2019年3月1日起,扩大取消增值税发票认证的纳税人范围,将取消增值税发票认证的纳税人范围扩大至全部一般纳税人。一般纳税人取得增值税发票(包括增值税专用发票、机动车销售统一发票、收费公路通行费增值税电子普通发票,下同)后,可以自愿使用增值税发票选择确认平台查询,选择用于申报抵扣、出口退税或者代办退税的增值税发票信息。

案例点击

某农机生产企业为增值税一般纳税人。2019年6月,该企业向各地农机销售公司销售农机整机,开具的增值税专用发票注明不含税金额800万元,向各地农机修配站销售农机零配件,取得含税收入90万元,提供维修农机整机服务,取得含税收入10万元;购进钢材等材料取得的增值税专用发票上注明增值税税额59.5万元,购进材料和销售货物过程中取得的一般纳税人开具的运输业增值税专用发票上注明运费发票金额3万元;取得注明旅客身份信息的铁路车票上的金额为0.5万元,取得注明旅客身份信息的长途客票上注明的金额为0.4万元。取得的发票均符合规范并申报抵扣。该企业当月应纳增值税多少万元?(结

果保留两位小数)

〖点石成金〗

当期销项税额=800×9%+90/(1+13%)×13%+10/(1+13%)×13%=83.50(万元)

进项税额=59.5+3×9%+0.5/(1+9%)×9%+0.4/(1+3%)×3%=59.82(万元)

当期应交增值税税额=83.5-59.82=23.68(万元)

二、简易计税方法的税额计算

除小规模纳税人发生应税销售行为外，一般纳税人发生财政部国家税务总局规定的特定应税销售行为也可以选择适用简易计税方法计算增值税税额。其计算公式为

当期应交增值税税额=当期销售额×增值税征收率

当期销售额为不含增值税的销售额，如取得为含增值税的销售额需进行换算：

不含增值税销售额=含税销售额÷(1+增值税征收率)

如收取销售额时另收取价外费用，应将价外费用视为含税销售额换算后并入销售额计算应交增值税税额。

(一) 小规模纳税人业务

小规模纳税人业务具体如下。

(1) 小规模纳税人在销售货物、劳务、服务、无形资产时一般适用3%的征收率，但是进行某些特定业务时应适用5%的征收率。

(2) 适用5%征收率的特定业务主要有以下几方面。

① 小规模纳税人销售自建或者取得的不动产。

② 小规模纳税人经营租赁不动产(不含个人出租住房)。

③ 小规模纳税人选择差额纳税的提供劳务派遣、安全保护服务。

④ 纳税人转让2016年4月30日前取得的土地使用权，选择适用简易计税方法的。

(3) 减按2%征收率征收的情况：小规模纳税人销售自己使用过的固定资产(动产)、销售旧货。

〖案例点击〗

某食品厂为增值税小规模纳税人，2019年8月购进一批食品模具，取得的增值税专用发票上注明金额10 000元，购入面粉一批，取得增值税普通发票上注明的价税合计金额为5 000元；以赊销方式销售一批蛋糕，货已发出，开具了增值税普通发票，价税合计金额40 000元，截至8月底收到30 000元货款；当月该食品企业转让其自建的厂房，收取含税价款为100万元，当月将自己使用过的生产设备转让，取得含税收入10 000元。当月该食品厂应纳增值税多少元？

〖点石成金〗

小规模纳税人不能抵扣进项税额：

销售产品应交增值税=40 000÷(1+3%)×3%=1 165.05(元)

转让自建的不动产应交增值税=1 000 000/(1+5%)×5%=47 619.05(元)

转让使用过的生产设备应交增值税=10 000/(1+3%)×2%=194.17(元)

(二)一般纳税人的特殊业务

一般纳税人的特殊业务具体如下。

(1) 一般纳税人发生如表 3-7 所示的财政部和国家税务总局规定的特定应税销售行为,可以选择适用 3%征收率的简易计税方法。

表 3-7 一般纳税人简易计税方法适用 3%税率情形表

征税范围	具体内容
销售货物	①县级及以下的小型水利发电单位生产的自产电力 ②自产建筑用和生产建筑材料所用的砂、土、石料 ③以自己采掘的砂、土、石料或者其他矿物连续生产的砖、瓦、石灰 ④自己用微生物、微生物代谢产物、动物毒素、人或动物血液或组织制成的生物制品 ⑤自产的自来水 ⑥自产的商品混凝土 ⑦寄售商店代销寄售物品,典当业销售死当物品 ⑧药品经营企业销售生物制品
交通运输	公共交通运输服务
建筑服务	①以清包工方式提供的建筑服务 ②为甲供工程提供的建筑服务
现代服务	①经认定的动漫企业为开发动漫产品提供的动漫脚本编撰、形象设计、背景设计、动画设计、分镜、动画制作、摄制、描线、上色、画面合成、配音、配乐、音效合成、剪辑、字幕制作、压缩转码(面向网络动漫、手机动漫格式适配)服务,以及在境内转让动漫版权(包括动漫品牌、形象或者内容的授权及再授权) ②电影放映服务、仓储服务、装卸搬运服务、收派服务
生活服务	文化体育服务

(2) 适用 5%征收率的业务如下。

① 一般纳税人选择简易计税方法计税的不动产销售。
② 一般纳税人选择简易计税方法计税的不动产经营租赁。
③ 一般纳税人选择差额纳税的提供劳务派遣、安全保护服务。
④ 一般纳税人提供人力资源外包服务,选择适用简易计税方法的。
⑤ 纳税人转让 2016 年 4 月 30 日前取得的土地使用权,选择适用简易计税方法的。

(3) 减按 2%征收率征收的情况:一般纳税人销售自己使用过的属于进项税额未抵扣过的固定资产(动产)以及销售旧货。

案例点击

增值税一般纳税人可以选择简易计税的有( )。

A. 提供文化体育服务 B. 装卸搬运服务
C. 公共交通运输服务 D. 税务咨询服务
E. 销售自产的自来水 F. 典当业销售死当物品

G. 商业银行提供贷款服务　　　　H. 为甲工程提供的建筑服务

〖点石成金〗
答案：ABCEFH

案例点击

某企业为增值税一般纳税人，2019 年 6 月进行设备的更新换代，将一台旧设备出售，收取价款 20 万元，该设备系 2011 年购进，购进时该企业为小规模纳税人。该企业销售旧设备应缴纳增值税(　　)。

A. 0.39 万元　　　B. 0.4 万元　　　C. 2.91 万元　　　D. 3.4 万元

〖点石成金〗
答案：A
该企业销售旧设备应缴纳增值税=20÷(1+3%)×2%=0.39(万元)

案例点击

某生产企业为增值税一般纳税人，2019 年 6 月发生如下业务。

(1) 销售边角废料，取得含税收入 15 万元。

(2) 销售使用过的 2011 年 1 月购入的小汽车一辆，取得含税收入 10 万元。

(3) 销售使用过的 2017 年 1 月购入的小汽车，取得含税收入 20 万元。

(4) 当月签订合同出租 2015 年 1 月购入的办公室一间，预收一年租金 12 万元；出租 2017 年 1 月购入的办公室一间，合同约定本月 1 日收取租金 1 万元，款项本月实际尚未收到。

请计算这些业务涉及的增值税税额。

〖点石成金〗

(1) 销售边角废料按照一般计税方法计算：
增值税额=15/(1+13%)×13%=1.73(万元)

(2) 根据《财政部 国家税务总局关于将铁路运输和邮政业纳入营业税改征增值税试点的通知》(财税〔2013〕106 号)的规定，2013 年 8 月 1 日以后原增值税一般纳税人自用的应征消费税的摩托车、汽车、游艇，其进项税额准予从销项税额中抵扣。则 2011 年 1 月购入的小汽车未抵扣进项税额，可以采用简易计税方法依照 3%的征收率减按 2%征收增值税。
增值税税额=10/(1+3%)×2%=0.19(万元)

(3) 销售 2017 年 1 月购入的小汽车时，因为购入时已抵扣进项，应按照一般计税方法计税：
增值税税额=20/(1+13%)×13%=2.30(万元)

(4) 一般纳税人出租的 2016 年 4 月 30 日之前购入的不动产，可选择简易计税方法计税；出租 2016 年 5 月 1 日之后取得的不动产，适用一般计税方法计税。根据应税销售行为的纳税义务发生时间规定，租赁服务采用预收款方式的，纳税义务发生时间为预收款时。合同约定收款日期为纳税义务发生时间。

则本月应确认：
出租 2015 年 1 月购入的办公室租金收入增值税税额=12/(1+5%)×5%=0.57(万元)
出租 2017 年 1 月购入的办公室租金收入增值税税额=1/(1+9%)×9%=0.08(万元)

三、进口环节税额的计算

(一)进口环节税额计算的一般规定

进口货物的纳税人(无论是增值税一般纳税人还是小规模纳税人)申报进入中华人民共和国境内的货物,都应按照组成计税价格和规定的税率(与国内销售同类货物税率一致)计算进口环节应交增值税的税额。纳税人缴纳进口环节的增值税税额后,取得的海关专用缴款书可作为国内进项税额的抵扣凭证。

计算进口环节增值税税额的步骤如下。

(1) 确定关税完税价格。关税完税价格也称到岸价格,是计算关税的依据,包括货物的货价、货物运抵我国境内输入地点起卸前的运输及其相关费用、保险费。

(2) 计算关税:

$$从价计算的关税税额=关税完税价格×关税税率$$

(3) 计算组成计税价格:

$$组成计税价格=关税完税价格+关税+消费税$$
$$=关税完税价格+关税+组成计税价格×消费税税率$$
$$=(关税完税价格+关税)/(1-消费税税率)$$

(4) 计算进口环节的增值税应交税额:

$$应交增值税税额=组成计税价格×增值税税率$$
$$应交消费税税额=组成计税价格×消费税税率$$

进口环节税额计算应注意以下问题。

① 进口消费税非应税商品的一般货物,进口环节应包含的税种为关税和增值税;进口消费税应税商品,进口环节的税种还应包含消费税。

② 计算关税的依据为关税完税价格,计算增值税和消费税的依据为组成计税价格,组成计税价格包含关税和消费税税额。

案例点击

某商场为增值税一般纳税人,2019 年 6 月发生以下业务。

(1) 进口高级服装一批,支付买价 200 万元。运抵我国境内运输地点起卸前运输费用为 10 万元,保险费 2 万元。支付国内运输费用,取得增值税专用发票上注明的金额为 10 万元。

(2) 进口高档化妆品一批,支付买价 100 万元,运抵我国境内运输地点起卸前运输费用 5 万元,包装费 1 万元,保险费 3 万元。

(3) 当月商场销售服装,取得零售收入 500 万元;销售高档化妆品取得零售收入 200 万元;支付水电气费,取得增值税专用发票上注明的税额为 2 万元。

(其他相关资料:假定进口关税税率均为 10%,高档化妆品的消费税税率为 15%,相关抵扣凭证均合法合规)

根据上述材料,计算回答下列问题。(结果保留两位小数)

(1) 计算当月进口服装应交的增值税税额。

(2) 计算当月进口高档化妆品应交的增值税税额和消费税税额。
(3) 计算当月商场的应交的增值税税额。

〖点石成金〗
(1) 进口服装为非消费税应税商品，关税完税价格不包含国内运输费。则：

组成计税价格=关税完税价格+关税
=(200+10+2)×(1+10%)=233.2(万元)

进口环节应交增值税税额=组成计税价格×增值税税率
=233.2×13%=30.32(万元)

(2) 高档化妆品为消费税应税商品，从价计算消费税：

组成计税价格=关税完税价格+关税+消费税

因为：

消费税税额=组成计税价格×消费税税率

所以组成计税价格可整理为

组成计税价格=(关税完税价格+关税)/(1-消费税税率)
=(100+5+1+3)×(1+10%)/(1-15%)=141.06(万元)

进口环节应交增值税税额=组成计税价格×增值税税率
=141.06×13%=18.34(万元)

进口环节应交消费税税额=组成计税价格×消费税税率
=141.06×15%=21.16(万元)

(3) 当月商场的销项税额=500/(1+13%)×13%+200/(1+13%)×13%=80.53(万元)
进项税额=2+30.32+18.34+10×9%=51.56(万元)
当月商场应缴增值税税额=80.53-51.56=28.97(万元)

(二)进口环节税额计算的特殊规定——跨境电商综合税率

根据跨境电子商务零售进口税收政策，自 2019 年 1 月 1 日起，个人单笔交易限值人民币 5 000 元，个人年度交易限值人民币 26 000 元。在限值以内进口的跨境电子商务零售进口商品，关税税率暂设为 0；进口环节增值税、消费税按法定应纳税额的 70%征收。计算规则如下。

进口商品的税费总额=购买单价×件数×跨境电商综合税率
跨境电商综合税率=(消费税率+增值税率)/(1-消费税率)×70%
进口非消费税应税商品，跨境电商综合税率=13%×70%=9.1%
进口消费税应税商品如高档化妆品(消费税税率 15%)，跨境电商综合税率=(15%+13%)/(1-15%)×70%=23.06%

四、出口货物劳务增值税退(免)的计算

(一)出口货物劳务零税率的概念

出口货物劳务退(免)税是指为了增加出口货物劳务的国际竞争优势，对报关出口的货物或劳务退还在国内生产和流转环节中已承担的增值税。即对应征收增值税的出口货物劳务

实行零税率。

对出口货物劳务实行零税率与在境内销售免税商品两者的概念不同。在境内销售免税商品时，仅仅不计算缴纳销售该商品的销项税额，但同时该商品对应的进项税额一般也不能抵扣，即企业需要承担该商品对应的进项税额，增加企业成本。而对出口货物劳务实行零税率则是指除了在出口销售货物时不用计算销项税额外，对出口货物劳务前一道环节所含的进项税额进行退还，真正实现了该商品的零税负。

(二)出口货物劳务退免政策分类

我国的出口货物劳务实行的增值税税收政策主要有以下 3 种形式。

1. 出口免税并退税

根据出口货物劳务享受零税率的思想，大多数的出口货物劳务都采用这个政策，即出口销售环节免征增值税，同时对出口前一个环节实际承担的税负，按照规定的退税率计算后予以退还。

2. 出口免税不退税

如果出口货物劳务在国内的前一个环节是免税时，适用此政策。只在出口销售环节免征增值税，不再进行前一个环节税负的退还。

3. 出口不免税也不退税

如果出口货物劳务是国家限制或禁止出口的，不能享受出口优惠政策，即出口销售时需要计算缴纳销项税额，也不退还前一个环节的税负。

(三)出口货物劳务的退(免)税办法

增值税退(免)税办法主要有两种。

1. 免抵退税办法

免抵退税办法，适用于增值税一般计税方法的生产企业出口自产货物和视同自产货物及对外提供加工修理修配劳务。免抵退包含以下 3 个步骤：第一，"免"是指生产企业出口自产货物免征出口销售环节的增值税；第二，"抵"是指将企业本期出口货物应退的增值税进项税额抵顶企业内销产品应纳增值税税额；第三，"退"是指如果当期应抵顶的进项税额大于企业应纳税额，对未抵顶完的部分予以退税。

2. 免退税办法

免退税办法，不具有生产能力的出口企业或其他单位出口货物劳务，免征增值税，直接将相应的进项税额予以退还。

(四)增值税免抵退税和免退税的计算

1. 生产企业出口货物劳务增值税免抵退税的计算

生产企业出口货物劳务增值税免抵退税，依下列公式计算。

(1) 当期应纳税额的计算。

当期应纳税额=当期销项税额-(当期进项税额-当期不得免征和抵扣税额)

当期不得免征和抵扣税额=当期出口货物离岸价×外汇人民币折合率×(出口货物征收率-出口货物退税率)-当期不得免征和抵扣税额抵减额

当期不得免征和抵扣税额抵减额=当期免税购进原材料价格×(出口货物征收率-出口货物退税率)

(2) 当期免抵退税额的计算。

当期免抵退税额=当期出口货物离岸价×外汇人民币折合率×出口货物退税率-当期免抵退税额抵减额

当期免抵退税额抵减额=当期免税购进原材料价格×出口货物退税率

(3) 当期应退税额和免抵税额的计算：比较(1)和(2)结果的大小，其中数额较小者则为应退税额。

① 当期期末留抵税额≤当期免抵退税额，则：

当期应退税额=当期期末留抵税额

当期免抵税额=当期免抵退税额-当期应退税额

② 当期期末留抵税额＞当期免抵退税额，则：

当期应退税额=当期免抵退税额

当期免抵税额=0

案例点击

某自营出口生产企业是增值税一般纳税人，出口货物的征税税率为13%，退税率为10%。2019年5月购进原材料一批，取得的增值税专用发票注明的价款为200万元，外购货物准予抵扣进项税额26万元，货已入库。上期期末留抵税额3万元。当月内销货物销售额120万元，销项税额15.6万元。本月出口货物销售折合人民币150万元。计算该企业本期免抵退税额、应退税额、免抵税额。

〖点石成金〗

当期免抵退税不得免征和抵扣税额=150×(13%-10%)=4.5(万元)

当期应缴纳增值税=120×13%-(26-4.5)-3=-8.9(万元)

出口货物免抵退税额=150×10%=15(万元)

当期应退税额=8.9(万元)

当期免抵税额=15-8.9=6.1(万元)

案例点击

某服装厂为增值税一般纳税人，增值税税率为13%，退税率为10%。2019年6月外购棉布一批，取得的增值税专用发票注明价款200万元，增值税26万元，货已入库。当月进口料件一批，海关核定的完税价格20万美元，已按购进法向税务机关办理了生产企业进料加工贸易免税证明。当月出口服装的离岸价格80万美元，内销服装不含税销售额100万元。该服装厂上期期末留抵税额5万元。假设美元比人民币的汇率为1∶6，服装厂进料加工复出口符合相关规定。计算该服装厂本期免抵退税额、应退税额、免抵税额。

〖点石成金〗

(1) 计算应纳税额：

当期不得免征和抵扣税额抵减额=20×6×(13%-10%)=3.6(万元)

当期不得免征和抵扣税额=80×6×(13%-10%)-3.6=10.8(万元)
当期应纳税额=100×13%-(26-10.8)-5=-7.2(万元)
(2) 计算当期免抵退税额：
出口货物免抵退税额=80×6×10%-20×6×10%=36(万元)
(3) 计算应退税额：比较(1)和(2)结果的大小，数额较小者为退税额。
应退税额=7.2(万元)
(4) 计算免抵税额：(2)免抵退税额与(3)应退税额之间的差额。
免抵税额=36-7.2=28.8(万元)

2. 外贸企业出口货物劳务增值税免退税的计算

外贸企业出口货物劳务增值税免退税，依下列公式计算。

(1) 外贸企业出口委托加工修理修配货物以外的货物。

增值税应退税额=增值税退(免)税计税依据×出口货物退税率

(2) 外贸企业出口委托加工修理修配货物。

增值税应退税额=委托加工修理修配的增值税退(免)税计税依据×出口货物退税率

(3) 退税率低于适用税率的，计算出的差额部分的税款计入出口货物或劳务成本。

【案例点击】

某进出口公司 2019 年 6 月出口服装 1 000 件，购入时取得的增值税专用发票注明单价 100 元/件，增值税出口退税率为 10%。要求：计算当期应退增值税税额。

〖点石成金〗

应退税额=100×1 000×10%=10 000(万元)

【案例点击】

下列关于出口货物退(免)税政策的说法中，正确的有(　　)。

A. 出口货物退(免)税的税种仅限于增值税和消费税
B. 出口零税率与境内销售免税商品纳税处理相同
C. 出口免税不退税即出口货物在出口时免税，但不会退还以往环节已经缴纳的税款
D. 出口不免税也不退税政策适用于国家限制、禁止某些货物出口而视同内销征税的情况

〖点石成金〗

答案：AD

第四节　增值税纳税申报与会计处理

一、增值税的纳税申报

(一)纳税义务发生时间

纳税义务发生时间是指纳税人发生应税销售行为应当承担纳税义务的起始时间。由于纳税人销售结算方式的不同，具体纳税义务发生时间如下。

(1) 采取直接收款方式销售货物,不论货物是否发出,均为收到销售款或者取得索取销售款凭证的当天。

(2) 采取托收承付和委托银行收款方式销售货物,为发出货物并办妥托收手续的当天。

(3) 采取赊销和分期收款方式销售货物,为书面合同约定的收款日期的当天;无书面合同的或者书面合同没有约定收款日期的,为货物发出的当天。

(4) 采取预收货款方式销售货物,为货物发出的当天,但生产销售生产工期超过12个月的大型机械设备、船舶、飞机等货物,为预收款或书面合同约定的收款日期的当天。

(5) 委托其他纳税人代销货物,为收到代销单位的代销清单或收到全部或部分货款的当天。未收到代销清单及货款的,为发出代销货物满180天的当天。

(6) 销售劳务,为提供劳务同时收讫销售款或者取得索取销售款凭证的当天。

(7) 纳税人发生除委托代销和受托代销以外的视同销售行为,为货物移送的当天。

(8) 纳税人提供建筑服务、租赁服务采取预收款方式的,其纳税义务发生时间为收到预收款的当天。

(9) 纳税人从事金融商品转让的,为金融商品所有权转移的当天。

(10) 纳税人发生视同销售服务、无形资产或者不动产时,其纳税义务发生时间为服务、无形资产转让完成的当天或者不动产权属变更的当天。

案例点击

某配件厂为增值税一般纳税人,2019年5月采用分期收款方式销售产品,合同约定不含税销售额为100万元,当月应收取50%的货款,由于购货方资金紧张,本月实际收到30万元货款,并按实际收款额开具发票;当月装修职工寝室,购进空调,取得增值税专用发票,注明不含税价款10万元;购入小轿车,取得增值税专用发票,注明不含税价款20万元。当月应交增值税多少万元?

〖点石成金〗

当月的销项税额=100×50%×13%=6.5(万元)

当月进项税额=20×13%=2.6(万元)

当月应交增值税=6.5-2.6=3.9(万元)

(二)纳税期限

增值税的纳税期限规定为1日、3日、5日、10日、15日、1个月或者1季度,以1季度为纳税期限仅适用于小规模纳税人。纳税人的具体纳税期限,由主管税务机关根据纳税人应纳税额的大小分别核定。不能按照固定期限纳税的,可以按次纳税。

纳税人以1个月或者1个季度为纳税期的,自期满之日起15日内申报纳税;以1日、3日、5日、10日或者15日为一期纳税的,自期满之日起5日内预缴税款,于次月1日起15日内申报纳税并结清上月应纳税款。

纳税人进口货物,应当自海关填发海关进口增值税专用缴款书之日起15日内缴纳税款。

(三)纳税地点

增值税纳税地点具体如下。

(1) 固定业户应当向其机构所在地主管税务机关申报纳税。总机构和分支机构不在同一县(市)的，应当分别向各自所在地的主管税务机关申报纳税；经财政部和国家税务总局或者其授权的财政和税务机关批准，可以由总机构汇总向总机构所在地的主管税务机关申报纳税。

(2) 固定业户到外县(市)销售货物或者劳务，应当向其机构所在地的主管税务机关报告外出经营事项，并向其机构所在地的主管税务机关申报纳税；未报告的，应当向销售地或者劳务发生地的主管税务机关申报纳税；未向销售地或者劳务发生地的主管税务机关申报纳税的，由其机构所在地的主管税务机关补征税款。

(3) 非固定业户销售货物或者劳务应当向销售地或者劳务发生地主管税务机关申报纳税；未向销售地或者劳务发生地的主管税务机关申报纳税的，由其机构所在地或者居住地主管税务机关补征税款。

(4) 进口货物，应当向报关地海关申报纳税。

(5) 扣缴义务人应当向其机构所在地或者居住地主管税务机关申报缴纳扣缴的税款。

(四)纳税申报表

增值税纳税人应区分一般纳税人和小规模纳税人分别填制《增值税纳税申报表(一般纳税人适用)》和《增值税纳税申报表(小规模纳税人适用)》及其附列资料进行纳税申报。

二、增值税的会计处理

根据财会〔2016〕22号《关于印发<增值税会计处理规定>的通知》的规定，增值税的会计处理如下。

(一)取得资产或接受劳务等业务的账务处理

1. 采购等业务进项税额准予抵扣的账务处理

一般纳税人购进货物、加工修理修配劳务、服务、无形资产或不动产，按应计入相关成本费用或资产的金额，借记"在途物资"或"原材料""库存商品""生产成本""无形资产""固定资产""管理费用"等科目，按当月可抵扣增值税额，借记"应交税费——应交增值税(进项税额)"科目，按当月未认证的可抵扣增值税额，借记"应交税费——待认证进项税额"科目，按应付或实际支付的金额，贷记"应付账款""应付票据""银行存款"等科目。发生退货的，如原增值税专用发票已做认证，应根据税务机关开具的红字增值税专用发票做相反的会计分录；如原增值税专用发票未做认证，应将发票退回并做相反的会计分录。

2. 采购等业务进项税额不得抵扣的账务处理

一般纳税人购进货物、加工修理修配劳务、服务、无形资产或不动产，用于简易计税方法计税项目、免征增值税项目、集体福利或个人消费等，其进项税额按照现行增值税制度规定不得从销项税额中抵扣的，取得增值税专用发票时，应借记相关成本费用或资产科目，借记"应交税费——待认证进项税额"科目，贷记"银行存款""应付账款"等科目，经税务机关认证后，应借记相关成本费用或资产科目，贷记"应交税费——应交增值税(进项税额转出)"科目。

3. 货物等已验收入库但尚未取得增值税扣税凭证的账务处理

一般纳税人购进的货物等已到达并验收入库，但尚未收到增值税扣税凭证并未付款的，应在月末按货物清单或相关合同协议上的价格暂估入账，不需要将增值税的进项税额暂估入账。下月初，用红字冲销原暂估入账金额，待取得相关增值税扣税凭证并经认证后，按应计入相关成本费用或资产的金额，借记"原材料""库存商品""固定资产""无形资产"等科目，按可抵扣的增值税额，借记"应交税费——应交增值税(进项税额)"科目，按应付金额，贷记"应付账款"等科目。

4. 小规模纳税人采购等业务的账务处理

小规模纳税人购买物资、服务、无形资产或不动产，取得增值税专用发票上注明的增值税应计入相关成本费用或资产，不通过"应交税费——应交增值税"科目核算。

5. 购买方作为扣缴义务人的账务处理

按照现行增值税制度的规定，境外单位或个人在境内发生应税行为，在境内未设有经营机构的，以购买方为增值税扣缴义务人。境内一般纳税人购进服务、无形资产或不动产，按应计入相关成本费用或资产的金额，借记"生产成本""无形资产""固定资产""管理费用"等科目，按可抵扣的增值税额，借记"应交税费——进项税额"科目(小规模纳税人应借记相关成本费用或资产科目)，按应付或实际支付的金额，贷记"应付账款"等科目，按应代扣代缴的增值税额，贷记"应交税费——代扣代交增值税"科目。实际缴纳代扣代缴增值税时，按代扣代缴的增值税额，借记"应交税费——代扣代交增值税"科目，贷记"银行存款"科目。

(二)销售等业务的账务处理

1. 销售业务的账务处理

企业销售货物、加工修理修配劳务、服务、无形资产或不动产，应当按应收或已收的金额，借记"应收账款""应收票据""银行存款"等科目，按取得的收入金额，贷记"主营业务收入""其他业务收入""固定资产清理""工程结算"等科目，按现行增值税制度规定计算的销项税额(或采用简易计税方法计算的应纳增值税额)，贷记"应交税费——应交增值税(销项税额)"或"应交税费——简易计税"科目(小规模纳税人应贷记"应交税费——应交增值税"科目)。发生销售退回的，应根据按规定开具的红字增值税专用发票做相反的会计分录。

按照国家统一的会计制度确认收入或利得的时点早于按照增值税制度确认增值税纳税义务发生时点的，应将相关销项税额计入"应交税费——待转销项税额"科目，待实际发生纳税义务时再转入"应交税费——应交增值税(销项税额)"或"应交税费——简易计税"科目。

确认收入时：
借：应收账款/应收票据
　　贷：应交税费——待转销项税额
　　　　主营业务收入

结转时：

借：应交税费待转销税额
　　贷：应交税费——应交增值税(销项税额)

按照增值税制度确认增值税纳税义务发生时点早于按照国家统一的会计制度确认收入或利得的时点的，应将应纳增值税额，借记"应收账款"科目，贷记"应交税费——应交增值税(销项税额)"或"应交税费——简易计税"科目，按照国家统一的会计制度确认收入或利得时，应按扣除增值税销项税额后的金额确认收入。

2. 视同销售的账务处理

企业发生税法上视同销售的行为，应当按照《企业会计准则》的相关规定进行相应的会计处理，并按照现行增值税制度规定计算的销项税额(或采用简易计税方法计算的应纳增值税额)，借记"应付职工薪酬""利润分配"等科目，贷记"应交税费——应交增值税(销项税额)"或"应交税费——简易计税"科目(小规模纳税人应计入"应交税费——应交增值税"科目)。

(三)进项税额抵扣情况发生改变的账务处理

因发生非正常损失或改变用途等，原已计入进项税额、待抵扣进项税额或待认证进项税额，但按现行增值税制度规定不得从销项税额中抵扣的，借记"待处理财产损溢""应付职工薪酬""固定资产""无形资产"等科目，贷记"应交税费——应交增值税(进项税额转出)""应交税费——待抵扣进项税额"或"应交税费——待认证进项税额"科目；原不得抵扣且未抵扣进项税额的固定资产、无形资产等，因改变用途等用于允许抵扣进项税额的应税项目的，应按允许抵扣的进项税额，借记"应交税费——应交增值税(进项税额)"科目，贷记"固定资产""无形资产"等科目。固定资产、无形资产等经上述调整后，应按调整后的账面价值在剩余尚可使用的寿命内计提折旧或摊销。

(四)月末转出多交增值税和未交增值税的账务处理

月末，企业应当将当月应交未交或多交的增值税自"应交增值税"明细科目转入"未交增值税"明细科目。对于当月应交未交的增值税，借记"应交税费——应交增值税(转出未交增值税)"科目，贷记"应交税费——未交增值税"科目；对于当月多交的增值税，借记"应交税费——未交增值税"科目，贷记"应交税费——应交增值税(转出多交增值税)"科目。

(五)交纳增值税的账务处理

1. 交纳当月应交增值税的账务处理

企业交纳当月应交的增值税，借记"应交税费——应交增值税(已交税金)"科目(小规模纳税人应借记"应交税费——应交增值税"科目)，贷记"银行存款"科目。

2. 交纳以前期间未交增值税的账务处理

企业交纳以前期间未交的增值税，借记"应交税费——未交增值税"科目，贷记"银行存款"科目。

3. 预缴增值税的账务处理

企业预缴增值税时，借记"应交税费——预交增值税"科目，贷记"银行存款"科目。月末，企业应将"预交增值税"明细科目余额转入"未交增值税"明细科目，借记"应交税费——未交增值税"科目，贷记"应交税费——预交增值税"科目。房地产开发企业等在预缴增值税后，应直至纳税义务发生时方可从"应交税费——预交增值税"科目结转至"应交税费——未交增值税"科目。

4. 减免增值税的账务处理

对于当期直接减免的增值税，借记"应交税金——应交增值税(减免税款)"科目，贷记损益类相关科目。

(六)增值税税控系统专用设备和技术维护费用抵减增值税额的账务处理

按现行增值税制度的规定，企业初次购买增值税税控系统专用设备支付的费用以及缴纳的技术维护费允许在增值税应纳税额中全额抵减的，按规定抵减的增值税应纳税额，借记"应交税费——应交增值税(减免税款)"科目(小规模纳税人应借记"应交税费——应交增值税"科目)，贷记"管理费用"等科目。

(七)关于小微企业免征增值税的账务处理

小微企业在取得销售收入时，应当按照税法的规定计算应交增值税，并确认为应交税费，在达到增值税制度规定的免征增值税条件时，将有关应交增值税转入当期损益。

第五节　增值税发票的管理

一、增值税发票的种类

发票是指在购销商品、提供或者接受服务以及其他经营活动中，开具、收取的收付款凭证。通过增值税发票管理新系统(以下简称"新系统")开具的增值税发票，包括增值税专用发票、增值税普通发票、增值税电子普通发票和机动车销售统一发票。

(一)增值税专用发票

由增值税纳税人(包括一般纳税人和试点小规模纳税人)销售货物或者提供应税劳务(应税服务)开具的发票，是购买方支付交易中的增值税额并可按照增值税规定据以抵扣增值税进项税额的凭证。

增值税专用发票由基本联次或者基本联次附加其他联次构成，分为三联版和六联版两种。基本联次为三联：第一联为记账联，是销售方记账凭证；第二联为抵扣联，是购买方扣税凭证；第三联为发票联，是购买方记账凭证。其他联次的用途，由纳税人自行确定。

(二)增值税普通发票

1. 增值税普通发票(折叠票)

增值税普通发票(折叠票)由基本联次或者基本联次附加其他联次构成，分为两联版和五联版两种。基本联次为两联：第一联为记账联，是销售方记账凭证；第二联为发票联，是购买方记账凭证。其他联次的用途，由纳税人自行确定。

2. 增值税普通发票(卷票)

增值税普通发票(卷票)分为两种规格：57mm×177.8mm、76mm×177.8mm，均为单联。自2017年7月1日起，纳税人可书面向国税机关要求使用印有本单位名称的增值税普通发票(卷票)，国税机关按规定确认印有该单位名称发票的种类和数量。纳税人通过新系统开具印有本单位名称的增值税普通发票(卷票)。印有本单位名称的增值税普通发票(卷票)，由税务总局统一招标采购的增值税普通发票(卷票)的中标厂商印制，其式样、规格、联次和防伪措施等与原有的增值税普通发票(卷票)一致，并加印企业发票专用章。

(三)增值税电子普通发票

增值税电子普通发票的开票方和受票方需要纸质发票的，可以自行打印增值税电子普通发票的版式文件，其法律效力、基本用途、基本使用规定等与税务机关监制的增值税普通发票相同。

(四)机动车销售统一发票

从事机动车零售业务的单位和个人，在销售机动车(不包括销售旧机动车)收取款项时，开具机动车销售统一发票。机动车销售统一发票为电脑六联式发票：第一联为发票联，是购货单位付款凭证；第二联为抵扣联，是购货单位扣税凭证；第三联为报税联，由车购税征收单位留存；第四联为注册登记联，由车辆登记单位留存；第五联为记账联，是销货单位记账凭证；第六联为存根联，由销货单位留存。

知识拓展

如何查询增值税发票真伪

取得增值税发票的单位和个人可登录全国增值税发票查验平台(https://inv-veri.chinatax.gov.cn)，对新系统开具的增值税专用发票、增值税普通发票、机动车销售统一发票和增值税电子普通发票的发票信息进行查验。单位和个人通过网页浏览器首次登录平台时，应下载安装根目录证书文件，查看平台提供的发票查验操作说明。

二、增值税发票开具基本规定

(一)增值税纳税人开具发票基本规定

增值税纳税人开具发票基本规定如下。

(1) 增值税一般纳税人销售货物、提供加工修理修配劳务和发生应税行为，使用新系统开具增值税专用发票、增值税普通发票、机动车销售统一发票、增值税电子普通发票。

(2) 国家税务总局《关于实施第二批便民办税缴费新举措的通知》(税总函〔2019〕243号)全面推行小规模纳税人自行开具增值税专用发票。小规模纳税人(其他个人除外)发生增值税应税行为、需要开具增值税专用发票的，可以自愿使用增值税发票管理系统自行开具增值税专用发票，不受月销售额标准的限制。增值税小规模纳税人自行开具增值税专用发票的，税务机关不再为其代开。需要特别说明的是，货物运输业小规模纳税人可以根据自愿原则选择自行开具增值税专用发票；未选择自行开具增值税专用发票的纳税人，按照《国家税务总局关于发布<货物运输业小规模纳税人申请代开增值税专用发票管理办法>的公告》(国家税务总局公告 2017 年第 55 号，国家税务总局公告 2018 年第 31 号修改并发布)的相关规定，向税务机关申请代开。

(3) 销售商品、提供服务以及从事其他经营活动的单位和个人，对外发生经营业务收取款项，收款方应当向付款方开具发票；特殊情况下，由付款方向收款方开具发票。

所有单位和从事生产、经营活动的个人在购买商品、接受服务以及从事其他经营活动支付款项，应当向收款方取得发票。取得发票时，不得要求变更品名和金额。增值税纳税人购买货物、劳务、服务、无形资产或不动产，索取增值税专用发票时，须向销售方提供购买方名称(不得为自然人)、纳税人识别号或统一社会信用代码、地址、电话、开户行及账号信息，不需要提供营业执照、税务登记证、组织机构代码证、开户许可证、增值税一般纳税人资格登记表等相关证件或其他证明材料。

纳税人应在发生增值税纳税义务时开具发票。单位和个人在开具发票时，必须做到按照号码顺序填开，填写项目齐全，内容真实，字迹清楚，全部联次一次打印，内容完全一致，并在发票联和抵扣联加盖发票专用章。

开具发票应当使用中文，民族自治地方可以同时使用当地通用的一种民族文字。税务总局编写了《商品和服务税收分类与编码(试行)》，并在新系统中增加了商品和服务税收分类与编码相关功能。使用新系统的增值税纳税人，应使用新系统选择相应的商品和服务税收分类与编码开具增值税发票。

(4) 任何单位和个人不得有下列虚开发票行为。

① 为他人、为自己开具与实际经营业务情况不符的发票。

② 让他人为自己开具与实际经营业务情况不符的发票。

③ 介绍他人开具与实际经营业务情况不符的发票。

(5) 一般纳税人有下列情形之一的，不得使用增值税专用发票。

① 会计核算不健全，不能向税务机关准确提供增值税销项税额、进项税额、应纳税额数据及其他有关增值税税务资料的。其他有关增值税税务资料的内容，由省、自治区、直辖市和计划单列市国家税务局确定。

② 应当办理一般纳税人资格登记而未办理的。

③ 有《中华人民共和国税收征收管理法》规定的税收违法行为，拒不接受税务机关处理的。

④ 有下列行为之一，经税务机关责令限期改正而仍未改正的。

- 虚开增值税专用发票。
- 私自印制增值税专用发票。
- 向税务机关以外的单位和个人买取增值税专用发票。
- 借用他人增值税专用发票。
- 未按《增值税专用发票使用规定》第十一条开具增值税专用发票。
- 未按规定保管增值税专用发票和专用设备。
- 未按规定申请办理防伪税控系统变更发行。
- 未按规定接受税务机关检查。

有上列情形的，如已领取增值税专用发票，主管税务机关应暂扣其结存的增值税专用发票和税控专用设备。

(6) 属于下列情形的，不得开具增值税专用发票。

① 向消费者个人销售货物、提供应税劳务或者发生应税行为的。

② 销售货物、提供应税劳务或者发生应税行为适用增值税免税规定的，法律、法规及国家税务总局另有规定的除外。

③ 部分适用增值税简易征收政策规定的如下。

- 增值税一般纳税人的单采血浆站销售非临床用人体血液选择简易计税的。
- 纳税人销售旧货，按简易办法依 3%征收率减按 2%征收增值税的。
- 纳税人销售自己使用过的固定资产，适用按简易办法依 3%征收率减按 2%征收增值税政策的。纳税人销售自己使用过的固定资产，适用简易办法依照 3%征收率减按 2%征收增值税政策的，可以放弃减税，按照简易办法依照 3%征收率缴纳增值税，并可以开具增值税专用发票。
- 法律、法规及国家税务总局规定的其他情形。

(7) 增值税专用发票应按下列要求开具。

① 项目齐全，与实际交易相符。

② 字迹清楚，不得压线、错格。

③ 发票联和抵扣联加盖发票专用章。

④ 按照增值税纳税义务的发生时间开具。

不符合上列要求的增值税专用发票，购买方有权拒收。

一般纳税人销售货物、提供加工修理修配劳务和发生应税行为可汇总开具增值税专用发票。汇总开具增值税专用发票的，同时使用新系统开具《销售货物或者提供应税劳务清单》，并加盖发票专用章。

(二)税务机关代开发票基本规定

1. 代开发票范围

税务机关代开发票范围具体如下。

(1) 已办理税务登记的小规模纳税人(包括个体工商户)以及国家税务总局确定的其他可予代开增值税专用发票的纳税人，发生增值税应税行为，可以申请代开增值税专用发票。

(2) 有下列情形之一的，可以向税务机关申请代开增值税普通发票。

① 被税务机关依法收缴发票或者停止发售发票的纳税人，取得经营收入需要开具增值税普通发票的。

② 正在申请办理税务登记的单位和个人，对其自领取营业执照之日起至取得税务登记证件期间发生的业务收入需要开具增值税普通发票的。

③ 应办理税务登记而未办理的单位和个人，主管税务机关应当依法予以处理，并在补办税务登记手续后，对其自领取营业执照之日起至取得税务登记证件期间发生的业务收入需要开具增值税普通发票的。

④ 依法不需要办理税务登记的单位和个人，临时取得收入，需要开具增值税普通发票的。

2. 代开发票种类

国税机关和地税机关使用新系统代开增值税专用发票和增值税普通发票。代开增值税专用发票使用六联票，代开增值税普通发票使用五联票。

国税机关为增值税纳税人代开的增值税专用发票，第五联代开发票岗位留存，以备发票的扫描补录；第六联交税款征收岗位，用于代开发票税额与征收税款的定期核对；其他联次交增值税纳税人。地税机关为纳税人代开的增值税专用发票，第四联由代开发票岗位留存，以备发票扫描补录；第五联交征收岗位留存，用于代开发票与征收税款的定期核对；其他联次交纳税人。

税务机关代开发票部门通过新系统代开增值税发票，系统自动在发票上打印"代开"字样。

课后练习

基础演练

单项选择题

1. 下列各项中，不属于增值税特点的是(　　)。
   A. 征税项目具有选择性
   B. 不重复征税，具有中性税收的特征
   C. 税基广阔，具有征收的普遍性和连续性
   D. 逐环节征税，逐环节扣税，最终消费者是税款的承担者

2. 纳税人提供景区游览场所并收取门票收入缴纳增值税按(　　)处理。
   A. 不征收增值税　　　　　　B. 文化体育服务
   C. 娱乐业　　　　　　　　　D. 其他生活服务

3. 下列行为属视同销售，征收增值税的是(　　)。
   A. 将购买货物用于非应税项目　B. 将购买货物分配给投资者
   C. 将购买货物用于集体福利　　D. 将购买货物用于个人消费

4. 根据税法的规定，下列选项中准予抵扣进项税额的项目是(　　)。
   A. 购进固定资产用于免税项目的进项税额
   B. 购进用于非应税项目的进项税额
   C. 购进生产用材料和支付生产用电费的进项税额
   D. 未按规定保存增值税专用发票的进项税额

5. 甲企业销售给乙企业一批货物，乙企业因资金紧张，无法支付货币资金，经双方友好协商，乙企业用自产的产品抵顶货款，则下列表述正确的是(　　)。
   A. 甲企业收到乙企业的抵顶货物不应作购货处理
   B. 乙企业发出抵顶货款的货物不应作销售处理，不应计算销项税额
   C. 甲、乙双方发出货物都作销售处理，但收到货物所含增值税额一律不能计入进项

税额

D. 甲、乙双方都应作购销处理,可对开增值税专用发票,分别核算销售额和购进额,并计算销项税额和进项税额

6. 关于增值税的销售额,下列说法正确的是( )。

A. 经纪代理服务,以取得全部价款和价外费用为销售额

B. 旅游服务,一律以取得的全部价款和价外费用为销售额

C. 航空运输企业的销售额,不包括收取的机场建设费

D. 劳务派遣服务,一律以取得全部价款和价外费用为销售额

7. 纳税人采取分期收款方式销售货物,其增值税纳税义务发生时间为( )。

A. 收到第一笔货款的当天　　　　B. 收到最后一笔货款的当天

C. 发出商品的当天　　　　　　　D. 合同约定的收款日期的当天

8. 增值税纳税人下列项目中,应缴纳增值税的有( )。

A. 代省级政府收取的全额上缴财政的费用　B. 逾期的白酒包装物押金

C. 收取的白酒包装物押金　　　　　　　　D. 收取的啤酒的包装物押金

9. 甲市的 A、B 两店为实行统一核算的连锁店。根据增值税法律制度的规定,A 店的下列经营活动中,不属于视同销售货物行为的是( )。

A. 将货物交付给位于乙市的某商场代销　　B. 销售丙市某商场委托代销的货物

C. 将货物移送到 B 店用于销售　　　　　　D. 为促销将本店货物无偿赠送给消费者

10. 增值税专用发票,除具备存根联、发票联、记账联外,必须要有( )作为抵扣税款的依据。

A. 抵扣联　　　B. 进项联　　　C. 销项联　　　D. 查证联

提 高 演 练

1. 某超市为增值税一般纳税人,2019 年 6 月销售蔬菜取得销售收入 20 000 元,销售粮食、食用油取得销售收入 10 000 元,销售其他商品取得销售收入 30 000 元。2019 年 6 月该超市的销项税额为多少元?

2. 某生产喷雾器的农机厂为增值税一般纳税人,2019 年 6 月生产销售喷雾器,取得不含税销售收入 50 万元,销售喷雾器零部件取得不含税收入 10 万元,为农民修理喷雾器取得修理费收入 5 万元。当月购入零配件增值税专用发票上注明的税款为 3 万元,发票当月申报抵扣,则该厂本月应交增值税多少万元?

3. 某商场为增值税一般纳税人,2019 年 7 月举办促销活动,全部商品 7 折销售。销售商品原价 40 000 元,销售额和折扣额均在同一张发票上分别注明。上月商品本月发生退货,向消费者退款 1 000 元,该商场当月销项税额为多少元?

4. 某首饰商城为增值税一般纳税人,2019 年 7 月发生以下业务:采取以旧换新方式向消费者销售金项链 1000 条,新项链每条零售价 0.3 万元,旧项链每条作价 0.2 万元,每条项链取得差价款 0.1 万元。请计算该商城应交增值税多少万元。

5. 某制药厂为增值税一般纳税人,2019 年 9 月销售免税药品取得价款 20 000 元,销售

非免税药品取得不含税价款 90 000 元。当月购进原材料、水、电等取得的增值税专用发票(已通过税务机关认证)上的税款合计为 10 000 元,其中有 2 000 元进项税额对应的原材料用于免税药品的生产;5 000 元进项税额对应的原材料用于非免税药品的生产;对于其他进项税额对应的购进部分,企业无法划分清楚其用途。该企业本月应交增值税多少元?

6. 某家用电器修理厂会计核算健全,2019 年营业额 700 万元,但一直未向主管税务机关申请增值税一般纳税人认定。2019 年 5 月,该厂提供修理劳务并收取修理费价税合计 120 万元;购进的料件、电力等均取得增值税专用发票,对应的增值税税款合计 10 万元。该修理厂本月应交增值税多少万元?

7. 甲建筑公司为增值税小规模纳税人,2019 年 5 月 1 日承接 A 工程项目,5 月 30 日发包方按进度支付工程价款 500 万元,该项目当月发生的工程成本为 350 万元,其中取得增值税发票上注明的税额为 40 万元。甲建筑公司 5 月增值税为多少元?

8. 甲企业为增值税一般纳税人,2019 年 6 月进口一批粮食,买价为 70 000 元,支付境外运抵我国海关境内输入地点起卸前的运输费及保险费 5 000 元。海关开具了进口增值税专用缴款书,甲企业缴纳进口环节税金后海关放行。假定该批粮食关税税率为 10%,甲企业进口环节应交增值税多少元?

9. 某货物运输企业为增值税一般纳税人,2019 年 6 月提供货物运输服务,取得含税收入 500 000 元;出租闲置车辆取得含税收入 60 000 元;提供车辆停放服务,取得含税收入 20 000 元,以上业务均选择一般计税方法。该企业当月销项税额为多少元?

10. 2019 年 6 月某增值税一般纳税人购进大米一批用于食品加工,取得农产品销售发票,销售发票上注明的价款为 10 000 元,并支付不含税运费 1 000 元,取得运输企业增值税专用发票,验收入库后,因管理不善损失 1/3,则该项业务准予抵扣的进项税额为多少元?

综 合 演 练

1. 某食品企业为增值税一般纳税人,2019 年 6 月发生如下业务。

(1) 进口设备一批,支付买价 200 万元。运抵我国境内运输地点起卸前运输费用为 10 万元,保险费 2 万元,境内运输费用 5 万元。假设关税税率为 20%。

(2) 销售小吃产品取得不含税收入 500 万元,另收取包装费 2 万元。另将新品尚未上市销售的小吃产品,赞助给某会议,成本为 10 万元。成本利润率为 10%。

(3) 因管理不善导致上月向农业生产者收购的小麦(上月已按 10%抵扣进项税额)发生损失,该小麦的账面成本为 50 000 元(含运费 600 元,取得增值税专用发票)。

(4) 销售使用过的 2011 年 1 月购入的小汽车一辆,取得含税收入 10 万元。

(5) 当月签订合同出租 2015 年 1 月购入的办公室一间,预收一年租金 12 万元。

请分别计算当月上述业务的以下问题。

(1) 业务(1)中进口设备应交增值税为多少?

(2) 业务(2)中的增值税销项税额为多少?

(3) 业务(3)中,当月小麦损失应该进项税额转出为多少?

(4) 业务(4)中,应涉及增值税为多少?

(5) 业务(4)中,应涉及增值税为多少?

2. 某商场(增值税一般纳税人)2019年4月发生如下业务。

(1) 取得服装不含税销售收入100万元,采取以旧换新方式销售冰箱60台,新冰箱的零售价格为1万元/台,旧冰箱的含税作价为0.2万元/台,收取的含税差价款为0.8万元/台。

(2) 采取预收货款方式销售电脑一批,当月取得预收款100万元,合同约定电脑于下月发出;将闲置办公室出租,租赁期为一年,每月不含税租金10万元,当月预收2个月的租金。

(3) 购入一批服装,取得的增值税专用发票上注明价款100万元;委托运输企业(增值税一般纳税人)运输货物,取得的增值税专用发票上注明运费5万元;接受广告公司(增值税一般纳税人)提供的广告服务,取得的增值税专用发票上注明金额10万元,取得注明旅客身份信息的铁路车票上的金额为0.5万元,取得注明旅客身份信息的长途客运票上注明的金额为0.4万元。

(4) 月末进行盘点时发现,当月因管理不善造成上月从某增值税一般纳税人企业购入的服装被盗,该批服装(已抵扣进项税额)账面价值为20万元,其中运费成本3万元(取得增值税专用发票)。

假定相关票据在本月均通过认证并允许抵扣。

要求:根据上述资料,回答下列问题。

(1) 该企业业务(1)应确认的增值税销项税额为多少元?
(2) 该企业业务(2)应确认的增值税销项税额为多少元?
(3) 该企业业务(3)应确认的增值税进项税额为多少元?
(4) 该企业业务(4)应进项税额转出多少元?
(5) 该企业当月应交增值税为多少元?

3. 某运输企业位于市区,为增值税一般纳税人。2019年6月发生如下业务。

(1) 为某企业运输一批原材料,取得不含税货运收入100万元、装卸搬运收入10万元、仓储保管费6万元,上述收入均开具了增值税专用发票,且各项收入予以分别核算。

(2) 将部分自有车辆对外出租,取得含税租金收入20万元。

(3) 将两艘运输用船对外出租,一艘签订程租合同,收取不含税租金10万元,开具了增值税专用发票;另一艘签订光租合同,收取含税租金9万元,因承租方没有按照规定时间归还光租船只,收取违约金1万元。

(4) 将一幢自建的员工宿舍楼对外出售,取得含税收入1 000万元,该宿舍楼于2013年建成并投入使用,初始建造成本为700万元,已计提折旧200万元。

(5) 出售2011年1月购入自用的小汽车2辆,取得收入10万元。当年购入成本为30万元。

(6) 本月自某汽车销售公司购进2辆运输用车辆,取得的增值税专用发票上注明不含税价款90万元,另支付车辆装饰费5 265元、保险费7 020元,均由汽车销售公司开具普通发票。

已知:出售员工宿舍楼采用简易计税方法计税。

根据上述资料，回答下列问题。

(1) 业务(1)中提供运输服务和装卸仓储服务应确认的销项税额为多少元？

(2) 业务(2)中，提供出租服务应确认的销项税额为多少？

(3) 业务(3)中承租应确认增值税销项税额多少？光租应确认增值税销项税额多少？

(4) 业务(4)中企业销售不动产业务应缴纳的增值税为多少？

(5) 业务(5)中企业销售小汽车业务应缴纳的增值税为多少？

(6) 业务(6)中企业应确认当月进项税额为多少？

(7) 当期该企业的应交增值税税额为多少？

第四章 消费税

【本章学习目标】

通过本章的学习，掌握消费税的概念、基本要素，了解消费税与增值税的区别；掌握消费税的纳税环节；掌握消费税的计算方法；熟悉消费税纳税申报处理与会计处理。

【本章重点】

- 消费税的征税范围
- 消费税的税率
- 消费税的纳税环节
- 消费税的纳税申报与会计处理

【本章难点】

- 自产自用、委托加工和进口货物组成的计税价格确定
- 外购或委托加工应税货物的消费税的抵扣

【章前导读】

直接用于北京2022年冬奥会的进口汽车，需要缴纳消费税吗？

解析：对国际赞助计划、全球供应计划、全球特许计划的赞助商、供应商、特许商及其分包商根据协议向北京2022年冬奥会和冬残奥会组织委员会提供指定的货物或服务，免征增值税、消费税。

【关键词】

消费税　纳税环节　比例税率　定额税率　复合税率　纳税申报　会计处理

第一节　消费税的基本理论

与增值税普遍征收的征税思想不同，消费税只针对特定的消费品及消费行为征收，具有较强的选择性，更能体现税法的政策导向，引导消费者的消费行为。在我国，消费税是对我国境内生产、委托加工和进口消费税应税消费品的单位和个人，在某特定环节征收的一种流转税。

一、消费税的基本要素

(一)消费税的纳税义务人

在中华人民共和国境内生产、委托加工和进口应税消费品的单位和个人，以及消费税相关法规规定的销售应税消费品的其他单位和个人为消费税的纳税义务人。

(二)消费税的征税范围

需要缴纳消费税的情况具体如下。

1. 生产应税消费品

(1) 纳税人生产的应税消费品,于纳税人销售时纳税。

(2) 纳税人生产的应税消费品,用于连续生产应税消费品的,不纳税;用于其他方面的,于移送使用时纳税。

其他方面是指纳税人用于生产非应税消费品、在建工程、管理部门、非生产机构、提供劳务以及用于馈赠、赞助、集资、广告、样品、职工福利、奖励等方面。

(3) 对于工业企业以外的单位和个人,下列行为视为应税消费品的生产行为。

① 将外购的消费税非应税消费品以消费税应税消费品对外销售的。

② 将外购的消费税低税率应税产品以高税率应税消费品对外销售的。

2. 委托加工应税消费品

委托加工应税消费品是指委托方提供原料和主要材料,受托方只收取加工费和代垫部分辅助材料加工的应税消费品。其余情况不能作为委托加工处理。委托加工的应税消费品,除受托方为个人外,由受托方在向委托方交货时代收代缴消费税。委托加工的应税消费品收回后,再继续用于生产应税消费品销售且符合相关规定的,委托加工环节缴纳的消费税款可以扣除。

3. 进口应税消费品

单位和个人进口消费税应税消费品,于报关进口时缴纳消费税。

4. 零售特定应税消费品

金银首饰、铂金首饰和钻石及钻石饰品(仅限金基、银基合金首饰以及金、银和金基、银基合金的镶嵌首饰)自1995年1月起由生产销售环节征收改为零售环节征收,零售环节适用5%税率。

自2016年12月1日起,对超豪华小汽车在生产销售环节之外,零售环节加征10%的消费税。

5. 批发特定应税消费品

自2009年5月1日,对卷烟在生产销售环节外,批发环节加征5%的从价消费税。根据《财政部国家税务总局关于调整卷烟消费税的通知》的规定,自2015年5月10日,将卷烟批发环节的从价税税率由5%提高到11%,并按0.005元/支加征从量税。

> **案例点击**
>
> 下列关于消费税纳税人的说法,正确的是( )。
> A. 零售金银的纳税人是消费者
> B. 委托加工化妆品的纳税人是受托加工企业
> C. 携带卷烟入境的纳税人是携带者
> D. 邮寄入境应税消费品的纳税人是收件人

【点石成金】
答案：CD

(三)消费税的税目和税率

1. 消费税税目与税率表

消费税开征的意义在于只对特殊的应税消费品征收，以引导消费者的消费行为，因此消费税的税目会随着生活水平的提高或者环保意识的加强，进行调整。现行消费税税目包含烟、酒等15种商品，具体税目和税率见表4-1。

表4-1 消费税的税目和税率表

税　目	税　率
一、烟	
1. 卷烟	
(1)甲类卷烟(生产、进口环节)	56%加0.003元/支
(2)乙类卷烟(生产、进口环节)	36%加0.003元/支
(3)批发环节	11%加0.005元/支
2. 雪茄烟	36%
3. 烟丝	30%
二、酒	
1. 白酒	20%加0.5元/500g(或500ml)
2. 黄酒	240元/吨
3. 啤酒	
(1)甲类啤酒	250元/吨
(2)乙类啤酒	220元/吨
4. 其他酒	10%
三、高档化妆品	15%
四、贵重首饰及珠宝玉石	
1. 金银首饰、铂金首饰和钻石及钻石饰品(零售环节)	5%
2. 其他贵重首饰和珠宝玉石	10%
五、鞭炮、焰火	15%
六、成品油	
1. 汽油	1.52元/升
2. 柴油	1.20元/升
3. 航空煤油	1.20元/升
4. 石脑油	1.52元/升
5. 溶剂油	1.52元/升
6. 润滑油	1.52元/升
7. 燃料油	1.20元/升

续表

税　目	税　率
七、小汽车	
1. 乘用车	
(1)气缸容量在 1.0(含 1.0)升以下的	1%
(2)气缸容量在 1.0 升以上至 1.5(含 1.5)升	3%
(3)气缸容量在 1.5 升以上至 2.0(含 2.0)升	5%
(4)气缸容量在 2.0 升以上至 2.5(含 2.5)升	9%
(5)气缸容量在 2.5 升以上至 3.0(含 3.0)升	12%
(6)气缸容量在 3.0 升以上至 4.0(含 4.0)升	25%
(7)气缸容量在 4.0 升以上	40%
2. 中轻型商用客车	5%
3. 超豪华小汽车(生产、零售环节)	10%(零售环节),生产环节同乘用车和中轻型商用客车
八、摩托车	
1. 气缸容量在 250 毫升的	3%
2. 气缸容量在 250 毫升以上的	10%
九、高尔夫球及球具	10%
十、高档手表	20%
十一、游艇	10%
十二、木制一次性筷子	5%
十三、实木地板	5%
十四、电池	4%
十五、涂料	4%

2. 消费税税目细节

在学习税目时,需要掌握各税目的细节,具体如下。

1) 烟

(1) 甲类卷烟和乙类卷烟的区别是:甲类卷烟是指每标准条调拨价格在 70 元(不含增值税)以上(含 70 元)的卷烟;乙类卷烟是指每标准条调拨价格在 70 元(不含增值税)以下的。

(2) 卷烟的单位换算为:每标准箱 250 条;每标准条 200 支。

2) 酒

(1) 甲类啤酒是指每吨出厂价(含包装物及包装物押金)≥3 000 元(含 3 000 元,不含增值税);乙类啤酒是指每吨出厂价(含包装物及包装物押金)<3 000 元。

(2) 包装物押金不包括重复使用的塑料周转箱的押金。

(3) 果啤属于啤酒,按啤酒征收消费税。

(4) 对饮食业、商业、娱乐业举办的啤酒屋(啤酒坊)利用啤酒生产设备生产的啤酒,应当征收消费税。

(5) 葡萄酒,属于"其他酒"子目。

3) 高档化妆品

自 2016 年 10 月 1 日起，取消对普通美容、修饰类化妆品征收消费税，将"化妆品"税目名称更名为"高档化妆品"，包括高档美容、修饰类化妆品、高档护肤类化妆品和成套化妆品，即生产(进口)环节销售(完税)价格(不含增值税)在 10 元/毫升(克)或 15 元/片(张)及以上的美容、修饰类化妆品和护肤类化妆品，但不包括舞台、戏剧、影视演员化妆用的上妆油、卸装油、油彩。

4) 贵重首饰及珠宝玉石

子税目中金银首饰、铂金首饰和钻石及钻石饰品的 5%税率是在零售环节缴纳，而其他贵重首饰和珠宝玉石 10%税率是在生产销售环节等缴纳。

知识拓展

黄金金条的零售属于金银首饰品消费税纳税范围吗？

根据《消费税征收范围注释》(国税发〔1993〕153 号)文件第五条的规定：贵重首饰及珠宝玉石的征收范围包括各种金银珠宝首饰和经采掘、打磨、加工的各种珠宝玉石。其中金银珠宝首饰包括：凡以金、银、白金、宝石、珍珠、钻石、翡翠、珊瑚、玛瑙等贵重稀有物质以及其他金属、人造宝石等制作的各种纯金银首饰及镶嵌首饰(含人造金银、合成金银首饰等)。而黄金金条不属于以上范围，所以，金条不属于金银首饰消费税纳税范围。

5) 鞭炮、焰火

鞭炮焰火中包括各种类型的鞭炮、焰火，不包括体育上用的发令纸、鞭炮药引线。

6) 成品油

成品油包括汽油、柴油、石脑油、溶剂油、航空煤油、润滑油、燃料油。变压器油、导热类油等绝缘油类产品不属于润滑油，不征收消费税。

7) 小汽车

(1) 小汽车三个子税目的区别：前两个子税目所涉及的车都是指在其设计和技术特性上主要用于载运乘客及其随身行李或临时物品的汽车，区别在于座位数(含驾驶员座位)不同，不超过 9 个座位的是乘用车，座位数在 10～23 座(含 23 座)的为中轻型商用客车。超豪华小汽车是指每辆零售价格 130 万元(不含增值税)及以上的乘用车和中轻型商用客车。

(2) 排量小于 1.5 升(含)的乘用车底盘(车架)改装、改制的属于乘用车；排量大于 1.5 升的乘用车底盘(车架)或用中轻型商用客车底盘(车架)改装、改制的属于中轻型商用客车。

(3) 电动汽车；车身长度≥7 米并且座位数在 10～23 座(含)之间的商用客车；沙滩车、雪地车、卡丁车、高尔夫车不属于消费税征收范围，不征消费税。

8) 摩托车

取消气缸容量 250 毫升(不含)以下的小排量摩托车消费税。

9) 高尔夫球及球具

高尔夫球具范围包括高尔夫球、高尔夫球杆及高尔夫球包(袋)等。高尔夫球杆的杆头、杆身和握把属于本税目的征收范围。

10) 高档手表

高档手表是指每只不含增值税销售价格≥10 000 元的各类手表。

11) 游艇

游艇是指 8 米≤长度≤90 米，内置发动机，可以在水上移动，主要用于水上运动和休闲娱乐等非牟利活动的各类机动艇。

12) 木制一次性筷子

本税目包括各种规格的木制一次性筷子，未经打磨、倒角的木制一次性筷子属于本税目征税范围。

13) 实木地板

本税目包括各种规格的实木地板、实木指接地板、实木复合地板以及用于装饰墙壁、天棚的侧端面为榫、槽的实木装饰板。未经涂饰的素板也属于本税目。

14) 电池

对无汞原电池、金属氢化物镍蓄电池(又称"氢镍蓄电池"或"镍氢蓄电池")、锂原电池、锂离子蓄电池、太阳能电池、燃料电池和全钒液流电池免征消费税。2015 年 12 月 31 日前对铅蓄电池缓征消费税；自 2016 年 1 月 1 日起，对铅蓄电池按 4%税率征收消费税。

15) 涂料

2015 年 2 月 1 日起，涂料征收消费税，其中对施工状态下挥发性有机物含量低于 420 克/升(含)的涂料免征消费税。

3. 消费税税率具体说明

1) 消费税税率的形式

消费税税率有几种税率形式：多数应税消费品采用比例税率；黄酒、啤酒和成品油采用定额税率；卷烟和白酒采用从价定率与从量定额相结合计算的复合计税方式。

2) 兼营不同消费税税率的情况

对纳税人兼营不同消费税税率的应税消费品，应分别核算其销售额或销售数量。未分别核算销售额或销售数量的，或者将不同税率的应税消费品组成成套消费品销售的，从高适用税率。

> **案例点击**

下列各项中，属于消费税的税目的有(　　)。

A. 电动汽车　　B. 卡丁车　　C. 大货车　　D. 小轿车
E. 竹制一次性筷子　F. 手表　　G. 高档皮包　H. 酒精
I. 轮船　　J. 料酒　　K. 黄酒　　L. 原油

〖点石成金〗

答案：DK

> **案例点击**

下列各项中，需要缴纳消费税的是(　　)。

A. 批发商批发销售的雪茄烟　　B. 商场销售的金银首饰
C. 进口涂料　　D. 零售白酒
E. 进口服装

【点石成金】
答案：BC

二、消费税与增值税的比较分析

增值税与消费税属于流转税，两者联系较强，当纳税人发生某项销售行为时，需作出是否缴纳两税以及缴纳多少税额的判断。由于两税在联系之外有若干区别，实际判断时较复杂，以下通过两个角度对两税进行比较分析。

(一)是否缴纳两税的分析

从表4-2可以看出，两者的征收范围有3个容易混淆的知识点，以下进行具体分析。

表4-2 增值税与消费税征收范围比较表

增值税	消费税
销售货物(包含增值税视同销售)	生产销售应税消费品(包含自产自用)
销售劳务(加工修理修配劳务)	委托加工应税消费品
销售服务	
销售无形资产	
销售不动产	
进口货物	进口应税消费品

1. 销售货物与生产销售应税消费品的比较

自2016年5月1日，营改增完成改革最后阶段，增值税的征收范围扩展到销售货物、劳务、服务、无形资产和不动产5个方面。而消费税目前仍只针对15种列举的消费品征收，消费品只属于货物中的一个类别，消费税的征税范围尚未涉及劳务、服务等其他方面，增值税的征收范围应大于消费税的征收范围，需要缴纳消费税的一般均应缴纳增值税。

从纳税环节来看，增值税属于多次课征制，货物流转过程中，各环节均需计算缴纳增值税，而消费税(除卷烟和超豪华小汽车外)属于一次课征制，只选择应税消费品的一个环节计算缴纳。

但是值得注意的是，由于增值税的视同销售规定与消费税视同销售(自产自用)规定略有不同，可能会出现某些行为(如将生产的应税消费品用于连续生产非应税消费品时)应缴纳消费税而不缴纳增值税的特殊情况。

2. 销售劳务与委托加工应税消费品的比较

在增值税中，销售劳务即提供加工修理修配劳务时，销售方应计算缴纳增值税，而消费税规定委托加工应税消费品时，由受托方代收代缴消费税。其主要的区别如下。

(1) 消费税只针对委托加工应税消费品，并不是所有的加工情况都涉及消费税。

(2) 纳税义务人不同，增值税的纳税义务人为受托方即销售劳务方。消费税委托加工应税消费品，纳税义务人是委托方，受托方为代收代缴义务人。

(3) 计税依据不同，增值税销售劳务的计税依据只是受托方提供劳务的价值，而消费税委托加工应税消费品时,是以委托加工收回物资的价值为计税依据,这时消费税的计税依据大于增值税销售劳务的计税依据。

3. 进口货物与进口应税消费品的比较

对除另有规定外的所有货物均征收进口环节增值税,而消费税只对应税消费品征收,所以进口时,征收消费税时一般需同时缴纳增值税。

4. 两税对优惠政策规定不同

增值税因为是普遍征收,对某些特定情况,税法制定了增值税税收优惠政策;消费税本来属于特定征收,征收范围较小,所以消费税中无税收优惠政策。

(二)两税计算税额方式比较

1. 计算方法比较

增值税以比例税率从价征收,消费税有三种计算方法:比例税率从价征收、定额税率从量征收和复合计征方式。当消费税采用比例税率从价征收时,计税依据与增值税相同。

2. 税率制定思想比较

纵观近几年增值税税率改革,基本思想为减少税率档次以及下调税率,至2019年4月1日最新调整,增值税税率只有6%、9%和13%三档。而针对消费税税目调控程度不同,消费税税率也不同,我国现行消费税税率呈现从1%至56%多个档次,针对某些应税消费品(如卷烟和超豪华小汽车)消费税税负有提高的趋势。

3. 税额与计税价格的关系比较

增值税是价外税,税额不包含在计税价格内;消费税是价内税,计税价格包含消费税。

> **案例点击**

下列各项中,应同时征收增值税和消费税的有( )。
A. 卷烟的批发环节　　　　　　　　B. 铂金钻戒的零售环节
C. 锂原电池的生产销售环节　　　　D. 进口的9座商务车
E. 酒类产品的批发环节　　　　　　F. 珍珠饰品的零售环节
G. 进口雅诗兰黛小棕瓶眼霜(15ml 不含税单价 350 元)

〖点石成金〗
答案:ABDG

第二节　消费税的计算

一、消费税计算的基础知识

(一)计算方法及适用范围

消费税计算有三种方法:比例税率从价计征、定额税率从量计征和复合计征方式。其中黄酒、啤酒和成品油适用从量计征；卷烟、白酒适用复合计征方式；其余的应税消费品采用从价计征方式。

(二)消费税计算公式及说明

1. 从价计征的公式

从价计征的公式为

消费税税额=销售额×比例税率

1) 销售额一般情况

在从价计征时，消费税使用的销售额与增值税计算销项税额时使用的销售额一般一致，为销售应税消费品时向购买方收取的全部价款和价外费用，包含消费税但不包含增值税。如取得的销售额为含(增值)税销售额，需要进行将含(增值)税销售额换算为不含(增值)税销售额的处理。

不含(增值)税销售额=含(增值)税销售额÷(1+增值税税率/增值税征收率)

价外费用是指价外收取的各种性质的收费，具体如手续费、补贴、基金、集资费、返还利润、奖励费、违约金、包装费、包装物租金、运输装卸费等其他各种性质的价外收费。但是不包括以下内容。

(1) 受托加工应税消费税的货物所代收代缴的消费税。

(2) 以委托方名义开具发票代委托方收取的款项。

(3) 同时符合以下条件代为收取的政府性基金或行政事业性收费：由国务院或者财政部批准设立的政府性基金，由国务院或者省级人民政府及其财政、价格主管部门批准设立的行政事业性收费；收取时开具省级以上(含省级)财政部门印制的财政票据；所收款项全额上缴财政。

(4) 销售货物的同时代办保险等而向购买方收取的保险费，以及向购买方收取的代购买方缴纳的车辆购置税、车辆牌照费。

价外费用视为含(增值)税价，计入销售额计算销项税额时也要先换算成不含税销售额。

2) 销售额特殊情况

消费税从价计征时的销售额一般与增值税使用的销售额一致，但下列情形除外。

(1) 增值税销售加工劳务的计税依据只是受托方提供劳务的价值，而消费税委托加工应税消费品时，是以委托加工收回物资的价值(包含使用材料、加工费等)为计税依据，消费税的销售额大于增值税使用的销售额。

(2) 将自产的应税消费品用于投资入股、抵债、易物时，消费税按同期同类应税消费品的最高售价作为销售额，而增值税以加权平均售价为销售额。

案例点击

长城解百纳千红原厂为增值税一般纳税人，在2019年5月以240元/件(不含增值税价)的价格销售长城解百纳千红500件，另收取每件5元包装费。请问需要缴纳多少元消费税？

〖点石成金〗

葡萄酒为酒类其他酒，从价征收，包装费为价外费用，需要换算为不含增值税价。

应交的消费税税额=销售额×比例税率=[240+5/(1+13%)]×500×10%=12 221.24(元)

2. 从量计征的公式

从量计征的公式为

消费税税额=销售数量×单位税额

1) 销售数量的说明

销售数量具体是指：①销售应税销售品的，为应税消费品的销售数量；②自产自用应税消费品的，为应税消费品的移送使用数量；③委托加工应税消费品的，为纳税人收回的应税消费品数量；④进口应税消费品的，为海关核定的应税消费品进口征税数量。

2) 计算单位的换算

在从量计征的应税消费品中，有些是以重量单位吨为标准制定单位税额的(如酒类应税消费品)，有些是以体积单位升为标准制定单位税额(如成品油)，因为液体物质的物理特性不同，重量与体积单位的换算并不相同，需要注意重量单位与体积单位的换算标准(见表4-3)。

表 4-3 重量单位与体积单位换算表

消费税子税目	计量单位换算标准
黄酒	1 吨=962 升
啤酒	1 吨=988 升
汽油	1 吨=1 388 升
柴油	1 吨=1 176 升
航空煤油	1 吨=1 246 升
石脑油	1 吨=1 385 升
溶剂油	1 吨=1 282 升
润滑油	1 吨=1 126 升
燃料油	1 吨=1 015 升

案例点击

重庆啤酒厂在2019年5月以130元/件的价格销售山城1958啤酒100件(一件12瓶，500毫升/瓶)。需要缴纳多少消费税？

〖点石成金〗

(1) 如何判断是甲类啤酒还是乙类啤酒：甲类啤酒指每吨出厂价(含包装物及包装物押金)≥3 000元(含3 000元，不含增值税)；乙类啤酒是指每吨出厂价(含包装物及包装物押金)<3 000元。需计算山城啤酒1958的每吨单价。

① 每瓶酒500毫升一件12瓶 一件酒：500毫升×12=6 000毫升=6升

② 重量单位与体积单位的换算 啤酒 1吨=988升

每吨单价=988/6×130=21 406.67(元)

结论：该笔业务的啤酒为甲类啤酒，定额税率为250元/吨。

(2) 啤酒定额税率是以吨为单位。

1件酒：500毫升×12=6升　　100件为600升

啤酒 1 吨=988 升   100 件酒=600/988=0.61 吨

(3) 利用从量计征消费税公式：消费税税额=销售数量×单位税额

计算消费税额：销售 100 件山城 1958 啤酒，需要缴纳消费税为 0.61×250=152.5 元。

3. 复合计征的公式

复合计征的公式为

$$消费税税额=销售额×比例税率+销售数量×单位税额$$

复合计征方式是前两种计算方法的加总，在具体运用时需要注意前两种计算方法的知识点。

案例点击

贵州茅台公司在 2019 年 5 月以 1 000 元/瓶(500ml)的价格销售飞天茅台 200 瓶，请问需要缴纳多少消费税？

〖点石成金〗

消费税税额=从价税额+从量税额=1 000×200×20%+0.5×200=40 100(元)

二、不同征税范围消费税计算

(一)销售应税消费品(包含生产销售、批发环节销售、零售环节销售)的税额计算

1. 从价计征时

在从价定率计算方法下，应交的消费税税额等于销售额乘以适用税率，基本公式为

$$消费税税额=销售额×比例税率$$

案例点击

某筷子生产企业为增值税一般纳税人，2019 年 10 月销售雕花木制筷子取得不含增值税价 10 万元，销售竹制一次性筷子取得不含增值税价 8 万元，销售木制一次性筷子取得含增值税价 6 万元，当月收取木制一次性筷子包装物押金 0.5 万元，没收逾期未退还木制一次性筷子包装物押金 0.3 万元。当月该企业应交消费税多少元？

〖点石成金〗

木制一次性筷子应交消费税.

$$消费税税额=(6+0.3)/(1+13\%)×5\%=0.28(万元)$$

2. 从量计征时

在从量定额计算方法下，应缴纳消费税税额等于销售数量乘以单位税额，基本公式为

$$消费税税额=销售数量×单位税额$$

案例点击

某啤酒厂(一般纳税人)2019 年 7 月销售 A 型啤酒 20 吨给某酒店，开具普通发票取得收入 30 000 元，收取包装物押金 1 800 元；销售 B 型啤酒 15 吨给副食品公司，开具增值税专

用发票上注明的不含增值税价款 58 000 元,收取包装物押金 3 000 元。该啤酒厂应缴纳的消费税为多少?

〖点石成金〗

(1) 判断 A 型啤酒和 B 型啤酒属于甲类还是乙类(3 000 元/吨的区别标准包含包装物及包装物押金)。

计算 A 型啤酒的每吨单价=(30 000+1 800)/[(1+13%)×20]=1 407.08 元/吨＜3 000 元/吨

则 A 型啤酒为乙类啤酒。

计算 B 型啤酒每吨单价=[58 000+3 000/(1+13%)]/15=4 043.66 元/吨＞3 000 元/吨

则 B 型啤酒为甲类啤酒。

(2) 计算消费税税额。

A 型啤酒的消费税税额=220×20=4 400(元)

B 型啤酒的消费税税额=250×15=3 750(元)

3. 复合计征时

现行消费税的征税范围中,卷烟和白酒采用复合计算方法,基本公式为

消费税税额=销售额×比例税率+销售数量×单位税额

案例点击

2019 年 9 月,某酒厂(一般纳税人)销售白酒 100 吨,取得不含税销售额 500 万元,同时收取品牌使用费 20 万元,销售白酒时收取包装物押金 6 万元,没收 6 月收取的包装物押金 5 万元,该酒厂本月应交多少消费税?

〖点石成金〗

消费税税额=从价税额+从量税额

=[500+(20+6)/(1+13%)]×20%+100×2 000×0.5/10 000

=114.60(万元)

案例点击

某烟酒批发公司(增值税一般纳税人),2019 年 10 月批发销售 A 牌卷烟 5 000 条给烟酒零售商店,开具的增值税专用发票上注明不含增值税销售额 100 万元;批发 B 牌卷烟 2 000 条给烟酒零售商店,开具的普通发票注明含增值税销售额 50 万元;同时批发雪茄烟 300 条给烟酒零售商店,开具普通发票,取得含增值税收入 20 万元;当月允许抵扣的增值税进项税额为 11 万元。该烟酒批发公司当月应交的增值税和消费税合计为多少?

〖点石成金〗

批发环节只有卷烟加征消费税(11%加 0.005 元/支)。

卷烟的单位换算为:每标准箱 250 条;每标准条为 200 支。

消费税税额=从价税额+从量税额

=[100+50/(1+13%)]×11%+(5 000+2 000)×200×0.005/10 000=16.57(万元)

应交增值税=销项税额－进项税额

=[100+(50+20)/(1+13%)]×13%－11=10.05(万元)

(二)自产自用应税消费品的税额计算

自产自用应税消费品税务处理见表4-4。

表4-4 自产自用应税消费品税务处理表

自产自用应税消费品用途	税务处理
1.用于连续生产应税消费品	不缴纳消费税，不缴纳增值税
2. 用于其他方面 ①生产非应税消费品。 ②用于在建工程、管理部门、非生产机构、提供劳务。 ③用于馈赠、赞助、集资、广告、样品、职工福利、奖励等。 ④用于换取生产资料和消费资料、投资入股和抵偿债务	①缴纳消费税，不缴纳增值税。 ②至④既缴纳增值税，也缴纳消费税。 注意：②③按同类应税消费品的加权平均销售价格作为计税依据。 ④按同类应税消费品的最高销售价格作为计税依据

从表4-4可以看出，自产应税消费品用于其他方面应视同销售，缴纳消费税，按纳税人生产的同类消费品的销售价格计算纳税，如果当月同类消费品的销售价格不同，应按销售数量加权平均计算；如当月无销售，应按照同类消费品最近月份的销售价格计算；没有同类消费品销售价格的，应以组成计税价格为计算消费税的计税依据。组成计税价格公式如下。

(1) 一般公式：组成计税价格=成本+利润+消费税
(2) 从价计征的公式：组成计税价格=(成本+利润)/(1-消费税税率)
(3) 复合计征的公式：组成计税价格=(成本+利润+从量消费税)/(1-消费税税率)

案例点击

企业生产的下列消费品，无须缴纳消费税的是( )。
A. 地板企业生产的实木地板用于装修本企业办公室
B. 汽车企业生产的小轿车用于本企业管理部门使用
C. 化妆品企业生产的高档化妆品用于赠送客户
D. 卷烟企业生产的烟丝用于连续生产卷烟

〖点石成金〗
答案：D

案例点击

下列行为中，既缴纳增值税又缴纳消费税的有( )。
A. 酒厂将自产的白酒赠送给协作单位
B. 卷烟厂将自产的烟丝移送用于生产卷烟
C. 日化厂将自产的高档香水精移送用于生产普通护肤品
D. 汽车厂将自产的应税小汽车无偿赠送给外单位
E. 日化厂销售自产洗发水和沐浴露

〖点石成金〗
答案：ACD

案例点击

某黄酒厂(增值税一般纳税人)2019年9月将2吨自产新品黄酒(无同类商品售价)发放给职工作为福利，其成本为4 000元/吨，成本利润率为10%，每吨消费税税额240元。计算该业务应交消费税和增值税的销项税额。

〖点石成金〗
黄酒消费税从量计征，增值税从价计征。
消费税税额=240×2=480(元)
组成计税价格=成本+利润+消费税税额=[4 000×(1+10%)+240]×2=9 280(元)
增值税销项税额=9 280×13%=1 206.4(元)

案例点击

某酒厂(增值税一般纳税人)2019年9月将2吨自产新品白酒(无同类商品售价)发放给职工作为福利，其成本9 000元/吨，成本利润率为10%。计算该业务应交消费税和增值税的销项税额。

〖点石成金〗
从量消费税=2×2 000×0.5=2 000(元)
组成计税价格=(成本+利润+从量消费税)/(1-消费税税率)
=[9 000×(1+10%)×2+2 000]/(1-20%)=27 250(元)
消费税税额=从价税+从量税
=27 250×20%+2 000=7 450(元)
增值税销项税额=组成计税价格×增值税税率
=27 250×13%=3 542.5(元)

案例点击

某化妆品企业为增值税一般纳税人，2019年10月发生如下业务：10日销售高档化妆品100箱，不含增值税价为600元/箱；20日销售同类高档化妆品200箱，不含增值税价为700元/箱。25日赠送给客户10箱同类高档化妆品，30日用150箱同类高档化妆品与某公司换取香水精。该企业当月应交多少消费税？(高档化妆品的消费税税率为15%)

〖点石成金〗
赠送客户的应税消费品价格按照同类消费品的加权平均价格；交换生产资料的应税消费品价格按照同类消费品的最高价格。
加权平均单位价格=(100×600+200×700)/300=666.67(元)
消费税额=(100×600+200×700+10×666.67+150×700)×15%=46 750.01(元)

(三)委托加工应税消费品的税额计算

1. 委托加工的定义

委托加工应税消费品是指委托方提供原料和主要材料，受托方只收取加工费和代垫部分辅助材料加工的应税消费品。不属于委托加工的有如下几方面。

(1) 由受托方提供原材料生产的应税消费品。
(2) 是受托方先将原材料卖给委托方，再接受加工的应税消费品。
(3) 由受托方以委托方的名义购进原材料生产的应税消费品。

案例点击

根据《消费税暂行条例》的规定，委托加工的特点是(　　)。
A. 委托方提供原料或主要材料，受托方代垫部分辅助材料并收取加工费
B. 委托方支付加工费，受托方提供原料或主要材料
C. 委托方支付加工费，受托方以委托方的名义购买原料或主要材料
D. 委托方支付加工费，受托方购买原料或主要材料卖给委托方再接受加工

〖点石成金〗
答案：A

2. 委托加工消费税税额的计算

委托加工应税消费品，按照受托方的同类消费品的销售价格计算缴纳消费税；无同类消费品售价时，按照组成计税价格计算。

(1) 从价计征时：

组成计税价格=(材料成本+加工费)/(1-消费税税率)

(2) 复合计征时：

组成计税价格=(材料成本+加工费+委托加工数量×定额税率)/(1-比例税率)

根据《消费税暂行条例实施细则》的解释，材料成本是指委托方提供加工材料的实际成本。加工费是指受托方加工应税消费品向委托方所收取的全部费用(包括代垫辅助材料的实际成本，不含增值税税金)。

3. 委托加工消费税计算与视同销售消费税计算的区别

在委托加工定义中，强调委托方提供原料和主要材料，受托方只收取加工费和部分辅料才属于委托加工，否则就按照视同销售处理。将两者的组成计税价格公式进行对比，就能看出将委托加工定义要求如此严格的原因。以下为从价计征时两者的公式。

视同销售的组成计税价格公式：

组成计税价格=(成本+利润)/(1-消费税税率)

委托加工的组成计税价格公式：

组成计税价格=(原材料成本+加工费)/(1-消费税税率)

上面两式进行对比发现，采用组成计税价格计算消费税税额，视同销售税额＞委托加工税额，这正是法规规定委托加工定义严格的原因。

案例点击

甲企业为增值税一般纳税人，2019年9月接受某烟厂委托加工烟丝，甲企业自行提供烟叶的成本为35 000元，代垫辅助材料2 000元(不含税)，发生加工支出4 000元(不含税)；甲企业当月允许抵扣的进项税额为340元。要求计算：当月应纳增值税多少元，消费税多少元？(烟丝消费税税率为30%)

〖点石成金〗

该项业务不满足委托加工条件，只能按销售来处理。

其应税消费品的组价=(35 000+2 000+4 000)×(1+5%)÷(1－30%)=61 500(元)

甲企业应纳增值税=61 500×13%－340=7 655(元)

应纳消费税=61 500×30%=18 450(元)

案例点击

甲企业为增值税一般纳税人，2019年7月外购一批农业生产者自产的木材，收购发票上注明价款10万元；将该批木材运往乙企业委托其加工成木制一次性筷子，取得税务局代开的小规模纳税人运输业专用发票注明运费1万元，税额0.03万元，支付不含税委托加工费5万元，增值税额为0.85万元。假定乙企业无同类产品对外销售，木制一次性筷子消费税税率为5%。乙企业当月应代收代缴的消费税为多少？

〖点石成金〗

材料成本为材料的实际成本包含记入成本的买价和运费。

消费税税额=[10×(1－10%)+1+5]/(1-5%)×5%=0.79(万元)

(四)进口应税消费品的税额计算

1. 进口从价计征的应税消费品时，消费税税额的计算公式

进口从价计征的应税消费品时，消费税税额的计算公式为

组成计税价格=(关税完税价格+关税)/(1-消费税税率)

应纳消费税税额=组成计税价格×消费税税率

2. 进口从量计征的应税消费品时，消费税税额的计算公式

进口从量计征的应税消费品时，消费税税额的计算公式为

应纳消费税税额=进口应税消费品数量×单位税额

3. 进口复合计征的应税消费品时，消费税税额的计算公式

进口复合计征的应税消费品时，消费税税额的计算公式为

组成计税价格=(关税完税价格+关税+从量消费税)/(1-消费税税率)

应纳消费税税额=组成计税价格×消费税税率+进口应税消费品数量×单位税额

案例点击

2019年10月，某进出口公司从国外进口100箱白酒(每箱白酒20瓶，500克/瓶)，支付买价200万元，支付到我国海关前的运输费用10万元，保险费5万元，进口白酒关税税率为20%。请计算进口白酒应交的增值税和消费税。

〖点石成金〗

从量消费税=0.5×20×100=1 000元=0.1(万元)

组成计税价格=(关税完税价格+关税+从量消费税)/(1-消费税税率)

=[(200+10+5)×(1+20%)+0.1]/(1-20%)

=322.625(万元)

进口应交增值税=组成计税价格×增值税税率=322.625×13%=41.94(万元)
进口应交消费税=组成计税价格×消费税税率+进口应税消费品数量×单位税额
=322.625×20%+0.1=64.625(万元)

(五)已纳消费税扣除的计算

《税法》规定：对外购和委托加工收回的已税消费品连续生产应税消费品销售时，可按当期生产领用数量计算准予扣除外购和委托加工收回的应税消费品已缴纳的消费税税款。

1. 扣税范围

在消费税15个税目中，除酒、成品油、小汽车、高档手表四个税目外，其余税目有扣税规定的如下。

(1) 用外购或委托加工收回的已税烟丝生产的卷烟。
(2) 用外购或委托加工收回的已税高档化妆品生产的高档化妆品。
(3) 用外购或委托加工收回的已税珠宝玉石生产的贵重首饰及珠宝玉石。
(4) 用外购或委托加工收回的已税鞭炮焰火生产的鞭炮焰火。
(5) 以外购或委托加工收回的已税杆头、杆身和握把为原料生产的高尔夫球杆。
(6) 以外购或委托加工收回的已税木制一次性筷子为原料生产的木制一次性筷子。
(7) 以外购或委托加工收回的已税实木地板为原料生产的实木地板。
(8) 以外购或委托加工收回的已税汽油、柴油、石脑油、燃料油、润滑油用于连续生产的应税成品油。
(9) 用外购或委托加工收回的已税摩托车生产的摩托车。

案例点击

下列各项中，符合消费税中有关应按当期生产领用数量计算准予扣除外购的应税消费品已纳消费税税款规定的是( )。

A. 外购已税白酒生产的药酒　　B. 外购已税高档化妆品生产的高档化妆品
C. 外购已税白酒生产的巧克力　D. 外购已税珠宝玉石生产的金银镶嵌首饰
E. 外购已税电池生产的小轿车　F. 外购已税涂料生产的实木地板
G. 外购已税白酒勾兑生产的白酒

〖点石成金〗
答案：B

2. 扣税计算

按当期生产领用数量扣除其已纳消费税。
　　当期准予扣除的外购应税消费品买价
　　=期初库存的外购应税消费品买价+当期购进的外购应税消费品买价
　　　-期末库存的外购应税消费品买价

📖 **案例点击**

某烟厂 2019 年 9 月外购烟丝，取得增值税专用发票上注明税款为 6.5 万元，期初尚有库存的外购烟丝 2 万元，期末库存烟丝 12 万元。该企业本月应纳消费税中可扣除的消费税为多少？

〖点石成金〗

本月外购烟丝的买价=6.5÷13%=50(万元)
生产领用部分买价=2+50－12=40(万元)
准予扣除的消费税=40×30%=12(万元)

📖 **案例点击**

甲酒厂为增值税一般纳税人，2019 年 9 月发生以下业务。

(1) 从农业生产者手中收购粮食 30 吨，每吨收购价 2 000 元，共计支付收购价款 60 000 元。

(2) 甲酒厂将收购的粮食从收购地直接运往异地的乙酒厂生产加工白酒，白酒加工完毕，企业收回白酒 8 吨，取得乙酒厂开具防伪税控的增值税专用发票，注明加工费 25 000 元，代垫辅料价值 15 000 元，加工的白酒当地无同类产品市场价格。

(3) 本月内甲酒厂将收回的白酒批发售出 7 吨，每吨不含税销售额 16 000 元。

(4) 另外支付给运输单位的销货运输费用 12 000 元，取得增值税专用发票。

要求：

(1) 计算乙酒厂应代收代缴的消费税和应纳增值税。

(2) 计算甲酒厂应缴纳的消费税和增值税。

〖点石成金〗

(1) 乙酒厂：委托方提供的原材料成本为不含增值税的价格。

① 代收代缴的消费税的组成计税价格

=(材料成本+加工费+从量消费税额)÷(1－消费税税率)

=[30×2 000×(1－10%)+(25 000+15 000)+8×2 000×0.5]÷(1－20%)/8=15 937.5(元)

应代收代缴的消费税=15 937.5×8 ×20%+8×2 000×0.5=33 500(元)

② 应缴纳的增值税=(25 000+15 000)×13%= 5 200(元)

(2) 甲酒厂：

① 销售委托加工收回的白酒交消费税

=16 000×7×20%+7×2 000×0.5－(15 937.5×7×20%+7×2 000×0.5)=87.5(元)

② 应缴纳的增值税：

销项税额 = 7×16 000×13%=14 560(元)

进项税额 = 30×2 000×10%+5 200+12 000×9%= 12 280(元)

应缴纳的增值税=14 560－12 280=2 280(元)

3. 扣税环节

(1) 对于在零售环节缴纳消费税的金银首饰(含镶嵌首饰)、钻石及钻石饰品已缴纳的消费税不得扣除。

(2) 对自己不生产应税消费品，而只是购进后再销售应税消费品的工业企业，其销售的化妆品、鞭炮焰火和珠宝玉石，凡不能构成最终消费品直接进入消费品市场，而需进一步生产加工的，应当征收消费税，同时允许扣除上述外购应税消费品的已纳税款。

允许扣除已纳税款的应税消费品只限于从工业企业购进的应税消费品和进口环节已缴纳消费税的应税消费品，对从境内商业企业购进应税消费品的已纳税款一律不得扣除。

(六)消费税出口退(免)税的计算

对纳税人出口应税消费品，免征消费税，国务院另有规定的除外。

出口货物的消费税应退税额的计税依据，按购进出口货物的消费税专用缴款书和海关进口消费税专用缴款书确定。

属于从价定率计征消费税的，为已征且未在内销应税消费品应纳税额中抵扣的购进出口货物金额；属于从量定额计征消费税的，为已征且未在内销应税消费品应纳税额中抵扣的购进出口货物数量；属于复合计征消费税的，按从价定率和从量定额的计税依据分别确定。

消费税退税的计算公式为

消费税应退税额=从价定率计征消费税的退税计税依据×比例税率+从量定额计征消费税的退税计税依据×定额税率

第三节　消费税的纳税申报与会计处理

一、消费税的纳税申报

(一)纳税义务发生时间

关于消费税纳税义务发生时间具体规定如下。

(1) 纳税人销售应税消费品的，按不同的销售结算方式可分为如下几方面。

① 采取赊销和分期收款结算方式的，为书面合同约定的收款日期的当天，书面合同没有约定收款日期或者无书面合同的，为发出应税消费品的当天。

② 采取预收货款结算方式的，为发出应税消费品的当天。

③ 采取托收承付和委托银行收款方式的，为发出应税消费品并办妥托收手续的当天。

④ 采取其他结算方式的，为收讫销售款或者取得索取销售款凭据的当天。

(2) 纳税人自产自用应税消费品，其纳税义务发生时间，为移送使用的当天。

(3) 纳税人委托加工的应税消费品，其纳税义务发生时间，为纳税人提货当天。

(4) 纳税人进口的应税消费品，其纳税义务发生时间，为报关进口的当天。

(二)纳税期限

消费税的纳税期限分别为1日、3日、5日、10日、15日、1个月或者1个季度。纳税人的具体纳税期限，由主管税务机关根据纳税人应纳税额的大小分别核定；不能按照固定期限纳税的，可以按次纳税。

纳税人以1个月或者1个季度为1个纳税期的，自期满之日起15日内申报纳税；以1日、3日、5日、10日或者15日为1个纳税期的，自期满之日起5日内预缴税款，于次月

1日起15日内申报纳税并结清上月应纳税款。

纳税人进口应税消费品,应当自海关填发海关进口消费税专用缴款书之日起15日内缴纳税款。

(三)纳税地点

消费税纳税人申报缴纳税款的具体地点,具体规定如下。

(1) 纳税人销售应税消费品,以及自产自用的应税消费品,除国务院财政、税务主管部门另有规定外,应当向纳税人核算地主管税务机关申报纳税。纳税人到外县(市)销售或委托外县(市)代销应税消费品的,于应税消费品销售后回纳税人核算地或所在地缴纳消费税。纳税人的总机构与分支机构不在同一县(市)的,应在生产应税消费品的分支机构所在地缴纳消费税。但经国家税务总局和省、自治区、直辖市国家税务局批准,纳税人分支机构应纳消费税税款,也可由总机构汇总向总机构所在地的主管税务机关缴纳。

(2) 委托加工的应税消费品,纳税地点在受托方所在地,由受托方向所在地或者居住地主管税务机关解缴代收的税款。个体经营者受托加工的应税消费品,纳税地点确定在委托方所在地,由委托方在收回应税消费品后向其所在地主管税务机关申报纳税。

(3) 进口应税消费品,由进口人或者其代理人向报关地海关申报纳税。

(四)纳税申报表

根据《国家税务总局关于调整消费税纳税申报表有关问题的公告》(国家税务总局公告2014年第72号)及《国家税务总局关于高档化妆品消费税征收管理事项的公告》(国家税务总局公告2016年第66号)的规定,现行的消费税的纳税申报表需分别填制《烟类应税消费品消费税纳税申报表》《酒类应税消费品消费税申报表》《成品油消费税纳税申报表》《小汽车消费税纳税申报表》《其他应税消费品消费税纳税申报表》。

二、消费税的会计处理

(一)销售应税消费品的会计处理

纳税人销售应税消费品时,计算应缴纳的消费税应作如下处理。

借:税金及附加
  贷:应交税费——应交消费税

实际缴纳时,应作如下处理。

借:应交税费——应交消费税
  贷:银行存款

(二)自产自用应税消费品的会计处理

纳税人将自产的应税消费品用于本单位连续生产非应税消费品、在建工程、管理部门、非生产机构、提供劳务等用途时,可作如下处理。

借:生产成本/制造费用/在建工程/固定资产/管理费用/销售费用等
  贷:应交税费——应交消费税

(三)委托加工应税消费品的会计处理

纳税人委托加工的应税消费品由受托方在向委托方交货时代收代缴消费税。会计处理有以下两种方式。

(1) 委托方收回委托加工物资时将消费税计入委托加工物资的成本。

借：委托加工物资等
　　贷：银行存款等

销售时按抵扣后的消费税实际税额记入"税金及附加"借方。

借：税金及附加
　　贷：应交税费——应交消费税

(2) 委托方收回委托加工物资时，消费税单独记入"应交税费——待抵扣消费税额"科目的借方"税金及附加"。

借：应交税费——待抵扣消费税额
　　贷：银行存款等

销售时先计算销售的消费税税额。

借：税金及附加
　　贷：应交税费——应交消费税

再扣减可抵扣的消费税。

借：应交税费——应交消费税
　　贷：应交税费——待抵扣消费税额

(四)外购应税消费品已纳消费税税额扣除的会计核算

外购应税消费品连续生产应税消费品销售时，符合规定的，可以在当期扣除生产领用数量计算的已纳消费税税额。外购时，将可扣除的已纳消费税税额作以下两种处理。

(1) 记入"原材料"等购入资产的成本中；
(2) 记入"应交税费——待抵扣消费税额"科目的借方。

(五)进口应税消费品的会计处理

进口应税消费品时缴纳的消费税记入相应的应税消费品的成本中。

借：固定资产/原材料/在途物资等
　　贷：应交税费/银行存款/应付账款等

课 后 练 习

基 础 演 练

单项选择题

1. 下列消费品中，属于消费税中"小汽车"税目征税范围的是(　　)。
   A. 大卡车　　B. 电动汽车　　C. 卡丁车　　D. 中轻型商务用车

2. 实行复合计税办法计算消费税的组成计税价格计算公式为(　　)。
   A. (成本+利润)/(1+消费税税率)
   B. (成本+利润)/(1-消费税税率)
   C. (成本+利润+自产自用数量×定额税率)/(1+消费税税率)
   D. (成本+利润+自产自用数量×定额税率)/(1－消费税税率)

3. 下列应税消费品中，在我国适用复合计税方法计征消费税的是(　　)。
   A. 啤酒　　　B. 白酒　　　C. 葡萄酒　　　D. 黄酒

4. 下列各项中，进口时从量计征消费税的是(　　)。
   A. 化妆品　　　B. 溶剂油　　　C. 料酒　　　D. 超豪华摩托车

5. 下列各项中，应该缴纳消费税的是(　　)。
   A. 商场销售高档化妆品　　　B. 商场销售木制一次性筷子
   C. 珠宝店销售珍珠项链　　　D. 商场销售金银首饰

6. 纳税人自产的应税消费品除了(　　)项目外，应按照同类产品的最高销售价格计算缴纳消费税。
   A. 换取生产资料　　　B. 投资入股
   C. 生产非应税消费品　　　D. 抵偿债务

7. 关于金银首饰的税务处理，下列说法中错误的有(　　)。
   A. 纳税人采用以旧换新方式销售的金银首饰，应按销售额全额征收消费税
   B. 金银首饰与其他产品组成成套消费品销售的，应按销售额全额征收消费税
   C. 金银首饰连同包装物销售的，无论包装物是否单独计价，也无论会计上如何核算，均应并入金银首饰的销售额计征消费税
   D. 对既销售金银首饰，又销售非金银首饰的单位，应将两类商品划分清楚，分别核算销售额

8. 某企业将自产的烟丝用于连续生产加工卷烟，下列说法中正确的是(　　)。
   A. 同时缴纳增值税和消费税　　　B. 缴纳消费税，但不缴纳增值税
   C. 缴纳增值税，但不缴纳消费税　　D. 都不缴纳

9. 某酒厂将自产的黄酒用于连续生产加工料酒，下列说法中正确的是(　　)。
   A. 同时缴纳增值税和消费税　　　B. 缴纳消费税，但不缴纳增值税
   C. 缴纳增值税，但不缴纳消费税　　D. 都不缴纳

10. 进口应税消费品，按照海关的相关规定，应当自(　　)缴纳消费税。
    A. 应税消费品报关进口当天
    B. 海关填发税款缴纳证之日起 15 日内
    C. 海关填发税款缴纳证之日起 14 日内
    D. 海关填发税款缴纳证次日起 7 日内

提 高 演 练

1. 某啤酒厂 2019 年 8 月份销售乙类啤酒 500 吨，每吨出厂价格为 2 000 元。当月该啤酒厂应缴纳消费税为多少元? (乙类啤酒定额税率为 220 元/吨)

2. 某酒厂2019年8月将自产的一种新型粮食白酒8吨用作职工福利,粮食白酒的成本共计100 000元,该粮食白酒无同类产品市场销售价格,但已知其成本利润率为10%。计算该批粮食白酒应缴纳的消费税税额多少元?

3. 某化妆品厂2019年9月销售高档化妆品取得含税收入100万元,收取手续费5万元;另取得逾期包装物押金收入2万元。已知增值税税率为13%,高档化妆品消费税税率为15%。计算该化妆品厂当月应缴纳的消费税税额为多少?

4. 某酒厂2019年6月生产销售散装啤酒400吨,每吨售价3 800元。另外,该厂生产一种新的粮食白酒,广告样品使用0.2吨,已知该种白酒无同类产品出厂价,生产成本每吨35 000元,成本利润率为10%。该厂当月应缴纳的消费税为多少元?

5. 某筷子厂为一般纳税人,2019年9月取得不含税销售额如下:销售烫花木制筷子10万元,销售竹制筷子15万元,销售木制一次性筷子5万元,销售竹制一次性筷子6万元;另外,收取木制一次性筷子的包装物押金0.1万元,竹制一次性筷子包装物押金0.2万元,没收1月收取的逾期的木制一次性筷子的包装物押金0.3万元,没收1月收取的逾期的竹制一次性筷子的包装物押金0.15万元。已知木制一次性筷子适用的消费税税率为5%。该企业当月应缴纳消费税为多少?

综合演练

1. 甲企业为高尔夫球及球具生产厂家(增值税一般纳税人),2019年6月发生下列业务。

(1) 购进一批PU材料,增值税专用发票注明的价款为10万元,增值税税款为1.3万元,委托乙企业将其加工成50个高尔夫球包,支付不含税加工费1万元,取得增值税专用发票;乙企业当月销售同类球包不含税销售价格为0.5万元/个。

(2) 将委托加工收回的球包40个批发给代理商,收到不含税收入30万元。

(3) 购进一批碳素材料、钛合金,取得增值税专用发票注明价款100万元,委托丙企业将其加工成高尔夫球杆身、杆头,支付不含税加工费用5万元,辅料费不含税价3万元,取得增值税专用发票。

(4) 当月生产领用委托加工收回的高尔夫杆身、杆头的80%生产高尔夫成品球杆;当月销售高尔夫成品球杆,收到不含税价款300万元。

(5) 从国外进口高尔夫球杆,采购价100万元,运至我国海关前发生的包装费、运输费、保险费等共计10万元,从海关运至甲企业运费为1万元。

已知关税税率为20%,高尔夫球及球具消费税税率为10%。

要求:

(1) 业务(1)乙企业应代收代缴的消费税多少?

(2) 业务(2)甲企业批发球包(若前一个环节能抵扣请考虑抵扣后的)应缴纳的消费税多少元?

(3) 业务(3)丙企业应代收代缴消费税多少?

(4) 业务(4)甲企业当月销售高尔夫球杆(若前一个环节能抵扣请考虑抵扣后的)应缴纳的消费税为多少?

(5) 业务(5)中甲企业进口环节应缴纳的增值税和消费税合计多少?

2. 甲酒厂系增值税一般纳税人，主要经营白酒的生产和销售，2019年6月发生以下经济业务。

(1) 进口一批白酒10吨，海关审定的关税完税价格为40万元，关税税率20%。

(2) 向某商场销售自产白酒80吨，开具普通发票，取得含税收入200万元，另收取包装物押金50万元。销售啤酒10吨，开具专用发票，取得不含税收入5万元，另收取包装物押金0.5万元。

(3) 采取分期收款方式向某单位销售自产白酒20吨，合同规定不含税销售额共计30万元，本月收取40%的货款，其余货款于下月15日收取，由于该单位资金紧张，甲酒厂本月实际取得不含税价6万元。

(4) 将自产的10吨白酒向某企业换取原材料一批，取得对方开具的增值税专用发票上注明价款50万元。已知该批白酒的实际生产成本为2.4万元/吨，最低不含税销售价格为4.4万元/吨，平均不含税销售价格为5万元/吨，最高不含税销售价格为6万元/吨。

(5) 生产一种新型白酒1吨，将其全部赠送给关联企业，已知该种白酒没有同类产品的销售价格，生产成本为1.5万元。赞助新型黄酒5吨，将其全部赞助某大型会议，已知该种黄酒没有同类产品的销售价格，生产成本为2万元。

其他相关资料：白酒的消费税税率为20%加0.5元/斤，成本利润率为10%。甲类啤酒250元/吨，乙类啤酒220元/吨。

要求：根据上述资料，回答下列问题。

(1) 甲酒厂进口业务应缴纳进口消费税多少？应缴纳增值税多少？
(2) 甲酒厂向商场销售白酒和啤酒应缴纳消费税多少？
(3) 甲酒厂采取分期收款方式销售白酒本月应缴纳消费税多少？
(4) 甲酒厂将白酒换取原材料，应缴纳消费税多少？
(5) 甲酒厂赠送给关联企业的新型白酒应缴纳消费税多少？甲酒厂赞助黄酒应缴纳消费税多少？

第五章 关 税

【本章学习目标】

通过本章的学习,了解关税的概念与特点;熟悉关税的纳税人、征税对象、关税税率;掌握关税完税价格的确定、应纳税额的计算;熟悉关税的纳税申报与会计处理。

【本章重点】

- 关税的纳税人、征税对象
- 关税的计算
- 关税的征收管理与会计处理

【本章难点】

- 关税完税价格的确定

【章前导读】

株式会社栗田机械制作所的产品"压榨脱水机"参加第二届中国国际进口博览会,请问对展期内销售的合理数量的进口展品是否征收关税?

解析:对 2019 年 11 月 5 日至 2019 年 11 月 10 日期间举办的第二届进口博览会展期内销售的合理数量的进口展品(不包括国家禁止进口的商品、濒危动植物及其产品、国家规定不予减免税的 20 种商品和汽车)免征进口关税,进口环节增值税、消费税按应纳税额的 70%征收。但是参展企业享受上述税收优惠政策的销售限额不超过列表额度 8.39 万美元。

【关键词】

关税 纳税人 计税依据 纳税申报 会计处理

第一节 关税的基本要素

一、基本概念

(一)关税

关税是海关对进出境货物、物品征收的一种税。所谓"境"指关境,又称"海关域"或"关税领域",是《中华人民共和国海关法》(以下简称《海关法》)全面实施的领域。

国境是一个国家以边界为界限,全面行使国家主权的境界,包括领土、领海和领空。关境是指海关征收关税的领域。在通常情况下,一国关境与国境是一致的。在特殊情况下,如果当某一国家在国境内设立了自由贸易港、自由贸易区、免税工业园区等,这时该国的关境小于国境。如果当几个国家结成关税同盟,组成一个共同的关境,实施统一的关税法令和统一的对外税则,这些国家彼此之间货物进出国境不征收关税,只对来自或运往其他国家的货物进出共同关境时征收关税,这时这些国家的关境大于国境。

(二)进出口税则

进出口税则是一国政府根据国家关税政策和经济政策,通过一定的立法程序制定公布实施的进出口货物和物品应税的关税税率表。进出口税则以税率表为主体,通常还包括实施税则的法令、使用税则的有关说明和附录等。

(三)原产地

进口货物的原产地是指进入国际贸易流通的货物的来源,即货物的产生地、生产地、制造或产生实质改变的加工地。确定进境货物原产地的主要原因是正确运用进口货物所适用的税率。原产地标准分为全部产地生产标准和实质性加工标准。

1. 全部产地生产标准

全部产地生产标准是指进口货物"完全在一个国家内生产或制造",生产或制造国即为该货物的原产国。

2. 实质性加工标准

实质性加工标准是适用于确定有两个或两个以上国家参与生产的产品的原产国的标准,其基本含义是:经过几个国家加工、制造的进口货物,以最后一个对货物进行经济上可以视为实质性加工的国家作为有关货物的原产国。"实质性加工"是指产品加工后,在进出口税则中四位数税号一级的税则归类已经有了改变,或者加工增值部分所占新产品总值的比例已超过30%及以上的。

二、关税纳税人

进口货物的收货人、出口货物的发货人、进出境物品的所有人,是关税的纳税义务人。

(一)进口货物的收、发货人

贸易性商品的纳税人是经营进出口货物的收货人、发货人。其具体包括:①外贸进出口公司;②工贸或农贸结合的进出口公司;③其他经批准经营进出口商品的企业。

(二)物品的纳税人

进出境物品的所有人包括该物品的所有人和推定为所有人的人。

1. 物品的所有人

物品的所有人作为纳税人的情况包括:①入境旅客随身携带的行李、物品的持有人;②各种运输工具上服务人员入境时携带自用物品的持有人;③馈赠物品以及其他方式入境个人物品的所有人;④进口个人邮件的收件人。

2. 推定所有人

一般情况下,推定为所有人的人,包括以下几类情况。
(1) 对于携带进境的物品,推定其携带人为所有人。

(2) 对分离运输的行李，推定相应的进出境旅客为所有人。

(3) 对以邮递方式进境的物品，推定其收件人为所有人。

(4) 以邮递或其他运输方式出境的物品，推定其寄件人或托运人为所有人。

三、关税征税对象和税目

(一)征税对象

关税的征税对象是准许进出境的货物、物品。凡准许进出口的货物，除国家另有规定外，均应由海关征收进口关税或出口关税。对从境外采购进口的原产于中国境内的货物，也应按规定征收进口关税。

(二)税目

关税的税目与税率都由《中华人民共和国海关进出口税则》(以下简称《海关进出口税则》)规定。《海关进出口税则》是我国海关凭以征收关税的法律依据，也是我国关税政策的具体体现。它包括三个主要部分：归类总规则、进口税率表、出口税率表。所谓税则归类，就是按照税则的规定，将每项具体进出口商品按其特性在税则中找出其最适合的某一个税号，即"对号入座"，以便确定其适用的税率，计算关税税负。

四、关税税率

(一)进口关税税率

1. 种类

进口关税税率分为最惠国税率、协定税率、特惠税率、普通税率、关税配额税率等税率，一定时期内可实行暂定税率。

(1) 最惠国税率，适用原产于与我国共同适用最惠国待遇条款的世界贸易组织成员国或地区的进口货物；或原产于与我国签订有相互给予最惠国待遇条款的双边贸易协定的国家或地区的进口货物。

(2) 协定税率，适用原产于我国参加的含有关税优惠条款的区域性贸易协定的有关缔约方的进口货物。

(3) 特惠税率，适用原产于与我国签订有特殊优惠关税协定的国家或地区的进口货物。

(4) 普通税率，适用原产于上述国家或地区以外的国家或地区的进口货物。

(5) 关税配额税率，按照国家规定实行关税配额管理的进口货物，在关税配额内的，适用关税配额税率。

适用最惠国税率的进口货物有暂定税率的，应当适用暂定税率；适用协定税率、特惠税率的进口货物有暂定税率的，应当从低适用税率；适用普通税率的进口货物，不适用暂定税率。

2. 计征办法

进口商品多数实行从价税，对部分产品实行从量税、复合税、滑准税。

(1) 从价税是以进口货物的完税价格作为计税依据。大多数进口商品实行从价税。

(2) 从量税是以进口商品的重量、长度、容量、面积等计量单位为计税依据。目前我国对原油、部分鸡产品、啤酒、胶卷进口实行从量税。

(3) 复合税是对某种进口商品同时使用从价和从量计征的一种计征关税的方法。目前我国对录像机、放像机、摄像机、数字照相机和摄录一体机实行复合税。

(4) 滑准税是一种关税税率随进口商品价格由高到低而由低到高设置计征关税的方法。目前我国对新闻纸实行滑准税。

(二)出口关税税率

国家仅对少数资源性产品及易于竞相杀价、盲目出口、需要规范出口秩序的半成品征收出口关税。现行税则对47种商品计征出口关税，主要是鳗鱼苗、部分有色金属矿砂及其精矿、生锑、磷、氟钽酸钾、苯、山羊板皮、部分铁合金、钢铁废碎料、钢和铝原料及其制品、镍锭、锌锭、锑锭，实行0～25%的暂定税率。

(三)特别关税

特别关税包括报复性关税、反倾销税与反补贴税、保障性关税。

(1) 报复性关税，是指为报复他国对本国出口货物的关税歧视，而对相关国家的进口货物征收的一种进口附加税。

(2) 反倾销税与反补贴税，是指进口国海关对外国的倾销商品，在征收关税的同时附加征收的一种特别关税，其目的在于抵消他国补贴。

(3) 保障性关税，是指当某类商品进口量剧增，对我国相关产业带来巨大威胁或损害时，按照WTO的有关规则，可以启动一般保障措施，在一定时期内提高该项商品的进口关税或采取数量限制措施，以保护国内相关产业不受损害。

(四)税率的运用

《中华人民共和国进出口关税条例》(以下简称《进出口关税条例》)规定，进出口货物应当按照税则规定的归类原则归入合适的税号，并按照适用的税率征税。

(1) 进出口货物，应当按照纳税义务人申报进口或者出口之日实施的税率征税。

(2) 进口货物到达前，经海关核准先行申报的，应当按照装载此项货物的运输工具申报进境之日实施的税率征税。

(3) 进出口货物的补税和退税，除税法规定的特别情况外，适用该进出口货物原申报进口或者出口之日所实施的税率。

五、税收优惠

关税减免是对某些纳税人和征税对象给予鼓励和照顾的一种特殊调节手段。关税减免分为法定减免、特定减免和临时减免。

(一)法定减免

法定减免是税法中明确列出的减免关税的优惠。我国《海关法》和《进出口关税条例》明确规定，下列货物、物品予以减免关税。

(1) 关税税额在人民币 50 元以下的一票货物，可免征关税。
(2) 无商业价值的广告品和货样，可免征关税。
(3) 外国政府、国际组织无偿赠送的物资，可免征关税。
(4) 进出境运输工具装载的途中必需的染料、物料和饮食用品，可免征关税。
(5) 经海关批准暂时进境或暂时出境，并在 6 个月内复运出境或者复运进境的货样、展览品、施工机械、工程车辆、工程船舶、供安装设备时使用的仪器和工具、电视或者电影摄制器械、盛装货物的容器以及剧团服装道具，在货物收发人向海关缴纳相当于税款的保证金或者提供担保后，可予暂时免税。
(6) 为境外厂商加工、装配成品和为制造外销产品而进口的原材料、辅料、零件、部件、配套件和包装物料，海关按照实际加工出口的成品数量免征进口关税；或者对进口料、件先征进口关税，再按照实际加工出口的成品数量予以退税。
(7) 因故退还的中国出口货物，经海关审查属实，可予免征进口关税，但已征收的出口关税不予退还。
(8) 因故退还的境外进口货物，经海关审查属实，可予免征出口关税，但已征收的进口关税不予退还。
(9) 进口货物如有以下情形，经海关查明属实，可酌情减免进口关税：①在境外运输途中或者在起卸时，遭受损坏或者损失的；②起卸后、海关放行前，因不可抗力遭受损坏或者损失的；③海关查验时已经破漏、损坏或者腐烂，经证明不是保管不慎造成的。
(10) 无代价抵偿货物，即进口货物在征税放行后，发现货物残损、短少或品质不良，而由国外承运人、发货人或保险公司免费补偿或者更换的同类货物，可以免税。但有残损或质量问题的原进口货物如未退运国外，其进口的无代价抵偿货物应照章征税。
(11) 我国缔结或者参加的国际条约规定减征、免征关税的货物、物品，按照规定予以减免关税。
(12) 法律规定减征、免征的其他货物。

(二)特定减免

特定减免也称政策性减免税，是指在法定减免税之外，国家按照国际通行的规则和我国实际情况，制定发布的有关货物减免关税的政策。特定减免税货物一般有地区、企业和用途的限制，海关需要进行后续管理，也需要进行减免税统计。

(三)临时减免

临时减免是指在法定减免和特定减免关税以外，对某一关税纳税人由于特殊原因临时给予关税减免。收、发货人或者他们的代理人，要求对其进出口货物临时减征或者免征进出口关税的，应当在货物进出口前书面说明理由，并附必要的证明和材料，向所在地海关申请。所在地海关审查属实后，转报海关总署，由海关总署或者海关总署会同财政部按照国务院的规定审查批准。

第二节　关税的计算

一、计算关税完税价格

(一)一般进口货物完税价格的计算

1. 成交价格为基础的完税价格

完税价格是指货物的计税价格。正常情况下,进口货物采用以成交价格为基础的完税价格。进口货物的完税价格包括货物的货价、货物运抵我国输入地点起卸前的运输及相关费用、保险费。货物的货价以成交价格为基础。

(1) 下列费用或者价值未包括在进口货物的实付或者应付价格中,应当计入完税价格。

① 由买方负担的除购货佣金以外的佣金和经纪费,比如卖方佣金。"购货佣金"是指买方为购买进口货物向自己的采购代理人支付的劳务费用。"经纪费"是指买方为购买进口货物向代表买卖双方利益的经纪人支付的劳务费用。

② 由买方负担的与该货物视为一体的容器费用。

③ 由买方负担的包装材料和包装劳务费用。

④ 与该货物的生产和向中华人民共和国境内销售有关的,由买方以免费或者以低于成本的方式提供并可以按适当的比例分摊的料件、工具、模具、消耗材料及类似货物的价款,以及在境外开发、设计等相关服务的费用。

⑤ 与该货物有关并作为卖方向我国销售该货物的一项条件,应当由买方直接或间接支付的特许权使用费。"特许权使用费"是指买方为获得与进口货物相关的、受著作权保护的作品、专利、商标、专有技术和其他权利的使用许可而支付的费用。但是在估定完税价格时,进口货物在境内的复制权费不得计入该货物的实付或应付价格之中。

⑥ 卖方直接或间接从买方对该货物进口后转售、处置或使用所得中获得的收益。

(2) 下列费用,如能与该货物实付或者应付价格区分,不得计入完税价格。

① 厂房、机械、设备等货物进口后的基建、安装、装配、维修和技术服务的费用。

② 货物运抵境内输入地点之后的运输费用、保险费和其他相关费用。

③ 进口关税及其他国内税收。

2. 进口货物的海关估价方法

对于不符合成交价格规定或成交价格不能确定的进口货物,由海关估价确定。海关估价依次使用的方法包括以下几种。

(1) 相同或类似货物成交价格方法,即以与被估的进口货物同时或大约同时(在海关接受申报进口之日的前后各 45 天以内)进口的相同或类似货物的成交价格为基础,估定完税价格。

(2) 倒扣价格方法,即以被估的进口货物、相同或类似在境内销售的价格为基础估定完税价格。

(3) 计算价格方法,即根据下列各项目的总和计算出的价格估定完税价格。有关项目为：①生产该货物所使用的原材料价值和进行装配或其他加工的费用；②与向境内出口销售同等级或同种类货物的利润、一般费用相符的利润和一般费用；③货物运抵境内输入地点起卸前的运输及其相关费用、保险费。

(4) 其他合理的方法，即根据《中华人民共和国海关审定进出口货物完税价格办法》规定的估价原则，以在境内获得的数据资料为基础估定完税价格。

(二)特殊进口货物完税价格的计算

1. 加工贸易进口料件及其制成品

加工贸易进口料件及其制成品需征税或内销补税的，海关按照一般进口货物的完税价格规定、审定完税价格。

2. 运往境外修理的货物

运往境外修理的机械器具、运输工具或其他货物，出境时已向海关报明并在海关规定的期限内复运进境的，应当以海关审定的境外修理费和料件费为完税价格。

3. 运往境外加工的货物

运往境外加工的货物，出境时已向海关报明，并在海关规定期限内复运进境的，应当以海关审定的境外加工费和料件费，以及该货物复运进境的运输及其相关费用、保险费估定完税价格。

4. 暂时进境货物

对于经海关批准的暂时进境的货物，应当按照一般进口货物估价办法的规定，估定完税价格。

5. 以租赁方式进口的货物

以租赁方式进口的货物中，以租金方式对外支付的租赁货物，在租赁期间以海关审定的租金作为完税价格；留购的租赁货物，以海关审定的留购价格作为完税价格；承租人申请一次性缴纳税款的，经海关同意，按照一般进口货物估价办法的规定估定完税价格。

6. 留购的进口货样等

对于境内留购的进口货样、展览品和广告陈列品，以海关审定的留购价格作为完税价格。

7. 予以补税的减免税货物

减税或免税进口的货物需予补税时，应当以海关审定的该货物原进口时的价格，扣除折旧部分价值作为完税价格。其计算公式为

$$完税价格 = 海关审定的该货物原进口时的价格 \times [1 - 申请补税时实际已使用的时间(月) \div (监管年限 \times 12)]$$

8. 以其他方式进口的货物

以易货贸易、寄售、捐赠、赠送等其他方式进口的货物，应当按照一般进口货物估价办法的规定，估定完税价格。

(三)出口货物完税价格的计算

以成交价为基础的完税价格,不含出口关税和支付给境外的佣金。出口货物的完税价格,由海关以该货物向境外销售的成交价格为基础审查确定,并应包括货物运至中国境内输出地点装卸前的运输及相关费用、保险费,但其中包含的出口关税税额应当扣除。其计算公式为

$$完税价格=(离岸价格-单独列明的支付给境外的佣金)\div(1+出口关税税率)$$

出口货物的成交价格不能确定时,完税价格由海关依次使用下列方法估定。

(1) 同时或大约同时向同一国家或地区出口的相同货物的成交价格。

(2) 同时或大约同时向同一国家或地区出口的类似货物的成交价格。

(3) 根据境内生产相同或类似货物的成本、利润和一般费用,境内发生的运输及其相关费用、保险费,计算所得的价格。

(4) 按照合理方法估定的价格。

(四)完税价格中运输及相关费用、保险费的计算

1. 一般进口

陆运、空运和海运进口货物的运费和保险费,应当按照实际支付的费用计算。海运进口的计算至运抵境内的卸货口岸;陆运进口的计算至运抵关境的第一口岸或目的口岸;空运进口的计算至进入境内的第一口岸或目的口岸。

如果进口货物的运费无法确定或未实际发生,海关应当按照该货物进口同期运输行业公布的运费率计算运费;按照"货价+运费"两者总额的 3‰计算保险费,将计算出的运保费并计入完税价格。

2. 其他方式进口

邮运进口的以邮费作为运输及其相关费用、保险费;境外口岸成交的铁路或公路运输进口货物,以货价的 1%计算运输及其相关费用、保险费;自驾进口的运输工具,不另行计入运费。

3. 出口货物

出口货物的销售价格如果包括离境口岸至境外口岸之间的运费、保险费的,该运费、保险费应当扣除。

> **案例点击**
>
> A 公司为外贸企业,2019 年 7 月有关进出口业务如下。
>
> (1) 7 月 10 日,从日本进口甲醇,以我国口岸订单到岸价格成交,进口申报价格为到岸价格 USD1 000 000。当日外汇牌价(中间价)为 USD100=¥653。税则号:29051100,关税税率 5.5%。
>
> (2) 7 月 15 日,从美国进口硫酸镁 5 000 吨,进口申报价格 FOB 旧金山为 USD3 250 000,运费每吨 USD40,保险费率 3‰。当日的外汇牌价(中间价)为 USD100=¥655。税则号:28332100,关税税率 5.5%。

(3) 5月25日，出口五氯化磷10 000吨到日本，每吨离岸价格杭州为USD800，其中包含单独列明的支付给国外的佣金为离岸价格的2%，另外收到理舱费USD10 000。当日的外汇牌价(中间价)为USD100=￥658。税则号：2812104500，出口关税税率5.5%。

要求：计算进出口货物的关税完税价格。

〖点石成金〗
(1) 进口甲醇关税完税价格=1 000 000×6.53=6 530 000(元)
(2) 进口硫酸镁关税完税价格=(3 250 000+5 000×40)×6.55×(1+0.003)
　　　　　　　　　　　=22 665 292.50(元)
(3) 出口五氯化磷关税完税价格=[10 000×800×(1-2%)+10 000]×6.58/(1+5.5%)
　　　　　　　　　　　=48 960 189.57(元)

二、计算关税税额

(一)从价税应纳税额的计算

从价税应纳税额的计算公式为
　　　　应纳税额=应税进(出)口货物数量×单位完税价格×比例税率

(二)从量税应纳税额的计算

从量税应纳税额的计算公式为
　　　　应纳税额=应税进(出)口货物数量×定额税率

(三)复合税应纳税额的计算

复合税应纳税额的计算公式为
应纳税额=应税进(出)口货物数量×定额税率+应税进(出)口货物数量×单位完税价格
　　　　×比例税率

(四)滑准税应纳税额的计算

滑准税应纳税额的计算公式为
　　　　应纳税额=应税进(出)口货物数量×单位完税价格×滑准税税率

〖案例点击〗

承前案例，要求：计算进出口货物应交的关税税额。

〖点石成金〗
(1) 进口甲醇应交关税税额=6 530 000×5.5%=359 150(元)
(2) 进口硫酸镁应交关税税额=22 665 292.50×5.5%
　　　　　　　　　　　=1 246 591.09(元)
(3) 出口五氯化磷应交关税税额=48 960 189.57×5.5%
　　　　　　　　　　　=2 692 810.43(元)

〖案例点击〗

某公司于2019年5月从境外进口一批高档化妆品，货价为600万元，运抵我国海关前发生的运输费用、保险费用无法确定,经海关查实其他运输公司相同业务的运输费用占货价的比例为 2%。关税税率 50%,消费税税率 15%。

要求:分别计算进口环节缴纳的各项税金。

〖点石成金〗

(1) 进口高档化妆品的货价=600(万元)

(2) 进口高档化妆品的运输费=600×2%=12(万元)

(3) 进口高档化妆品的保险费=(600+12)×3‰=1.84(万元)

(4) 进口高档化妆品应交关税:

关税完税价格=600+12+1.84=613.84(万元)

应交关税=613.84×50%=306.92(万元)

(5) 进口环节应交消费税。

消费税组成计税价格=(613.84+306.92)÷(1-15%)=1 083.25(万元)

应交消费税=1 083.25×15%=162.49(万元)

验算:消费税组成计税价格=613.84+306.92+162.49=1 083.25(万元)

(6) 进口环节应交增值税=1 083.25×13%=140.82(万元)

第三节 关税的征收管理与会计处理

目前我国规范关税征收管理的文件是 2005 年 3 月 1 日实施的《中华人民共和国海关进出口货物征税管理办法》。

一、关税的征收管理

(一)关税缴纳

1. 纳税人申报时间

进口货物自运输工具申报进境之日起 14 日内,出口货物在货物运抵海关监管区后装货的 24 小时以前,应由进出口货物的纳税义务人向货物进(出)境地海关申报,海关根据税则归类和完税价格计算应交的关税和进口环节代征税,并填发税款缴款书。

2. 税款缴纳时间

进出口货物的收发货人或其代理人应当在海关签发税款缴款凭证次日起 15 日内(星期日和法定节假日除外),向指定银行缴纳税款。逾期不缴的,除依法追缴外,由海关自到期次日起至缴清税款之日止,按日征收欠缴税额 0.5‰的滞纳金。

自 2016 年 6 月 1 日起,旅客携运进出境的行李物品有下列情形之一的,海关暂不予放行:

(1) 旅客不能当场缴纳进境物品税款的。

(2) 进出境的物品属于许可证件管理的范围,但旅客不能当场提交的。

(3) 进出境的物品超出自用合理数量,按规定应当办理货物报关手续或其他海关手续,其尚未办理的。

(4) 对进出境物品的属性、内容存疑,需要由有关主管部门进行认定、鉴定、验核的。

(5) 按规定暂不予以放行的其他行李物品。

3. 延期缴纳税款

关税纳税义务人因不可抗力或者在国家税收政策调整的情形下,不能按期缴纳税款的,经海关总署批准,可以延期缴纳税款,但最长不得超过 6 个月。

(二)关税的强制执行

纳税义务人未在关税缴纳期限内缴纳税款,即构成关税滞纳。为保证海关征收关税决定的有效执行和国家财政收入的及时入库,《海关法》赋予海关对滞纳关税的纳税义务人强制执行的权利。强制措施主要有两类。

1. 征收关税滞纳金

滞纳金自关税缴纳期限届满滞纳之日起,至纳税义务人缴纳关税之日止,按滞纳税款 0.5‰ 的比例按日征收,周末或法定节假日不予扣除。其具体计算公式为

$$关税滞纳金金额=滞纳关税税额×滞纳金征收比率×滞纳天数$$

2. 强制征收

如纳税义务人自缴纳税款期限届满之日起 3 个月仍未缴纳税款,经直属海关关长或者其授权的隶属海关关长批准,海关可以采取强制扣缴、变价抵缴等强制措施。强制扣缴即海关书面通知纳税义务人开户银行或者其他金融机构从其存款中扣缴税款。变价抵缴即海关将纳税义务人的应税货物依法变卖,或者扣留并依法变卖其价值相当于应纳税款的货物或者其他财产,以变卖所得抵缴税款。

(三)关税退还

关税退还是关税纳税义务人按海关核定的税额缴纳关税后,因某种原因的出现,海关将实际征收多于应当征收的税额(称为溢征关税)退还给原纳税义务人的一种行政行为。

1. 海关发现后的退还

根据《海关法》的规定,海关多征的税款,海关发现后应当立即退还。

2. 纳税人发现后的退还

根据规定,有下列情形之一的,进出口货物的纳税义务人可以自缴纳税款之日起 1 年内,书面声明理由,连同原纳税收据向海关申请退税并加算银行同期活期存款利息。
(1) 因海关误征,多纳税款的。
(2) 海关核准免验进口的货物,在完税后,发现有短卸情形,经海关审查认可的。
(3) 已征出口关税的货物,因故未将其装运出口,申报退关,经海关查验属实的。
海关应当自受理退税申请之日起 30 日内做出书面答复,并通知退税申请人。

(四)关税补征和追征

补征和追征是海关在关税纳税义务人按海关核定的税额缴纳关税后,发现实际征收税额少于应该征收的税额(称为短征关税)时,责令纳税义务人补缴所差税款的一种行政行为。
(1) 进出境货物和物品放行后,海关发现少征或者漏征税款,应当自缴纳税款或者货物、物品放行之日起 1 年内,向纳税义务人补征。

(2) 如因收发货人或其代理人违反规定而造成少征或漏征税款的,自纳税义务人应缴纳税款之日起 3 年内可以追缴,并从缴纳税款之日起按日加收少征或者漏征税款 0.5‰的滞纳金。

二、关税的会计处理

进口关税一般计入货物的成本。

案例点击

承前,做出相应会计处理。

〖点石成金〗

借:库存商品　　　　　　　　　　　　　　　1 083.25
　　应交税费——应交增值税(进项税额)　　　　140.82
　　贷:银行存款　　　　　　　　　　　　　　1 256.57

进口高档化妆品入账金额=613.84(关税完税价格)+306.92(进口关税)+162.49(消费税)=1 083.25(万元)

课 后 练 习

基 础 演 练

单项选择题

1. 下列各项中,关于关税纳税义务人的说法,正确的是(　　)。
   A. 甲委托乙从境外购买一台数码相机,并由乙带回境内给甲,甲为关税纳税义务人
   B. 丙从境外邮寄化妆品给丁,并委托丁交给戊,戊为关税纳税义务人
   C. 小王给远在美国的小李邮寄了茶叶等家乡特产,小李为关税纳税义务人
   D. 天意公司以邮寄的方式向德国某公司出口一批货物,天意公司为关税纳税义务人

2. 下列属于我国确定进口货物原产地的标准之一的是(　　)。
   A. 主要产地生产标准　　　　　　　B. 最后销售地标准
   C. 最初产地生产标准　　　　　　　D. 全部产地生产标准

3. 下列各项中,不符合关税税率有关规定的是(　　)。
   A. 进口仪器到达前,经海关核准先行申报的,应当适用装载此仪器的运输工具申报进境之日实施的税率
   B. 进口转关运输货物,适用指运地海关接受该货物申报进口之日实施的税率
   C. 出口转关运输货物,应当适用指运地海关接受该货物申报出口之日实施的税率
   D. 经海关批准,实行集中申报的进出口货物适用每次货物进出口时海关接受该货物申报之日实施的税率

4. 下列各项中,属于进口关税完税价格组成部分的是(　　)。
   A. 买方向自己的境外采购代理人支付的购货佣金

B. 买方负担的向中介机构支付的经纪费

C. 进口设备报关后的安装调试费用

D. 货物运抵境内输入地点起卸之后的运输费用

5. 某进出口公司2019年2月邮运进口一批货物，海关审定的进口货物成交价格为10万元，发生邮费3万元。已知该进口货物适用的关税税率为20%，则该进出口公司邮运进口该批货物应缴纳关税(　　)万元。

A. 2   B. 2.01   C. 2.5   D. 2.6

提 高 演 练

一、单项选择题

1. 2018年10月1日某公司进口一批高档化妆品，成交价格为20万元人民币，关税税率40%，从起运地至输入地点起卸前的运费2.4万元人民币，进口货物的保险费无法确定，从海关监管区至公司仓库的运费0.6万元。海关于2018年10月5日填发税款缴款书，该公司于2018年10月31日缴纳税款。已知，高档化妆品的消费税税率为15%。下列说法正确的是(　　)。

A. 该批高档化妆品的关税完税价格为22.4万元

B. 该公司应按照11天缴纳进口环节税款的滞纳金

C. 该公司应缴纳关税9.2万元

D. 该公司应缴纳进口环节税金为20.46万元

2. 根据关税的相关规定，下列说法不正确的是(　　)。

A. 购买跨境电子商务零售进口商品的个人作为纳税义务人

B. 跨境电子商务零售进口商品的单次交易限值为人民币5 000元，个人年度交易限值为人民币26 000元

C. 物流企业可以作为跨境电子商务零售进口业务的代收代缴义务人

D. 在限值以内进口的跨境电子商务零售进口商品，关税暂按法定应纳税额的70%征收

3. 某进出口公司2019年3月8日进口一批货物，海关于当日填发关税税款缴款书，该纳税人一直没有纳税。海关从(　　)起可对其实施强制扣缴措施。

A. 3月16日   B. 3月23日   C. 6月9日   D. 6月23日

4. 依据关税的有关规定，下列进口货物中可享受法定免税的是(　　)。

A. 有商业价值的广告品及货样   B. 外国政府无偿赠送的物资

C. 福利机构进口的残疾人专用品   D. 科贸公司进口的科教用品

5. 某企业2019年1月10日从境外进口一批设备，设备价款折合人民币500 000元，运抵我国境内输入地点起卸前发生运费20 000元，保险费无法确定。已知设备关税税率为10%，则该企业应缴纳关税(　　)元。

A. 52 156   B. 52 000   C. 50 000   D. 48 000

二、多项选择题

1. 下列各项中，属于关税征税对象的有(　　)。

A. 出境的贸易性商品

B. 个人邮寄进境的物品

C. 入境旅客随身携带的行李物品

D. 各种运输工具上的服务人员携带进口的馈赠物品

2. 根据《进出口关税条例》的规定，下列情形中，纳税人可以向海关申请退税的有(　　)。

A. 在海关放行前损失的货物

B. 已征进口关税的货物，因品质或规格的原因，原状退货复运出境的

C. 已征出口关税的货物，因品质或规格的原因，原状退货复运进境，并已重新缴纳因出口而退还的国内环节有关税收的

D. 已征出口关税的货物，因故未装运出口，申报退关的

3. 下列各项中，应计入进口关税完税价格中的有(　　)。

A. 买方为购买进口货物向自己的采购代理人支付的劳务费用

B. 买方为购买进口货物向代表买卖双方利益的经纪人支付的劳务费用

C. 买方支付的与进口货物有关并作为进口货物条件的特许权使用费

D. 买方为在境内复制进口货物而支付的费用

4. 下列各项中，不应计入出口关税完税价格的有(　　)。

A. 出口关税

B. 单独列明的货物运至我国境内输出地点装载后的运费

C. 货物运至我国境内输出地点装载前的运费

D. 货物运至我国境内输出地点装载前的保险费

5. 下列费用，如能与进口货物实付或者应付价格区分，不得计入进口货物关税完税价格的有(　　)。

A. 境内外技术培训费用　　　　　B. 进口消费税

C. 货物运抵境内输入地点后发生的保险费　　D. 货物进口后的安装费

综 合 演 练

某市具有进出口经营权的甲化妆品生产企业系增值税一般纳税人，2019年7月进口一批高档化妆品，成交价格为100万元(折合人民币，下同)，支付境外技术培训费共计2万元。运抵中国境内输入地点起卸前的运保费无法确定，海关按同类货物同期运输费估定运费为5万元。缴纳进口税金后海关放行，甲企业将此批高档化妆品从海关运往企业，支付运输公司(一般纳税人)不含税运费1万元，并取得增值税专用发票。当月将此批高档化妆品全部销售，取得含税销售额226万元。

已知：该批高档化妆品进口关税税率为15%，消费税税率为15%；本月取得的票据均能在当月认证并允许抵扣。

要求：

(1) 计算关税完税价格。

(2) 计算其进口环节应交关税。

(3) 计算其进口环节应交税金合计。

(4) 计算内销环节实际应交各项税金及附加合计。

第三篇

所得税类

第六章 企业所得税

【本章学习目标】

通过本章的学习,了解企业所得税的概念与特点;熟悉企业所得税的纳税人、征税对象和税率;掌握企业所得税的应纳税所得额的计算;熟悉企业所得税的税收优惠政策;掌握企业所得税的应纳税额的计算;熟悉企业所得税的纳税申报与会计处理。

【本章重点】

- 企业所得税的纳税人、征税对象和税率
- 企业所得税的应纳税所得额的计算
- 企业所得税的税收优惠政策
- 企业所得税的应纳税额的计算
- 企业所得税的会计处理

【本章难点】

- 企业所得税应纳税所得额的确定和应纳税额的计算

【章前导读】

一家创业投资企业于2017年3月投资了一家从业人数为260人、资产总额为4 000万元、年销售收入1 000万元的初创科技型企业。请问,该创业投资企业在2019年度能否享受创业投资企业税收优惠政策?

解析:财税〔2019〕13号文件明确2019年1月1日前两年内发生的投资,自2019年1月1日起投资满两年且符合财税13号文件规定和财税〔2018〕55号文件规定的其他条件的,可以适用财税〔2018〕55号文件规定的税收政策。创业投资企业的投资时间是2017年3月,属于2019年1月1日前两年内发生的投资,如符合财税〔2019〕13号和财税〔2018〕55号文件规定的其他条件,可以自2019年度开始享受创业投资企业税收优惠政策。

【关键词】

企业所得税　纳税人　征税对象　税率　应纳税所得额　税收优惠　应纳税额　会计处理

第一节　企业所得税的基本要素

企业所得税是对我国境内的企业和其他取得收入的组织的生产经营所得和其他所得征收的一种税。

企业所得税具有以下特点。

(1) 以应纳税所得额作为计税依据。应纳税所得额是指纳税人的收入总额减除不征税收入、免税收入、各项扣除以及允许弥补以前年度亏损后的余额。应纳税所得额一般不等于企业实现的会计利润。

(2) 应纳税所得额的计算较为复杂。企业所得税以应纳税所得额作为计税依据，因此，应纳税所得额的计算需涉及一定时期的收入、成本、费用、税金、损失的计算。而且，税法上对于收入、成本、费用、损失的计算口径与会计上的有所不同，所以计算时需要在会计利润的基础上进行调整，应纳税所得额的计算程序较复杂。

(3) 征税以量能负担为原则。企业所得税以纳税人的生产、经营所得和其他所得为课税对象，所得多的、负担能力大的，多纳税；所得少的、负担能力小的，少纳税；无所得的、没有负担能力的，不纳税。这种将所得税负担和纳税人所得多少联系起来征税的办法，能体现税收公平的基本原则。

(4) 实行按年计征、分期预缴的征收管理办法。企业所得税以全年的应纳税所得额作为计税依据，分月或分季预缴，年终汇算清缴，与企业的会计年度及核算期限保持一致，有利于税收的征收管理。

一、企业所得税的纳税人

在中华人民共和国境内的企业和其他取得收入的组织，为企业所得税的纳税人。除个人独资企业和合伙企业不适用企业所得税法外，凡在中国境内，企业和其他取得收入的组织为企业所得税的纳税人，依照《企业所得税法》规定缴纳企业所得税。

企业所得税的纳税人分为居民企业和非居民企业，这是基于企业承担的不同纳税义务所进行的分类。划分标准为：注册地或实际管理机构所在地是否在中国境内，二者之一。

(一)居民企业

居民企业是指依法在中国境内成立，或者依照外国法律成立但实际管理机构在中国境内的企业。实际管理机构，是指对企业的生产经营、人员、账务、财产等实施实质性全面管理和控制的机构。

(二)非居民企业

依照外国法律成立且实际管理机构不在中国境内，但在中国境内设立机构、场所的，或者在中国境内未设立机构、场所，但有来源于中国境内所得的企业。非居民企业中所称机构、场所，是指在中国境内从事生产经营活动的机构、场所，包括以下几方面。

(1) 管理机构、营业机构、办事机构。
(2) 工厂、农场、开采自然资源的场所。
(3) 提供劳务的场所。
(4) 从事建筑、安装、装配、修理、勘探等工程作业的场所。
(5) 其他从事生产经营活动的机构、场所。

非居民企业委托营业代理人在中国境内从事生产经营活动的，包括委托单位或个人经常代其签订合同，或者储存、交付货物等，该营业代理人视为非居民企业在中国境内设立的机构、场所。

二、征税对象

企业所得税的征税对象是指企业的生产经营所得、其他所得和清算所得。

(一)居民企业的征税对象

居民企业应当以其来自中国境内、境外的所得缴纳企业所得税。所得,包括销售货物所得、提供劳务所得、转让财产所得、股息红利等权益性投资所得、利息所得、租金所得、特许权使用费所得、接受捐赠所得和其他所得。

(二)非居民企业的征税对象

非居民企业在中国境内设立机构、场所的,应当就其所设机构、场所取得的来自中国境内的所得,以及发生在中国境外但与其所设机构、场所有实际联系的所得,缴纳企业所得税。非居民企业在中国境内未设立机构、场所的,或者虽设立机构、场所但取得的所得与其所设机构、场所没有实际联系的,应当就其来自中国境内的所得缴纳企业所得税。

上述所称实际联系,是指非居民企业在中国境内设立的机构、场所拥有的据以取得所得的股权、债权,以及拥有、管理、控制据以取得所得的财产。

(三)所得来源的确定

所得来源的确定方法具体如下。
(1) 销售货物所得,按照交易活动发生地确定。
(2) 提供劳务所得,按照劳务发生地确定。
(3) 转让财产所得。
① 不动产转让所得按照不动产所在地确定。
② 动产转让所得按照转让动产的企业或者机构、场所所在地确定。
③ 权益性投资资产转让所得按照被投资企业所在地确定。
(4) 股息、红利等权益性投资所得,按照分配所得的企业所在地确定。
(5) 利息所得、租金所得、特许权使用费所得,按照负担、支付所得的企业或者机构、场所所在地确定,或者按照负担、支付所得的个人的住所地确定。
(6) 其他所得,由国务院财政、税务主管部门确定。

三、税率

企业所得税实行比例税率。企业所得税的纳税人不同,适用的税率也不同。

(一)基本税率

企业所得税的基本税率为 25%,适用于居民企业和在中国境内设有机构、场所且取得的所得与机构、场所有联系的非居民企业。

(二)优惠税率

企业所得税的优惠税率有两种。

(1) 优惠税率为20%，适用于符合条件的小型微利企业。
(2) 优惠税率为15%。适用于国家重点扶持的高新技术企业、技术先进型服务企业、西部地区鼓励类产业企业等享受税收优惠的企业(在本章第三节企业所得税税收优惠政策中有介绍)。

(三)低税率

企业所得税的低税率为20%，适用于在中国境内未设立机构、场所的，或者虽设立机构、场所但取得的所得与其所设机构、场所没有实际联系的非居民企业。实际适用税率为10%。

第二节 企业所得税应纳税所得额的确定

应纳税所得额是企业所得税的计税依据。按照《企业所得税法》的规定，企业每一纳税年度的收入总额，减除不征税收入、免税收入、各项扣除以及允许弥补的以前年度亏损后的余额，为应纳税所得额。其基本公式为

应纳税所得额=收入总额-不征税收入-免税收入-各项扣除-允许弥补的以前年度亏损

一、收入总额

企业的收入总额包括以货币形式和非货币形式从各种来源中取得的收入。具体有销售货物收入，提供劳务收入，转让财产收入，股息、红利等权益性投资收益，利息收入，租金收入，特许权使用费收入，接受捐赠收入和其他收入。

企业取得收入的货币形式，包括现金、存款、应收账款、应收票据、准备持有至到期的债券投资以及债务的豁免等。企业以非货币形式取得的收入，包括固定资产、生物资产、无形资产、股权投资、存货、不准备持有至到期的债权投资、劳务以及有关权益等，应当按照公允价值确定收入额。公允价值，是指按照市场价格确定的价值。

(一)一般收入的确认

一般收入的确认方法具体如下。
(1) 销售货物收入，是指企业销售商品、产品、原材料、包装物、低值易耗品以及其他存货取得的收入。
(2) 提供劳务收入，是指企业从事建筑安装、修理修配、交通运输、仓储租赁、金融保险、邮电通信、咨询经纪、文化体育、科学研究、技术服务、教育培训、餐饮住宿、中介代理、卫生保健、社区服务、旅游、娱乐、加工以及其他劳务服务活动取得的收入。
(3) 转让财产收入，是指企业转让固定资产、生物资产、无形资产、股权、债权等财产取得的收入。

企业转让股权收入，应于转让协议生效且完成股权变更手续时，确认收入的实现。转让股权收入扣除为取得该股权所发生的成本后，为股权转让所得。企业在计算股权转让所得时，不得扣除被投资企业未分配利润等股东留存收益中按该项股权所可能分配的金额。

(4) 股息、红利等权益性投资收益，是指企业因权益性投资从被投资方取得的收入。股息、红利等权益性投资收益，除国务院财政、税务主管部门另有规定外，按照被投资企业股东会或股东大会做出利润分配或转股决定的日期，确认收入的实现。

被投资企业将股权(票)溢价所形成的资本公积转为股本的，不作为投资方企业的股息、红利收入，投资方企业也不得增加该项长期投资的计税基础。

符合条件的居民企业之间的股息、红利等权益性投资收益，是指居民企业直接投资于其他居民企业取得的投资收益，但不包括连续持有居民企业公开发行并上市流通的股票不足 12 个月取得的投资收益。

依据财税〔2016〕第 127 号的规定，对内地企业投资者通过深港通投资香港联交所上市股票取得的股息红利所得，计入其收入总额，依法计征企业所得税。其中，内地居民企业连续持有 H 股满 12 个月取得的股息红利所得，依法免征企业所得税。

(5) 利息收入，是指企业将资金提供给他人使用但不构成权益性投资，或者因他人占用本企业资金取得的收入，包括存款利息、贷款利息、债券利息、欠款利息等收入。利息收入，按照合同约定的债务人应付利息的日期确认收入的实现。

(6) 租金收入，是指企业提供固定资产、包装物或者其他有形资产的使用权取得的收入。租金收入，按照合同约定的承租人应付租金的日期确认收入的实现。

根据规定，企业提供固定资产、包装物或者其他有形资产的使用权取得的租金收入，应按交易合同或协议规定的承租人应付租金的日期确认收入的实现。其中，如果交易合同或协议中规定租赁期限跨年度，且租金提前一次性支付的，根据收入与费用配比原则，出租人可对上述已确认的收入，在租赁期内，分期均匀地计入相关年度收入。

(7) 特许权使用费收入，是指企业提供专利权、非专利技术、商标权、著作权以及其他特许权的使用权取得的收入。特许权使用费收入，按照合同约定的特许权使用人应付特许权使用费的日期确认收入的实现。

(8) 接受捐赠收入，是指企业接受的来自其他企业、组织或者个人无偿给予的货币性资产、非货币性资产。接受捐赠收入，按照实际收到捐赠资产的日期确认收入的实现。

(9) 其他收入，是指企业取得的除以上收入外的其他收入，包括企业资产溢余收入、逾期未退包装物押金收入、确实无法偿付的应付款项、已作坏账损失处理后又收回的应收款项、债务重组收入、补贴收入、违约金收入、汇兑收益等。

(二)特殊收入的确认

特殊收入的确认方法具体如下。

(1) 特殊收入确认条件如下。

① 分期收款方式销售货物，按照合同约定的收款日期确认收入的实现。

② 采用售后回购方式销售商品的，销售的商品按售价确认收入，回购的商品作为购进商品处理。有证据表明不符合销售收入确认条件的，如以销售商品的方式进行抵押融资，收到的款项应确认为负债，回购价格大于原售价的，差额应在回购期间确认为利息费用。

③ 销售商品以旧换新的，销售商品应当按照销售商品收入确认条件确认收入，回收的商品作为购进商品处理。

④ 商业折扣条件销售，应当按照扣除商业折扣后的金额确定销售商品收入金额。

⑤ 现金折扣条件销售，应当按扣除现金折扣前的金额确定销售商品收入金额，现金折扣在实际发生时作为财务费用扣除。

⑥ 采用折让方式销售的，企业已经确认销售收入的售出商品发生销售折让和销售退回，应当在发生当期冲减当期销售商品收入。

⑦ 企业以买一赠一等方式组合销售本企业商品的，不属于捐赠，应将总的销售金额按各项商品的公允价值的比例来分摊确认各项的销售收入。

案例点击

甲商店采用买一赠一的方式销售商品，规定以800元(不含增值税价，下同)购买A皮包的客户可获赠一条B丝巾，B丝巾的价格为200元，当期该商店销售皮包和丝巾的组合共计100套，共取得收入80 000元。请计算甲商店在买一赠一的销售方式下皮包和丝巾各自的销售收入。

〖点石成金〗

分摊到A皮包上的收入=买一赠一整体收入×A÷(A+B)

分摊到B丝巾上的收入=买一赠一整体收入×B÷(A+B)

A皮包销售收入总额=80 000×800÷(800+200)=64 000(元)

B丝巾销售收入总额=80 000×200÷(800+200)=16 000(元)

(2) 企业受托加工制造大型机械设备、船舶、飞机，以及从事建筑、安装、装配工程业务或者提供其他劳务等，持续时间超过12个月的，按照纳税年度内完工进度或者完成的工作量确认收入的实现。

(3) 采取产品分成方式取得收入的，按照企业分得产品的日期确认收入的实现，其收入额按照产品的公允价值确定。

(4) 企业发生非货币性资产交换，以及将货物、财产、劳务用于捐赠、偿债、赞助、集资、广告、样品、职工福利或者利润分配等用途的，应当视同销售货物、转让财产或者提供劳务，但国务院财政、税务主管部门另有规定的除外。

二、不征税收入

(一)财政拨款

财政拨款是指各级人民政府对纳入预算管理的事业单位、社会团体等组织拨付的财政资金，但国务院和国务院财政、税务主管部门另有规定的除外。

(二)依法收取并纳入财政管理的行政事业性收费、政府性基金

行政事业性收费，是指企业根据法律法规等有关规定，依照国务院规定程序批准，在实施社会公共管理，以及在向公民、法人或者其他组织提供特定公共服务过程中，向特定对象收取并纳入财政管理的费用。政府性基金，是指企业根据法律、行政法规等有关规定，代政府收取的具有专项用途的财政资金。具体规定如下。

(1) 企业按照规定缴纳的、由国务院或财政部批准设立的政府性基金以及由国务院和省、自治区、直辖市人民政府及其财政、价格主管部门批准设立的行政事业性收费，准予在计算应纳税所得额时扣除。

(2) 企业收取的各种基金、收费，应计入当年收入总额。

(3) 对企业依法收取并上缴财政的政府性基金和行政事业性收费，准予作为不征税收入，于上缴财政的当年在计算应纳税所得额时从收入总额中减除；未上缴财政的部分，不得从收入总额中减除。

(三)国务院规定的其他不征税收入

国务院规定的其他不征税收入，是指企业取得的，由国务院财政、税务主管部门规定专项用途并经国务院批准的财政性资金。

财政性资金，是指企业取得的来源于政府及其有关部门的财政补助、补贴、贷款贴息，以及其他各类财政专项资金，包括直接减免的增值税和即征即退、先征后退、先征后返的各种税收，但不包括企业按规定取得的出口退税款。具体规定如下：

(1) 企业取得的各类财政性资金，除属于国家投资和资金使用后要求归还本金的以外，均应计入企业当年收入总额。

(2) 对企业取得的由国务院财政、税务主管部门规定专项用途并经国务院批准的财政性资金，准予作为不征税收入，在计算应纳税所得额时从收入总额中减除。

(3) 纳入预算管理的事业单位、社会团体等组织按照核定的预算和经费报领关系收到的由财政部门或上级单位拨入的财政补助收入，准予作为不征税收入，在计算应纳税所得额时从收入总额中减除，但国务院和国务院财政、税务主管部门另有规定的除外。

(4) 专项用途财政性资金。自2011年1月1日起，企业取得的专项用途财政性资金企业所得税按以下规定执行。

① 企业从县级以上各级人民政府财政部门及其他部门取得的应计入收入总额的财政性资金，凡同时符合以下条件的，可以作为不征税收入，在计算应纳税所得额时从收入总额中减除。

- 企业能够提供规定资金专项用途的资金拨付文件。
- 财政部门或其他拨付资金的政府部门对该资金有专门的资金管理办法或具体管理要求。
- 企业对该资金以及以该资金发生的支出单独进行核算。

② 上述不征税收入用于支出所形成的费用，不得在计算应纳税所得额时扣除；用于支出所形成的资产，其计算的折旧、摊销不得在计算应纳税所得额时扣除。

③ 企业将符合上述第①条规定条件的财政性资金作不征税收入处理后，在5年(60个月)内未发生支出且未缴回财政部门或其他拨付资金的政府部门的部分，应计入取得该资金第六年的应税收入总额；计入应税收入总额的财政性资金发生的支出，允许在计算应纳税所得额时扣除。

三、免税收入

(一)国债利息收入

国债利息收入，是指企业持有国务院财政部门发行的国债取得的利息收入。

1. 国债利息收入时间确认

(1) 企业投资国债从国务院财政部门(以下简称发行者)取得的国债利息收入,应以国债发行时约定应付利息的日期,确认利息收入的实现。

(2) 企业转让国债,应在国债转让收入确认时确认利息收入的实现。

2. 国债利息收入计算

企业到期前转让国债或者从非发行者投资购买的国债,其持有期间尚未兑付的国债利息收入,按以下公式计算确定:

$$国债利息收入=国债金额\times(适用年利率\div365)\times持有天数$$

上述公式中的"国债金额",按国债发行面值或发行价格确定;"适用年利率"按国债票面年利率或折合年收益率确定;如企业不同时间多次购买同一品种国债的,"持有天数"可按平均持有天数计算确定。

3. 国债利息收入免税问题

企业取得的国债利息收入,免征企业所得税。具体按以下规定执行。

(1) 企业从发行者直接投资购买的国债持有至到期,其从发行者取得的国债利息收入,全额免征企业所得税。

(2) 企业到期前转让国债或者从非发行者投资购买的国债,其按上述公式计算的国债利息收入,免征企业所得税。

4. 国债转让收入时间确认

(1) 企业转让国债应在转让国债合同、协议生效的日期,或者国债移交时确认转让收入的实现。

(2) 企业投资购买国债,到期兑付的,应在国债发行时约定的应付利息的日期,确认国债转让收入的实现。

5. 国债转让收益(损失)计算

企业转让或到期兑付国债取得的价款,减除其购买国债成本,并扣除其持有期间按照本公告第一条计算的国债利息收入以及交易过程中相关税费后的余额,为企业转让国债收益(损失)。

6. 国债转让收益(损失)征税问题

企业转让国债,应作为转让财产,其取得的收益(损失)应作为企业应纳税所得额计算纳税。

7. 国债成本确定问题

(1) 通过支付现金方式取得的国债,以买入价和支付的相关税费为成本。

(2) 通过支付现金以外的方式取得的国债,以该资产的公允价值和支付的相关税费为成本。

8. 国债成本计算方法

企业在不同时间购买同一品种国债的,其转让时的成本计算方法,可在先进先出法、加权平均法、个别计价法中选用一种。计价方法一经选用，不得随意改变。

> **案例点击**

某企业 2019 年 5 月 16 日将其自发行者处购买的一笔国债进行转让，取得收入 110 万元。该笔国债于 2018 年 5 月 1 日以 105 万元购入，期限为 3 年，年利率为 3.65%。请计算该笔国债转让收入应调整的应纳税所得额。

〖点石成金〗

调减的应纳税所得额=105×(3.65%÷365)×380=3.99(万元)

即 5 万元的收益中：3.99 万元免税，1.01 万元纳税。

(二)符合条件的居民企业之间的股息、红利等权益性投资收益

符合条件的居民企业之间的股息、红利等权益性投资收益，是指居民企业直接投资于其他居民企业取得的投资收益。

(三)在中国境内设立机构、场所的非居民企业从居民企业取得与该机构、场所有实际联系的股息、红利等权益性投资收益

上述免税投资收益不包括连续持有居民企业公开发行并上市流通的股票不足 12 个月取得的投资收益。

(四)符合条件的非营利组织的收入

(1) 符合条件的非营利组织是指：

① 依照国家有关法律法规设立或登记的事业单位、社会团体、基金会、社会服务机构、宗教活动场所、宗教院校以及财政部、税务总局认定的其他非营利组织。

② 从事公益性或者非营利性活动的。

③ 取得的收入除用于与该组织有关的、合理的支出外，全部用于登记核定或者章程规定的公益性或者非营利性事业。

④ 财产及其孳息不用于分配，但不包括合理的工资薪金支出。

⑤ 按照登记核定或者章程规定，该组织注销后的剩余财产用于公益性或者非营利性目的，或者由登记管理机关采取转赠给与该组织性质、宗旨相同的组织等处置方式，并向社会公告。

⑥ 投入人对投入该组织的财产不保留或者享有任何财产权利。本款所称投入人是指除各级人民政府及其部门外的法人、自然人和其他组织。

⑦ 工作人员工资福利开支控制在规定的比例内，不变相分配该组织的财产，其中：工作人员平均工资薪金水平不得超过税务登记所在地的地市级(含地市级)以上地区的同行业同类组织平均工资水平的两倍，工作人员福利按照国家有关规定执行。

⑧ 对取得的应纳税收入及其有关的成本、费用、损失应与免税收入及其有关的成本、费用、损失分别核算。

非营利组织免税优惠资格的有效期为五年。非营利组织应在免税优惠资格期满后六个月内提出复审申请，不提出复审申请或复审不合格的，其享受免税优惠的资格到期自动失效。

非营利组织收入，不包括非营利组织从事营利性活动取得的收入，但国务院财政、税务主管部门另有规定的除外。

(2) 非营利组织的下列收入为免税收入。

① 接受其他单位或者个人捐赠的收入。

② 除《中华人民共和国企业所得税法》第七条规定的财政拨款以外的其他政府补助收入，但不包括因政府购买服务取得的收入。

③ 按照省级以上民政、财政部门规定收取的会费。

④ 不征税收入和免税收入孳生的银行存款利息收入。

⑤ 财政部、国家税务总局规定的其他收入。

四、税前扣除项目的范围

(一)扣除范围

《企业所得税法》规定，企业实际发生的与取得收入有关的、合理的支出，包括成本、费用、税金、损失和其他支出，准予在计算应纳税所得额时扣除。

(1) 成本，是指企业在生产经营活动中发生的销售成本、销货成本、业务支出以及其他耗费，即企业销售商品(产品、材料、下脚料、废料、废旧物资等)、提供劳务，转让固定资产、无形资产(包括技术转让)的成本。

(2) 费用，是指企业每一个纳税年度为生产、经营商品和提供劳务等所发生的销售(经营)费用、管理费用和财务费用。已经计入成本的有关费用除外。

(3) 税金，是指企业发生的除企业所得税和允许抵扣的增值税以外的企业缴纳的各项税金及其附加。即企业按规定缴纳的消费税、城市维护建设税、关税、资源税、土地增值税、房产税、车船税、土地使用税、印花税、教育费附加等产品销售税金及附加。这些已纳税金准予税前扣除。准许扣除的税金有两种方式：一是在发生当期扣除；二是在发生当期计入相关资产的成本，在以后各期分摊扣除。

(4) 损失，是指企业在生产经营活动中发生的固定资产和存货的盘亏、毁损、报废损失，转让财产损失，呆账损失，坏账损失，自然灾害等不可抗力因素造成的损失以及其他损失。

企业发生的损失，减除责任人赔偿和保险赔款后的余额，依照国务院财政、税务主管部门的规定扣除。

企业已经作为损失处理的资产，在以后纳税年度又全部收回或者部分收回时，应当计入当期收入。

(5) 扣除的其他支出，是指除成本、费用、税金、损失外，企业在生产经营活动中发生的与生产经营活动有关的、合理的支出。

(二)扣除项目及其标准

在计算应纳税所得额时，下列项目可按照实际发生额或规定的标准扣除。

1. 工资、薪金支出

(1) 企业发生的合理的工资、薪金支出准予据实扣除。工资、薪金支出是企业每一纳税年度支付给在本企业任职或与其有雇佣关系的员工的所有现金或非现金形式的劳动报酬，包括基本工资、奖金、津贴、补贴、年终加薪、加班工资，以及与任职或者是受雇有关的其他支出。

合理的工资、薪金，是指企业按照股东大会、董事会、薪酬委员会或相关管理机构制定的工资薪金制度规定实际发放给员工的工资薪金。

(2) 属于国有性质的企业，其工资薪金，不得超过政府有关部门给予的限定数；超过部分，不得计入企业工资薪金总额，也不得在计算企业应纳税所得额时扣除。

(3) 企业因雇用季节工、临时工、实习生、返聘离退休人员以及接受外部劳务派遣用工所实际发生的费用，应区分为工资薪金支出和职工福利费支出，并按《企业所得税法》的规定在企业所得税前扣除。其中属于工资薪金支出的，准予计入企业工资薪金总额的基数，作为计算其他各项相关费用扣除的依据。

(4) 企业福利性补贴支出税前扣除。国家税务总局 2015 年第 34 号公告规定，列入企业员工工资薪金制度、固定与工资薪金一起发放的福利性补贴，符合《国家税务总局关于企业工资薪金及职工福利费扣除问题的通知》(国税函〔2009〕3 号)第一条规定的合理工资、薪金支出条件，可作为企业发生的工资薪金支出，按规定在税前扣除。

不能同时符合上述合理工资、薪金支出条件的福利性补贴，应作为国税函〔2009〕3 号文件第三条规定的职工福利费，按规定计算限额税前扣除。

(5) 企业年度汇算清缴结束前支付汇缴年度工资薪金税前扣除。企业在年度汇算清缴结束前向员工实际支付的已预提汇缴年度工资薪金，准予在汇缴年度按规定扣除。

(6) 企业接受外部劳务派遣用工所实际发生的费用，应分两种情况按规定在税前扣除：按照协议(合同)约定直接支付给劳务派遣公司的费用，应作为劳务费支出；直接支付给员工个人的费用，应作为工资薪金支出和职工福利费支出。其中属于工资薪金支出的费用，准予计入企业工资薪金总额的基数，作为计算其他各项相关费用扣除的依据。

2. 职工福利费、工会经费、职工教育经费

企业发生的职工福利费、工会经费、职工教育经费按标准扣除，未超过标准的按实际数扣除，超过标准的只能按标准扣除。

(1) 企业发生的职工福利费支出，不超过工资薪金总额 14%的部分准予扣除。

企业职工福利费，包括以下内容。

① 尚未实行分离办社会职能的企业，其内设福利部门所发生的设备、设施和人员费用，包括职工食堂、职工浴室、理发室、医务所、托儿所、疗养院等集体福利部门的设备、设施及维修保养费用和福利部门工作人员的工资薪金、社会保险费、住房公积金、劳务费等。

② 为职工卫生保健、生活、住房、交通等所发放的各项补贴和非货币性福利，包括企业向职工发放的因公外地就医费用、未实行医疗统筹企业职工医疗费用、职工供养直系亲属医疗补贴、供暖费补贴、职工防暑降温费、职工困难补贴、救济费、职工食堂经费补贴、职工交通补贴等。

③ 按照其他规定发生的其他职工福利费，包括丧葬补助费、抚恤费、安家费、探亲假路费等。

值得注意的是：企业发生的职工福利费，应该单独设置账册，进行准确核算。没有单独设置账册进行准确核算的，税务机关应责令企业在规定的期限内进行改正。逾期仍未改正的，税务机关可对企业发生的职工福利费进行合理的核定。

(2) 企业拨缴的工会经费，不超过工资薪金总额2%的部分准予扣除。

自2010年7月1日起，企业拨缴的职工工会经费，不超过工资薪金总额2%的部分，凭工会组织开具的《工会经费收入专用收据》在企业所得税税前扣除。

自2010年1月1日起，在委托税务机关代收工会经费的地区，企业拨缴的工会经费，也可凭合法、有效的工会经费代收凭据依法在税前扣除。

(3) 除国务院财政、税务主管部门另有规定外，企业发生的职工教育经费支出，不超过工资薪金总额8%的部分准予扣除，超过部分准予结转以后纳税年度扣除。

上述计算职工福利费、工会经费、职工教育经费的工资薪金总额，是指企业按照第1点"工资、薪金支出"规定实际发放的工资薪金总和，不包括企业的职工福利费、职工教育经费、工会经费以及养老保险费、医疗保险费、失业保险费、工伤保险费、生育保险费等社会保险费和住房公积金。

3. 社会保险费

(1) 企业依照国务院有关主管部门或者省级人民政府规定的范围和标准为职工缴纳的五险一金，即基本养老保险费、基本医疗保险费、失业保险费、工伤保险费、生育保险费等基本社会保险费和住房公积金准予扣除。

(2) 企业为投资者或者职工支付的补充养老保险费、补充医疗保险费，分别在不超过职工工资总额5%标准内的部分，在计算应纳税所得额时准予扣除；超过的部分，不予扣除。企业依照国家有关规定为特殊工种职工支付的人身安全保险费和符合国务院财政、税务主管部门规定可以扣除的商业保险费准予扣除。

(3) 企业参加财产保险，按照规定缴纳的保险费，准予扣除。企业为投资者或者职工支付的商业保险费，不得扣除。

(4) 自2018年度起，企业参加雇主责任险、公众责任险等责任保险，按照规定缴纳的保险费，准予在企业所得税税前扣除。

(5) 企业破产、注销，清算企业所得税时，可按规定在税前扣除有关清算费用及职工工资、社会保险费用、法定补偿金。

4. 利息费用

企业在生产、经营活动中发生的利息费用，按下列规定扣除。

(1) 非金融企业向金融企业借款的利息支出、金融企业的各项存款利息支出和同业拆借利息支出、企业经批准发行债券的利息支出可据实扣除。

所谓金融企业，是指各类银行、保险公司及经中国人民银行批准从事金融业务的非银行金融机构。它包括国家专业银行、区域性银行、股份制银行、外资银行、中外合资银行以及其他综合性银行；还包括全国性保险企业、区域性保险企业、股份制保险企业、中外合资保险企业以及其他专业性保险企业；城市、农村信用社、各类财务公司以及其他从事信托投资、租赁等业务的专业和综合性非银行金融机构。非金融企业，是指除上述金融企业以外的所有企业、事业单位以及社会团体等企业或组织。

(2) 非金融企业向非金融企业借款的利息支出，不超过按照金融企业同期同类贷款利率计算的数额的部分可据实扣除，超过部分不许扣除。

鉴于目前我国对金融企业利率要求的具体情况，企业在按照合同要求首次支付利息并进行税前扣除时，应提供金融企业的同期同类贷款利率情况说明，以证明其利息支出的合理性。

(3) 关联企业利息费用的扣除。企业从其关联方接受的债权性投资与权益性投资的比例超过规定标准而发生的利息支出，不得在计算应纳税所得额时扣除。

① 在计算应纳税所得额时，企业实际支付给关联方的利息支出，不超过以下规定比例和税法及其实施条例有关规定计算的部分，准予扣除，超过的部分不得在发生当期和以后年度扣除。

企业实际支付给关联方的利息支出，除符合下面第②条规定外，其接受关联方债权性投资与其权益性投资比例为：金融企业 5∶1；其他企业 2∶1。

② 企业如果能够按照税法及其实施条例的有关规定提供相关资料，并证明相关交易活动符合独立交易原则的；或者该企业的实际税负不高于境内关联方的，其实际支付给境内关联方的利息支出，在计算应纳税所得额时准予扣除。

③ 企业同时从事金融业务和非金融业务，其实际支付给关联方的利息支出，应按照合理方法分开计算；没有按照合理方法分开计算的，一律按前述第①条有关其他企业的比例计算准予税前扣除的利息支出。

④ 企业自关联方取得的不符合规定的利息收入应按照有关规定缴纳企业所得税。

(4) 企业向自然人借款的利息支出在企业所得税税前扣除。

① 企业向股东或其他与企业有关联关系的自然人借款的利息支出，应根据《企业所得税法》第四十六条及《财政部 国家税务总局关于企业关联方利息支出税前扣除标准有关税收政策问题的通知》(财税〔2008〕121 号)规定的条件，计算企业所得税扣除额。

② 企业向除①规定以外的内部职工或其他人员借款的利息支出，其借款情况同时符合以下条件的，其利息支出在不超过按照金融企业同期同类贷款利率计算的数额的部分，准予扣除。

条件一：企业与个人之间的借贷是真实、合法、有效的，并且不具有非法集资目的或其他违反法律、法规的行为。

条件二：企业与个人之间签订了借款合同。

案例点击

甲企业为一家生产企业，2019 年归还关联企业一年期的借款本金 4 500 万元，按合同约定 6%的年利率支付了利息费用。该关联企业对甲企业的权益性投资额为 2 000 万元。银行同期同类贷款利率为 5%。请计算 2019 年关于利息应调整的应纳税所得额。

〖点石成金〗

会计上计入"财务费用"的利息费用=4 500×6%=270(万元)

税法上计入"财务费用"的利息费用=2 000×2×5%=200(万元)

应调增的应纳税所得额=270-200=70(万元)

(5) 关于企业由于投资者投资未到位而发生的利息支出扣除问题。

凡企业投资者在规定期限内未缴足其应缴资本额的,该企业对外借款所发生的利息,相当于投资者实缴资本额与在规定期限内应缴资本额的差额应计付的利息,不属于企业合理支出的,应由企业投资者负担,不得在计算企业应纳税所得额时扣除。

具体计算不得扣除的利息时,应以企业一个年度内每一账面实收资本与借款余额保持不变的期间作为一个计算期,每一计算期内不得扣除的借款利息按该期间借款利息发生额乘以该期间企业未缴足的注册资本占借款总额的比例计算。其计算公式为

企业每一计算期不得扣除的借款利息=该期间借款利息额×该期间未缴足注册资本额÷该期间借款额

企业一个年度内不得扣除的借款利息总额为该年度内每一计算期不得扣除的借款利息额之和。

5. 借款费用

(1) 企业在生产经营活动中发生的合理的不需要资本化的借款费用,准予扣除。

(2) 企业为购置、建造固定资产、无形资产和经过 12 个月以上的建造才能达到预定可销售状态的存货发生借款的,在有关资产购置、建造期间发生的合理的借款费用,应予以资本化,作为资本性支出计入有关资产的成本;有关资产交付使用后发生的借款利息,可在发生当期扣除。

(3) 企业通过发行债券、取得贷款、吸收保户储金等方式融资而发生的合理的费用支出,符合资本化条件的,应计入相关资产成本;不符合资本化条件的,应作为财务费用,准予在企业所得税前据实扣除。

6. 汇兑损失

企业在货币交易中,以及纳税年度终了时将人民币以外的货币性资产、负债按照期末即期人民币汇率中间价折算为人民币时产生的汇兑损失,除已经计入有关资产成本以及与向所有者进行利润分配相关的部分外,准予扣除。

7. 业务招待费

(1) 企业发生的与生产经营活动有关的业务招待费支出,按照发生额的 60%扣除,但最高不得超过当年销售(营业)收入的 5‰。当年销售(营业)收入包括主营业务收入、其他业务收入和视同销售收入。

(2) 对从事股权投资业务的企业(包括集团公司总部、创业投资企业等),其从被投资企业所分配的股息、红利以及股权转让收入,可以按规定的比例计算业务招待费扣除限额。

(3) 企业在筹建期间,发生的与筹办活动有关的业务招待费支出,可按实际发生额的 60%计入企业筹办费,并按有关规定在税前扣除。

案例点击

某企业为一家生产企业,2019 年销售产品收入 2 000 万元;销售材料收入 20 万元;转让专利使用权收入 150 万元;出售固定资产收入 200 万元;将自产的产品用于企业办公,同类产品售价为 8 万元;接受捐赠收入 10 万元。该企业当年发生业务招待费为 20 万元。请计算该企业 2019 年应调整的应纳税所得额是多少。

〚点石成金〛

出售固定资产收入和接受捐赠收入属于营业外收入,不能作为计算业务招待费的基数。将自产的产品用于企业办公,不视同销售确认收入。

销售产品收入属于主营业务收入,销售材料收入和转让专利使用权收入属于其他业务收入,均能作为计算业务招待费的基数。

销售(营业)收入=2 000+20+150=2 170(万元)

业务招待费发生额的 60%=20×60%=12(万元)

销售(营业)收入的 5‰=2 170×5‰=10.85(万元)

税前扣除限额为 10.85 万元,应调增的应纳税所得额=20-10.85=9.15 万元。

8. 广告费和业务宣传费

(1) 企业发生的符合条件的广告费和业务宣传费支出,除国务院财政、税务主管部门另有规定外,不超过当年销售(营业)收入 15%的部分,准予扣除;超过部分,准予结转以后纳税年度扣除。

(2) 自 2016 年 1 月 1 日起至 2020 年 12 月 31 日止,对化妆品制造或销售、医药制造和饮料制造(不含酒类制造)企业发生的广告费和业务宣传费支出,不超过当年销售(营业)收入 30%的部分,准予扣除;超过部分,准予在以后纳税年度结转扣除。

(3) 对签订广告费和业务宣传费分摊协议(以下简称分摊协议)的关联企业,其中一方发生的不超过当年销售(营业)收入税前扣除限额比例内的广告费和业务宣传费支出可以在本企业扣除,也可以将其中的部分或全部按照分摊协议归集至另一方扣除。另一方在计算本企业广告费和业务宣传费支出企业所得税税前扣除限额时,可将按照上述办法归集至本企业的广告费和业务宣传费不计算在内。

(4) 企业在筹建期间,发生的广告费和业务宣传费,可按实际发生额计入企业筹办费,可按上述规定在税前扣除。

(5) 烟草企业的烟草广告费和业务宣传费支出,一律不得在计算应纳税所得额时扣除。

企业申报扣除的广告费支出应与赞助支出严格区分。企业申报扣除的广告费支出,必须符合下列条件:广告是通过工商部门批准的专门机构制作的;已实际支付费用,并已取得相应发票;通过一定的媒体传播。

〖案例点击〗

某企业 2017 年取得销售收入 100 万元,实际发生广告费和业务宣传费 20 万元;2018 年取得销售收入 200 万元,实际发生广告费和业务宣传费 28 万元;2019 年取得销售收入 300 万元,实际发生广告费和业务宣传费 35 万元。请分别计算 2017 年、2018 年和 2019 年应调整的应纳税所得额。

〚点石成金〛

2017 年广告费和业务宣传费的扣除限额=100×15%=15 万元,税前实际扣除额=15 万元,应调增应纳税所得额=20-15=5 万元,结转以后年度扣除额为 5 万元。

2018 年广告费和业务宣传费的扣除限额=200×15%=30 万元,税前实际扣除额=28+2=30 万元,应调减应纳税所得额 2 万元,结转以后年度扣除额为 3 万元。

2019 年广告费和业务宣传费的扣除限额=300×15%=45 万元,税前实际扣除额=35+3=38

万元，应调减应纳税所得额 3 万元。

9. 环境保护专项资金

企业依照法律、行政法规有关规定提取的用于环境保护、生态恢复等方面的专项资金，准予扣除。上述专项资金提取后改变用途的，不得扣除。

10. 保险费

企业参加财产保险，按照规定缴纳的保险费，准予扣除。

11. 租赁费

企业根据生产经营活动的需要租入固定资产支付的租赁费，按照以下方法扣除。

(1) 以经营租赁方式租入固定资产发生的租赁费支出，按照租赁期限均匀扣除。经营性租赁是指所有权不转移的租赁。

(2) 以融资租赁方式租入固定资产发生的租赁费支出，按照规定构成融资租入固定资产价值的部分应当提取折旧费用，分期扣除。融资租赁是指在实质上转移与一项资产所有权有关的全部风险和报酬的一种租赁。

12. 劳动保护费

企业发生的合理的劳动保护支出，准予扣除。自 2011 年 7 月 1 日起，企业根据其工作性质和特点，由企业统一制作并要求员工工作时统一着装所发生的工作服饰费用，可以作为企业合理的支出给予税前扣除。

13. 公益性捐赠支出

公益性捐赠，是指企业通过公益性社会团体或者县级(含县级)以上人民政府及其部门，用于《中华人民共和国公益事业捐赠法》规定的公益事业的捐赠。

企业发生的公益性捐赠支出，不超过年度利润总额 12%的部分，准予扣除。超过年度利润总额 12%的部分，准予以后三年内在计算应纳税所得额时结转扣除。年度利润总额，是指企业依照国家统一会计制度的规定计算的年度会计利润。

企业发生的公益性捐赠支出未在当年税前扣除的部分，准予向以后年度结转扣除，但结转年限自捐赠发生年度的次年起计算最长不得超过三年。企业在对公益性捐赠支出计算扣除时，应先扣除以前年度结转的捐赠支出，再扣除当年发生的捐赠支出。

(1) 用于公益事业的捐赠支出，是指《中华人民共和国公益事业捐赠法》规定的向公益事业的捐赠支出，具体范围包括以下几方面。

① 救助灾害、救济贫困、扶助残疾人等困难的社会群体和个人的活动。

② 教育、科学、文化、卫生、体育事业。

③ 环境保护、社会公共设施建设。

④ 促进社会发展和进步的其他社会公共和福利事业。

企事业单位、社会团体以及其他组织捐赠住房作为廉租住房的视同公益性捐赠按上述规定执行。

(2) 公益性社会团体，是指同时符合下列条件的基金会、慈善组织等社会团体：①依法登记，具有法人资格；②以发展公益事业为宗旨，且不以营利为目的；③全部资产及其增值为该法人所有；④收益和营运结余主要用于符合该法人设立目的的事业；⑤终止后的剩余财产不归属任何个人或者营利组织；⑥不经营与其设立目的无关的业务；⑦有健全的财务会计制度；⑧捐赠者不以任何形式参与社会团体财产的分配；⑨国务院财政、税务主管部门会同国务院民政部门等登记管理部门规定的其他条件。

(3) 公益性社会团体和县级以上人民政府及其组成部门和直属机构在接受捐赠时，捐赠资产的价值，按以下原则确认。

① 接受捐赠的货币性资产，应当按照实际收到的金额计算。

② 接受捐赠的非货币性资产，应当以其公允价值计算。捐赠方在向公益性社会团体和县级以上人民政府及其组成部门和直属机构捐赠时，应当提供注明捐赠非货币性资产公允价值的证明，如果不能提供上述证明，公益性社会团体和县级以上人民政府及其组成部门和直属机构不得向其开具公益性捐赠票据。

(4) 公益性社会团体和县级以上人民政府及其组成部门和直属机构在接受捐赠时，应按照行政管理级次分别使用由财政部或省、自治区、直辖市财政部门印制的公益性捐赠票据，并加盖本单位的印章；对个人索取捐赠票据的，应予以开具。

(5) 对符合条件的公益性群众团体，应按照管理权限，由财政部、国家税务总局和省、自治区、直辖市、计划单列市财政、税务部门分别每年联合公布名单。名单应当包括继续获得公益性捐赠税前扣除资格和新获得公益性捐赠税前扣除资格的群众团体，企业和个人在名单所属年度内向名单内的群众团体进行的公益性捐赠支出，可以按规定进行税前扣除。

(6) 对存在以下情形之一的公益性群众团体，应取消其公益性捐赠税前扣除资格。

① 前三年接受捐赠的总收入中用于公益事业的支出比例低于70%的。

② 在申请公益性捐赠税前扣除资格时有弄虚作假行为的。

③ 存在逃避缴纳税款行为或为他人逃避缴纳税款提供便利的。

④ 存在违反该组织章程的活动，或者接受的捐赠款项用于组织章程规定用途之外的支出等情况的。

⑤ 受到行政处罚的。

被取消公益性捐赠税前扣除资格的公益性群众团体，三年内不得重新申请公益性捐赠税前扣除资格。

(7) 对于通过公益性群众团体发生的公益性捐赠支出，主管税务机关应对照财政、税务部门联合发布的名单，接受捐赠的群众团体位于名单内，则企业或个人在名单所属年度发生的公益性捐赠支出可按规定进行税前扣除；接受捐赠的群众团体不在名单内，或虽在名单内但企业或个人发生的公益性捐赠支出不属于名单所属年度的，不得扣除。

自2019年1月1日至2022年12月31日，企业通过公益性社会组织或者县级(含县级)以上人民政府及其组成部门和直属机构，用于目标脱贫地区的扶贫捐赠支出，准予在计算企业所得税应纳税所得额时据实扣除。企业同时发生扶贫捐赠支出和其他公益性捐赠支出，在计算公益性捐赠支出年度扣除限额时，符合上述条件的扶贫捐赠支出不计算在内。企业在2015年1月1日至2018年12月31日期间已发生的符合上述条件的扶贫捐赠支出，尚未在计算企业所得税应纳税所得额时扣除的部分，可执行上述企业所得税政策(财税〔2019〕49号)。

案例点击

某企业2019年度的利润总额为100万元,当年度发生符合条件的扶贫方面的公益性捐赠15万元,发生符合条件的教育方面的公益性捐赠12万元。则该企业可以扣除的捐赠额为多少?

〖点石成金〗

2019年度该企业的公益性捐赠支出税前扣除限额为12万元(100×12%),教育捐赠支出12万元在扣除限额内,可以全额扣除;扶贫捐赠无须考虑税前扣除限额,准予全额税前据实扣除。2019年度,该企业的公益性捐赠支出共计27万元,均可在税前全额扣除。

14. 有关资产的费用

企业转让各类固定资产发生的费用,允许扣除。企业按规定计算的固定资产折旧费、无形资产和递延资产的摊销费,准予扣除。

15. 总机构分摊的费用

非居民企业在中国境内设立的机构、场所,就其中国境外总机构发生的与该机构、场所生产经营有关的费用,能够提供总机构出具的费用汇集范围、定额、分配依据和方法等证明文件,并合理分摊的,准予扣除。

16. 资产损失

(1) 企业当期发生的固定资产和流动资产盘亏、毁损净损失,由其提供清查盘存资料经主管税务机关审核后,准予扣除。企业因存货盘亏、毁损、报废、被盗等原因不得从增值税销项税额中抵扣的进项税额,可以与存货损失一起在计算应纳税所得额时扣除。

(2) 企业符合税法规定条件的债权损失可按规定在计算企业所得税应纳税所得额时扣除。金融企业按照规定提取的贷款损失准备金,符合税法规定的,可以在企业所得税税前扣除。

(3) 自2017年1月1日至2019年12月31日,对经省级金融管理部门(金融办、局等)批准成立的小额贷款公司按年末贷款余额的1%计提的贷款损失准备金准予在企业所得税税前扣除。具体政策口径按照《财政部 国家税务总局关于金融企业贷款损失准备金企业所得税税前扣除有关政策的通知》(财税〔2015〕9号)执行(财税〔2017〕48号)。

17. 依照有关法律、行政法规和国家有关税法规定准予扣除的其他项目

依照有关法律、行政法规和国家有关税法规定准予扣除的其他项目,包括会员费、合理的会议费、差旅费、违约金、诉讼费用等。

18. 手续费及佣金支出

(1) 企业发生的与生产经营有关的手续费及佣金支出,不超过以下规定计算限额以内的部分,准予扣除;超过部分,不得扣除。

① 保险企业:财产保险企业按当年全部保费收入扣除退保金等后余额的15% (含本数,下同)计算限额;人身保险企业按当年全部保费收入扣除退保金等后余额的10%计算限额。

② 其他企业:按与具有合法经营资格中介服务机构或个人(不含交易双方及其雇员、

代理人和代表人等)所签订服务协议或合同确认的收入金额的 5%计算限额。

(2) 企业应与具有合法经营资格的中介服务企业或个人签订代办协议或合同,并按国家有关规定支付手续费及佣金。除委托个人代理外,企业以现金等非转账方式支付的手续费及佣金不得在税前扣除。企业为发行权益性证券支付给有关证券承销机构的手续费及佣金不得在税前扣除。

(3) 企业不得将手续费及佣金支出计入回扣、业务提成、返利、进场费等费用。

(4) 企业已计入固定资产、无形资产等相关资产的手续费及佣金支出,应当通过折旧、摊销等方式分期扣除,不得在发生当期直接扣除。

(5) 企业支付的手续费及佣金不得直接冲减服务协议或合同金额,并应如实入账。

(6) 企业应当如实地向当地主管税务机关提供当年手续费及佣金计算分配表和其他相关资料,并依法取得合法真实凭证。

(7) 电信企业在发展客户、拓展业务等过程中(如委托销售电话入网卡、电话充值卡等),需向经纪人、代办商支付手续费及佣金的,其实际发生的相关手续费及佣金支出,不超过企业当年收入总额 5%的部分,准予在企业所得税前据实扣除。

(8) 从事代理服务,主营业务收入为手续费、佣金的企业(如证券、期货、保险代理等企业),其为取得该类收入而实际发生的营业成本(包括手续费及佣金支出),准予在企业所得税前据实扣除。

19. 企业实际在财务会计处理上已确认支出的企业所得税税前扣除规定

根据《企业所得税法》第二十一条规定,对企业依据财务会计制度规定,并实际在财务会计处理上已确认的支出,凡没有超过《企业所得税法》和有关税收法规规定税前扣除范围和标准的,可按企业实际会计处理确认的支出,在企业所得税前扣除,计算其应纳税所得额。

20. 维简费支出企业所得税税前扣除规定

企业实际发生的维简费支出,属于收益性支出的,可作为当期费用税前扣除;属于资本性支出的,应计入有关资产成本,并按《企业所得税法》规定计提折旧或摊销费用在税前扣除。

五、不得扣除的项目

在计算应纳税所得额时,下列支出不得扣除。
(1) 向投资者支付的股息、红利等权益性投资收益款项。
(2) 企业所得税税款。
(3) 税收滞纳金,是指纳税人违反税收法规,被税务机关处以的滞纳金。
(4) 罚金、罚款和被没收财物的损失,是指纳税人违反国家有关法律、法规规定,被有关部门处以的罚款,以及被司法机关处以的罚金和被没收财物。
(5) 超过规定标准的捐赠支出。
(6) 赞助支出,与生产经营活动无关的各种非广告性质支出。
(7) 未经核定的准备金支出是指不符合国务院财政、税务主管部门规定的各项资产减值准备、风险准备等准备金支出。

(8) 企业之间支付的管理费、企业内营业机构之间支付的租金和特许权使用费，以及非银行企业内营业机构之间支付的利息，不得扣除。

(9) 与取得收入无关的其他支出。

六、亏损弥补

亏损，是指企业根据企业所得税法和本条例的规定将每一纳税年度的收入总额减除不征税收入、免税收入和各项扣除以后小于零的数额。税法规定，企业某一纳税年度发生的亏损可以用下一年度的所得弥补，下一年度的所得不足以弥补的，可以逐年延续弥补，但最长不得超过 5 年。而且，企业在汇总计算缴纳企业所得税时，其境外营业机构的亏损不得抵减境内营业机构的盈利。从 2018 年 1 月 1 日起，高新技术企业和科技型中小企业亏损结转年限由 5 年延长至 10 年。

企业筹办期间不计算为亏损年度，企业开始生产经营的年度为开始计算企业损益的年度。企业从事生产经营之前进行筹办活动期间发生的筹办费用支出，不得计算为当期的亏损，企业可以在开始经营之日的当年一次性扣除，也可以按照《企业所得税法》有关长期待摊费用的处理规定处理，但一经选定，不得改变。

税务机关对企业以前年度纳税情况进行检查时调增的应纳税所得额，凡企业以前年度发生亏损，且该亏损属于《企业所得税法》规定允许弥补的，允许以调增的应纳税所得额弥补该亏损。弥补该亏损后仍有余额的，按照《企业所得税法》有关规定计算缴纳企业所得税。对检查调增的应纳税所得额应根据其情节，按照《税收征收管理法》有关规定进行处理或处罚。

案例点击

甲企业为一家商贸企业，其 2013 年至 2019 年的未弥补亏损前的应纳税所得额如表 6-1 所示，请计算该企业 2018 年应纳企业所得税。

表 6-1　经税务机关审定的甲企业 2013—2019 年应纳税所得额情况

年度	2013	2014	2015	2016	2017	2018	2019
未弥补亏损前的应纳税所得额(万元)	-100	5	-15	10	50	30	40

〖点石成金〗

关于 2013 年的亏损，要用 2014 年至 2018 年的所得弥补，尽管期间 2015 年亏损，也要占用 5 年的抵亏期的一个抵扣年度，且先亏先补，2015 年的亏损在 2013 年的亏损问题解决之后才能考虑。到了 2018 年，2013 年的亏损未弥补完但 5 年抵亏期已满，还有 5 万元亏损不得在 2019 年的所得税前弥补。

2015 年之后的 2016 年至 2018 年之间的所得，已被用于弥补 2013 年的亏损，2015 年的亏损只能用 2019 年的所得弥补，在弥补 2015 年亏损后，2019 年应纳税所得额=40-15=25 万元，应纳企业所得税=25×25%=6.25 万元。

第三节 企业所得税税收优惠政策

税收优惠，是指国家运用税收政策在税收法律、行政法规中规定对某一部分特定企业和课税对象给予减轻或免除税收负担的一种措施。税法规定的企业所得税的税收优惠方式包括免税、减税、加计扣除、加速折旧、减计收入、税额抵免等。

一、免征与减征优惠

企业的下列所得可以免征、减征企业所得税，但企业如果从事国家限制和禁止发展的项目，不得享受企业所得税优惠。

(一)从事农、林、牧、渔业项目的所得

企业从事农、林、牧、渔业项目的所得，包括免征和减征两部分。

(1) 企业从事下列项目的所得，免征企业所得税。
① 蔬菜、谷物、薯类、油料、豆类、棉花、麻类、糖料、水果、坚果的种植。
② 农作物新品种的选育。
③ 中药材的种植。
④ 林木的培育和种植。
⑤ 牲畜、家禽的饲养。
⑥ 林产品的采集。
⑦ 灌溉、农产品初加工、兽医、农技推广、农机作业和维修等农、林、牧、渔服务业项目。
⑧ 远洋捕捞。

(2) 企业从事下列项目的所得，减半征收企业所得税。
① 花卉、茶以及其他饮料作物和香料作物的种植。
② 海水养殖、内陆养殖。

(二)从事国家重点扶持的公共基础设施项目投资经营的所得

《企业所得税法》第二十七条第(二)项所称国家重点扶持的公共基础设施项目，是指《公共基础设施项目企业所得税优惠目录》规定的港口码头、机场、铁路、公路、城市公共交通、电力、水利等项目。

(1) 企业从事国家重点扶持的公共基础设施项目的投资经营的所得，自项目取得第一笔生产经营收入所属纳税年度起，第一年至第三年免征企业所得税，第四年至第六年减半征收企业所得税。

(2) 企业承包经营、承包建设和内部自建自用本条规定的项目，不得享受本条规定的企业所得税优惠。

(3) 对饮水工程运营管理单位从事《公共基础设施项目企业所得税优惠目录》规定的农村安全工程新建项目投资经营的所得，自项目取得第一笔生产经营收入所属纳税年度起，

第一年至第三年免征企业所得税,第四年至第六年减半征收企业所得税(财税〔2016〕19号)。

(4) 企业投资经营符合《公共基础设施项目企业所得税优惠目录》规定条件和标准的公共基础设施项目,采用一次核准、分批次(如码头、泊位、航站楼、跑道、路段、发电机组等)建设的,凡同时符合以下条件的,可按每一批次为单位计算所得,并享受企业所得税"三免三减半"优惠。

① 不同批次在空间上相互独立。
② 每一批次自身具备取得收入的功能。
③ 以每一批次为单位进行会计核算,单独计算所得,并合理分摊期间费用。

(三)从事符合条件的环境保护、节能节水项目的所得

符合条件的环境保护、节能节水项目,包括公共污水处理、公共垃圾处理、沼气综合开发利用、节能减排技术改造、海水淡化等。

环境保护、节能节水项目的所得,自项目取得第一笔生产经营收入所属纳税年度起,第一年至第三年免征企业所得税,第四年至第六年减半征收企业所得税。

但是享受以上减免税优惠的项目,在减免税期限内转让的,受让方自受让之日起,可在剩余期限内享受规定的减免税优惠;减免税期限届满后转让的,受让方不得就该项目重复享受减免税待遇。

(四)符合条件的技术转让所得

(1) 符合条件的技术转让所得可以免征、减征企业所得税,是指一个纳税年度内,居民企业技术转让所得不超过500万元,免征企业所得税;超过500万元的部分,减半征收企业所得税。

(2) 技术转让的范围,包括居民企业转让专利技术、计算机软件著作权、集成电路布图设计权、植物新品种、生物医药新品种、5年(含)以上非独占许可使用权,以及财政部和国家税务总局确定的其他技术。

(3) 技术转让所得的计算:

$$技术转让所得=技术转让收入-技术转让成本-相关税费$$

① 技术转让收入是指当事人履行技术转让合同后获得的价款,不包括销售或转让设备、仪器、零部件、原材料等非技术性收入。不属于与技术转让项目密不可分的技术咨询、技术服务、技术培训等收入,不得计入技术转让收入。

可以计入技术转让收入的技术咨询、技术服务、技术培训收入,是指转让方为使受让方掌握所转让的技术投入使用、实现产业化而提供的必要的技术咨询、技术服务、技术培训所产生的收入,并应同时符合以下条件。

● 在技术转让合同中约定的与该技术转让相关的技术咨询、技术服务、技术培训。
● 技术咨询、技术服务、技术培训收入与该技术转让项目收入一并收取价款。

② 技术转让成本是指转让的无形资产的净值,即该无形资产的计税基础减除在资产使用期间按照规定计算的摊销扣除额后的余额。

③ 相关税费是指技术转让过程中实际发生的有关税费,包括除企业所得税和允许抵扣的增值税以外的各项税金及其附加、合同签订费用、律师费等相关费用及其他支出。

(4) 享受减免企业所得税优惠的技术转让应符合以下条件。
① 享受优惠的技术转让主体是企业所得税法规定的居民企业。
② 技术转让属于财政部、国家税务总局规定的范围。
③ 境内技术转让经省级以上科技部门认定。
④ 向境外转让技术经省级以上商务部门认定。
⑤ 国务院税务主管部门规定的其他条件。

(5) 技术转让应签订技术转让合同。其中,境内的技术转让须经省级以上(含省级)科技部门认定登记;跨境的技术转让须经省级以上(含省级)商务部门认定登记;涉及财政经费支持产生技术的转让,需省级以上(含省级)科技部门审批。

(6) 居民企业取得禁止出口和限制出口技术转让所得,不享受技术转让减免企业所得税优惠政策。

(7) 居民企业从直接或间接持有股权之和达到100%的关联方取得的技术转让所得,不享受技术转让减免企业所得税优惠政策。

(8) 享受技术转让所得减免企业所得税优惠的企业,应单独计算技术转让所得,并合理分摊企业的期间费用;没有单独计算的,不得享受技术转让所得企业所得税优惠。

(9) 企业发生技术转让,应在纳税年度终了后至报送年度纳税申报表以前,向主管税务机关办理减免税备案手续。

(五)权益性投资资产转让

自2014年11月17日起,对合格境外机构投资者(QFII)、人民币合格境外机构投资者(RQFII)取得来自中国境内的股票等权益性投资资产转让所得,暂免征收企业所得税。在2014年11月17日之前,QFII和RQFII取得的上述所得应依法征收企业所得税。

上述规定适用于在中国境内未设立机构、场所,或者在中国境内虽设立机构、场所,但取得的上述所得与其所设机构、场所没有实际联系的QFII、RQFII。

(六)经营性文化事业单位转制

根据《关于继续实施文化体制改革中经营性文化事业单位转制为企业若干税收政策的通知》规定,经营性文化事业单位转制为企业,自转制注册之日起五年内免征企业所得税。2018年12月31日之前已完成转制的企业,自2019年1月1日起可继续免征五年企业所得税。

二、高新技术企业税收优惠政策

(一)国家需要重点扶持的高新技术企业减按15%的税率征收企业所得税

高新技术企业,是指在国家重点支持的高新技术领域内,持续进行研究开发与技术成果转化,形成企业核心自主知识产权,并以此为基础开展经营活动,在中国境内(不包括港澳台地区)注册的居民企业。高新技术企业需要同时满足下列条件。

(1) 企业申请认定时须注册成立一年以上。

(2) 企业通过自主研发、受让、受赠、并购等方式,获得对其主要产品(服务)在技术上发挥核心支持作用的知识产权的所有权。

(3) 对企业主要产品(服务)发挥核心支持作用的技术属于《国家重点支持的高新技术领域》规定的范围。

(4) 企业从事研发和相关技术创新活动的科技人员占企业当年职工总数的比例不低于10%。

(5) 企业近三个会计年度(实际经营期不满三年的按实际经营时间计算，下同)的研究开发费用总额占同期销售收入总额的比例符合如下要求。

① 最近一年销售收入小于5 000万元(含)的企业，比例不低于5%。
② 最近一年销售收入在5 000万元至2亿元(含)的企业，比例不低于4%。
③ 最近一年销售收入在2亿元以上的企业，比例不低于3%。

(6) 近一年高新技术产品(服务)收入占企业同期总收入的比例不低于60%。

(7) 企业创新能力评价应达到相应要求。

(8) 企业申请认定前一年内未发生重大安全、重大质量事故或严重环境违法行为。

(二)高新技术企业境外的所得可以享受高新技术企业所得税优惠政策

以境内、境外全部生产经营活动有关的研究开发费用总额、总收入、销售收入总额、高新技术产品(服务)收入等指标申请并经认定的高新技术企业，其来源于境外的所得可以享受高新技术企业所得税优惠政策，即对其来源于境外所得可以按照15%的优惠税率缴纳企业所得税，在计算境外抵免额时，可以按照15%的优惠税率计算境内外应纳税总额。

三、技术先进型企业税收优惠政策

技术先进型企业税收优惠政策具体如下。

(1) 自2017年1月1日起，在全国范围内对经认定的技术先进型服务企业，减按15%的税率征收企业所得税。

(2) 享受以上税收优惠政策的技术先进型服务企业必须同时符合以下条件。

① 在中国境内(不包括港、澳、台地区)注册的法人企业。
② 从事《技术先进型服务业务认定范围(试行)》中的一种或多种技术先进型服务业务，采用先进技术或具备较强的研发能力。
③ 具有大专以上学历的员工占企业职工总数的50%以上。
④ 从事《技术先进型服务业务认定范围(试行)》中的技术先进型服务业务取得的收入占企业当年总收入的50%以上。
⑤ 从事离岸服务外包业务取得的收入不低于企业当年总收入的35%。

四、小型微利企业税收优惠政策

小型微利企业是指从事国家非限制和禁止行业，且同时符合年度应纳税所得额不超过300万元、从业人数不超过300人、资产总额不超过5 000万元等三个条件的企业。

知识拓展

如果企业从业人数波动较大，各个时间点从业人数可能都不一致，如何确定从业人数是不是符合小型微利企业条件呢?

分析: 按照《财政部 税务总局关于实施小微企业普惠性税收减免政策的通知》(财税〔2019〕13号)规定,从业人数应按企业全年的季度平均值确定。具体计算公式如下:季度平均值=(季初值+季末值)÷2,全年季度平均值=全年各季度平均值之和÷4。年度中间开业或者终止经营活动的,以其实际经营期作为一个纳税年度确定上述相关指标。企业可根据上述公式,计算得出全年季度平均值,并以此判断从业人数是否符合条件。

自2018年1月1日至2020年12月31日,将小型微利企业的年应纳税所得额上限由50万元提高至100万元,对年应纳税所得额低于100万元(含100万元)的小型微利企业,其所得减按50%计入应纳税所得额,按20%的税率缴纳企业所得税。

自2019年1月1日至2021年12月31日,对小型微利企业年应纳税所得额不超过100万元的部分,减按25%计入应纳税所得额,按20%的税率缴纳企业所得税;对年应纳税所得额超过100万元但不超过300万元的部分,减按50%计入应纳税所得额,按20%的税率缴纳企业所得税。

知识拓展

小型微利企业所得税优惠政策为什么采取分段计算的方法?

分析: 该政策调整引入了超额累进计算方法,分段计算,有效地缓解了小型微利企业临界点税负差异过大的问题,鼓励小型微利企业做大做强。以一家年应纳税所得额101万元的小型微利企业为例,如采用全额累进计税方法,在其他优惠政策不变的情况下,应纳企业所得税为10.1万元(101×10%),相比其年应纳税所得额为100万元的情形,应纳税所得额仅增加了1万元,但应纳税额增加了5.1万元。而按照超额累进计税方法,企业应纳企业所得税为5.1万元(100×5%+1×10%),应纳税所得额增加1万元,应纳税额仅增加0.1万元。可见,采用超额累进计税方法后,企业税负进一步降低,将为小型微利企业健康发展创造更加良好的税收政策环境。

符合条件的小型微利企业,无论采取查账征收方式还是核定征收方式,其年应纳税所得额低于100万元(含100万元)的,均可以享受小型微利企业所得税优惠政策。

符合条件的小型微利企业,统一实行按季度预缴企业所得税,在预缴和年度汇算清缴企业所得税时,通过填写纳税申报表的相关内容,即可享受减半征税政策,无须进行专项备案。

案例点击

某小型微利企业2019年度应纳税所得额为200万元。则该企业2019年度应纳企业所得税税额是多少?

〖点石成金〗

应纳税额=100×25%×20%+(200−100)×50%×20%=15(万元)

五、加计扣除的税收优惠政策

(一)研究开发费

企业为开发新技术、新产品、新工艺发生的研究开发费用,未形成无形资产计入当期损益的,在按照规定据实扣除的基础上,在2018年1月1日至2020年12月31日期间,按照实际发生额的75%在税前加计扣除;形成无形资产的,在上述期间按照无形资产成本的175%在税前摊销。除法律另有规定外,摊销年限不低于10年(财税〔2018〕99号)。

企业研究开发活动直接形成产品或作为组成部分形成的产品对外销售的,研究开发费用中对应的材料费用不得加计扣除。

企业取得作为不征税收入处理的财政性资金用于研究开发活动所形成的费用或无形资产,不得计算加计扣除或摊销。

自2017年1月1日至2020年12月31日,将科技型中小企业开发新技术、新产品、新工艺实际发生的研发费用在企业所得税税前加计扣除的比例由50%提高到75%。

案例点击

某企业新技术的研究开发费共4 000万元,其中研究阶段的支出1 000万元,开发阶段的支出3 000万元。新技术形成无形资产,按10年计提摊销额。可以进行税前扣除的金额是多少?

〖点石成金〗

研究阶段的支出未形成无形资产计入当期损益的,可以税前扣除=1 000+1 000×75%=1 750(万元);

开发阶段的支出形成无形资产的,则可以分10年摊销,每年摊销额=3 000×175%÷10=525万元。

(二)企业委托境外研究开发费用与税前加计扣除

企业委托外部机构或个人开展研究开发活动发生的费用,可按规定税前扣除;加计扣除时按照研究开发活动发生费用的80%作为加计扣除基数,其中研究开发活动发生费用是指委托方实际支付给受托方的费用。委托个人研究开发的,应凭个人出具的发票等合法有效凭证在税前加计扣除。

从2018年1月1日起,取消企业委托境外研发费用不得加计扣除限制。

企业委托境外进行研发活动所发生的费用,按照费用实际发生额的80%计入委托方的委托境外研发费用。委托境外研发费用不超过境内符合条件的研发费用2/3的部分,可以按规定在企业所得税前加计扣除。

上述费用实际发生额应按照独立交易原则确定。委托方与受托方存在关联关系的,受托方应向委托方提供研发项目费用支出明细情况(财税〔2018〕64号)。

(三)企业安置残疾人员所支付的工资

企业安置残疾人员的,在按照支付给残疾职工工资据实扣除的基础上,按照支付给残疾职工工资的100%加计扣除。残疾人员的范围适用《中华人民共和国残疾人保障法》的有关规定。

知识拓展

企业享受残疾人员工资加计扣除所得税税收优惠时应准备哪些资料？

分析：《国家税务总局关于发布修订后的<企业所得税优惠政策事项办理办法>的公告》(国家税务总局公告2018年第23号)附件规定："安置残疾人员所支付的工资加计扣除的主要留存备查资料有：

(1) 为安置的每位残疾人按月足额缴纳了企业所在区县人民政府根据国家政策规定的基本养老保险、基本医疗保险、失业保险和工伤保险等社会保险证明资料。

(2) 通过非现金方式支付工资薪酬的证明。

(3) 安置残疾职工名单及其《残疾人证》或《残疾军人证》。

(4) 与残疾人员签订的劳动合同或服务协议。

六、创业投资企业税收优惠政策

创业投资企业从事国家需要重点扶持和鼓励的创业投资，可以按投资额的一定比例抵扣应纳税所得额。

创业投资企业采取股权投资方式投资于未上市的中小高新技术企业两年以上的，可以按照其投资额的 70%在股权持有满两年的当年抵扣该创业投资企业的应纳税所得额；当年不足抵扣的，可以在以后纳税年度结转抵扣。

七、加速折旧的税收优惠政策

企业的固定资产由于技术进步等原因，确需加速折旧的，可以缩短折旧年限或者采取加速折旧的方法。可采用以上加速折旧方法的固定资产是指：①由于技术进步，产品更新换代较快的固定资产；②常年处于强震动、高腐蚀状态的固定资产。

采取缩短折旧年限方法的，最低折旧年限不得低于《企业所得税法实施条例》第六十条规定折旧年限(即税法规定的最低折旧年限)的 60%；采取加速折旧方法的，可以采取双倍余额递减法或者年数总和法。

为鼓励企业扩大投资，促进产业技术升级换代，经国务院批准，自2014年起，对部分重点行业企业简化固定资产加速折旧适用条件。财政部、税务总局先后于2014年、2015年两次下发文件，明确相关固定资产加速折旧优惠政策，主要包括以下四个方面的政策内容：一是六大行业和四个领域重点行业企业新购进的固定资产，均允许按规定折旧年限的 60%缩短折旧年限，或选择采取加速折旧方法；二是上述行业小型微利企业新购进的研发和生产经营共用的仪器、设备，单位价值不超过 100 万元的，可一次性税前扣除；三是所有行业企业新购进的专门用于研发的仪器、设备，单位价值不超过 100 万元的，可一次性税前扣除，超过 100 万元，允许加速折旧；四是所有行业企业持有的单位价值不超过 5 000 元的固定资产，可一次性税前扣除。

按照党中央、国务院减税降费的决策部署，自 2018 年起至 2020 年，对企业新购进单位价值不超过 500 万元的设备、器具，允许一次性计入当期成本费用在所得税前扣除，这一政策大幅度地提高了此前出台的一次性税前扣除的固定资产单位价值上限，且没有行业限制，包括制造业在内的所有行业企业均可依法享受。

自 2019 年 1 月 1 日起，将固定资产加速折旧优惠政策扩大至全部制造业领域，包括全部制造业以及信息传输、软件和信息技术服务业。

八、减计收入的税收优惠政策

企业综合利用资源,生产符合国家产业政策规定的产品所取得的收入,可以在计算应纳税所得额时减计收入。

综合利用资源,是指企业以《资源综合利用企业所得税优惠目录》规定的资源作为主要原材料,生产国家非限制和禁止并符合国家和行业相关标准的产品取得的收入,减按90%计入收入总额。

九、税额抵免的税收优惠政策

税额抵免,是指企业购置并实际使用《环境保护专用设备企业所得税优惠目录》《节能节水专用设备企业所得税优惠目录》和《安全生产专用设备企业所得税优惠目录》规定的环境保护、节能节水、安全生产等专用设备的,该专用设备的投资额的10%可以从企业当年的应纳税额中抵免;当年不足抵免的,可以在以后五个纳税年度结转抵免。

享受上述企业所得税优惠的企业,应当实际购置并自身实际投入使用前款规定的专用设备;企业购置上述专用设备在五年内转让、出租的,应当停止享受企业所得税优惠,并补缴已经抵免的企业所得税税款。转让的受让方可以按照该专用设备投资额的10%抵免当年企业所得税应纳税额;当年由纳税额不足抵免的,可以在以后五个纳税年度结转抵免。

十、民族自治地方税收优惠政策

民族自治地方的自治机关对本民族自治地方的企业应缴纳的企业所得税中属于地方分享的部分,可以决定减征或者免征。自治州、自治县决定减征或者免征的,须报省、自治区、直辖市人民政府批准。

对民族自治地方内国家限制和禁止行业的企业,不得减征或者免征企业所得税。

十一、非居民企业税收优惠政策

非居民企业减按10%的税率征收企业所得税。这里的非居民企业是指在中国境内未设立机构、场所,或者虽设立机构、场所但取得的所得与其所设机构、场所没有实际联系的企业。该类非居民企业取得下列所得免征企业所得税。

(1) 外国政府向中国政府提供贷款取得的利息所得。
(2) 国际金融组织向中国政府和居民企业提供优惠贷款取得的利息所得。
(3) 经国务院批准的其他所得。

十二、特殊行业的税收优惠政策

(一)关于鼓励软件产业和集成电路产业发展的优惠政策

关于鼓励软件产业和集成电路产业发展的优惠政策具体如下。

(1) 集成电路线宽小于 0.8 微米(含)的集成电路生产企业，经认定后，在 2017 年 12 月 31 日前自获利年度起计算优惠期，第一年至第二年免征企业所得税，第三年至第五年按照 25%的法定税率减半征收企业所得税，并享受至期满为止。

(2) 集成电路线宽小于 0.25 微米或投资额超过 80 亿元的集成电路生产企业，经认定后，减按 15%的税率征收企业所得税，其中经营期在 15 年以上的，在 2017 年 12 月 31 日前自获利年度起计算优惠期，第一年至第五年免征企业所得税，第六年至第十年按照 25%的法定税率减半征收企业所得税，并享受至期满为止。

(3) 依法成立且符合条件的集成电路设计企业和软件企业，在 2018 年 12 月 31 日前自获利年度起计算优惠期，第一年至第二年免征企业所得税，第三年至第五年按照 25%的法定税率减半征收企业所得税，并享受至期满为止。

(4) 国家规划布局内的重点软件企业和集成电路设计企业，如当年未享受免税优惠的，可减按 10%的税率征收企业所得税。

(5) 2018 年 1 月 1 日后投资新设的集成电路线宽小于 130 纳米，且经营期在 10 年以上的集成电路生产企业或项目，第一年至第二年免征企业所得税，第三年至第五年按照 25%的法定税率减半征收企业所得税，并享受至期满为止。

(6) 2018 年 1 月 1 日后投资新设的集成电路线宽小于 65 纳米或投资额超过 150 亿元，且经营期在 15 年以上的集成电路生产企业或项目，第一年至第五年免征企业所得税，第六年至第十年按照 25%的法定税率减半征收企业所得税，并享受至期满为止。

(7) 对于按照集成电路生产企业享受上述第(5)条、第(6)条税收优惠政策的，优惠期自企业获利年度起计算；对于按照集成电路生产项目享受上述第(5)条、第(6)条优惠的，优惠期自项目取得第一笔生产经营收入所属纳税年度起计算。

(8) 2017 年 12 月 31 日前设立但未获利的集成电路线宽小于 0.25 微米或投资额超过 80 亿元，且经营期在 15 年以上的集成电路生产企业，自获利年度起第一年至第五年免征企业所得税，第六年至第十年按照 25%的法定税率减半征收企业所得税，并享受至期满为止。

(9) 2017 年 12 月 31 日前设立但未获利的集成电路线宽小于 0.8 微米(含)的集成电路生产企业，自获利年度起第一年至第二年免征企业所得税，第三年至第五年按照 25%的法定税率减半征收企业所得税，并享受至期满为止。

(二)关于鼓励证券投资基金发展的优惠政策

关于鼓励证券投资基金发展的优惠政策具体如下。

(1) 对证券投资基金从证券市场中取得的收入，包括买卖股票、债券的差价收入，股权的股息、红利收入，债券的利息收入及其他收入，暂不征收企业所得税。

(2) 对投资者从证券投资基金分配中取得的收入，暂不征收企业所得税。

(3) 对证券投资基金管理人运用基金买卖股票、债券的差价收入，暂不征收企业所得税。

(三)关于促进节能服务产业发展的优惠政策

自 2011 年 1 月 1 日起，对符合条件的节能服务公司实施合同能源管理项目，符合《企业所得税法》有关规定的，自项目取得第一笔生产经营收入所属纳税年度起，第一年至第三年免征企业所得税，第四年至第六年按照 25%的法定税率减半征收企业所得税。

(四)电网企业电网新建项目享受所得税的优惠政策

根据《中华人民共和国企业所得税法》及其实施条例的有关规定，居民企业从事符合《公共基础设施项目企业所得税优惠目录(2008年版)》规定条件和标准的电网(输变电设施)的新建项目，可依法享受"三免三减半"的企业所得税优惠政策。基于企业电网新建项目的核算特点，暂以资产比例法，即以企业新增输变电固定资产原值占企业总输变电固定资产原值的比例，合理计算电网新建项目的应纳税所得额，并据此享受"三免三减半"的企业所得税优惠政策。

(五)关于从事污染防治的第三方企业的所得税优惠政策

自2019年1月1日起至2021年12月31日，对符合条件的从事污染防治的第三方企业减按15%的税率征收企业所得税。

第三方防治企业是指受排污企业或政府委托，负责环境污染治理设施(包括自动连续监测设施，下同)运营维护的企业。第三方防治企业应当同时符合以下条件。

(1) 在中国境内(不包括港、澳、台地区)依法注册的居民企业。
(2) 具有一年以上连续从事环境污染治理设施运营实践，且能够保证设施正常运行。
(3) 具有至少五名从事本领域工作且具有环保相关专业中级及以上技术职称的技术人员，或者至少两名从事本领域工作且具有环保相关专业高级及以上技术职称的技术人员。
(4) 从事环境保护设施运营服务的年度营业收入占总收入的比例不低于60%。
(5) 具备检验能力，拥有自有实验室，仪器配置可满足运行服务范围内常规污染物指标的检测需求。
(6) 保证其运营的环境保护设施正常运行，使污染物排放指标能够连续稳定达到国家或者地方规定的排放标准要求。
(7) 具有良好的纳税信用，近三年内纳税信用等级未被评定为C级或D级。

第三方防治企业自行判断其是否符合上述条件，符合条件的可以申报享受税收优惠，相关资料留存备查。税务部门依法开展后续管理过程中，可转请生态环境部门进行核查，生态环境部门可以委托专业机构开展相关核查工作，具体办法由税务总局会同国家发展改革委、生态环境部制定。

十三、特殊地区的税收优惠政策

(一)西部地区的企业所得税优惠政策

西部地区包括重庆市、四川省、贵州省、云南省、西藏自治区、陕西省、甘肃省、宁夏回族自治区、青海省、新疆维吾尔自治区、新疆生产建设兵团、内蒙古自治区和广西壮族自治区。湖南省湘西土家族苗族自治州、湖北省恩施土家族苗族自治州、吉林省延边朝鲜族自治州，可以比照西部地区的税收政策执行。

(1) 自2011年1月1日至2020年12月31日，对设在西部地区的鼓励类产业企业减按15%的税率征收企业所得税。鼓励类产业企业是指以《西部地区鼓励类产业目录》中规定的产业项目为主营业务，且其主营业务收入占企业收入总额70%以上的企业。
(2) 对西部地区2010年12月31日前新办的、根据《财政部 国家税务总局海关总署关于西部大开发税收优惠政策问题的通知》(财税〔2001〕202号)规定可以享受企业所得税"两免三减半"优惠的交通、电力、水利、邮政、广播电视企业,其享受的企业所得税"两免三减半"优惠可以继续享受到期满为止。

(3) 对在西部地区新办交通、电力、水利、邮政、广播电视基础产业的企业,且上述项目业务收入占企业总收入70%以上的,实行企业自行申请,税务机关审核的管理办法。经税务机关审核确认后,内资企业自开始生产经营之日起,第一年至第二年免征企业所得税,第三年至第五年减半征收企业所得税;外商投资企业经营期在十年以上的,自获利年度起,第一年至第二年免征企业所得税,第三年至第五年减半征收企业所得税。

上述企业同时符合本规定条件的,第三年至第五年减半征收企业所得税时,按15%税率计算出应纳所得税额后减半执行。

上述所称企业,是指投资主体自建、运营上述项目的企业,单纯承揽上述项目建设的施工企业不得享受两年免征、三年减半征收企业所得税的政策。

(4) 经省级人民政府批准,民族自治地方的内资企业可以定期减征或免征企业所得税;凡减免税款涉及中央收入100万元(含100万元)以上的,需报国家税务总局批准。

(5) 对实行汇总(合并)纳税企业,应当将西部地区的成员企业与西部地区以外的成员企业分开,分别汇总(合并)申报纳税,分别适用税率。

(二)关于广东横琴新区、福建平潭综合实验区、深圳前海深港现代服务业合作区企业所得税优惠政策

对设在横琴新区、平潭综合实验区和前海深港现代服务业合作区的鼓励类产业企业减按15%的税率征收企业所得税。

鼓励类产业企业是指以所在区域《企业所得税优惠目录》中规定的产业项目为主营业务,且其主管业务收入占企业收入总额70%以上的企业。收入总额是指《中华人民共和国企业所得税法》第六条规定的收入总额。

企业在优惠区域内、外分别设有机构的,仅就其设在优惠区内的机构的所得确定适用15%的企业所得税优惠税率。在确定区域内机构是否符合优惠条件时,根据设在优惠区域内机构本身的有关指标是否符合规定的条件加以确定,不考虑设在优惠区域外机构的因素。

企业既符合减按15%税率征收企业所得税优惠条件,又符合《中华人民共和国企业所得税法》及其实施条例和国务院规定的其他各项税收优惠条件的,可以同时享受;其中符合其他税率优惠条件的,可以选择最优惠的税率执行;涉及定期减免的减半优惠的,应按照25%的法定税率计算的应纳税额减半征收企业所得税。

十四、其他事项

(1) 享受企业所得税过渡优惠政策的企业,应按照《企业所得税法》和实施条例中有关收入和扣除的规定计算应纳税所得额。

(2) 企业所得税过渡优惠政策与新税法及实施条例规定的优惠政策存在交叉的,由企业选择最优惠的政策执行,不得叠加享受,且一经选择,不得改变。

(3) 法律设置的发展对外经济合作和技术交流的特定地区内,以及国务院已规定执行上述地区特殊政策的地区内新设立的国家需要重点扶持的高新技术企业,可以享受过渡性

税收优惠，具体办法由国务院规定。

(4) 国家已确定的其他鼓励类企业，可以按照国务院规定享受减免税优惠。

(5) 对企业和个人取得的2012年及以后年度发行的地方政府债券利息所得，免征企业所得税。地方政府债券是指经国务院批准，以省、自治区、直辖市和计划单列市政府为发行和偿还主体的债券。

第四节　应纳所得税额的计算

一、居民企业应纳税额的计算

居民企业应缴纳所得税额等于应纳税所得额乘以适用税率，计算公式为

$$应纳税额 = 应纳税所得额 \times 适用税率 - 减免税额 - 抵免税额$$

从应纳税额的计算公式中可以看出，应纳税额的多少，主要取决于应纳税所得额和适用税率两个因素。其中，应纳税所得额的计算一般有两种方法。

(一)直接计算法

在直接计算法下，企业每一纳税年度的收入总额减除不征税收入、免税收入、各项扣除以及允许弥补的以前年度亏损后的余额为应纳税所得额。其计算公式为

$$应纳税所得额 = 收入总额 - 不征税收入 - 免税收入 - 各项扣除 - 允许弥补的以前年度亏损$$

(二)间接计算法

在间接计算法下，在会计利润总额的基础上加或减按照税法规定调整的项目金额后，即为应纳税所得额。现行企业所得税年度纳税申报表采取该方法。其计算公式为

$$应纳税所得额 = 会计利润总额 \pm 纳税调整项目金额$$

纳税调整项目金额包括两方面的内容：一是会计规定的项目范围与税法规定的项目范围不一致应予以调整的金额；二是会计规定的扣除标准与税法规定的扣除标准不一致应予以调整的金额。

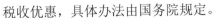
案例点击

甲公司为居民企业，本年发生的经营业务如下。

(1) 全年取得产品销售收入4 500万元，发生产品销售成本3 100万元。

(2) 发生其他业务收入700万元，其他业务成本560万元。

(3) 取得购买国债的利息收入50万元。

(4) 发生销售费用600万元(其中广告费和业务宣传费550万元)；管理费用360万元(其中业务招待费35万元，新技术的研究开发费用40万元)；财务费用50万元。

(5) 缴纳非增值税税金及附加250万元。

(6) 取得营业外收入80万元，发生营业外支出60万元(其中含通过公益性社会团体向贫困山区捐赠28万元，支付税收滞纳金3万元)。

(7) 计入成本、费用中的实发工资总额180万元，拨缴职工工会经费4万元，发生职

工福利费 28 万元，发生职工教育经费 15 万元。

要求：计算甲公司本年应纳的企业所得税。

〖点石成金〗

(1) 会计利润总额=4 500+700+50+80-3 100-560-600-360-50-250-60=350(万元)

(2) 国债利息收入免征企业所得税，应调减所得额 50 万元。

(3) 广告费和业务宣传费扣除限额=(4 500+700)×15%=780(万元)＞600 万元，因此可全额扣除，无须纳税调整。

(4) 按实际发生业务招待费的 60%计算=35×60%=21(万元)

按销售(营业)收入的 5‰计算=(4 500+700)×5‰=26(万元)

按照规定税前扣除限额应为 26 万元，实际应调增所得额=35-26=9 万元。

(5) 技术开发费调减所得额=40×75%=30(万元)

(6) 捐赠扣除标准=350×12%=42(万元)

实际捐赠额 28 万元小于扣除标准 42 万元，可按实捐数扣除，无须纳税调整。

(7) 税收滞纳金不得税前扣除，应调增所得额 3 万元。

(8) 工会经费应调增所得额=4-180×2%=0.4(万元)

(9) 职工福利费应调增所得额=28-180×14%=2.8(万元)

(10) 职工教育经费应调增所得额=15-180×8%=0.6(万元)

(11) 应纳税所得额=350-50+9-30+3+0.4+2.8+0.6=285.8(万元)

甲公司本年应纳的企业所得税=282.8×25%=71.45(万元)

二、境外所得抵扣税额的计算

(一)抵免税额的范围

企业取得下列所得已在境外缴纳或负担的所得税税额，可以从其当期应纳税额中抵免，抵免限额为该项所得依法计算的应纳税额；超过抵免限额的部分，可以在以后五个年度内，用每年度抵免限额抵免当年应抵税额后的余额进行抵补。

(1) 居民企业来自中国境外的应税所得。

(2) 非居民企业在中国境内设立机构、场所，取得发生在中国境外但与该机构、场所有实际联系的应税所得。

(3) 居民企业从其直接或间接控制的外国企业分得的来自中国境外的股息、红利等权益性投资收益，外国企业在境外实际缴纳的所得税税额中属于该项所得负担的部分。

上述所称直接控制，是指居民企业直接持有外国企业 20%以上股份。

上述所称间接控制，是指居民企业以间接持股方式持有外国企业 20%以上股份，具体认定办法由国务院财政、税务主管部门另行制定。

(二)抵免税额的计算

抵免限额，是指企业来源于中国境外的所得，依照《企业所得税法》及其实施条例的规定计算的应纳税额。除国务院财政、税务主管部门另有规定外，该抵免限额应当分国(地区)不分项计算。其计算公式如下：

抵免限额=中国境内、境外所得依照企业所得税法及其实施条例的规定计算的应纳税总额×来源于某国(地区)的应纳税所得额÷中国境内、境外应纳税所得总额该公式可以简化成：
抵免限额=来自某国(地区)的(税前)应纳税所得额×我国法定税率

企业依照企业所得税法的规定抵免企业所得税税额时，应当提供中国境外税务机关出具的税款所属年度的有关纳税凭证。

(三)境外所得抵扣税额的计算

在具体计算境外所得抵扣税额时，按以下的计算步骤进行操作。

(1) 确定境内应纳税所得额和分国(地区)别的境外应纳税所得额。
(2) 分国别(地区)确定已在境外缴纳的所得税税额。
(3) 分国别(地区)确定境外所得税的抵免限额。
(4) 将抵免限额与境外已纳税额比较，按较小一方抵免。
(5) 计算实际应纳税额。

该计算方法遵循"多不退、少要补""分国不分项"的原则。

自2017年7月1日起，企业可以选择按国(地区)别分别计算(即"分国(地区)不分项")，或者不按国(地区)别汇总计算(即"不分国(地区)不分项")其来源于境外的应纳税所得额，并按照规定的税率，分别计算其可抵免境外所得税税额和抵免限额。上述方式一经选择，五年内不得改变。

企业选择采用不同于以前年度的方式(以下简称新方式)计算可抵免境外所得税税额和抵免限额时，对该企业以前年度按照规定没有抵免完的余额，可在税法规定结转的剩余年限内，在按新方式计算的抵免限额中继续结转抵免。

案例点击

某企业2019年度境内应纳税所得额为200万元，适用25%的企业所得税税率。另外，该企业分别在A、B两国设有分支机构(我国与A、B两国已经缔结避免双重征税协定)，在A国分支机构的应纳税所得额为70万元，A国企业所得税税率为15%；在B国的分支机构的所得为50万元，B国企业所得税税率为30%。假设该企业在A、B两国所得按我国税法计算的应纳税所得额和按A、B两国税法计算的应纳税所得额一致，两个分支机构在A、B两国分别缴纳了企业所得税。

要求：计算该企业应缴纳的企业所得税。

〖点石成金〗

(1) 该企业按我国税法计算的境内、境外所得的应纳税额：
应纳税额=(200+70+50)×25%=80(万元)

(2) 确定境外缴纳的所得税税额：
在A国缴纳的所得税=70×15%=10.5(万元)
在B国缴纳的所得税=50×30%=15(万元)

(3) 计算A、B两国的扣除限额：
A国扣除限额=80×[70÷(200+70+50)]=17.5(万元)
B国扣除限额=80×[50÷(200+70+50)]=12.5(万元)

(4) 将抵免限额与境外已纳税额比较，按较小一方抵免。
在A国缴纳的所得税为10.5万元，低于扣除限额(12.5万元)，可全额扣除。

在 B 国缴纳的所得税为 15 万元,高于扣除限额(12.5 万元),其超过扣除限额的部分(2.5 万元)当年不能扣除。

(5) 汇总时在我国缴纳的所得税=80-10.5-12.5=57(万元)

三、居民企业核定征收应纳税额的计算

(一)核定征收企业所得税的范围

居民企业纳税人具有下列情形之一的,核定征收企业所得税。

(1) 依照法律、行政法规的规定可以不设置账簿的。
(2) 依照法律、行政法规的规定应当设置但未设置账簿的。
(3) 擅自销毁账簿或者拒不提供纳税资料的。
(4) 虽设置账簿,但账簿混乱或者成本资料、收入凭证、费用凭证残缺不全,难以查账的。
(5) 发生纳税义务,未按照规定的期限办理纳税申报,经税务机关责令限期申报,逾期仍不申报的。
(6) 申报的计税依据明显偏低,又无正当理由的。

(二)核定征收的办法

税务机关应根据纳税人具体情况,对核定征收企业所得税的纳税人,核定应税所得率或者核定应纳所得税额。

(1) 纳税人具有下列情形之一的,核定其应税所得率。
① 能正确核算(查实)收入总额,但不能正确核算(查实)成本费用总额的。
② 能正确核算(查实)成本费用总额,但不能正确核算(查实)收入总额的。
③ 通过合理的方法,能计算和推定纳税人收入总额或成本费用总额的。
纳税人不属于以上情形的,核定其应纳所得税额。
(2) 税务机关有权采用下列方法核定征收企业所得税。
① 参照当地同类行业或者类似行业中经营规模和收入水平相近的纳税人的税负水平核定。
② 按照应税收入额或成本费用支出额定率核定。
③ 按照耗用的原材料、燃料、动力等推算或测算核定。
④ 按照其他合理方法核定。

采用上述所列一种方法不足以正确核定应纳税所得额或应纳税额的,可以同时采用两种及以上的方法核定。采用两种及以上方法测算的应纳税额不一致时,可按测算的应纳税额从高核定。

(三)核定征收应纳税额的计算

采用应税所得率方式核定征收企业所得税的,应纳所得税税额计算公式如下。

$$应纳所得税税额=应纳税所得额×适用税率$$

$$应纳税所得额=应税收入额×应税所得率$$

或:应纳税所得额=成本(费用)支出额÷(1-应税所得率)×应税所得率

实行应税所得率方式核定征收企业所得税的纳税人，经营多业的，无论其经营项目是否单独核算，均由税务机关根据其主营项目确定适用的应税所得率。

主营项目应为纳税人所有经营项目中，收入总额或者成本(费用)支出额或者耗用原材料、燃料、动力数量所占比重最大的项目。

企业所得税应税所得率由主管税务机关按表6-2规定的幅度标准，根据不同行业、区域分布、经营规模等因素确定。

表6-2 应税所得率的幅度标准表

行 业	应税所得率
农、林、牧、渔业	3%～10%
制造业	5%～15%
批发和零售贸易业	4%～15%
交通运输业	7%～15%
建筑业	8%～20%
饮食业	8%～25%
娱乐业	15%～30%
其他行业	10%～30%

纳税人的生产经营范围、主营业务发生重大变化，或者应纳税所得额或应纳税额增减变化达到20%的，应及时向税务机关申报调整已确定的应纳税额或应税所得率。

案例点击

甲企业为从事制造业的居民企业，2018年自行申报营业收入总额100万元，成本费用总额123.5万元，当年亏损23.5万元。经税务机关审核，该企业申报的收入总额无法核实，成本费用核算正确。假定对该企业采取核定征收企业所得税，应税所得率为5%。请计算该居民企业2018年应纳企业所得税。

〖点石成金〗

应纳企业所得税=123.5÷(1-5%)×5%×25%=1.625(万元)

四、非居民企业应纳税额的计算

对于在中国境内未设立机构、场所的，或者虽设立机构、场所但取得的所得与其所设机构、场所没有实际联系的非居民企业的所得，按照下列方法计算应纳税所得额。

(1) 股息、红利等权益性投资收益以及利息、租金、特许权使用费所得，以收入总额为应纳税所得额。

(2) 转让财产所得，以收入总额减除财产净值后的余额为应纳税所得额。财产净值是指财产的计税基础减除已经按照规定扣除的折旧、折耗、摊销、准备金等后的余额。

(3) 其他所得，参照前两项规定的方法计算应纳税所得额。

五、非居民企业所得税核定征收办法

非居民企业因会计账簿不健全，资料残缺难以查账，或者其他原因不能准确计算并据实申报其应纳税所得额的,税务机关有权采取一定方法核定其应纳税所得额。

(1) 按收入总额核定应纳税所得额。适用于能够正确核算收入或通过合理方法推定收入总额,但不能正确核算成本费用的非居民企业。其计算公式为

$$应纳税所得额=收入总额×利润率$$

(2) 按成本费用核定应纳税所得额。适用于能够正确核算成本费用,但不能正确核算收入总额的非居民企业。

$$应纳税所得额=成本费用总额÷(1-利润率)×利润率$$

(3) 按经费支出换算收入核定应纳税所得额。适用于能够正确核算经费支出总额,但不能正确核算收入总额和成本费用的非居民企业。

$$应纳税所得额=经费支出总额÷(1-利润率)×利润率$$

上述公式中的利润率,均是指经税务机关核定的利润率。

(4) 税务机关可按照以下标准确定非居民企业的利润率:

① 从事承包工程作业、设计和咨询劳务的,利润率为15%~30%。

② 从事管理服务的,利润率为30%~50%。

③ 从事其他劳务或劳务以外经营活动的,利润率不低于15%。

税务机关有根据认为非居民企业的实际利润率明显高于上述标准的,可以按照比上述标准更高的利润率核定其应纳税所得额。

(5) 非居民企业与中国居民企业签订机器设备或货物销售合同,同时提供设备安装、装配、技术培训、指导、监督服务等劳务,其销售货物合同中未列明提供上述劳务服务收费金额,或者计价不合理的,主管税务机关可以根据实际情况,参照相同或相近业务的计价标准核定劳务收入;无参照标准的,以不低于销售货物合同总价款的 10%为原则,确定非居民企业的劳务收入。

(6) 非居民企业为中国境内客户提供劳务取得的收入,凡其提供的服务全部发生在中国境内的,应全额在中国境内申报缴纳企业所得税。凡其提供的服务同时发生在中国境内外的,应以劳务发生地为原则划分其境内外收入,并就其在中国境内取得的劳务收入申报缴纳企业所得税。税务机关对其境内外收入划分的合理性和真实性有疑义的,可以要求非居民企业提供真实有效的证明,并根据工作量、工作时间、成本费用等因素合理划分其境内外收入;如非居民企业不能提供真实有效的证明,税务机关可视同其提供的服务全部发生在中国境内,确定其劳务收入并据以征收企业所得税。

(7) 采取核定征收方式征收企业所得税的非居民企业,在中国境内从事适用不同核定利润率的经营活动,并取得应税所得的,应分别核算并适用相应的利润率计算缴纳企业所得税;凡不能分别核算的,应从高适用利润率,计算缴纳企业所得税。

(8) 拟采取核定征收方式的非居民企业应填写《非居民企业所得税征收方式鉴定表》,报送主管税务机关。主管税务机关应对企业报送的《非居民企业所得税征收方式鉴定表》的适用行业及所适用的利润率进行审核,并签注意见。

(9) 税务机关发现非居民企业采用核定征收方式计算申报的应纳税所得额不真实,或者明显与其承担的功能风险不相匹配的,有权予以调整。

第五节　企业所得税的纳税申报与会计处理

一、企业所得税的纳税申报

(一)纳税地点

企业所得税的纳税地点具体如下。

(1) 除税收法律、行政法规另有规定外,居民企业以企业登记注册地为纳税地点;但登记注册地在境外的,以实际管理机构所在地为纳税地点。企业登记注册地是指企业依照国家有关规定登记注册的住所地。

(2) 对居民企业在中国境内设立的不具有法人资格的分支或营业机构,应以该居民企业登记注册地为企业所得税的纳税地点,由该居民企业汇总计算并缴纳企业所得税。企业汇总计算并缴纳企业所得税时,应当统一核算应纳税所得额,具体办法由国务院财政、税务主管部门另行制定。

(3) 在中国境内设立机构、场所的非居民企业,应当就其所设机构、场所取得的来源于中国境内的所得,以及发生在中国境外但与非居民企业所设机构、场所有实际联系的所得,以机构、场所所在地为纳税地点。非居民企业在中国境内设立两个或者两个以上机构、场所的,经各机构、场所所在地税务机关的共同上级税务机关审核批准,可以选择由其主要机构、场所汇总缴纳企业所得税。非居民企业经批准汇总缴纳企业所得税后,需要增设、合并、迁移、关闭机构、场所或者停止机构、场所业务的,应当事先由负责汇总申报缴纳企业所得税的主要机构、场所向其所在地税务机关报告;需要变更汇总缴纳企业所得税的主要机构、场所的,应经各机构、场所所在地税务机关的共同上级税务机关审核批准。

(4) 在中国境内未设立机构、场所的非居民企业,或者虽设立机构、场所但取得的所得与其所设机构、场所没有实际联系的所得,由扣缴义务人代扣代缴,以扣缴义务人所在地为纳税地点。依照规定应当扣缴的所得税,扣缴义务人未依法扣缴或者无法履行扣缴义务的,由纳税人在所得发生地自行申报缴纳。

(5) 除国务院另有规定外,企业之间不得合并缴纳企业所得税。

(二)纳税期限

企业所得税按年计征,分月或者分季预缴,年终汇算清缴,多退少补。

企业所得税的纳税年度,自公历 1 月 1 日起到 12 月 31 日止。纳税人在一个年度中间开业,或者由于合并、关闭等情况终止经营活动,使该纳税年度的实际经营期不足 12 个月的,应当以其实际经营期为一个纳税年度。纳税人清算时,应当以清算期间作为一个纳税年度。

纳税人应当在月份或者季度终了后 15 日内,向税务机关报送会计报表和预交所得税申报表,并在规定期限内预交所得税。企业所得税自年度终了之日起 5 个月内,向税务机关报送年度企业所得税纳税申报表,并汇算清缴,结清应缴应退税款。企业在年度中间终止经营活动的,应当自实际经营终止之日起 60 日内,向主管税务机关办理当期企业所得税汇算清缴。

(三)纳税申报表

企业在纳税年度内无论盈利或亏损，都应当按照规定的期限，向税务机关报送预缴企业所得税纳税申报表、年度企业所得税纳税申报表、财务会计报告和税务机关规定应当报送的其他有关资料。

纳税人进行清算时，应当在办理工商注销登记之前，向当地主管税务机关办理所得税申报。

二、企业所得税的会计处理

(一)预缴企业所得税的会计处理

企业计提应预缴的企业所得税时，应借记"所得税费用——当期所得税费用"科目，贷记"应交税费——应交企业所得税"科目，实际缴纳应预缴的企业所得税时，应借记"应交税费——应交企业所得税"科目，贷记"银行存款"科目。

(二)汇算清缴企业所得税的会计处理

汇算清缴企业所得税的会计处理如下。

(1) 企业汇算清缴企业所得税时，若全年应纳企业所得税大于全年已预缴的企业所得税，则其差额为应补缴的企业所得税，企业应借记"以前年度损益调整——所得税费用"科目，贷记"应交税费——应交企业所得税"科目，实际缴纳应补缴的企业所得税时，应借记"应交税费——应交企业所得税"科目，贷记"银行存款"科目。最后企业应当将"以前年度损益调整"科目余额转入"利润分配"科目，借记"利润分配——未分配利润"科目，贷记"以前年度损益调整——所得税费用"科目；同时还需要相应地调整盈余公积，借记"盈余公积"科目，贷记"利润分配——未分配利润"科目。

(2) 企业汇算清缴企业所得税时，若全年应纳企业所得税小于全年已预缴的企业所得税，则其差额为多缴的企业所得税，企业应借记"应交税费——应交企业所得税"科目，贷记"以前年度损益调整——所得税费用"科目，若经税务机关审核批准退还多缴的企业所得税，则企业应借记"银行存款"科目，贷记"应交税费——应交企业所得税"科目。若多缴的企业所得税不办理退税，则可以挂账用以抵缴未来应预缴的企业所得税。最后企业应当将"以前年度损益调整"科目余额转入"利润分配"科目，借记"以前年度损益调整——所得税费用"科目，贷记"利润分配——未分配利润"科目；同时还需要相应地调整盈余公积，借记"利润分配——未分配利润"科目，贷记"盈余公积"科目。

案例点击

甲公司为居民企业，适用 25%的企业所得税税率，企业所得税按季预缴。甲公司通过计算得出 2018 年第一季度甲公司实现的会计利润总额为 32 万元。甲公司年初向中国银行借款 10 万元，年利率为 8%；年初向乙公司借款 15 万元，年利率为 12%，并全部用于生产经营；另外，甲公司还计提资产减值准备 3 万元。2018 年第二季度实际利润额的累计金额为 48 万元，第三季度实际利润额的累计金额为 62 万元，第四季度实际利润额的累计金额

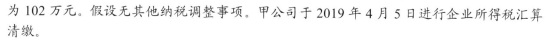

为102万元。假设无其他纳税调整事项。甲公司于2019年4月5日进行企业所得税汇算清缴。

〖点石成金〗

(1) 计算并缴纳2018年第一季度应预缴的企业所得税。

预缴企业所得税=320 000×25%=80 000(元)

2018年3月末计提2018年第一季度应预缴的企业所得税时,

借: 所得税费用——当期所得税费用　　80 000

　　贷: 应交税费——应交企业所得税　　　　80 000

2018年4月初缴纳应预缴的企业所得税时,

借: 应交税费——应交企业所得税　　80 000

　　贷: 银行存款　　　　　　　　　　　80 000

(2) 计算并缴纳2018年第二季度应预缴的企业所得税。

预缴企业所得税=(480 000-320 000)×25%=40 000(元)

2018年6月末计提2018年第二季度应预缴的企业所得税时,

借: 所得税费用——当期所得税费用　　40 000

　　贷: 应交税费——应交企业所得税　　　　40 000

2018年7月初缴纳应预缴的企业所得税时,

借: 应交税费——应交企业所得税　　40 000

　　贷: 银行存款　　　　　　　　　　　40 000

(3) 计算并缴纳2018年第三季度应预缴的企业所得税。

预缴企业所得税=(620 000-480 000)×25%=35 000(元)

2018年9月末计提2018年第三季度应预缴的企业所得税时,

借: 所得税费用——当期所得税费用　　35 000

　　贷: 应交税费——应交企业所得税　　　　35 000

2018年10月初缴纳应预缴的企业所得税时,

借: 应交税费——应交企业所得税　　35 000

　　贷: 银行存款　　　　　　　　　　　35 000

(4) 计算并缴纳2018年第三季度应预缴的企业所得税。

预缴企业所得税=(1 020 000-620 000)×25%=100 000(元)

2018年12月末计提2018年第三季度应预缴的企业所得税时,

借: 所得税费用——当期所得税费用　　100 000

　　贷: 应交税费——应交企业所得税　　　　100 000

2019年1月初缴纳应预缴的企业所得税时,

借: 应交税费——应交企业所得税　　100 000

　　贷: 银行存款　　　　　　　　　　　100 000

(5) 2019年4月5日进行所得税汇算清缴时:

2018年度应纳税所得额=会计利润总额±纳税调整项目金额=1 020 000+150 000×(12%-8%)+30 000=1 056 000(元)

2018年度实际应纳所得税额=1 056 000×25%=264 000(元)

汇算清缴时应补缴企业所得税=264 000-(80 000+40 000+35 000+100 000)=9 000(元)
计提应补缴的企业所得税时,

借：以前年度损益调整——所得税费用　　　9 000
　　贷：应交税费——应交所得税　　　　　　　　9 000

补缴企业所得税时,

借：应交税费——应交所得税　　　9 000
　　贷：银行存款　　　　　　　　　　　9 000

将"以前年度损益调整"科目余额转入"利润分配"科目时,

借：利润分配——未分配利润　　　9 000
　　贷：以前年度损益调整——所得税费用　　　9 000

因净利润变动调整盈余公积时,

借：盈余公积(9 000×10%=900)　　　900
　　贷：利润分配——未分配利润　　　　900

课 后 练 习

基 础 演 练

一、单项选择题

1. 根据《企业所得税法》的规定，下列关于征税对象的表述中，不正确的是(　　)。
   A. 依法在中国境内成立的外商投资企业应就其来源于中国境内、境外的所得作为征税对象
   B. 依照外国法律成立但实际管理机构在中国境内的企业，仅就其来源于中国境内的所得作为征税对象
   C. 在中国境内未设立机构、场所的非居民企业，仅就其中国境内的所得作为征税对象
   D. 在中国境内设立机构、场所的非居民企业，应当就其所设机构、场所取得的来源于中国境内的所得，以及发生在中国境外但与其所设机构、场所有实际联系的所得作为征税对象

2. 根据企业所得税处置资产的规定，下列情形中，应视同销售确认收入的是(　　)。
   A. 汽车生产企业将自产的汽车分发给股东
   B. 钢材厂将自产的钢材用于修建厂房
   C. 房地产开发企业将自建商品房转为出租
   D. 分公司将其所生产的产品移送到外县的总公司用于销售

3. 关于企业所得税收入的确定，下列说法中正确的是(　　)。
   A. 租金收入，应以实际收到租金的日期，确认收入的实现
   B. 特许权使用费收入，应以实际收到特许权使用费的日期，确认收入的实现
   C. 利息收入，应以实际收到利息的日期，确认收入的实现
   D. 接受捐赠收入，应以实际收到捐赠资产的日期，确认收入的实现

4. 根据《企业所得税法》的有关规定，企业按规定缴纳的下列保险费用中，不能在税前扣除的是(　　)。
　　A. 投资者支付的商业保险费
　　B. 为职工缴纳的在规定范围和标准内的五险一金
　　C. 为职工支付的在规定范围和标准内的补充医疗保险费
　　D. 职工因公出差支付的乘坐交通工具发生的人身意外保险费

5. 某技术先进型服务企业，2015—2018年应纳税所得额分别为-40万元、-20万元、15万元、100万元，则该企业2018年应纳企业所得税为(　　)万元。
　　A. 13.75　　　　B. 8.25　　　　C. 10　　　　D. 6

6. 根据企业所得税法律制度的规定，下列各项中，属于免税收入的是(　　)。
　　A. 财政拨款收入
　　B. 在中国境内设立机构、场所的非居民企业从居民企业取得的与该机构、场所没有联系的股息、红利等权益性投资收益
　　C. 企业购买国债取得的利息收入
　　D. 居民企业间接投资于其他居民企业取得的股息、红利等权益性收益

7. 企业购置并实际使用《环境保护专用设备企业所得税优惠目录》规定的环境保护专用设备，该专用设备的投资额的10%可以从企业当年的(　　)中抵免。
　　A. 收入　　B. 应纳税所得额　　C. 应纳税额　　D. 利润

8. 企业从事下列项目的所得中，减半征收企业所得税的是(　　)。
　　A. 农作物新品种的选育　　　　B. 远洋捕捞
　　C. 牲畜、家禽的饲养　　　　　D. 海水养殖

9. 某小型微利企业2018年度应纳税所得额为50万元。则该企业2018年度应纳企业所得税税额为(　　)万元。
　　A. 10　　　　B. 5　　　　C. 12.5　　　　D. 7.5

10. 境外某企业在中国境内未设立机构、场所，2018年取得境内甲公司支付的特许权使用费所得500万元，并取得境内乙公司支付的财产转让收入200万元，财产净值180万元。该境外企业2018年在我国应缴纳的企业所得税为(　　)万元。
　　A. 52　　　　B. 70　　　　C. 68　　　　D. 104

二、多项选择题

1. 根据《企业所得税法》的规定，下列各项中，不属于企业所得税纳税人的有(　　)。
　　A. 在我国境内成立的个人独资企业　　B. 在我国境内成立的合伙企业
　　C. 在我国境内成立的外商独资企业　　D. 在我国境内注册登记的事业单位

2. 下列各项关于所得来源的确定的说法中，不正确的有(　　)。
　　A. 销售货物所得，按照企业所在地确定
　　B. 权益性投资资产转让所得，按照投资企业所在地确定
　　C. 利息所得，按照负担、支付所得的企业所在地确定
　　D. 股息、红利等权益性投资所得，按照被投资企业所在地确定

3. 根据《企业所得税法》的规定，下列适用于25%税率的企业有(　　)。

A. 在中国境内的居民企业
B. 在中国境内设有机构、场所，且所得与机构、场所有关联的非居民企业
C. 在中国境内设有机构、场所，但所得与机构、场所没有实际联系的非居民企业
D. 在中国境内为涉及机构、场所的非居民企业

4. 下列税金在计算企业所得税应纳税所得额时，可以从收入总额中扣除的有(　　)。
   A. 房产税　　　　　B. 增值税　　　　　C. 消费税　　　　　D. 契税

5. 根据《企业所得税法》的规定，以下收入中属于不征税收入的有(　　)。
   A. 依法收取并纳入财政管理的政府性基金
   B. 由国务院财政、税务主管部门规定专项用途并经国务院批准的财政性资金
   C. 按规定取得的出口退税款
   D. 各级人民政府对纳入预算管理的事业单位拨付的财政资金

6. 根据《企业所得税法》的规定，以下收入中属于"其他收入"的有(　　)。
   A. 补贴收入　　　　　　　　　　　　B. 汇兑收益
   C. 确实无法偿付的应付款项　　　　　D. 资产溢余收入

7. 企业所得税税前扣除项目一般应遵循的原则有(　　)。
   A. 配比原则　　　　　　　　　　　　B. 相关性原则
   C. 合理性原则　　　　　　　　　　　D. 谨慎性原则

8. 下列各项中，在计算应纳税所得额时，属于不得扣除的项目有(　　)。
   A. 违反合同规定被银行处以的罚息　　B. 非广告性质的赞助支出
   C. 非银行企业内营业机构之间支付的利息　D. 中小企业贷款损失准备金

9. 根据《企业所得税法》的规定，企业的下列各项支出，在计算应纳税所得额时，准予从收入总额中直接扣除的是(　　)。
   A. 软件生产企业的职工培训费用
   B. 企业依法提取的用于环境保护、生态恢复方面的专项资金
   C. 合理的劳动保护支出
   D. 固定资产的减值准备

10. 根据《企业所得税法》的规定，下列关于纳税期限的说法中，正确的有(　　)。
    A. 企业在年度中间中止经营活动的，应当自实际经营中止之日起90日内，向税务机关办理当期企业所得税汇算清缴
    B. 企业所得税按年计征，分月或者分季预缴，年终汇算清缴，多退少补
    C. 自年度终了之日起4个月内，向税务机关报送年度企业所得税纳税申报表，并汇算清缴，结清应缴应退税款
    D. 按月或按季预缴的企业，应当自月份或者季度终了之日起15日内，向税务机关报送预缴企业所得税纳税申报表，预缴税款

提 高 演 练

一、单项选择题

1. 在中国境内未设立机构、场所的英国企业，取得的下列所得中，应按规定缴纳我国

企业所得税的是( )。

A. 将财产出租给中国境内某公司取得的租金所得
B. 转让位于澳大利亚的办公楼取得的收益
C. 从中国银行美国分行取得的利息
D. 从中国企业日本分公司取得的股息所得

2. 某企业2018年7月1日向银行借款300万元用于建造厂房，借款期限1年，当年向银行支付了6个月借款利息6万元，该厂房于10月30日完工结算并投入使用，当年税前可扣除的利息费用为( )万元。

A. 2   B. 4   C. 6   D. 8

3. 某居民企业2018年会计利润总额为100万元，经税务机关审查，利润总额中包含公益性捐赠，通过红十字会向贫困小学捐赠自产的电脑20台，每台电脑不含税售价4 000元，成本3 500元。假定不存在其他纳税调整项目，该企业应缴纳的企业所得税为( )万元。

A. 25   B. 25.25   C. 26.75   D. 27

4. 某企业2018年会计利润总额为30万元，经注册会计师审核，"财务费用"账户中有两笔利息费用：向银行借款250万元，借款期限为9个月，支付借款利息15万元；经批准向其他股东借款30万元，借款期限为6个月，支付借款利息2万元。该公司2018年的应纳税所得额为( )万元。

A. 29.2   B. 30.8   C. 31.2   D. 32

5. 某企业2019年4月接受捐赠原材料一批，同时收到增值税专用发票上注明的价款为20万元，增值税2.6万元，另支付含税运输费用0.872万元，取得运输业增值税专用发票。该企业受赠资产应缴纳的企业所得税为( )万元。

A. 5   B. 5.2   C. 5.65   D. 5.85

6. 某高新技术企业2018年技术转让收入为1 200万元，与技术转让相关的成本、费用400万元。该企业2018年应缴纳的企业所得税为( )万元。

A. 22.5   B. 37.5   C. 45   D. 75

7. 对金融机构农户小额贷款的利息收入，保险公司为种植业、养殖业提供保险业务取得的保费收入，在计算应纳税所得额时，按( )计入收入总额。

A. 60%   B. 70%   C. 80%   D. 90%

8. A国某居民企业总公司在B国设有一个分公司，总公司在A国取得所得200万元，设在B国的分公司取得所得150万元。分公司按30%的税率向B国缴纳了所得税45万元。A国所得税税率为15%，实行限额抵免法。则该企业在A国应缴纳的企业所得税为( )万元。

A. 15   B. 30   C. 35   D. 45

9. 甲企业为创业投资企业，于2016年1月1日向未上市的中小高新技术乙企业投资1 000万元，股权持有至2018年12月31日。甲企业2018年应纳税所得额为800万元，则2018年度应缴纳的企业所得税为( )万元。

A. 40   B. 35   C. 30   D. 25

10. 某居民企业为增值税一般纳税人，由于管理不善导致从一般纳税人处购进的一批价值60万元(不含税)的存货变质，取得保险公司赔款10万元，相关责任人赔款1万元，则该业务企业所得税前可以扣除的损失金额为( )万元。

    A. 41.2   B. 49   C. 56.8   D. 60.2

二、多项选择题

1. 注册地和实际管理机构所在地均在美国的某银行，在中国设立了一家分支机构，取得的下列各项所得中，适用25%的税率缴纳我国企业所得税的有( )。

    A. 中国分支机构向中国境内的某居民企业提供贷款取得的1亿元利息所得
    B. 中国分支机构向英国某公司提供贷款取得的5 000万元利息所得
    C. 美国某银行总部将资金借给中国境内的某居民企业取得的2亿元利息所得
    D. 美国某银行总部将资金借给法国某公司取得的3亿元利息所得

2. 根据《企业所得税法》的规定，下列各项费用，超过税法规定的扣除标准后，准予在以后纳税年度结转扣除的有( )。

    A. 工会经费   B. 职工教育经费
    C. 广告费和业务宣传费   D. 业务招待费

3. 根据企业所得税法律制度的规定，下列关于企业销售货物收入确认的表述中，不正确的有( )。

    A. 企业已经确认销售收入的售出商品发生销售折让，不得冲减当期销售商品收入
    B. 销售商品以旧换新的，应当以扣除回收商品价值后的余额确定销售商品收入金额
    C. 销售商品涉及现金折扣的，应当以扣除现金折扣后的余额确定销售商品收入金额
    D. 销售商品涉及商业折扣的，应当按照扣除商业折扣后的余额确定销售商品收入金额

4. 根据《企业所得税法》的规定，下列关于收入确认的表述中，正确的有( )。

    A. 销售商品采用预收款方式的，在收到预收款时确认收入
    B. 销售商品采用托收承付方式的，在办妥托收手续时确认收入
    C. 销售商品采用支付手续费方式委托代销的，在收到代销清单时确认收入
    D. 销售商品需要安装和检验的，如果安装程序比较简单，可在发出商品时确认收入

5. 下列各项中，一般企业能作为业务招待费税前扣除限额计提依据的有( )。

    A. 让渡无形资产使用权的收入 B. 接受捐赠的收入
    C. 销售原材料的收入   D. 出售固定资产的收入

6. 以下关于广告费和业务宣传费税前扣除中，不正确的有( )。

    A. 对化妆品、医药和饮料制造企业发生的广告费和业务宣传费支出，不超过销售收入15%的部分可以税前扣除
    B. 企业在筹建期间，发生的广告费和业务宣传费，可按实际发生额计入企业筹办费在税前扣除
    C. 烟草企业的烟草广告费和业务宣传费，可以在计算应纳税所得额时扣除
    D. 企业发生的赞助支出可以并入广告费支出按规定在税前扣除

7. 根据《企业所得税法》的规定，减按10%的税率征收企业所得税的有( )。

    A. 经认定后的集成电路线宽小于0.25微米或投资额超过80亿元的集成电路生产企业
    B. 设在横琴新区、平潭综合实验区和前海深港现代服务业合作区的鼓励类产业企业
    C. 符合条件的从事污染防治的第三方企业

D. 国家需要重点扶持的高新技术企业

8. 根据《企业所得税法》的规定,以下所得中可以免征或减征企业所得税的有( )。
   A. 从事国家重点扶持的公共基础设施项目投资经营的所得
   B. 从事符合条件的环境保护、节能节水项目的所得
   C. 民族自治地方的企业应缴纳的企业所得税中属于地方分享的部分
   D. 投资者从证券投资基金分配中取得的收入

9. 根据《企业所得税法》的规定,下列各项中属于企业所得税的税收优惠方式的有( )。
   A. 加计扣除   B. 加速折旧
   C. 税额抵免   D. 减计收入

10. 除税法另有规定外,有关企业所得税纳税地点,以下说法中正确的有( )。
    A. 居民企业以企业登记注册地为纳税地点
    B. 登记注册地在境外的,以实际管理机构所在地为纳税地点
    C. 对居民企业在中国境内设立的不具有法人资格的分支或营业机构,以该居民企业登记注册地为纳税地点,由该居民企业汇总计算并缴纳企业所得税
    D. 在中国境内未设立机构、场所的非居民企业,以纳税人所在地为纳税地点

综合演练

某市甲公司为高新技术企业,2019年取得主营业务收入9 000万元、其他业务收入2 000万元、营业外收入800万元、投资收益500万元,发生主营业务成本4 000万元、其他业务成本600万元、营业外支出1 200万元、税金及附加1 000万元、管理费用1 000万元、销售费用1 800万元、财务费用300万元,已预缴企业所得税360万元。后经税务机关对纳税事项进行检查,发现以下涉税事项未作纳税调整。

(1) 管理费用中含业务招待费200万元、新产品研发费用400万元、支付给其他企业的管理费用50万元。

(2) 销售费用中含广告费1 000万元、业务宣传费700万元。

(3) 财务费用中含有支付本期以债券集资的利息40万元,本年度共集资500万元,期限半年(同期银行贷款年利率10%)。

(4) 营业外支出中含通过民政部门捐赠的100万元,直接向地震灾区捐赠30万元,公司高管子女的高中学杂费8万元。

(5) 投资收益中含有国债利息收入100万元,从中国境内居民企业分回的股息80万元(已在投资方所在地按15%的税率缴纳了所得税)。

(6) 已计入成本费用中的实发工资总额500万元,拨缴职工工会经费16万元,发生职工福利费50万元,发生职工教育经费35万元,以前年度累计结转至本年的职工教育经费扣除额为4万元。

要求:根据上述资料回答下列问题,如有计算需计算出合计数。
(1) 计算"管理费用"应调整的应纳税所得额。
(2) 计算"销售费用"应调整的应纳税所得额。

(3) 计算"财务费用"应调整的应纳税所得额。
(4) 计算"营业外支出"应调整的应纳税所得额。
(5) 计算"投资收益"应调整的应纳税所得额。
(6) 计算"三项经费"应调整的应纳税所得额。
(7) 计算甲公司 2019 年应缴纳的企业所得税。
(8) 计算甲公司 2019 年应补缴或退回的企业所得税。

第七章　个人所得税

【本章学习目标】

通过本章的学习，了解个人所得税的发展；熟悉个人所得税的应税项目；掌握个人所得税的计税依据的确定、应纳税额的计算；熟悉个人综合所得所得税的单位代扣代缴和自行申报。

【本章重点】

- 个人所得税的应税项目
- 个人所得税的计税依据
- 专项附加扣除的内容和标准
- 个人所得税应纳税额的计算

【本章难点】

- 居民个人综合所得预扣预缴个人所得税的计算
- 居民个人综合所得汇算清缴

【章前导读】

张杰是一自然人，把个人刚购进的写字楼出租，他是否必须缴纳个人所得税，是否有减免优惠？参加京东"双11"满499元减100元的购物活动，享受的满减是否要征收个人所得税？

解析：写字楼属于非住房，所以个人出租非住房需要按财产租赁所得项目计算缴纳个人所得税，税率为20%，没有减免优惠。

根据规定，天猫、京东等电商平台在"5.20""6·18""双11"等期间推出的满减活动，则是个人因购买该企业商品或服务、达到一定额度而取得企业返还的，属于企业销售商品(产品)或提供服务的价格折扣、折让，不征收个人所得税。

【关键词】

居民纳税人　非居民纳税人　专项扣除　专项附加扣除　超额累进税率　综合所得汇算清缴

第一节　个人所得税的概述

个人所得税是对个人(自然人)取得的各项应税所得征收的一种所得税。

一、个人所得税的特点

我国个人所得税具有以下特点。

(1) 综合征收与分类征收相结合。2019 年 1 月 1 日以后,综合与分类相结合的个人所得税制正式实施。与分类税制相比,新税制将居民个人工资、薪金所得,劳务报酬所得,稿酬所得,特许权使用费所得纳入综合征收,经营所得,利息、股息、红利所得,财产租赁所得,财产转让所得,偶然所得实行分类征收。

(2) 累进税率和比例税率并用。综合所得(工资、薪金所得,劳务报酬所得,稿酬所得,特许权使用费所得)适用 3%～45%的超额累进税率;经营所得适用 5%～35%的超额累进税率;利息、股息、红利所得,财产租赁所得,财产转让所得和偶然所得,适用 20%的比例税率。

(3) 应税所得扣除方法不同。工资、薪金所得的每月收入扣除减除费用 5 000 元/月、"三险一金"专项扣除和专项附加扣除(子女教育、继续教育、大病医疗、住房贷款利息或者住房租金、赡养老人支出)为应纳税所得额。劳务报酬所得、稿酬所得、特许权使用费所得、财产租赁所得的每次收入不超过 4 000 元的,减除费用按 800 元计算应纳税所得额;每次收入 4 000 元以上的,减除费用按 20%计算应纳税所得额。经营所得的每年收入扣除成本、费用及损失后的余额为应纳税所得额。财产转让所得的转让收入扣除财产原值和合理费用后的余额为应纳税所得额。偶然所得的每次收入即为应纳税所得额,不作任何扣除。

(4) 代扣代缴与自行申报相结合。我国实行个人所得税代扣代缴和个人自行申报纳税相结合的征收管理制度。扣缴义务人应代扣代缴的应税所得项目包括:①工资、薪金所得;②劳务报酬所得;③稿酬所得;④特许权使用费所得;⑤利息、股息、红利所得;⑥财产租赁所得;⑦财产转让所得;⑧偶然所得。可以看出,除了经营所得,其他所得项目均需代扣代缴税款。对于取得综合所得需要办理汇算清缴、应税所得没有扣缴义务人、扣缴义务人未扣缴应税所得税款等情形适合自行申报。

二、个人所得税的纳税人

个人所得税的纳税义务人包括在中国境内有住所,或者无住所而一个纳税年度内在中国境内居住累计满 183 天的个人,以及在中国境内无住所又不居住,或者无住所而一个纳税年度内在中国境内居住累计不满 183 天但有从中国境内取得所得的个人。具体包括中国公民、个体工商业户、个人独资企业、合伙企业投资者、在中国有所得的外籍人员(包括无国籍人员)和中国香港、澳门、台湾地区的同胞。上述纳税义务人依据住所和居住时间两个标准,分为居民纳税人和非居民纳税人,分别承担不同的纳税义务。

【提示】个人独资企业、合伙企业不缴纳企业所得税,只对投资者个人或自然人合伙人取得的生产经营所得征收个人所得税。

(一)居民纳税人

在中国境内有住所,或者无住所而一个纳税年度内在中国境内居住累计满 183 天的个人,为居民纳税人。居民纳税人从中国境内和境外取得的所得,按规定缴纳个人所得税。在中国境内有住所,是指因户籍、家庭、经济利益关系而在中国境内习惯性居住。从中国境内和境外取得的所得,分别是指来源于中国境内的所得和来源于中国境外的所得。

纳税年度,自公历 1 月 1 日起至 12 月 31 日止。

(二)非居民纳税人

在中国境内无住所又不居住,或者无住所而一个纳税年度内在中国境内居住累计不满183天的个人,为非居民纳税人。非居民纳税人从中国境内取得的所得,按规定缴纳个人所得税。

在中国境内无住所的个人,在中国境内居住累计满183天的年度连续不满六年的,经向主管税务机关备案,其来源于中国境外且由境外单位或者个人支付的所得,免予缴纳个人所得税;在中国境内居住累计满183天的任一年度中有一次离境超过30天的,其在中国境内居住累计满183天的年度的连续年限重新起算。

(三)扣缴义务人

个人所得税以所得人为纳税人,以支付所得的单位或者个人为扣缴义务人。

纳税人有中国公民身份号码的,以中国公民身份号码为纳税人识别号;纳税人没有中国公民身份号码的,由税务机关赋予其纳税人识别号。扣缴义务人扣缴税款时,纳税人应当向扣缴义务人提供纳税人识别号,扣缴义务人应当按照国家规定办理全员全额扣缴申报,并向纳税人提供其个人所得和已扣缴税款等信息。

扣缴义务人在向纳税人支付各项应税所得时,必须履行代扣代缴税款的义务。扣缴义务人对纳税人的应扣未扣税款应由纳税人予以补缴。对扣缴义务人按照所扣缴的税款,税务机关应付给2%的手续费。

三、个人所得的来源

除国务院财政、税务主管部门另有规定外,下列所得,不论支付地点是否在中国境内,均为来源于中国境内的所得。

(1) 因任职、受雇、履约等在中国境内提供劳务取得的所得。
(2) 将财产出租给承租人在中国境内使用而取得的所得。
(3) 许可各种特许权在中国境内使用而取得的所得。
(4) 转让中国境内的不动产等财产或者在中国境内转让其他财产取得的所得。
(5) 从中国境内企业、事业单位、其他组织以及居民个人取得的利息、股息、红利所得。

四、个人所得税的征收对象

个人所得税的征税对象是个人取得的各项应税所得。个人所得的形式,包括现金、实物、有价证券和其他形式的经济利益。所得为实物的,应当按照取得的凭证上所注明的价格计算应纳税所得额,无凭证的实物或者凭证上所注明的价格明显偏低的,参照市场价格核定应纳税所得额;所得为有价证券的,根据票面价格和市场价格核定应纳税所得额;所得为其他形式的经济利益的,参照市场价格核定应纳税所得额。

个人所得税法规定的各项个人所得的征税范围具体如下。

(一)工资、薪金所得

工资、薪金所得，是指个人因任职或者受雇取得的工资、薪金、奖金、年终加薪、劳动分红、津贴、补贴以及与任职或者受雇有关的其他所得。

对按照国务院规定发给的政府特殊津贴和国务院规定免纳个人所得税的补贴、津贴，免予征收个人所得税。其他各种补贴、津贴均应计入工资、薪金所得项目征税。

下列不属于工资、薪金性质的补贴、津贴，不征税。
(1) 独生子女补贴。
(2) 托儿补助费。
(3) 差旅费津贴、误餐补助。

个人缴付的基本养老保险费、基本医疗保险费、失业保险费、住房公积金，从纳税义务人的应纳税所得额中扣除。

《关于将商业健康保险个人所得税试点政策推广到全国范围实施的通知》(财税〔2017〕39号)规定，单位统一组织为员工购买或者单位和个人共同负担购买符合规定的商业健康保险产品，单位负担部分应当实名计入个人工资薪金明细清单，视同个人购买，并自购买产品次月起，在不超过200元/月的标准内按月扣除。

个人领取的税收递延型商业养老保险的养老金收入，其中25%部分予以免税，其余75%部分按照10%的比例税率计算缴纳个人所得税，税款计入"工资、薪金所得"项目，由保险机构代扣代缴后，在个人购买税延养老保险的机构所在地办理全员全额扣缴申报。

退休人员再任职取得的收入，在减除按个人所得税法规定的费用扣除标准后，按"工资、薪金所得"应税项目缴纳个人所得税。

对商品营销活动中，企业和单位对营销业绩突出人员以培训班、研讨会、工作考察等名义组织旅游活动，通过免收差旅费、旅游费对个人实行的营销业绩奖励(包括实物、有价证券)，应根据所发生费用全额计入营销人员应税所得，依法征收个人所得税，并由提供上述费用的企业和单位代扣代缴。

(二)劳务报酬所得

劳务报酬所得，是指个人从事劳务取得的所得，包括从事设计、装潢、安装、制图、化验、测试、医疗、法律、会计、咨询、讲学、翻译、审稿、书画、雕刻、影视、录音、录像、演出、表演、广告、展览、技术服务、介绍服务、经纪服务、代办服务以及其他劳务取得的所得。

劳务报酬所得一般属于个人独立从事自由职业取得的所得或属于独立个人劳动所得。劳务报酬所得与工资、薪金所得的区别主要就是看个人与单位之间是否存在雇佣与被雇佣的关系，工资、薪金所得存在雇佣与被雇佣的关系，而劳务报酬所得不存在雇佣与被雇佣的关系。

(三)稿酬所得

稿酬所得，是指个人因其作品以图书、报刊等形式出版、发表而取得的所得。

作者去世后，对取得其遗作稿酬的个人，按稿酬所得征收个人所得税。

(四) 特许权使用费所得

特许权使用费所得，是指个人提供专利权、商标权、著作权、非专利技术以及其他特许权的使用权取得的所得。提供著作权的使用权取得的所得，不包括稿酬所得。

对于作者将自己的文字作品手稿原件或复印件公开拍卖(竞价)取得的所得，属于提供著作权的使用所得，按特许权使用费所得征收个人所得税。

个人取得特许权的经济赔偿收入，应按特许权使用费所得缴纳个人所得税，税款由支付赔偿的单位或个人代扣代缴。

从2005年5月1日起，编剧从电视剧的制作单位取得的剧本使用费，不再区分剧本的使用方是否为其任职单位，统一按特许权使用费所得征收个人所得税。

(五) 经营所得

经营所得，包括以下几方面。

(1) 个体工商户从事生产、经营活动取得的所得，个人独资企业投资人、合伙企业的个人合伙人来源于境内注册的个人独资企业、合伙企业生产、经营的所得。

(2) 个人依法从事办学、医疗、咨询以及其他有偿服务活动取得的所得。

(3) 个人对企业、事业单位承包经营、承租经营以及转包、转租取得的所得。

(4) 个人从事其他生产、经营活动取得的所得。

个体工商户、个人独资企业、合伙企业或个人从事种植业、养殖业、饲养业、捕捞业取得的所得，暂不征收个人所得税。

个体工商户和从事生产经营的个人，取得的与生产、经营活动无关的其他各项应税所得，应分别按照有关规定，计算征收个人所得税。

(六) 财产租赁所得

财产租赁所得，是指个人出租不动产、机器设备、车船以及其他财产取得的所得。

(七) 财产转让所得

财产转让所得，是指个人转让有价证券、股权、合伙企业中的财产份额、不动产、机器设备、车船以及其他财产取得的所得。

转让境内上市公司股票净所得暂免征收个人所得税，但2010年1月1日起，对个人转让上市公司限售股征收个人所得税。转让境外上市公司股票所得按照财产转让所得缴纳个人所得税。

有形财产的转让按财产转让所得征税。一般情况下无形资产的转让按特许权使用费所得征税，但土地使用权、股权例外，土地使用权、股权的转让按财产转让所得征税。

(八) 利息、股息、红利所得

利息、股息、红利所得，是指个人拥有债权、股权等而取得的利息、股息、红利所得。

利息一般是指存款、贷款和债券的利息。股息、红利是指个人拥有股权而取得的公司、企业的分红。

个人取得的国债利息、国家发行的金融债券利息、教育储蓄存款利息，均免征个人所得税。

自2015年9月8日起，个人从公开发行和转让市场取得的上市公司股票，持股期超过1年的，股息、红利所得暂免征收个人所得税。个人从公开发行和转让市场取得的上市公司股票，持股期限在1个月以内(含1个月)的，其股息、红利所得全额计入应纳税所得额；持股期限在1个月以上至1年(含1年)的，暂减按50%计入应纳税所得额。上述所得统一适用20%税率计征个人所得税。

(九)偶然所得

偶然所得，是指个人得奖、中奖、中彩以及其他偶然性质的所得。

个人为单位或他人提供担保获得收入，按照"偶然所得"项目计算缴纳个人所得税。

房屋产权所有人将房屋产权无偿赠与他人的，受赠人因无偿受赠房屋取得的受赠收入，按照"偶然所得"项目计算缴纳个人所得税。符合以下情形的，对当事双方不征收个人所得税：房屋产权所有人将房屋产权无偿赠与配偶、父母、子女、祖父母、外祖父母、孙子女、外孙子女、兄弟姐妹；房屋产权所有人将房屋产权无偿赠与对其承担直接抚养或者赡养义务的抚养人或者赡养人；房屋产权所有人死亡，依法取得房屋产权的法定继承人、遗嘱继承人或者受遗赠人。

企业在业务宣传、广告等活动中，随机向本单位以外的个人赠送礼品(包括网络红包)以及企业在年会、座谈会、庆典和其他活动中向本单位以外的个人赠送礼品，个人取得的礼品收入，按照"偶然所得"项目计算缴纳个人所得税。但企业赠送的具有价格折扣或折让性质的消费券、代金券、抵用券、优惠券等礼品除外。网络红包仅限于企业向个人发放的带有中奖性质的网络红包，并不包括亲戚朋友之间互相赠送的网络红包。

知识拓展

网络红包的个税

商家在电商平台做推广活动，通过APP向用户发放10万元红包，根据规定应按照"偶然所得"项目计算缴纳个人所得税，税款由派发网络红包的企业代扣代缴。因此，商家发放的10万元红包有两种解决途径：一是商家承担个税，10万元还原成税前金额12.5万元，按"偶然所得"代扣个税2.5万元，商家实际发放红包10万元；二是由广大用户承担个税，商家代扣代缴个税2万元，扣完个税后发放8万元红包。

个人取得的所得，难以界定应纳税所得项目的，由国务院税务主管部门确定。

居民个人取得上述(一)至(四)所得，即工资、薪金所得，劳务报酬所得，稿酬所得，特许权使用费所得为综合所得，按纳税年度合并计算个人所得税；非居民个人取得上述(一)至(四)所得，即工资、薪金所得，劳务报酬所得，稿酬所得，特许权使用费所得，按月或者按次分项计算个人所得税。纳税人取得上述(五)至(九)所得，即经营所得，财产租赁所得，财产转让所得，利息、股息、红利所得，偶然所得按规定分别计算个人所得税。

五、个人所得税的税率

(一)居民个人综合所得的税率

居民个人的综合所得包括工资、薪金所得，劳务报酬所得，稿酬所得，特许权使用费所得。综合所得的税率，适用3%~45%的七级超额累进税率(税率表见表7-1)。

表7-1 个人所得税税率表一(按年汇算清缴)

(居民个人综合所得适用)

级数	全年应纳税所得额	税率(%)	速算扣除数
1	不超过36 000元的部分	3	0
2	超过36 000元至144 000元的部分	10	2 520
3	超过144 000元至300 000元的部分	20	16 920
4	超过300 000元至420 000元的部分	25	31 920
5	超过420 000元至660 000元的部分	30	52 920
6	超过660 000元至960 000元的部分	35	85 920
7	超过960 000元的部分	45	181 920

注：表7-1所称全年应纳税所得额是指依照《个人所得税法》规定，居民个人取得综合所得以每一纳税年度收入额减除费用60 000元以及专项扣除、专项附加扣除和依法确定的其他扣除后的余额。

(二)非居民个人工资、薪金所得，劳务报酬所得，稿酬所得，特许权使用费所得的税率

非居民个人工资、薪金所得，劳务报酬所得，稿酬所得，特许权使用费所得的税率，适用3%~45%的七级超额累进税率(税率表见表7-2)。

表7-2 个人所得税税率表二(按月或次)

(非居民个人工资、薪金所得，劳务报酬所得，稿酬所得，特许权使用费所得适用)

级数	应纳税所得额	税率(%)	速算扣除数
1	不超过3 000元的部分	3	0
2	超过3 000元至12 000元的部分	10	210
3	超过12 000元至25 000元的部分	20	1 410
4	超过25 000元至35 000元的部分	25	2 660
5	超过35 000元至55 000元的部分	30	4 410
6	超过55 000元至80 000元的部分	35	7 160
7	超过80 000元的部分	45	15 160

注：劳务报酬所得、稿酬所得、特许权使用费所得，属于一次性收入的，以取得该项收入为一次；属于同一项目连续性收入的，以一个月内取得的收入为一次。

(三)居民个人工资、薪金所得的预扣率

居民个人工资、薪金所得预扣预缴个人所得税的预扣率,适用3%~45%的七级超额累进预扣率(预扣表见表7-3)。

表7-3 个人所得税预扣率表三

(居民个人工资、薪金所得预扣预缴适用)

级数	累计预扣预缴应纳税所得额	预扣率(%)	速算扣除数
1	不超过36 000元的部分	3	0
2	超过36 000元至144 000元的部分	10	2 520
3	超过144 000元至300 000元的部分	20	16 920
4	超过300 000元至420 000元的部分	25	31 920
5	超过420 000元至660 000元的部分	30	52 920
6	超过660 000元至960 000元的部分	35	85 920
7	超过960 000元的部分	45	181 920

(四)居民个人劳务报酬所得的预扣率

居民个人劳务报酬所得的预扣率,适用20%~40%的超额累进预扣率(预扣表见表7-4)。

表7-4 个人所得税预扣率表四

(居民个人劳务报酬所得预扣预缴适用)

级数	预扣预缴应纳税所得额	预扣率(%)	速算扣除数
1	不超过20 000元的部分	20	0
2	超过20 000元至50 000元的部分	30	2 000
3	超过50 000元的部分	40	7 000

(五)居民个人稿酬所得、特许权使用费所得的预扣率

居民个人稿酬所得、特许权使用费所得的预扣率,适用20%的比例预扣率。

(六)经营所得的税率

经营所得的税率,适用5%~35%的五级超额累进税率(税率表见表7-5)。

表7-5 个人所得税税率表五

(经营所得适用)

级数	全年应纳税所得额	税率(%)	速算扣除数
1	不超过30 000元的部分	5	0
2	超过30 000元至90 000元的部分	10	1 500
3	超过90 000元至300 000元的部分	20	10 500

续表

级数	全年应纳税所得额	税率(%)	速算扣除数
4	超过 300 000 元至 500 000 元的部分	30	40 500
5	超过 500 000 元的部分	35	65 500

(七)其他所得的税率

财产租赁所得，财产转让所得，利息、股息、红利所得和偶然所得，适用比例税率0%。

六、个人所得税的减免项目

(一)个人所得税的免税项目

下列各项个人所得，免征个人所得税。

(1) 省级人民政府、国务院部委和中国人民解放军军以上单位，以及外国组织、国际组织颁发的科学、教育、技术、文化、卫生、体育、环境保护等方面的奖金。

(2) 国债和国家发行的金融债券利息。

国债利息，是指个人持有中华人民共和国财政部发行的债券而取得的利息。国家发行的金融债券利息，是指个人持有经国务院批准发行的金融债券而取得的利息。

(3) 按照国家统一规定发给的补贴、津贴。

按照国家统一规定发给的补贴、津贴，是指按照国务院规定发给的政府特殊津贴、院士津贴，以及国务院规定免予缴纳个人所得税的其他补贴、津贴。

(4) 福利费、抚恤金、救济金。

福利费，是指根据国家有关规定，从企业、事业单位、国家机关、社会组织提留的福利费或者工会经费中支付给个人的生活补助费；所称救济金，是指各级人民政府民政部门支付给个人的生活困难补助费。

(5) 保险赔款。

(6) 军人的转业费、复员费、退役金。

(7) 按照国家统一规定发给干部、职工的安家费、退职费、基本养老金或者退休费、离休费、离休生活补助费。

(8) 依照有关法律规定应予免税的各国驻华使馆、领事馆的外交代表、领事官员和其他人员的所得。

依照有关法律规定应予免税的各国驻华使馆、领事馆的外交代表、领事官员和其他人员的所得，是指依照《中华人民共和国外交特权与豁免条例》和《中华人民共和国领事特权与豁免条例》规定免税的所得。

(9) 中国政府参加的国际公约、签订的协议中规定免税的所得。

(10) 国务院规定的其他免税所得，由国务院报全国人民代表大会常务委员会备案。

(二)个人所得税的减税项目

有下列情形之一的，可以减征个人所得税，具体幅度和期限，由省、自治区、直辖市人民政府规定，并报同级人民代表大会常务委员会备案。

(1) 残疾、孤老人员和烈属的所得。
(2) 因自然灾害遭受重大损失的。
(3) 国务院可以规定其他减税情形，报全国人民代表大会常务委员会备案。

(三)个人所得税的暂免征税项目

个人所得税的暂免征税项目具体如下。

(1) 外籍个人以非现金形式或实报实销取得的住房补贴、伙食补贴、搬迁费、洗衣费。

(2) 外籍个人按合理标准取得的境内、境外出差补贴。

(3) 外籍个人取得的语言训练费、子女教育费等，经当地税务机关审核批准为合理的部分。

(4) 外籍个人从外商投资企业取得的股息、红利所得。

【提示】2019年1月1日至2021年12月31日期间，外籍个人符合居民个人条件的，可以选择享受个人所得税专项附加扣除，也可以选择按照相关法律文件规定，享受住房补贴、语言训练费、子女教育费等津补贴免税优惠政策，但不得同时享受。外籍个人一经选择，在一个纳税年度内不得变更。

自2022年1月1日起，外籍个人不再享受住房补贴、语言训练费、子女教育费津补贴免税优惠政策，应按规定享受专项附加扣除。

(5) 个人举报、协查各种违法、犯罪行为而获得的奖金。

(6) 个人转让自用达5年以上，并且是唯一的家庭生活用房取得的所得。

(7) 对个人购买福利彩票、赈灾彩票、体育彩票，一次中奖收入在1万元以下(含1万元)的，暂免征收个人所得税；超过1万元，全额征收个人所得税。

(8) 达到离休、退休年龄，但确因工作需要，适当延长离休、退休年龄的高级专家(指享受国家发放的政府特殊津贴的专家、学者)，其在延长离休、退休期间的工资、薪金所得，视同离休、退休工资。

(9) 对国有企业职工，因企业依法被宣告破产，从破产企业取得的一次性安置费收入。

(10) 职工与用人单位解除劳动关系取得的一次性补偿收入(包括用人单位发放的经济补偿金、生活补助费和其他补助费用)，在当地上年职工年平均工资3倍数额以内的部分，可免征个人所得税；超过该标准的一次性补偿收入，应按照国家有关规定征收个人所得税。

(11) 城镇企业、事业单位及其职工个人按照《失业保险条例》规定的比例，实际缴付的失业保险费，均不计入职工个人当期的工资、薪金所得，免征收个人所得税。城镇企业、事业单位和职工个人超过上述规定的比例缴付失业保险费的将其超过规定比例缴付的部分计入职工个人当期的工资、薪金所得，依法计征个人所得税。

(12) 企业和个人按照国家或地方政府规定的比例，提取并向指定金融机构实际缴付的住房公积金、医疗保险金、基本养老保险金。

(13) 个人领取原提存的住房公积金、医疗保险金、基本养老保险金，以及具备《失业保险条例》中规定条件的失业人员领取的失业保险金。

(14) 个人取得的教育储蓄存款利息所得和按照国家或省级人民政府规定的比例缴付的住房公积金、医疗保险金、基本养老保险金、失业保险金存入银行个人账户所取得的利息所得。

(15) 自 2008 年 10 月 9 日(含)起,对储蓄存款利息所得暂免征收个人所得税。

(16) 自 2009 年 5 月 25 日(含)起,以下的房屋产权无偿赠与,对当事双方不征收个人所得税:

① 房屋产权所有人将房屋产权无偿赠与配偶、父母、子女,祖父母、外祖父母、孙子女、外孙子女、兄弟姐妹;

② 房屋产权所有人将房屋产权无偿赠与对其承担直接抚养或赡养义务的抚养人或赡养人;

③ 房屋产权所有人死亡,依法取得房屋产权的法定继承人、遗嘱继承人或者受遗赠人。

(17) 个体工商户、个人独资企业和合伙企业或个人从事种植业、养殖业、饲养业、捕捞业取得的所得。

(18) 企业在销售商品(产品)和提供服务过程中向个人赠送礼品,属于下列情形之一的,不征收个人所得税:

① 企业通过价格折扣、折让方式向个人销售商品(产品)和提供服务;

② 企业在向个人销售商品(产品)和提供服务的同时给予赠品,如通信企业对个人购买手机赠话费、入网费,或者购话费赠手机等;

③ 企业对累积消费达到一定额度的个人按消费积分反馈礼品。

第二节 个人所得税的计算

一、居民个人综合所得预扣预缴税款的计算

居民个人取得工资、薪金所得、劳务报酬所得、稿酬所得、特许权使用费四项综合所得时,由扣缴义务人按月或者按次预扣预缴税款。扣缴义务人向居民个人支付工资、薪金所得、劳务报酬所得、稿酬所得、特许权使用费所得时,按以下方法预扣预缴个人所得税,并向主管税务机关报送《个人所得税扣缴申报表》。年度预扣预缴税额与年度应纳税额不一致的,由居民个人于次年 3 月 1 日至 6 月 30 日向主管税务机关办理综合所得年度汇算清缴,税款多退少补。

具体方法规定如下。

(一)工资、薪金所得税款计算方法

扣缴义务人向居民个人支付工资、薪金所得时,需要按照"累计预扣法"计算预扣预缴税款。具体方法如下。

1. 计算累计预扣预缴应纳税所得额

对居民个人,按照其在本单位截至当前月份工资、薪金所得的累计收入,减除累计免税收入、累计减除费用、累计专项扣除、累计专项附加扣除和累计依法确定的其他扣除计算预扣预缴应纳税所得额。具体计算公式如下:

累计预扣预缴应纳税所得额=累计收入-累计免税收入-累计减除费用-累计专项扣除-
累计专项附加扣除-累计依法确定的其他扣除

2. 计算本期应预扣预缴税额

本期应预扣预缴税额计算公式为:

本期应预扣预缴税额=(累计预扣预缴应纳税所得额×预扣率-速算扣除数)-累计减免税
额-累计已预扣预缴税额

上述式中:

累计减除费用,按照5 000元/月乘以纳税人当年截至本月在本单位的任职受雇月份数计算。

专项扣除,包括居民个人按照国家规定的范围和标准缴纳的基本养老保险、基本医疗保险、失业保险等社会保险费和住房公积金等。

专项附加扣除,包括子女教育、继续教育、大病医疗、住房贷款利息或者住房租金、赡养老人等支出。

知识拓展

个人所得税专项附加扣除的主要内容

《个人所得税专项附加扣除暂行办法》和《个人所得税专项附加扣除操作办法(试行)》的主要内容规定如下。

1. 子女教育

纳税人的子女接受全日制学历教育的相关支出,按照每个子女每月1 000元的标准定额扣除。

学历教育包括义务教育(小学、初中教育)、高中阶段教育(普通高中、中等职业、技工教育)、高等教育(大学专科、大学本科、硕士研究生、博士研究生教育)。年满3岁至小学入学前处于学前教育阶段的子女,按前述规定执行。

父母可以选择由其中一方按扣除标准的100%扣除,也可以选择由双方分别按扣除标准的50%扣除,具体扣除方式在一个纳税年度内不能变更。纳税人子女在中国境外接受教育的,纳税人应当留存境外学校录取通知书、留学签证等相关教育的证明资料备查。

计算时间认定:学前教育阶段,为子女年满3周岁当月至小学入学前一月。学历教育,为子女接受全日制学历教育入学的当月至全日制学历教育结束的当月。学历教育的期间,包含因病或其他非主观原因休学但学籍继续保留的休学期间,以及施教机构按规定组织实施的寒暑假等假期。

2. 继续教育

纳税人在中国境内接受学历(学位)继续教育的支出,在学历(学位)教育期间按照每月400元定额扣除。同一学历(学位)继续教育的扣除期限不能超过48个月。纳税人接受技能人员职业资格继续教育、专业技术人员职业资格继续教育的支出,在取得相关证书当年,按照3 600元定额扣除。

个人接受本科及以下学历(学位)继续教育,符合《个人所得税专项附加扣除暂行办法》

规定扣除条件的,可以选择由其父母扣除,也可以选择由本人扣除。

纳税人接受技能人员职业资格继续教育、专业技术人员职业资格继续教育的,应当留存相关证书等资料备查。

计算时间认定:学历(学位)继续教育,为在中国境内接受学历(学位)继续教育入学的当月至学历(学位)继续教育结束的当月,同一学历(学位)继续教育的扣除期限最长不得超过48个月。学历(学位)继续教育的期间,包含因病或其他非主观原因休学但学籍继续保留的休学期间,以及施教机构按规定组织实施的寒暑假等假期。技能人员职业资格继续教育、专业技术人员职业资格继续教育,为取得相关证书的当年。

3. 大病医疗

在一个纳税年度内,纳税人发生的与基本医保相关的医药费用支出,扣除医保报销后个人负担(指医保目录范围内的自付部分)累计超过15 000元的部分,由纳税人在办理年度汇算清缴时,在80 000元限额内据实扣除。

纳税人发生的医药费用支出可以选择由本人或者其配偶扣除,未成年子女发生的医药费用支出可以选择由其父母一方扣除。纳税人及其配偶、未成年子女发生的医药费用支出,按《个人所得税专项附加扣除暂行办法》第十一条规定分别计算扣除额。

纳税人应当留存医药服务收费及医保报销相关票据原件(或者复印件)等资料备查。医疗保障部门应当向患者提供在医疗保障信息系统记录的本人年度医药费用信息查询服务。

计算时间认定:为医疗保障信息系统记录的医药费用实际支出的当年。

4. 住房贷款利息

纳税人本人或者配偶单独或者共同使用商业银行或者住房公积金个人住房贷款为本人或者其配偶购买中国境内住房,发生的首套住房贷款利息支出,在实际发生贷款利息的年度,按照每月1 000元的标准定额扣除,扣除期限最长不超过240个月。纳税人只能享受一次首套住房贷款的利息扣除。

首套住房贷款是指购买住房享受首套住房贷款利率的住房贷款。经夫妻双方约定,可以选择由其中一方扣除,具体扣除方式在一个纳税年度内不能变更。夫妻双方婚前分别购买住房发生的首套住房贷款,其贷款利息支出,婚后可以选择其中一套购买的住房,由购买方按扣除标准的100%扣除,也可以由夫妻双方对各自购买的住房分别按扣除标准的50%扣除,具体扣除方式在一个纳税年度内不能变更。纳税人应当留存住房贷款合同、贷款还款支出凭证备查。

计算时间认定:为贷款合同约定开始还款的当月至贷款全部归还或贷款合同终止的当月,扣除期限最长不得超过240个月。

5. 住房租金

纳税人在主要工作城市没有自有住房而发生的住房租金支出,可以按照以下标准定额扣除:直辖市、省会(首府)城市、计划单列市以及国务院确定的其他城市,扣除标准为每月1 500元;除前述所列城市以外,市辖区户籍人口超过100万的城市,扣除标准为每月1 100元;市辖区户籍人口不超过100万的城市,扣除标准为每月800元。

纳税人的配偶在纳税人的主要工作城市有自有住房的,视同纳税人在主要工作城市有自有住房。市辖区户籍人口,以国家统计局公布的数据为准。主要工作城市是指纳税人任职受雇的直辖市、计划单列市、副省级城市、地级市(地区、州、盟)全部行政区域范围；纳税人无任职受雇单位的，为受理其综合所得汇算清缴的税务机关所在城市。

夫妻双方主要工作城市相同的，只能由一方扣除住房租金支出。住房租金支出由签订租赁住房合同的承租人扣除。纳税人及其配偶在一个纳税年度内不能同时分别享受住房贷款利息和住房租金专项附加扣除。纳税人应当留存住房租赁合同、协议等有关资料备查。

计算时间认定：为租赁合同(协议)约定的房屋租赁期开始的当月至租赁期结束的当月。提前终止合同(协议)的，以实际租赁期限为准。

6. 赡养老人

纳税人赡养1位及以上被赡养人的赡养支出，统一按照以下标准定额扣除：

纳税人为独生子女的，按照每月2 000元的标准定额扣除。纳税人为非独生子女的，由其与兄弟姐妹分摊每月2 000元的扣除额度，每人分摊的额度不能超过每月1 000元。可以由赡养人均摊或者约定分摊，也可以由被赡养人指定分摊。约定或者指定分摊的须签订书面分摊协议，指定分摊优先于约定分摊。具体分摊方式和额度在一个纳税年度内不能变更。

被赡养人是指年满60岁的父母，以及子女均已去世的年满60岁的祖父母、外祖父母。

计算时间认定：为被赡养人年满60周岁的当月至赡养义务终止的年末。

3. 预扣率、速算扣除数

计算居民个人工资、薪金所得预扣预缴税额的预扣率、速算扣除数，按表7-3执行。

知识拓展

工资、薪金所得为什么按累计预扣法计算个税？

采用累计预扣税款方法，主要是考虑到，如果按照税改前的方法预缴税款，在纳税人各月工薪收入不均衡的情况下，纳税人年终都需要办理补税或者退税。而采用累计预扣法，将有效缓解这一问题，对大部分只有一处工薪所得的纳税人，纳税年度终了时预扣预缴的税款基本上等于年度应纳税款，次年无须再办理汇算清缴申报；同时，即使纳税人需要补税或者退税，金额也相对较小，不会占用纳税人过多资金。

案例点击

我国居民个人谭某就职于C高校，2019年每月税前工资、薪金收入为25 000元，每月减除费用5 000元。谭某个人每月负担基本养老保险1 200元、基本医疗保险300元、失业保险100元、住房公积金1 400元，"三险一金"合计3 000元。谭某为独生子女，赡养老人每月专项附加扣除金额为2 000元；谭某育有一子，读小学，每月附加扣除500元；首套住房贷款利息支出每月附加扣除1 000元。谭某没有其他专项附加扣除和依法确定的其他扣除。

要求：计算谭某1月、2月、3月的工资、薪金所得应由C高校代扣代缴的个人所得税。

〖点石成金〗

每月减除费用=5 000(元)

每月专项扣除=1 200+300+100+1 400=3 000(元)

每月专项附加扣除=2 000+500+1 000=3 500(元)

谭某1月工资、薪金所得应预扣预缴的个人所得税

=(25 000-5 000-3 000- 3 500)×3%=13 500×3%=405(元)

谭某 2 月工资、薪金所得应预扣预缴的个人所得税

=(25 000×2-5 000×2-3 000×2- 3 500×2)×3%-405

=27 000×3%-405=405(元)

谭某 2 月工资、薪金所得应预扣预缴的个人所得税

=(25 000×3-5 000×3-3 000×3- 3 500×3)×10%-2 520-405-405

=720(元)

(二)劳务报酬所得、稿酬所得、特许权使用费所得税款计算

扣缴义务人向居民个人支付劳务报酬所得、稿酬所得、特许权使用费所得,按次或者按月预扣预缴个人所得税。具体预扣预缴方法如下。

劳务报酬所得、稿酬所得、特许权使用费所得以收入减除费用后的余额为收入额。其中,稿酬所得的收入额减按 70%计算。

减除费用:劳务报酬所得、稿酬所得、特许权使用费所得每次收入不超过 4 000 元的,减除费用按 800 元计算;每次收入 4 000 元以上的,减除费用按 20%计算。

应纳税所得额:劳务报酬所得、稿酬所得、特许权使用费所得,以每次收入额为预扣预缴应纳税所得额。劳务报酬所得、稿酬所得、特许权使用费所得,属于一次性收入的,以取得该项收入为一次;属于同一项目连续性收入的,以一个月内取得的收入为一次。

劳务报酬所得适用 20%~40%的超额累进预扣率(见表 7-4),稿酬所得、特许权使用费所得适用 20%的比例预扣率。计算公式为:

劳务报酬所得应预扣预缴税额=预扣预缴应纳税所得额×预扣率-速算扣除数

稿酬所得、特许权使用费所得应预扣预缴税额=预扣预缴应纳税所得额×20%

案例点击

居民个人谭某 2019 年 5 月从兼职单位甲公司取得一次性劳务报酬收入 30 000 元,6 月从某出版社取得一次性稿酬收入 3 800 元,9 月转让一项专利权给乙公司取得一次性特许权使用费收入 10 000 元。上述收入均为税前收入,且均来源于中国境内。假设不考虑增值税等因素。

要求:

(1) 计算谭某劳务报酬所得应由甲公司预扣预缴的个人所得税;

(2) 计算谭某稿酬所得应由出版社预扣预缴的个人所得税;

(3) 计算谭某特许权使用费所得应由乙公司预扣预缴的个人所得税。

〖点石成金〗

(1) 谭某劳务报酬所得应由甲公司预扣预缴的个人所得税

=30 000×(1－20%)×30%-2 000=5 200(元)

(2) 谭某稿酬所得应由出版社预扣预缴的个人所得税

=(3 800-800)×70%×20%=420(元)

(3) 谭某特许权使用费所得应由乙公司预扣预缴的个人所得税

=10 000×(1－20%)×20%=1 600(元)

(三)居民个人综合所得汇算清缴个人所得税的计算

自 2019 年 1 月 1 日起,居民个人的综合所得(工资、薪金所得,劳务报酬所得,稿酬所得,特许权使用费所得),以每纳税年度的收入额减除费用 60 000 元以及专项扣除、专项附加扣除和依法确定的其他扣除后的余额,为应纳税所得额。

居民个人的综合所得适用七级超额累进税率(见表 7-1)。

综合所得应纳税额的计算公式为:

应纳税额=年应纳税所得额×适用税率-速算扣除数
   =(每一纳税年度收入额-60 000-专项扣除、专项附加扣除和依法确定的其他扣除)×适用税率-速算扣除数
   =[工资、薪金收入额+劳务报酬收入×(1-20%)+稿酬收入×(1-20%)×70%+特许权使用费收入×(1-20%)-60 000-专项扣除、专项附加扣除和依法确定的其他扣除]×适用税率-速算扣除数

案例点击

接前例,2019 年谭某每月税前工资、薪金收入为 25 000 元,劳务报酬收入 30 000 元,稿酬收入 3 800 元,特许权使用费收入 10 000 元,每月减除费用 5 000 元,每月专项扣除 3 000 元,每月专项附加扣除 3 500 元。计算谭某 2020 年 3 月 1 日至 6 月 30 日内汇算清缴应补缴(或应退回)的个人所得税税额。

〖点石成金〗

2019 年谭某综合所得应纳税额
=[25 000×12+30 000×(1-20%)+3 800×(1-20%)×70%+10 000×(1-20%)-60 000-3 000×12-3 500×12]×20%-16 920
=256 128×20%-16 920
=34 305.6(元)

2019 年工资、薪金所得每月代扣代缴个税计算表见表 7-6。

2019 年各相关单位预扣代缴谭某个人所得税合计=15 480+5 200+420+1 600
=22 700(元)

所以 2020 年 3 月 1 日至 6 月 30 日内汇算清缴时,
谭某应补缴个人所得税=34 305.6-22 700=11 605.6(元)

二、非居民个人代扣代缴个税的计算

扣缴义务人向非居民个人支付工资、薪金所得,劳务报酬所得,稿酬所得和特许权使用费所得时,应当按以下方法按月或者按次代扣代缴个人所得税:

非居民个人的工资、薪金所得,以每月收入额减除费用 5 000 元后的余额为应纳税所得额;劳务报酬所得、稿酬所得、特许权使用费所得,以每次收入额为应纳税所得额,适用按月换算后的非居民个人月度税率表(见表 7-2)计算应纳税额。其中,劳务报酬所得、稿酬所得、特许权使用费所得以收入减除 20%的费用后的余额为收入额。稿酬所得的收入额减按 70%计算。

表 7-6　2019 年谭某工资、薪金所得每月代扣代缴个税计算表

月份	累计收入①	累计减除费用②	累计专项扣除③	累计专项附加扣除④	应纳税所得额 ⑤=①-②-③-④	适用税率⑥	速算扣除数⑦	应纳税额 ⑧=⑤×⑥-⑦	当月预扣预缴 ⑨=⑧-上⑧	累计代扣代缴应纳税额
1	25 000	5 000	3 000	3 500	13 500	3%	0	405	405	405
2	50 000	10 000	6 000	7 000	27 000	3%	0	810	405	810
3	75 000	15 000	9 000	10 500	40 500	10%	2 520	1 530	720	1 530
4	100 000	20 000	12 000	14 000	54 000	10%	2 520	2 880	1 350	2 880
5	125 000	25 000	15 000	17 500	67 500	10%	2 520	4 230	1 350	4 230
6	150 000	30 000	18 000	21 000	81 000	10%	2 520	5 580	1 350	5 580
7	175 000	35 000	21 000	24 500	94 500	10%	2 520	6 930	1 350	6 930
8	200 000	40 000	24 000	28 000	108 000	10%	2 520	8 280	1 350	8 280
9	225 000	45 000	27 000	31 500	121 500	10%	2 520	9 630	1 350	9 630
10	250 000	50 000	30 000	36 000	135 000	10%	2 520	10 980	1 350	10 980
11	275 000	55 000	33 000	39 500	148 500	20%	16 920	12 780	1 800	12 780
12	300 000	60 000	36 000	42 000	162 000	20%	16 920	15 480	2 700	15 480
合计	300 000	60 000	36 000	42 000	162 000	—	—	15 480	—	15 480

非居民个人工资、薪金所得，劳务报酬所得，稿酬所得，特许权使用费所得应纳税额=应纳税所得额×税率-速算扣除数，具体计算公式如下。

(1) 非居民个人的工资、薪金所得应纳税额的计算公式为：

应纳个人所得税=月应纳税所得额×适用税率-速算扣除数

=(每月工资、薪金收入额-5 000)×适用税率-速算扣除数

(2) 非居民个人的劳务报酬所得应纳税额的计算公式为：

应纳个人所得税=应纳税所得额×适用税率-速算扣除数

=每次收入额×适用税率-速算扣除数

=劳务报酬收入×(1-20%)×适用税率-速算扣除数

(3) 非居民个人的稿酬所得应纳税额的计算公式为：

应纳个人所得税=应纳税所得额×适用税率-速算扣除数

=每次收入额×适用税率-速算扣除数

=稿酬收入×(1-20%)×70%×适用税率-速算扣除数

(4) 非居民个人的特许权使用费所得应纳税额的计算公式为：

应纳个人所得税=应纳税所得额×适用税率-速算扣除数

=每次收入额×适用税率-速算扣除数

=特许权使用费收入×(1-20%)×适用税率-速算扣除数

案例点击

2019年8月，非居民个人托马斯从任职单位取得税前工资10 000元；一次性取得劳务报酬收入20 000元；一次性取得稿酬收入5 000元；一次性取得特许权使用费收入3 000元。上述收入均为税前收入，均来源于中国境内，且不享受免税优惠政策。

要求：计算托马斯8月应缴纳的个人所得税。

〖点石成金〗

8月工资、薪金所得应纳个人所得税=(10 000-5 000)×10%-210=290(元)

8月劳务报酬所得应纳个人所得税=20 000×(1-20%)×20%-1 410=1 790(元)

8月稿酬所得应纳个人所得税=5 000×(1-20%)×70%×3%=84(元)

8月特许权使用费所得应纳个人所得税=3 000×(1-20%)×3%=72(元)

托马斯2019年8月应纳个人所得税合计=290+1 790+84+72=2 236(元)

三、经营所得应纳税额的计算

经营所得，以每一纳税年度的收入总额减除成本、费用以及损失后的余额，为应纳税所得额。

经营所得个人税的计算公式为：

应纳税额=应纳税所得额×适用税率-速算扣除数

=(全年收入总额-成本、费用、损失)×适用税率-速算扣除数

成本、费用，是指生产、经营活动中发生的各项直接支出和分配计入成本的间接费用以及销售费用、管理费用、财务费用；损失，是指生产、经营活动中发生的固定资产和存货的盘亏、毁损、报废损失、转让财产损失、坏账损失、自然灾害等不可抗力因素造成的

损失以及其他损失。

取得经营所得的个人，没有综合所得的，计算其每一纳税年度的应纳税所得额时，应当减除费用6万元、专项扣除、专项附加扣除以及依法确定的其他扣除。专项附加扣除在办理汇算清缴时减除。

纳税人取得经营所得，按年计算个人所得税，由纳税人在月度或者季度终了15日内向税务机关报送纳税申报表，并预缴税款；在取得所得的次年3月31日终了后5日内办理汇算清缴。

经营所得的税率，适用5%～35%的五级超额累进税率(税率表见表7-5)。

案例点击

个体工商户黄某2019年收入总额60万元，成本费用税金合计22万元，减除费用6万元，专项扣除及专项附加扣除12万元。

要求：计算黄某2019年应纳个人所得税。

〖点石成金〗

应纳个人所得税=(60-22-6-12)×10 000×20%-10 500=29 500(元)

四、财产租赁所得应纳税额的计算

(一)应纳税所得额的计算

财产租赁所得，以一个月内取得的收入为一次。财产租赁所得，每次收入不超过4 000元的，减除费用800元；4 000元以上的，减除20%的费用，其余额为应纳税所得额。其计算公式如下。

1. 每次(月)收入不超过4 000元的

每次(月)收入不超过4 000元的，计算公式为：

应纳税所得额=每次(月)收入额-准予扣除项目-修缮费用(800 为限)-800

2. 每次(月)收入超过4 000元的

每次(月)收入超过4 000元的，计算公式为：

应纳税所得额=[每次(月)收入额-准予扣除项目-修缮费用(800 为限)]×(1-20%)

个人出租财产取得的财产租赁收入，在计算缴纳个人所得税时，应依次扣除以下费用。

(1) 准予扣除项目：主要指财产租赁过程中缴纳的税费。

(2) 由纳税人负担的该出租财产实际开支的修缮费用。修缮费的扣除以每次800元为限，一次扣除不完的，准予在下次继续扣除，直到扣完为止。

税法规定的费用扣除标准：定额减除费用800元或定率减除20%的费用。个人出租房屋的个人所得税应税收入不含增值税，计算房屋出租所得可扣除的税费不包括本次出租缴纳的增值税；个人转租房屋的，其向房屋出租方支付的租金及增值税税额，在计算转租所得时予以扣除；免征增值税的，确定计税依据时，租金收入不扣减增值税税额。

(二)应纳税额的计算

财产租赁所得适用20%的比例税率，但对个人出租住房取得的所得暂减按10%的税率征收个人所得税。其应纳税额的计算公式如下。

1. 每次(月)收入不超过 4 000 元的

每次(月)收入不超过 4 000 元的，计算公式为：

应纳税额=应纳税所得额×适用税率(20%或 10%)

或=[每次(月)收入额-准予扣除项目-修缮费用(800 为限)-800]×适用税率(20%或 10%)

2. 每次(月)收入超过 4 000 元的

每次(月)收入超过 4 000 元的，计算公式为：

应纳税额=应纳税所得额×适用税率(20%或 10%)

或=[每次(月)收入额-准予扣除项目-修缮费用(800 为限)]×(1-20%)×税率(20%或 10%)

案例点击

何某 2019 年 5 月将自己的一套房屋出租给杨某用于居住，每月租金为 3 000 元(不含增值税)，租金按月收取。5 月发生相关税费 100 元，6 月发生房屋修缮费用 1 000 元。

要求：计算何某 5 月、6 月、7 月应纳个人所得税。

〖点石成金〗

修缮费的扣除以每次 800 元为限，一次扣除不完的，准予在下次继续扣除，直到扣完为止。对个人出租住房取得的所得暂减按 10%的税率征收个人所得税。

5 月应纳个人所得税=[(3 000-100)-800]×10%=210(元)

6 月应纳个人所得税=[(3 000-800)-800]×10%=140(元)

7 月应纳个人所得税=[(3 000-200)-800]×10%=200(元)

五、财产转让所得应纳税额的计算

(一)应纳税所得额的计算

1. 一般情况下财产转让所得应纳税所得额的计算

财产转让所得，以转让财产的收入额减除财产原值和合理费用后的余额为应纳税所得额。其计算公式为：

$$应纳税所得额=收入总额-财产原值-合理费用$$

其中，财产原值，按照下列方法确定。

有价证券，为买入价及买入时按照规定缴纳的有关费用。

建筑物，为建造费用或者购进价格及其他有关费用。

土地使用权，为取得土地使用权所支付的金额、开发土地的费用及其他有关费用。

机器设备、车船，为购进价格、运输费、安装费及其他有关费用。

其他财产，参照上述规定的方法确定财产原值。

纳税人未提供完整、准确的财产原值凭证，不能按照以上规定的方法确定财产原值的，由主管税务机关核定财产原值。

合理费用，是指卖出财产时按照规定支付的有关税费。

个人转让房屋的个人所得税应税收入不含增值税，其取得房屋时所支付价款中包含的增值税计入财产原值,计算转让所得时可扣除的税费不包括本次转让缴纳的增值税。免征增值税的,确定计税依据时,转让房地产取得的收入不扣减增值税税额。

财产转让所得采取按次计征的方式,以一件财产的所有权一次转让取得的收入为一次。

2. 个人无偿受赠房屋有关个人所得税的计算

房屋产权所有人将房屋产权无偿赠与他人的,受赠人因无偿受赠房屋取得的受赠所得,按照经国务院财政部门确定征税的其他所得项目缴纳个人所得税,税率为 20%。下列情形除外:

(1) 房屋产权所有人将房屋产权无偿赠与配偶、父母、子女、祖父母、外祖父母、孙子女、外孙子女、兄弟姐妹;

(2) 房屋产权所有人将房屋产权无偿赠与对其承担直接抚养或者赡养义务的抚养人或者赡养人;

(3) 房屋产权所有人死亡,依法取得房屋产权的法定继承人、遗嘱继承人或受遗赠人。

对受赠人无偿受赠房屋计征个人所得税时,其应纳税所得额为房地产赠与合同上标明的赠与房屋价值减除赠与过程中受赠人支付的相关税费后的余额。赠与合同标明的房屋价值明显低于市场价格或房地产赠与合同未标明赠与房屋价值的,税务机关可依据受赠房屋的市场评估价格或采取其他合理方式确定受赠人的应纳税所得额。

受赠人转让受赠房屋的,以其转让受赠房屋的收入减除原捐赠人取得该房屋的实际购置成本以及赠与和转让过程中受赠人支付的相关税费后的余额,为受赠人的应纳税所得额,依法计征个人所得税。受赠人转让受赠房屋价格明显偏低且无正当理由的,税务机关可以依据该房屋的市场评估价格或其他合理方式确定的价格核定其转让收入。

(二)应纳税额的计算

财产转让所得应纳税额的计算公式为:

应纳税额=应纳税所得额×适用税率
=(收入总额-财产原值-合理税费)×20%

案例点击

丁某 2019 年 7 月转让住房一套,取得转让收入 2 000 000 元。该套住房购进时的原价为 1 500 000 元,转让时支付有关税费为 120 000 元。

要求:计算丁某转让住房应纳个人所得税。

〖点石成金〗

应纳个人所得税= (2 000 000-1 500 000-120 000)×20%=76 000(元)

六、利息、股息、红利所得和偶然所得应纳税额的计算

利息、股息、红利所得和偶然所得个人所得税按次征收。利息、股息、红利所得,以支付利息、股息、红利时取得的收入为一次;偶然所得,以每次取得该项收入为一次。利息、股息、红利所得和偶然所得的应纳税所得额即为每次收入额。偶然所得适用的个人所得税税率为 20%。其计算公式为:

应纳税额=应纳税所得额×适用税率=每次收入额×20%

案例点击

王某2019年2月购买彩票，中奖100 000元。王某领奖时发生往返交通费800元、食宿费500元。

要求：计算王某中奖收入的应纳个人所得税。

〖点石成金〗

偶然所得按收入全额计征个人所得税，不扣除任何费用。

应纳个人所得税=100 000×20%=20 000(元)

七、全年一次性奖金应纳税额的计算

居民个人取得全年一次性奖金，符合《国家税务总局关于调整个人取得全年一次性奖金等计算征收个人所得税方法问题的通知》(国税发〔2005〕9号)规定的，在2021年12月31日前，不并入当年综合所得，以全年一次性奖金收入除以12个月得到的数额，按照按月换算后的综合所得税率表(简称月度税率表) (见表7-7)，确定适用税率和速算扣除数，单独计算纳税。

表7-7 月度税率表

级数	应纳税所得额	税率(%)	速算扣除数
1	不超过3 000元的部分	3	0
2	超过3 000元至12 000元的部分	10	210
3	超过12 000元至25 000元的部分	20	1 410
4	超过25 000元至35 000元的部分	25	2 660
5	超过35 000元至55 000元的部分	30	4 410
6	超过55 000元至80 000元的部分	35	7 160
7	超过80 000元的部分	45	15 160

计算公式为：

应纳税额=全年一次性奖金收入×适用税率-速算扣除数

居民个人取得全年一次性奖金，也可以选择并入当年综合所得计算纳税。

自2022年1月1日起，居民个人取得全年一次性奖金，应并入当年综合所得计算缴纳个人所得税。

雇员取得除全年一次性奖金以外的其他各种名目奖金，如半年奖、季度奖、加班奖、先进奖、考勤奖等，一律与当月工资、薪金收入合并，按税法规定缴纳个人所得税。

案例点击

中国居民个人陈某2019年12月取得全年一次性奖金60 000元(税前奖金)。陈某选择该全年一次性奖金不并入当年综合所得计算缴纳个人所得税。按月换算后的综合所得税率表如表7-7所示。

要求：计算陈某全年一次性奖金应缴纳的个人所得税。

〖点石成金〗

60 000÷12=5 000(元)

查表可知适用税率10%，速算扣除数为210。

陈某12月全年一次性奖金应纳个人所得税= 60 000×10%-210=5 790(元)

八、对公益救济性捐赠支出扣除的应纳税额的计算

个人将其所得对教育、扶贫、济困等公益慈善事业进行捐赠，是指个人将其所得通过中国境内的公益性社会组织、国家机关向教育、扶贫、济困等公益慈善事业的捐赠；应纳税所得额，是指计算扣除捐赠额之前的应纳税所得额。

(1) 个人将其所得对教育、扶贫、济困等公益慈善事业进行捐赠，捐赠就未超过纳税人申报的应纳税所得额30%的部分，可以从其应纳税所得额中扣除。

(2) 纳税人通过中国人口福利基金会、光华科技基金会的公益、救济性捐赠，可在应纳税所得额的30%内扣除。

(3) 按现行规定为支持社会公益事业发展，个人通过中国金融教育发展基金会、中国国际民间组织合作促进会、中国社会工作协会孤残儿童救助基金管理委员会、中国发展研究基金会、陈嘉庚科学奖基金会、中国友好和平发展基金会、中华文学基金会、中华农业科教基金会、中国少年儿童文化艺术基金会和中国公安英烈基金会用于公益救济性捐赠，企业在年度利润总额12%以内的部分，个人在申报应纳税所得额30%以内的部分，准予在计算缴纳企业所得税和个人所得税前扣除。

一般捐赠额的扣除以不超过纳税人申报应纳税所得额的30%为限。其计算公式为：

捐赠扣除限额=申报的应纳税所得额×30%

如果实际捐赠额小于捐赠扣除限额，则按实际捐赠额扣除，如果实际捐赠额大于捐赠扣除限额，只能按捐赠扣除限额扣除。

(4) 个人通过非营利社会团体和国家机关向农村义务教育的捐赠，在计算缴纳个人所得税时，准予在税前应纳税所得额中全额扣除。

(5) 个人的所得(不含"偶然所得"和经国务院财政部门确定征税的"其他所得")用于对"非关联"的科研机构和高等学校研究开发新产品、新技术、新工艺所发生的研究开发经费的资助，可以全额在下月(工资、薪金所得)、下次(按次计征的所得)或"当年"(按年计征的所得)计征个人所得税时，从应纳税所得额中扣除，不足抵扣的，不得结转抵扣。

案例点击

中国居民王某2月取得彩票中奖所得100 000元，现场拿出10 000元通过社会团体对贫困地区进行捐赠。

要求：计算王某应缴纳的个人所得税。

〖点石成金〗

(1) 计算应纳税所得额。

未扣除捐赠前的应纳税所得额=100 000(元)

(2) 计算捐赠扣除限额，确定扣除额。

捐赠扣除限额= 100 000×30% =30 000(元)

30 000 元>10 000 元，捐赠 10 000 元能够扣除。

(3) 计算应纳税额。

扣除允许扣除的捐赠后的应纳税所得额=100 000-10 000 =90 000(元)

适用 20%的税率，则：

应纳个人所得税=90 000×20%=18 000(元)

九、两个或两个以上的个人共同取得一项收入的个人所得税的计算

两个或两个以上的个人共同取得同一项收入的，应当对每个人取得的收入分别按照个人所得税法的规定计算纳税，按照"先分、后扣、再税"的原则计算各自应该缴纳的个人所得税。

【思考】谢某和刘某两人为 B 公司提供安全培训，共 5 万元的劳务报酬。按约定谢某获得 3 万元的劳务报酬，刘某获得 2 万元的劳务报酬，均为一次性支付。

思考：

(1) B 公司为谢某和刘某的劳务报酬代扣代缴多少个人所得税？

(2) 如果谢某和刘某还有其他综合所得，谢某和刘某的劳务报酬如何并入综合所得计税？

十、境外所得已纳税款抵免的计算

居民个人从中国境外取得的所得，可以从其应纳税额中抵免已在境外缴纳的个人所得税税额，但抵免额不得超过该纳税人境外所得依照我国《个人所得税法》规定计算的应纳税额。

已在境外缴纳的个人所得税税额，是指居民个人来源于中国境外的所得，依照该所得来源国家(地区)的法律应当缴纳并且实际已经缴纳的个人所得税税额。

居民个人从中国境内和境外取得的综合所得、经营所得，应当分别合并计算应纳税额；从中国境内和境外取得的其他所得，应当分别单独计算应纳税额。

纳税人境外所得按照个人所得税法规定计算的应纳税额，是居民个人抵免已在境外缴纳的综合所得、经营所得以及其他所得的个人所得税税额的限额(以下简称抵免限额)。除国务院财政、税务主管部门另有规定外，来源于中国境外一个国家(地区)的综合所得抵免限额、经营所得抵免限额以及其他所得抵免限额之和，为来源于该国家(地区)所得的抵免限额。

居民个人在中国境外一个国家(地区)实际已经缴纳的个人所得税税额，低于依照以上规定计算出的来源于该国家(地区)所得的抵免限额的，应当在中国缴纳差额部分的税款；超过来源于该国家(地区)所得的抵免限额的，其超过部分不得在本纳税年度的纳税额中抵免，但是可以在以后纳税年度来源于该国家(地区)所得的抵免限额的余额中补扣，补扣期限最长不得超过 5 年。

居民个人申请抵免已在境外缴纳的个人所得税税额，应当提供境外税务机关出具的税款所属年度的有关纳税凭证。

案例点击

中国居民个人魏某在2019年度从A国取得偶然所得50 000元。魏某在A国已经缴纳个人所得税8 000元。魏某在A国没有其他收入。

要求：计算魏某在A国取得的偶然所得是否在我国需要补缴个人所得税。

〖点石成金〗

魏某偶然所得个人所得税扣除限额(按照我国税法规定应纳个人所得税)
=50 000×20%=10 000(元)

魏某在我国应补缴个人所得税=10 000-8 000=2 000(元)

第三节　个人所得税的征收管理

一、个人所得税的代扣代缴

年度终了后，年度预扣预缴税额与年度应纳税额不一致的，由居民个人于次年3月1日至6月30日向主管税务机关办理综合所得年度汇算清缴，税款多退少补。

(一)个人所得税的扣缴义务人

个人所得税采取代扣代缴办法，有利于控制税源，保证税收收入，简化征纳手续，加强个人所得税管理。税法规定，个人所得税以支付所得的单位或个人为扣缴义务人。居民个人向扣缴义务人提供专项附加扣除信息的，扣缴义务人按月预扣预缴税款时应当按照规定予以扣除，不得拒绝。扣缴义务人应当按照纳税人提供的信息计算税款、办理扣缴申报，不得擅自更改纳税人提供的信息。扣缴义务人发现纳税人提供的信息与实际情况不符的，可以要求纳税人修改。纳税人拒绝修改的，扣缴义务人应当报告税务机关，税务机关应当及时处理。

纳税人发现扣缴义务人提供或者扣缴申报的个人信息、支付所得、扣缴税款等信息与实际情况不符的，有权要求扣缴义务人修改。扣缴义务人拒绝修改的，纳税人应当报告税务机关，税务机关应当及时处理。

对扣缴义务人按照所扣缴的税款，税务机关应付给2%的手续费。其中不包括税务机关、司法机关等查补或者责令补扣的税款。

(二)个人所得税代扣代缴的范围

居民个人取得综合所得，按年计算个人所得税；有扣缴义务人的，由扣缴义务人按月或者按次预扣预缴税款；需要办理汇算清缴的，应当在取得所得的次年3月1日至6月30日内办理汇算清缴。

非居民个人取得工资、薪金所得，劳务报酬所得，稿酬所得和特许权使用费所得，有扣缴义务人的，由扣缴义务人按月或者按次代扣代缴税款，不办理汇算清缴。

纳税人取得利息、股息、红利所得，财产租赁所得，财产转让所得和偶然所得，按月或者按次计算个人所得税，有扣缴义务人的，由扣缴义务人按月或者按次代扣代缴税款。

扣缴义务人向个人支付应纳税所得(包括现金、实物和有价证券)时，不论纳税人是否属于本单位人员，均应代扣代缴其应纳的个人所得税税款。

扣缴义务人首次向纳税人支付所得时，应当按照纳税人提供的纳税人识别号等基础信息，填写《个人所得税基础信息表(A 表)》，并于次月扣缴申报时向税务机关报送。

(三)个人所得税的代扣代缴期限

扣缴义务人每月或者每次预扣、代扣的税款，应当在次月 15 日内缴入国库，并向税务机关报送《个人所得税扣缴申报表》。

支付工资、薪金所得的扣缴义务人应当于年度终了后两个月内，向纳税人提供其个人所得和已扣缴税款等信息。纳税人年度中间需要提供上述信息的，扣缴义务人应当提供。

(四)个人所得税代扣代缴的纳税申报

扣缴义务人代扣代缴个人所得税时，应当填报"个人所得税基础信息表(A 表)""个人所得税扣缴申报表"。

(五)个人所得税的信息管理

公安、中国人民银行、金融监督管理等相关部门应当协助税务机关确认纳税人的身份、金融账户信息。教育、卫生、医疗保障、民政、人力资源和社会保障、住房和城乡建设、公安、中国人民银行、金融监督管理等相关部门应当向税务机关提供纳税人子女教育、继续教育、大病医疗、住房贷款信息、住房租金、赡养老人等专项附加扣除信息。

个人转让不动产的，税务机关应当根据不动产登记等相关信息核验应缴的个人所得税，登记机构办理转移登记时，应当查验与该不动产转让相关的个人所得税的完税凭证。个人转让股权办理变更登记的，市场主体登记机关应当查验与股权交易相关的个人所得税的完税凭证。

二、个人所得税的自行申报

(一)个人所得税自行申报的范围

有下列情形之一的，纳税人应当依法办理纳税申报。
(1) 取得综合所得需要办理汇算清缴。
(2) 取得应税所得没有扣缴义务人。
(3) 取得应税所得，扣缴义务人未扣缴税款。
(4) 取得境外所得。
(5) 因移居境外注销中国户籍。
(6) 非居民个人在中国境内从两处以上取得工资、薪金所得。
(7) 国务院规定的其他情形。

其中，取得综合所得需要办理汇算清缴的情形包括：
① 从两处以上取得综合所得，且综合所得年收入额减除专项扣除的余额超过 6 万元；
② 取得劳务报酬所得、稿酬所得、特许权使用费所得中一项或者多项所得，且综合所得年收入额减除专项扣除的余额超过 6 万元。

③ 纳税年度内预缴税额低于应纳税额。
④ 纳税人申请退税。

纳税人申请退税，应当提供其在中国境内开设的银行账户，并在汇算清缴地就地办理税款退库。

纳税人办理综合所得汇算清缴，应当准备与收入、专项扣除、专项附加扣除、依法确定的其他扣除、捐赠、享受税收优惠等相关的资料，并按规定留存备查或报送。

(二)个人所得税自行申报的期限

居民个人取得综合所得，按年计算个人所得税；有扣缴义务人的，由扣缴义务人按月或者按次预扣预缴税款；需要办理汇算清缴的，应当在取得所得的次年3月1日至6月30日内办理汇算清缴。预扣预缴办法由国务院税务主管部门制定。

纳税人取得经营所得，按年计算个人所得税，由纳税人在月度或者季度终了后15日内向税务机关报送纳税申报表，并预缴税款；在取得所得的次年3月31日前办理汇算清缴。

纳税人取得应税所得没有扣缴义务人的，应当在取得所得的次月15日内向税务机关报送纳税申报表，并缴纳税款。

纳税人取得应税所得，扣缴义务人未扣缴税款的，纳税人应当在取得所得的次年6月30日前，缴纳税款；税务机关通知限期缴纳的，纳税人应当按照期限缴纳税款。

居民个人从中国境外取得所得的，应当在取得所得的次年3月1日至6月30日内申报纳税。非居民个人在中国境内从两处以上取得工资、薪金所得的，应当在取得所得的次月15日内申报纳税。

纳税人因移居境外注销中国户籍的，应当在注销中国户籍前办理税款清算。

纳税人办理汇算清缴退税或者扣缴义务人为纳税人办理汇算清缴退税的，税务机关审核后，按照国库管理的有关规定办理退税。

纳税人可以采用远程办税端、邮寄等方式申报，也可以直接到主管税务机关申报。

(三)个人所得税自行申报的地点

个人所得税自行申报的地点具体如下。

(1) 需要办理汇算清缴的纳税人，应当在取得所得的次年3月1日至6月30日内，向任职、受雇单位所在地主管税务机关办理纳税申报，并报送《个人所得税年度自行纳税申报表》。

(2) 纳税人有两处以上任职、受雇单位的，选择向其中一处任职、受雇单位所在地主管税务机关办理纳税申报。

(3) 纳税人没有任职、受雇单位的，向户籍所在地或者经常居住地主管税务机关办理纳税申报。

(4) 纳税人取得经营所得，按年计算个人所得税，由纳税人在月度或季度终了后15日内，向经营管理所在地主管税务机关办理预缴纳税申报，并报送《个人所得税经营所得纳税申报表(A表)》。

(5) 纳税人取得应税所得，扣缴义务人未扣缴税款的，应当区别以下情形办理纳税申报：

① 居民个人取得综合所得的，按照上述(1)(2)(3)项办理。

② 非居民个人取得工资、薪金所得、劳务报酬所得，稿酬所得，特许权使用费所得的，应当在取得所得的次年 6 月 30 日前，向扣缴义务人所在地主管税务机关办理纳税申报。有两个以上扣缴义务人均未扣缴税款的，选择向其中一处扣缴义务人所在地主管税务机关办理纳税申报。

非居民个人在次年 6 月 30 日前离境(临时离境除外)的，应当在离境前办理纳税申报。

③ 纳税人取得利息、股息、红利所得，财产租赁所得，财产转让所得和偶然所得的，应当在取得所得的次年 6 月 30 日前，按相关规定向主管税务机关办理纳税申报。

(6) 居民个人从中国境外取得所得的，应当在取得所得的次年 3 月 1 日至 6 月 30 日内，向中国境内任职、受雇单位所在地主管税务机关办理纳税申报；在中国境内没有任职、受雇单位的，向户籍所在地或中国境内经常居住地主管税务机关办理纳税申报；户籍所在地与中国境内经常居住地不一致的，选择其中一地主管税务机关办理纳税申报；在中国境内没有户籍的，向中国境内经常居住地主管税务机关办理纳税申报。

(四)个人所得税的自行申报纳税申报

纳税人自行申报个人所得税时，根据不同情况应当分别填报《个人所得税年度自行纳税申报表》《个人所得税经营所得纳税申报表》等。

三、个人所得税的会计处理

代扣代缴的个人所得税通过"应交税费——代扣代缴个人所得税"账户进行会计核算。

(1) 扣缴义务人预扣个人所得税时，

借：应付职工薪酬

　　贷：应交税费——代扣代缴个人所得税

(2) 扣缴义务人预缴个人所得税时，

借：应交税费——代扣代缴个人所得税

　　贷：银行存款

课 后 练 习

基 础 演 练

一、单项选择题

1. 下列所得中，应加成征收个人所得税的是(　　)。

　　A. 个体工商户陈某生产经营所得 200 000 元

　　B. 作家王某出版图书所得 50 000 元

　　C. 专家计某受邀为某企业培训所得 40 000 元

　　D. 职员吕某年终奖金所得 60 000 元

2. 下列所得中，免缴个人所得税的是(　　)。

A. 年终加薪 B. 出售本人绘画收入
C. 个人保险所获赔款 D. 从投资管理公司取得的分红

3. 个人参加笔会现场作画取得的作画所得属于( )。
A. 工资薪金所得 B. 稿酬所得
C. 个体户经营所得 D. 劳务报酬所得

4. 下列各项中，应列入工资、薪金所得项目计算缴纳个人所得税的是( )。
A. 养老保险 B. 误餐补助
C. 差旅费津贴 D. 加班工资

5. 在扣缴义务人代扣代缴个人所得税时，采用定额和定率相结合扣除的是( )。
A. 工资、薪金所得 B. 财产转让所得
C. 劳务报酬所得 D. 偶然所得

二、判断题

1. 个人所得税法规定的非居民纳税人具有有限纳税义务，就境内的所得缴纳个人所得税。( )

2. 个人所得税中的工资薪金所得，每月允许扣除费用 5 000 元。这里的 5 000 元是起征点。( )

3. 个人所得税居民纳税人认定的最新标准是在我国境内连续居住满 183 天就算我国的居民纳税人。( )

4. 个人超过规定比例和标准缴付的住房公积金，应将超过的金额并入个人当期的工资薪金收入，计征个人所得税。( )

5. 个人为单位或他人提供担保获得收入，按照"劳务报酬所得"项目计算缴纳个人所得税。( )

提 高 演 练

一、单项选择题

1. 纳税人华某有姊妹两人，父母均在老家，由在老家的妹妹负责日常照料。以下分摊方法正确的是( )。
A. 华某跟其妹妹约定，每人每月均摊扣除 1 000 元
B. 华某跟其妹妹约定，由华某全部扣除 2 000 元
C. 老人指定华某分摊 1500 元，其妹妹分摊 500 元
D. 老人指定华某分摊 500 元，其妹妹分摊 1 500 元

2. 下列属于综合所得中依法确定的其他扣除项目的是( )。
A. "三险一金" B. 大病医疗
C. 商业健康险支出 D. 保险赔款

3. 黄某和其妻子王某婚后购买一套住房，属于首套住房贷款，下列说法正确的是( )。
A. 黄某和王某均可以扣除住房贷款利息
B. 黄某和王某每月均可扣除的额度是 1 000 元
C. 黄某和王某可以由其中一人扣除，每月扣除额度是 1 000 元

D. 黄某、王某所购买住房如果在北上广深等城市，扣除的标准要高于1 000元
4. 累计减除费用，按照每月5 000元乘以( )计算的。
   A. 纳税人当年在本单位的实际工作月份数
   B. 纳税人当年在本单位的任职受雇月份数
   C. 纳税人当年实际任职月份数
   D. 当年自然月份数
5. 扣缴义务人向居民个人支付( )所得时，应当按照累计预扣法计算预扣税款。
   A. 工资、薪金所得　　　　　　　　B. 稿酬所得
   C. 特许权使用费所得　　　　　　　D. 劳务报酬所得

二、多项选择题

1. 对个人所得缴纳个人所得税时，以收入额直接计算应纳税所得额的有( )。
   A. 工资薪金所得　　　　　　　　　B. 利息、股息、红利所得
   C. 劳务报酬所得　　　　　　　　　D. 偶然所得
2. 对个人所得征收个人所得税时，计入综合所得的有( )。
   A. 工资薪金所得　　　　　　　　　B. 稿酬所得
   C. 财产转让所得　　　　　　　　　D. 偶然所得
3. 个人所得税专项扣除包括( )。
   A. 基本医疗保险　　　　　　　　　B. 商业保险
   C. 基本养老保险　　　　　　　　　D. 住房公积金
4. 个人所得税的专项附加扣除包括( )。
   A. 子女教育　　　　　　　　　　　B. 赡养老人
   C. 继续教育　　　　　　　　　　　D. 住房租金
5. 下列属于综合所得中其他扣除的内容有( )。
   A. 赡养老人　　　　　　　　　　　B. 年金
   C. 财产原值　　　　　　　　　　　D. 商业健康保险
6. 纳税人为非独生子女的，赡养支出2 000元的额度可以采取( )方式分摊。
   A. 赡养人均摊　　　　　　　　　　B. 赡养人约定分摊
   C. 赡养人指定分摊　　　　　　　　D. 被赡养人指定分摊
7. 2019年纳税人朱某已享受住房贷款利息专项附加扣除，当年还可能扣除的项目有( )。
   A. 子女教育　　　　　　　　　　　B. 赡养老人
   C. 继续教育　　　　　　　　　　　D. 住房租金
8. 纳税人发生了符合条件的住房贷款利息，可开始享受住房贷款利息专项附加扣除的时间是( )。
   A. 贷款合同约定开始还款的当月　　B. 贷款合同终止的当月
   C. 贷款合同约定开始还款的次月　　D. 贷款合同终止的次月

综合演练

1. 中国居民王某相关收入信息如下：

(1) 王某 2019 年 1—12 月每月工资相关信息(假定每月一致)：每月税前工资、薪金收入为 13 000 元，每月专项扣除 2 200 元，每月专项附加扣除 4 000 元。

(2) 2019 年 3 月去某单位做培训，获得一次性劳务报酬收入 10 000 元，由支付单位代扣代缴个税。

(3) 2019 年 9 月由于出版教材，获得出版社支付的稿酬收入 3 000 元，由支付单位代扣代缴个税。

(4) 2019 年 12 月获得全年一次性奖金 50 000 元。

要求计算：(1)王某 2019 年 12 月的单位累计预扣预缴工资薪金个人所得税。

(2) 王某 2019 年 3 月由支付单位代扣代缴的劳务报酬所得个人所得税。

(3) 王某 2019 年 9 月由支付单位代扣代缴的稿酬所得个人所得税。

(4) 王某 2019 年 12 月全年一次性奖金所得个人所得税(全年一次性奖金单独计算，不并入综合所得计算)。

2. 中国公民李某每月工资 10 000 元，任职于境内甲企业，同时为乙企业的个人大股东，2019 年 1—12 月取得以下收入：

(1) 取得甲企业支付的独生子女补贴 2 000 元。

(2) 取得不含税稿酬所得 30 000 元。

(3) 购买体育彩票，一次中奖收入 50 000 元。

(4) 保险赔款 5 000 元。

(5) 6 月份因持有某国内上市公司股票而取得红利 15 000 元。

(6) 8 月份将其拥有的两处住房中的一套已使用 6 年的住房出售，转让收入 1 500 000 元，该房产买价 1 000 000 元，另支付其他可以扣除的相关税费 10 000 元。

(7) 11 月乙企业为李某购买了一辆小轿车并将所有权归到李某名下，已知该车辆买价 300 000 元。经当地税务机关核定，乙企业在代扣个人所得税税款时允许税前减除的数额为 100 000 元。

(8) 李某 2019 年的每月减除费用 5 000 元，专项扣除合计为每月 2 000 元，赡养父母扣除每月 1 000 元，此外无其他扣除。

要求计算：(1) 李某全年综合所得应纳个人所得税。

(2) 李某偶然所得应纳个人所得税。

(3) 李某红利所得应纳个人所得税。

(4) 李某出售住房应纳个人所得税。

(5) 李某取得车辆所有权应纳个人所得税。

第四篇

其他税种

第八章 城市维护建设税及教育费附加

【本章学习目标】

通过本章的学习，了解城市维护建设税的概念与特点；熟悉城市维护建设税的纳税人、适用税率；理解城市维护建设税与主税的关系；掌握城市维护建设税的计税依据的确定、应纳税额的计算；熟悉教育费附加的内容与计算；熟悉城市维护建设税、教育费附加的纳税申报与会计处理。

【本章重点】

- 城市维护建设税和教育费附加的纳税人
- 城市维护建设税和教育费附加的计算

【本章难点】

- 城市维护建设税和教育费附加的计税依据

【章前导读】

大华公司为增值税一般纳税人，2019年11月出口产品退还了50万元的增值税。请问大华公司是否可以申请同时退还城市维护建设税和教育费附加？

解析：对增值税、消费税实行先征后返、先征后退、即征即退办法的，除另有规定外，对随"两税"附加征收的城市维护建设税，一律不退(返)还。

【关键词】

城市维护建设税　教育费附加　纳税人　计税依据　纳税申报　会计处理

第一节 城市维护建设税

城市建设维护税（以下简称城建税）是国家对缴纳增值税、消费税的单位和个人，就其缴纳的"增值税、消费税"税额为计税依据而征收的一种附加税。

一、城市维护建设税的特点

城市维护建设税具有以下特点。

（1）属于附加税。城市维护建设税与其他税种不同，没有独立的征税对象或税基，而是以增值税、消费税"两税"实际缴纳的税额之和为计税依据，随"两税"同时附征，本质上属于一种附加税。

（2）城建规模设计税率。一般地，城镇规模越大，所需要的建设与维护资金越多。因此，城市维护建设税规定，纳税人所在地为城市市区的，税率为7%；纳税人所在地为县城、建制镇的，税率为5%；纳税人所在地不在城市市区、县城或建制镇的，税率为1%。这种根据城建规模不同差别设置税率的办法，较好地照顾了城市建设的不同需求。

(3) 征收范围广。由于增值税、消费税是我国现行税制中的主体税种，而城市维护建设税又是它们的附加税，因此只要缴纳增值税、消费税中任一税种的纳税人都要缴纳城市维护建设税。即除了减免税等特殊情况以外，任何从事生产经营活动的企业单位和个人都要缴纳城市维护建设税，这个征税范围是比较广的。

二、城市维护建设税的纳税人

在中华人民共和国境内缴纳增值税、消费税的单位和个人，为城市维护建设税的纳税人。

负有增值税、消费税扣缴义务的单位和个人为城市维护建设税扣缴义务人。

三、城市维护建设税的计税依据

城市维护建设税的计税依据为纳税人实际缴纳的增值税、消费税税额，以及出口货物、劳务或者跨境销售服务、无形资产增值税免抵税额。

对增值税、消费税两税加收的滞纳金和罚款不作为城建税的计税依据，但纳税人在被查补"两税"和被处以罚款时，应同时对其偷漏的城建税进行补税、征收滞纳金和罚款。

对进口货物或者境外单位和个人向境内销售劳务、服务、无形资产缴纳的增值税、消费税税额，不征收城市维护建设税。

对实行增值税期末留抵退税的纳税人，允许其从城市维护建设税的计税依据中扣除退还的增值税税额。

四、城市维护建设税的税率

根据《中华人民共和国城市维护建设税法》规定，城建税是根据城市维护建设资金的不同层次的需要而设计的，实行分区域的差别比例税率，即按纳税人所在城市、县城或镇等不同的行政区域分别规定不同的比例税率。具体规定为：

(1) 纳税人所在地在市区的，税率为7%。这里称的"市"是指国务院批准市建制的城市，"市区"是指省人民政府批准的市辖区(含市郊)的区域范围。

(2) 纳税人所在地在县城、镇的税率为5%。这里所称的"县城、镇"是指省人民政府批准的县城、县属镇(区级镇)，县城、县属镇的范围按县人民政府批准的城镇区域范围。

(3) 纳税人所在地不在市区、县城、县属镇的，税率为1%。

纳税人在外地发生缴纳增值税、消费税的，按纳税发生地的适用税率计征城建税。

撤县建市后，纳税人所在地在市区的，城市维护建设税适用税率为7%；纳税人所在地在市区以外其他镇的，城市维护建设税适用税率为5%。

上述所称纳税人所在地，是指纳税人住所或者与纳税人生产经营活动相关的其他地点，具体地点由省、自治区、直辖市确定。

五、城市维护建设税的计算

城市维护建设税的计算公式为：

应纳税额=(实际缴纳的增值税税额+实际缴纳的消费税税额)×适用税率

案例点击

某市嘉灵公司 2019 年 2 月份实际缴纳增值税 15 000 元、消费税 5 000 元。计算应纳城市维护建设税。

〖点石成金〗

应纳城市维护建设税=(15 000+5 000)×7%=1 400(元)

六、城市维护建设税的税收优惠

城市维护建设税原则上不单独减免，但由于其具有附加税性质，当主税减免时，城市维护建设税也相应发生减免。城市维护建设税的免、减税项目由国务院规定。

(1) 对出口产品退还增值税、消费税的，不退还已缴纳的城市维护建设税。

(2) 对进口货物或者境外单位和个人向境内销售劳务、服务、无形资产缴纳的增值税、消费税税额，不征收城市维护建设税。

(3) 对"两税"实行先征后返、先征后退、即征即退办法的，除另有规定外，对随"两税"附征的城市维护建设税，一律不予退(返)还。

(4) 经国务院批准，为支持国家重大水利工程建设，对国家重大水利工程建设基金免征城市维护建设税和教育税附加(财税〔2010〕44 号)。

(5) 根据国民经济和社会发展的需要，国务院对重大公共基础设施建设、特殊产业和群体以及重大突发事件应对等情形可以规定减征或者免征城市维护建设税，报全国人民代表大会常务委员会备案。

知识拓展

增值税小规模纳税人城市维护建设税和教育费附加的减征

2019 年 1 月 1 日至 2021 年 12 月 31 日，由省、自治区、直辖市人民政府根据本地区实际情况，以及宏观调控需要确定，对增值税小规模纳税人可以在 50%的税额幅度内减征资源税、城市维护建设税、房产税、城镇土地使用税、印花税(不含证券交易印花税)、耕地占用税和教育费附加、地方教育附加(财税〔2019〕13 号)。

七、城市维护建设税的纳税申报

(一)纳税义务发生时间

城市维护建设税纳税义务发生时间为缴纳增值税、消费税的当日，具体规定见增值税纳税义务发生时间、消费税纳税义务发生时间。

城市维护建设税扣缴义务发生时间为扣缴增值税、消费税的当日。

(二)纳税地点

城市维护建设税纳税地点为实际缴纳增值税、消费税的地点。

扣缴义务人应当向其机构所在地或者居住地的主管税务机关申报缴纳其扣缴的税款。

注意：纳税人所在地与纳税地点不是同一概念。纳税人所在地是为了确定城建税具体适用税率，如海洋油气勘探开发所在地在海上，不属于市区、县城或镇，适用1%的税率，但其纳税地点不在海上。

(三)纳税期限

城市维护建设税按月或者按季计征。不能按固定期限计征的，可以按次计征。

由于城建税是由纳税人在缴纳增值税、消费税"两税"时同时缴纳的，因此其纳税期限分别与"两税"的纳税期限一致。实行按月或者按季计征的，纳税人应当于月度或者季度终了之日起十五日内申报并缴纳税款。实行按次计征的，纳税人应当于纳税义务发生之日起十五日内申报并缴纳税款。

(四)纳税申报表

城市维护建设税申报时需要填制"城市维护建设税 教育费附加 地方教育附加申报表"。

八、城市维护建设税的会计处理

城建税的会计处理通过"应交税费——应交城市维护建设税"科目进行。计算应缴纳的城建税时，借记"税金及附加"等科目，贷记"应交税费——应交城市维护建设税"科目；缴纳城建税时，借记"应交税费——应交城市维护建设税"科目，贷记"银行存款"科目。

> **案例点击**
>
> 某企业2019年3月31日计算出当月应交增值税60 000元。该企业地处某城市市区，城建税税率为7%。做出计算应纳城建税、缴纳城建税的会计处理。
>
> 〖**点石成金**〗
> (1) 计算城建税时：
>   应纳城建税税额=60 000×7%=4 200(元)
>   借：税金及附加   4 200
>   贷：应交税费——应交城市维护建设税   4 200
> (2) 缴纳城建税时
>   借：应交税费——应交城市维护建设税   4 200
>   贷：银行存款   4 200

第二节　教育费附加

一、教育费附加概述

教育费附加是对缴纳增值税、消费税的单位和个人征收的一种附加费。教育费附加是由税务机关负责征收，同级教育部门统筹安排，同级财政部门监督管理，专门用于发展地方教育事业的预算外资金。

二、纳费义务人

凡是缴纳增值税、消费税的单位和个人，均为教育费附加的纳费义务人。

凡代征增值税、消费税的单位和个人，也为代征教育费附加的义务人。

三、教育费附加的征收比率

教育费附加征收比率为3%，地方教育费附加征收比率为2%。

四、教育费附加的计算

(一)计费依据

教育费附加以纳税人实际缴纳的增值税、消费税的税额为计费依据。

(二)计算公式

教育费附加的计算公式为：

应纳教育费附加=(实际缴纳的增值税+实际缴纳的消费税)×3%

应纳教育费附加=(实际缴纳的增值税+实际缴纳的消费税)×2%

五、教育费附加的减免规定

教育费附加的减免规定具体如下：

(1) 对海关进口的产品征收的增值税、消费税，不征收教育费附加。

(2) 对由于减免增值税、消费税而发生退税的，可以同时退还已征收的教育费附加。但对出口产品退还增值税、消费税的，不退还已征的教育费附加。

(3) 对从事生产卷烟和经营烟叶的单位，减半征收教育费附加。

(4) 经国务院批准，为支持国家重大水利工程建设，对国家重大水利工程建设基金免征城市维护建设税和教育税附加(财税〔2010〕44号)。

六、教育费附加的征收管理

教育费附加的缴纳义务发生时间、缴纳期限、缴纳地点的规定同城市维护建设税。

七、教育费附加的会计处理

企业缴纳的教育费附加和地方教育费附加,通过"应交税费——应交教育费附加"、"应交税费——应交地方教育费附加"科目核算。计提教育费附加时,借记"税金及附加"等科目,贷记"应交税费——应交教育费附加"、"应交税费——应交地方教育费附加"科目;缴纳教育费附加时,借记"应交税费——应交教育费附加"、"应交税费——应交地方教育费附加"科目,贷记"银行存款"科目。

案例点击

某企业2019年3月31日计算出当月应交增值税60 000元,该企业地处某城市市区。做出计提教育费附加、缴纳教育费附加的会计处理。

〖点石成金〗

(1) 计提教育费附加时

应交教育费附加=60 000×3%=1 800(元)

应交地方教育费附加=60 000×2%=1 200(元)

借:税金及附加　　　　　　　　　　　　　　3 000
　　贷:应交税费——应交教育费附加　　　　　　　　1 800
　　　　应交税费——应交地方教育费附加　　　　　　1 200

(2) 缴纳教育费附加时

借:应交税费——应交教育费附加　　　　　　1 800
　　应交税费——应交地方教育费附加　　　　1 200
　　贷:银行存款　　　　　　　　　　　　　　　　　3 000

课后练习

基础演练

单项选择题

1. 下列纳税人中应缴纳城建税的是(　　)。
   A. 印花税的纳税人　　　　　　B. 个人所得税的纳税人
   C. 车船税的纳税人　　　　　　D. 消费税的纳税人

2. 某乡镇企业(地处农村)3月份应缴纳增值税6万元、消费税2万元,则该乡镇企业当月应纳城市维护建设税为(　　)元。
   A. 600　　　　　B. 800　　　　　C. 1 800　　　　　D. 2 400

3. 目前我国城建税的税率实行的是(　　)。
   A. 纳税人所属行业差别比例税率　　　B. 纳税人所在地差别比例税率
   C. 纳税人所属行业累进税率　　　　　D. 纳税人所在地统一累进税率

4. 以下各个项目中,可以作为计算城市维护建设税的依据的是(　　)。

A. 补缴的消费税税款　　　　　　B. 因少缴企业所得税而交的罚款
C. 滞纳金　　　　　　　　　　　D. 进口货物缴纳的增值税税款

5. 由受托方代收代缴消费税的单位，其代收代缴的城建税按(　　)税率执行。
A. 委托方所在地　　　　　　　　B. 受托方所在地
C. 双方协商　　　　　　　　　　D. 从高

提 高 演 练

一、单项选择题

1. 开采海洋石油资源的中外合作油(气)田，适用的城市维护建设税税率为(　　)。
   A. 7%　　　　B. 5%　　　　C. 3%　　　　D. 1%

2. 设在县城的 B 企业按税法规定代收代缴设在市区的 A 企业的消费税，则下列处理正确的是(　　)。
   A. 由 B 企业按 5%税率代征代扣城建税
   B. 由 A 企业按 5%税率回所在地缴纳
   C. 由 B 企业按 7%税率代征代扣城建税
   D. 由 A 企业按 7%税率自行缴纳城建税

3. 某市一生产企业为增值税一般纳税人。本期进口材料一批，向海关缴纳进口环节增值税 10 万元；本期在国内销售甲产品缴纳增值税 30 万元、消费税 50 万元，由于缴纳消费税时超过纳税期限 10 天，被罚滞纳金 1 万元；本期出口乙产品，按规定退回增值税 5 万元。则企业应纳的城市维护建设税为(　　)万元。
   A. 1.2　　　　B. 2.5　　　　C. 4　　　　D. 5.6

4. 市区某纳税人当月应纳增值税 2 万元，减免 1 万元，补交上月未缴的增值税 0.5 万元。滞纳金 0.1 万元。该纳税人本月应缴纳城建税(　　)万元。
   A. 0.105　　　B. 0.14　　　C. 0.154　　　D. 0.182

5. 某企业地处市区，2019 年 5 月被税务机关查补增值税 45 000 元、消费税 25 000 元、所得税 30 000 元；还被加收滞纳金 20 000 元、被处罚款 50 000 元。该企业应补缴城市维护建设税和教育费附加(　　)元。
   A. 5 000　　　B. 7 000　　　C. 8 000　　　D. 10 000

6. 某市一卷烟厂委托某县城一卷烟厂加工一批烟丝，委托方提供原材料成本 40 000 元，支付加工费 10 170 元(含增值税)，烟丝消费税税率为 30%，这批烟丝无同类产品市场价格。受托方代收代缴消费税、城市维护建设税、教育费附加为(　　)元。
   A. 23 651.57　　　B. 23 221.54　　　C. 23 100　　　D. 22 680

二、多项选择题

1. 下列各项中，属于城市维护建设税的计税依据的有(　　)。
   A. 实际缴纳"主税"税额
   B. 纳税人滞纳"主税"而加收的滞纳金
   C. 纳税人偷逃"主税"被处的罚款
   D. 纳税人偷逃"主税"被查补的税款

2. 某生产企业生产销售涂料，取得的销售收入应纳( )。
   A. 增值税   B. 消费税
   C. 城建税   D. 教育费附加
3. 城建税的征税范围，包括( )。
   A. 城市   B. 县城
   C. 建制镇   D. 农村
4. 下列属于城市维护建设税的特点的有( )。
   A. 税款专款专用   B. 根据城镇规模涉及不同的定额税
   C. 属于一种附加税   D. 补充城市维护建设资金的不足
5. 某县城一家食品加工企业，为增值税小规模纳税人，2019年5月份购进货物取得普通发票的金额合计50 000元，销售货物开具普通发票销售额合计70 000元。该增值税小规模纳税人可以在50%的税额幅度内减征城建税、教育费附加，则本月应纳城建税、教育费附加分别为( )。
   A. 城建税 101.94元   B. 城建税 50.97元
   C. 教育费附加 17.48元 D. 教育费附加 30.58元

综合演练

1. 某市区一生产出口企业2018年10月缴纳进口关税65万元、进口环节增值税15万元、进口环节消费税30万元；本月实际缴纳增值税40万元、消费税80万元。在税务检查过程中，税务机关发现，该企业所属宾馆上月隐瞒餐饮服务收入30万元(不含税)，本月被查补相关税金。本月收到上月报关出口自产货物应退增值税20万元。

   要求：计算该企业10月份应纳城市维护建设税和教育费附加。

2. 某市区的一生产企业为增值税一般纳税人，经营内销与出口业务。2019年5月实际缴纳增值税45万元，出口货物免抵税额5万元，进口货物缴纳增值税13万元。

   要求：计算该企业5月份应纳城市维护建设税、教育费附加、地方教育费附加，并进行会计处理。

第九章 资源税

【本章学习目标】

通过本章的学习，了解资源税的概念与特点；熟悉资源税的纳税人、征税范围、适用税率；掌握资源税的计税依据的确定；掌握应纳税额的计算；熟悉资源税的征收管理与会计处理。

【本章重点】

- 资源税的纳税人、征税范围、适用税率
- 资源税的计税依据的确定
- 应纳税额的计算

【本章难点】

- 资源税的计税依据的确定及应纳税额的计算

【章前导读】

某公司是四川的一家页岩气开发公司，请问该公司开发的页岩气是否征收资源税？如果征收资源税，在计算应纳资源税时是否有优惠？

解析：页岩气属于资源税的征收范围对象。为促进页岩气开发利用，有效增加天然气供给，经国务院同意，自 2018 年 4 月 1 日至 2021 年 3 月 31 日，对页岩气资源税(按 6%的规定税率)减征 30%。

【关键词】

资源税　纳税义务人　扣缴义务人　计税依据　纳税申报　会计处理

第一节 资源税的基本要素

资源税是指在中华人民共和国领域和中华人民共和国管辖的其他海域开发应税资源的单位和个人，就其应税资源销售额或销售数量和自用数量为计税依据而征收的一种税。目前我国开征的资源税是以部分自然资源为课税对象的。

一、资源税的纳税义务人与扣缴义务人

(一)纳税义务人

在中华人民共和国领域和中华人民共和国管辖的其他海域开发应税资源的单位和个人，为资源税的纳税人。

单位是指国有企业、集体企业、私营企业、股份制企业、其他企业和行政单位、事业

单位、军事单位、社会团体及其他单位；个人是指个体经营者和其他个人；其他单位和其他个人包括外商投资企业、外国企业及外籍人员。

资源税规定仅对在中华人民共和国领域和中华人民共和国管辖的其他海域开发应税资源的单位和个人征收，因此，进口的矿产品和盐不征收资源税。由于对进口应税资源不征收资源税，相应地，对出口应税产品也不免征或退还已纳资源税。

单位和个人以应税资源投资、分配、抵债、赠与、以物易物等，视同销售，应按规定计算缴纳资源税。

开采海洋或陆上油气资源的中外合作油气田，在 2011 年 11 月 1 日前已签订的合同继续缴纳矿区使用费，不缴纳资源税；合同期满后，依法缴纳资源税。自 2011 年 11 月 1 日起新签订的合同缴纳资源税，不再缴纳矿区使用费。开采海洋油气资源的自营油气田，自 2011 年 11 月 1 日起缴纳资源税，不再缴纳矿区使用费。

(二)扣缴义务人

收购未税矿产品的单位为资源税的扣缴义务人。规定资源税的扣缴义务人，主要是针对零星、分散、不定期开采的情况，为了加强管理，避免漏税，由扣缴义务人在收购矿产品时代扣代缴资源税。资源税代扣代缴的适用范围应限定在除原油、天然气、煤炭以外的，税源小、零散、不定期开采等难以在采矿地申报缴纳资源税的矿产品。对已纳入开采地正常税务管理或者在销售矿产品时开具增值税发票的纳税人，不采用代扣代缴的征管方式。

收购未税矿产品的单位是指独立矿山、联合企业和其他单位。独立矿山是指只有采矿或只有采矿和选矿，独立核算、自负盈亏的单位，其生产的原矿和精矿主要用于对外销售。联合企业是指采矿、选矿、冶炼(或加工)连续生产的企业或采矿冶炼(或加工)连续生产的企业，其采矿单位，一般是该企业的二级或二级以下核算单位。其他单位也包括收购未税矿产品的个体户在内。

扣缴义务具体包括以下几方面。

(1) 独立矿山、联合企业收购未税矿产品的单位，按照本单位应税产品税额、税率标准，依据收购的数量代扣代缴资源税。

(2) 其他收购单位收购的未税矿产品，按税务机关核定的应税产品税额、税率标准，依据收购的数量代扣代缴资源税。

二、税目与税率

(一)税目

资源税税目具体如下。

(1) 能源矿产；
(2) 金属矿产，包含黑色金属与有色金属两大类；
(3) 非金属矿产，包括矿物类、岩石类及宝玉石类；
(4) 水气矿产；
(5) 盐。

(二)税率

资源税采取从价定率或者从量定额的办法计征,分别以应税资源的销售额乘以纳税人具体适用的比例税率或者以应税资源的销售数量乘以纳税人具体适用的定额税率计算,实施"级差调节"的原则。级差调节是指运用资源税对因资源贮存状况、开采条件、资源优劣、地理位置等客观存在的差别而产生的资源级差收入,通过实施差别税率或差别税额进行调节(见表 9-1)。

表 9-1 资源税税目税率表

税 目			征税对象	税 率
能源矿产	原油		原矿	6%
	天然气、页岩气、天然气水合物		原矿	6%
	煤		原矿或者选矿	2%~10%
	煤成(层)气		原矿	1%~2%
	铀、钍		原矿	4%
	油页岩、油砂、天然沥青、石煤		原矿或者选矿	1%~4%
	地热		原矿	1%~20%或者每立方米 1~30 元
金属矿产	黑色金属	铁、锰、铬、钒、钛	原矿或者选矿	1%~9%
	有色金属	铜、铅、锌、锡、镍、锑、镁、钴、铋、汞	原矿或者选矿	2%~10%
		铝土矿	原矿或者选矿	2%~9%
		钨	选矿	6.5%
		钼	选矿	8%
		金、银	原矿或者选矿	2%~6%
		铂、钯、钌、铑、铱、锇	原矿或者选矿	5%~10%
		轻稀土	选矿	7%~12%
		中重稀土	选矿	20%
		铍、锂、锆、锶、铷、铯、铌、钽、锗、镓、铟、铊、铪、铼、镉、硒、碲	原矿或者选矿	2%~10%
非金属矿产	矿物类	高岭土	原矿或者选矿	1%~6%
		石灰岩	原矿或者选矿	1%~6%或者每吨(或者每立方米)1~10 元
		磷	原矿或者选矿	3%~8%
		石墨	原矿或者选矿	3%~12%
		萤石、硫铁矿、自然硫	原矿或者选矿	1%~8%

续表

税 目			征税对象	税 率
非金属矿产	矿物类	天然石英砂、脉石英、粉石英、水晶、工业用金刚石、冰洲石、蓝晶石、硅线石、(矽线石)、长石、滑石、刚玉、菱镁矿、颜料矿物、天然碱、芒硝、钠硝石、明矾石、砷、硼、碘、溴、膨润土、硅藻土、陶瓷土、耐火粘土、铁矾土、凹凸棒石粘土、海泡石粘土、伊利石粘土、累托石粘土	原矿或者选矿	1%～12%
		蜡石、硅灰石、透辉石、珍珠岩、云母、沸石、重晶石、毒重石、方解石、蛭石、透闪石、工业用电气石、白垩、石棉、蓝石棉、红柱石、榴子石、石膏	原矿或者选矿	2%～12%
		其他粘土(铸型用粘土、砖瓦用粘土、陶粒用粘土、水泥配料用粘土、水泥配料用红土、水泥配料用黄土、水泥配料用泥岩、保温材料用粘土)	原矿或者选矿	1%～5%或者每吨(或者每立方米)0.1～5元
	岩石类	大理岩、花岗岩、白云岩、石英岩、砂岩、辉绿岩、安山岩、闪长岩、板岩、玄武岩、片麻岩、角闪岩、页岩、浮石、凝灰岩、黑曜岩、霞石正长岩、蛇纹岩、麦饭石、泥灰岩、含钾岩石、含钾砂页岩、天然油石、橄榄岩、松脂岩、粗面岩、辉长岩、辉石岩、正长岩、火山灰、火山渣、泥炭	原矿或者选矿	1%～10%
		砂石	原矿或者选矿	1%～5%或者每吨(或者每立方米)0.1～5元
	宝玉石类	宝石、玉石、宝石级金刚石、玛瑙、黄玉、碧玺	原矿或者选矿	4%～20%
水气矿产	二氧化碳气、硫化氢气、氮气、氦气		原矿	2%～5%
	矿泉水		原矿	1%～20%或者每立方米1～30元

续表

税 目		征税对象	税 率
盐	钠盐、钾盐、镁盐、盐	选矿	3%～15%
	天然卤水	原矿	3%～15%或者每吨(或者每立方米)1～10元
	海盐		2%～5%

三、计税依据

资源税的计税依据为应税资源的销售额或销售量,各税目的征税对象包括原矿、选矿,具体按照表 9-1 所示的相关规定执行。对未列举名称的其他矿产品,省级人民政府可对本地区主要矿产品按矿种设定税目,对其余矿产品按类别设定税目,并按其销售的主要形态(如原矿、选矿)确定征税对象。

对《资源税税目税率表》中列举名称的资源品目和未列举名称的其他金属矿实行从价计征;对经营分散、多为现金交易且难以控管的黏土、砂石,按照便利征管原则,仍实行从量定额计征;对《资源税税目税率表》中未列举名称的其他非金属矿产品,按照从价计征为主、从量计征为辅的原则,由省级人民政府确定计征方式。

原矿和选矿的销售额或者销售量应当分别核算,未分别核算的,从高确定计税销售额或者销售数量。

(一)从价定率征收的计税依据

1. 销售额的基本规定

从价定率征收的计税依据为计税销售额。计税销售额是指纳税人销售应税产品向购买方收取的全部价款和价外费用,不包括增值税销项税额。

其中,价外费用,包括价外向购买方收取的手续费、补贴、基金、集资费、返还利润、奖励费、违约金、滞纳金、延期付款利息、赔偿金、代收款项、代垫款项、包装费、包装物租金、储备费、优质费以及其他各种性质的价外收费。但下列项目不包括在内。

(1) 同时符合以下条件的代垫运输费用:①承运部门的运输费用发票开具给购买方的;②纳税人将该项发票转交给购买方的。

(2) 同时符合以下条件代为收取的政府性基金或者行政事业性收费:①由国务院或者财政部批准设立的政府性基金,由国务院或者省级人民政府及其财政、价格主管部门批准设立的行政事业性收费;②收取时开具省级以上财政部门印制的财政票据;③所收款项全额上缴财政。

纳税人以人民币以外的货币结算销售额的,应当折合成人民币计算。其销售额的人民币折合率可以选择销售额发生的当天或者当月 1 日的人民币汇率中间价。纳税人应在事先确定采用何种折合率计算方法,确定后 1 年内不得变更。

2. 运杂费用的扣减

对同时符合以下条件的运杂费用，纳税人在计算应税产品计税销售额时，可予以扣减。

(1) 包含在应税产品销售收入中。

(2) 属于纳税人销售应税产品环节发生的运杂费用，具体是指运送应税产品从坑口或者洗选(加工)地到车站、码头或者购买方指定地点的运杂费用。

(3) 取得相关运杂费用发票或者其他合法有效凭据。

(4) 将运杂费用与计税销售额分别进行核算。

纳税人扣减的运杂费用明显偏高导致应税产品价格偏低且无正当理由的，主管税务机关可以合理调整计税价格。

3. 原矿销售额与选矿销售额的换算或折算

(1) 原矿销售额换算为选矿销售额。

为公平原矿与选矿之间的税负，对同一种应税产品，征税对象为选矿的，纳税人销售原矿时，应将原矿销售额换算为选矿销售额缴纳资源税。计算公式为：

$$选矿销售额=原矿销售额×换算比$$

$$换算比=选矿单位售价÷(原矿单位售价×选矿比)$$

$$选矿比=加工选矿耗用的原矿数量÷选矿数量$$

或：选矿比=选矿品位÷(加工选矿耗用的原矿品位×选矿回收率)

选矿回收率为选矿中某有用组分的质量占入选原矿中该有用组分质量的百分比。

如果本地区选矿销售量很少，缺乏可参照的市场售价，纳税人销售或视同销售其自采原矿的，可采用成本法公式计算换算比：

换算比=选矿平均销售额÷(选矿平均销售额-加工环节的平均成本-加工环节的平均利润)

加工环节是指原矿加工为选矿的环节。加工环节的平均成本包括相关的合法、合理的销售费用、管理费用和财务费用。

金矿以标准金锭为征税对象，纳税人销售金原矿、金选矿的，应比照上述规定将其销售额换算为金锭销售额缴纳资源税。

(2) 选矿销售额折算为原矿销售额。

征税对象为原矿的，纳税人销售自采原矿加工的选矿，应将选矿销售额折算为原矿销售额缴纳资源税。如果本地区有可参照的原矿销售价格(一般外销占 1/3 以上)，纳税人销售或视同销售其自采矿加工的选矿时，可采用市场法将选矿销售额折算为原矿销售额计算缴纳资源税。计算公式为：

$$原矿销售额=选矿销售额×折算率$$

$$折算率=(原矿单位售价×选矿比)÷选矿单位售价$$

如果本地区原矿销售量很少，缺乏可参照的市场售价，纳税人销售或视同销售其自采原矿加工的选矿时，可采用成本法公式计算折算率：

折算率=(选矿平均销售额-加工环节的平均成本-加工环节的平均利润)÷精矿平均销售额×100%

4. 特殊情形下销售额的确定

特殊情形下销售额的确定方法具体如下。

(1) 纳税人开采应税矿产品由其关联单位对外销售的，按其关联单位的销售额征收资源税。

(2) 纳税人既有对外销售应税产品，又有将应税产品用于除连续生产应税产品以外的其他方面的(包括用于非生产项目和生产非应税产品)，则自用的这部分应税产品按纳税人对外销售应税产品的平均价格计算销售额征收资源税。

(3) 纳税人将其开采的应税产品直接出口的，按其离岸价格(不含增值税)计算销售额征收资源税。

(4) 纳税人有视同销售应税产品行为而无销售价格的，或者申报的应税产品销售价格明显偏低且无正当理由的，税务机关应按下列顺序确定其应税产品计税价格：

① 按纳税人最近时期同类产品的平均销售价格确定。
② 按其他纳税人最近时期同类产品的平均销售价格确定。
③ 按应税产品组成计税价格确定。计算公式为：

$$组成计税价格=成本\times(1+成本利润率)\div(1-资源税税率)$$

公式中的成本是指应税产品的实际生产成本。公式中的成本利润率由省、自治区、直辖市税务机关确定。

④ 按后续加工非应税产品销售价格，减去后续加工环节的成本利润后确定。
⑤ 按其他合理方法确定。

(5) 纳税人用已纳资源税的应税产品进一步加工应税产品销售的，不再缴纳资源税。纳税人以自采未税产品和外购已税产品混合销售或者混合加工为应税产品销售的，在计算应税产品计税销售额时，准予扣减已单独核算的已税产品购进金额；未单独核算的，一并计算缴纳资源税。已税产品购进金额当期不足扣减的可结转下期扣减。

纳税人核算并扣减当期外购已税产品购进金额，应依据外购已税产品的增值税发票、海关进口增值税专用缴款书或者其他合法有效凭据。

外购原矿或者选矿形态的已税产品与本产品征税对象不同的，在计算应税产品计税销售额时，应对混合销售额或者外购已税产品的购进金额进行换算或者折算。

(6) 纳税人与其关联企业之间的业务往来，应当按照独立企业之间的业务往来收取或者支付价款、费用。不按照独立企业之间的业务往来收取或者支付价款、费用，而减少其计税销售额的，税务机关可以按照《中华人民共和国税收征收管理法》及其实施细则的有关规定进行合理调整。

(二)从量定额征收的计税依据

对经营分散、多为现金交易且难以控管的黏土、砂石，按照便利征管原则，资源税仍实行从量计征，实行从量定额征收的以销售数量为计税依据。销售数量的具体规定为：

(1) 销售数量，包括纳税人开采或者生产应税产品的实际销售数量和视同销售的自用数量。

(2) 纳税人不能准确提供应税产品销售数量的，以应税产品的产量或者主管税务机关确定的折算比换算成的数量为计征资源税的销售数量。

(3) 纳税人以自产的液体盐加工固体盐，按固体盐税额征税，以加工的固体盐数量为课税数量。纳税人以外购的液体盐加工固体盐，其加工固体盐所耗用液体盐的已纳税额准予抵扣。

(三)视同销售的情形

计税销售额或者销售数量，包括应税产品实际销售和视同销售两部分。应当征收资源税的视同销售的自产自用产品，包括用于非生产项目和生产非应税产品两类。视同销售具体包括以下情形：

(1) 纳税人以自采原矿直接加工为非应税产品的，视同原矿销售；
(2) 纳税人以自采原矿洗选(加工)后的精矿连续生产非应税产品的，视同选矿销售；
(3) 以应税产品投资、分配、抵债、赠与、以物易物等，视同应税产品销售。

第二节　资源税的计算与税收优惠

一、应纳税额的计算

资源税的应纳税额，按照从价定率或者从量定额的办法，分别以应税产品的销售额乘以纳税人具体适用的比例税率或者以应税产品的销售数量乘以纳税人具体适用的定额税率计算。

(一)从价定率方式应纳税额的计算

实行从价定率方式征收资源税的，具体计算公式为：

$$应纳税额=应税产品销售额×适用税率$$

案例点击

某油田 2018 年 8 月销售原油 3 000 吨，开具增值税专用发票取得销售额 2 000 万元、增值税额 340 万元，按《资源税税目税率表》的规定，其适用的税率为 5%。请计算该油田 8 月应缴纳的资源税。

〚点石成金〛
应纳税额=2 000×5%=100(万元)

(二)从量定额方式应纳税额的计算

实行从量定额征收资源税的，根据应税产品的课税数量和规定的单位税额计算应纳税额。具体计算公式为：

$$应纳税额=应税产品课税数量×单位税额$$
$$代扣代缴应纳税额=收购未税矿产品的数量×适用的单位税额$$

案例点击

某砂石厂 2020 年 10 月销售砂石 100 吨，当地砂石适用定额税率 2 元/吨。

〖点石成金〗
该砂石厂 10 月应纳资源税=100×2=200(元)

(三)煤炭资源税计算方法

为规范煤炭资源税从价计征管理,国家税务总局制定了《煤炭资源税征收管理办法(试行)》,自 2015 年 8 月 1 日起施行。

1. 基本计征方式

应税煤炭包括原煤和以未税原煤加工的洗选煤。煤炭资源税实行从价定率计征,应纳税额的计算公式如下:

$$应纳税额 = 应税煤炭销售额 \times 适用税率$$

2. 应税销售额的确定

应税销售额的确定方法具体如下。

(1) 纳税人开采原煤直接对外销售的,以原煤销售额作为应税煤炭销售额计算缴纳资源税。其计算公式为:

$$原煤应纳税额 = 原煤销售额 \times 适用税率$$

原煤销售额是指纳税人销售原煤向购买方收取的全部价款和价外费用,不包括收取的增值税销项税额以及从坑口到车站、码头或购买方指定地点的运输费用。

(2) 纳税人将其开采的原煤加工为洗选煤销售的,以洗选煤销售额乘以折算率作为应税煤炭销售额计算缴纳资源税。计算公式为:

$$洗选煤应纳税额 = 洗选煤销售额 \times 折算率 \times 适用税率$$

洗选煤销售额是指纳税人销售洗选煤向购买方收取的全部价款和价外费用,包括洗选副产品的销售额,不包括收取的增值税销项税额以及从洗选煤厂到车站、码头或购买方指定地点的运输费用。

在计算煤炭销售额时,原煤及洗选煤销售额中包含的运输费用、建设基金以及随运销产生的装卸、仓储、港杂等费用应与煤价分别核算,凡取得相应凭据的,允许在计算煤炭计税销售额时予以扣减。扣减的凭据包括有关发票或者经主管税务机关审核的其他凭据。运输费用明显高于当地市场价格导致应税煤炭产品价格偏低,且无正当理由的,主管税务机关有权合理调整计税价格。

纳税人同时销售(包括视同销售)应税原煤和洗选煤的,应当分别核算原煤和洗选煤的销售额;未分别核算或者不能准确提供原煤和洗选煤销售额的,一并视同销售原煤计算缴纳资源税。

纳税人同时以自采未税原煤和外购已税原煤加工洗选煤的,应当分别核算;未分别核算的,按洗选煤销售额缴纳资源税。

3. 洗选煤折算率计算方法

折算率可通过洗选煤销售额扣除洗选环节成本、利润计算,也可通过洗选煤市场价格与其所用同类原煤市场价格的差额及综合回收率计算。折算率由省、自治区、直辖市财税部门或其授权地市级财税部门确定。

洗选煤折算率一经确定,原则上在一个纳税年度内保持相对稳定,但在煤炭市场行情、洗选成本等发生较大变化时可进行调整。

洗选煤折算率计算公式如下。

公式一：

洗选煤折算率=(洗选煤平均销售额-洗选环节平均成本-洗选环节平均利润)/洗选煤平均销售额×100%

洗选煤平均销售额、洗选环节平均成本、洗选环节平均利润可按照上年当地行业平均水平测算确定。

公式二：

洗选煤折算率=原煤平均销售额÷(洗选煤平均销售额×综合回收率)×100%

原煤平均销售额、洗选煤平均销售额可按照上年当地行业平均水平测算确定。

综合回收率=洗选煤数量÷入洗前原煤数量×100%

4. 视同销售

纳税人将其开采的原煤，自用于连续生产洗选煤的，在原煤移送使用环节不缴纳资源税；自用于其他方面的，视同销售原煤。

纳税人将其开采的原煤加工为洗选煤自用的，视同销售洗选煤。

5. 特殊情形下销售额的确定

特殊情形下销售额的确定方法具体如下。

(1) 纳税人申报的原煤或洗选煤销售价格明显偏低且无正当理由的，或者有视同销售应税煤炭行为而无销售价格的，主管税务机关应按下列顺序确定计税价格：

① 按纳税人最近时期同类原煤或洗选煤的平均销售价格确定。

② 按其他纳税人最近时期同类原煤或洗选煤的平均销售价格确定。

③ 按组成计税价格确定：

组成计税价格=成本×(1+成本利润率)÷(1-资源税税率)

④ 按其他合理方法确定。

(2) 纳税人与其关联企业之间的业务往来，应当按照独立企业之间的业务往来收取或支付价款、费用；不按照独立企业之间的业务往来收取或支付价款、费用，而减少其应纳税收入的，税务机关有权按照《中华人民共和国税收征收管理法》及其实施细则的有关规定进行合理调整。

6. 销售额的扣减

销售额的扣减方法具体如下。

(1) 纳税人将自采原煤与外购原煤(包括煤矸石)进行混合后销售的，应当准确核算外购原煤的数量、单价及运费，在确认计税依据时可以扣减外购相应原煤的购进金额。计算公式为：

计税依据=当期混合原煤销售额-当期用于混售的外购原煤的购进金额

外购原煤的购进金额=外购原煤的购进数量×单价

(2) 纳税人将自采原煤连续加工的洗选煤与外购洗选煤进行混合后销售的，比照上述有关规定计算缴纳资源税。

纳税人以自采原煤和外购原煤混合加工洗选煤的，应当准确核算外购原煤的数量、单价及运费，在确认计税依据时可以扣减外购相应原煤的购进金额。计算公式为：

计税依据=当期洗选煤销售额×折算率-当期用于混洗混售的外购原煤的购进金额

外购原煤的购进金额=外购原煤的购进数量×单价

纳税人扣减当期外购原煤或者洗选煤购进额的，应当以增值税专用发票、普通发票或者海关报关单作为扣减凭证。

二、资源税的税收优惠政策

(一)免征资源税

关于免征资源税的具体规定如下：

(1) 开采原油以及在油田范围内运输原油过程中用于加热的原油、天然气；

(2) 煤炭开采企业因安全生产需要抽采的煤成(层)气。

煤层气是指赋存于煤层及其围岩中与煤炭资源伴生的非常规天然气，也称煤矿瓦斯。

(二)减征资源税

关于减征资源税的具体规定如下。

(1) 从低丰度油气田开采的原油、天然气，减征20%资源税。

低丰度油气田，包括陆上低丰度油田、陆上低丰度气田、海上低丰度油田、海上低丰度气田。陆上低丰度油田是指每平方公里原油可开采储量丰度低于二十五万立方米的油田；陆上低丰度气田是指每平方公里天然气可开采储量丰度低于二亿五千万立方米的气田；海上低丰度油田是指每平方公里原油可开采储量丰度低于六十万立方米的油田；海上低丰度气田是指每平方公里天然气可开采储量丰度低于六亿立方米的气田。

(2) 高含硫天然气、三次采油和从深水油气田开采的原油、天然气，减征30%资源税。

高含硫天然气，是指硫化氢含量在每立方米三十克以上的天然气。

三次采油，是指二次采油后继续以聚合物驱、复合驱、泡沫驱、气水交替驱、二氧化碳驱、微生物驱等方式进行采油。

深水油气田，是指水深超过三百米的油气田。

(3) 稠油、高凝油减征40%资源税。

稠油，是指地层原油黏度大于或等于每秒五十毫帕或原油密度大于或等于每立方厘米零点九二克的原油。

高凝油，是指凝固点高于四十摄氏度的原油。

(4) 从衰竭期矿山开采的矿产品，减征30%资源税。

衰竭期矿山，是指设计开采年限超过十五年，且剩余可开采储量下降到原设计可开采储量的20%以下或者剩余开采年限不超过五年的矿山。衰竭期矿山以开采企业下属的单个矿山为单位确定。

(三)其他减税、免税项目

其他减税、免税项目具体如下。

(1) 纳税人开采或者生产应税产品过程中，因意外事故或者自然灾害等原因遭受重大损失。

(2) 纳税人开采共伴生矿、低品位矿、尾矿。

为促进共伴生矿的综合利用,纳税人开采销售共伴生矿,共伴生矿与主矿产品销售额分开核算的,对共伴生矿暂不计征资源税;没有分开核算的,共伴生矿按主矿产品的税目和适用税率计征资源税。财政部、国家税务总局另有规定的,从其规定。

对鼓励利用的低品位矿、废石、尾矿、废渣、废水、废气等提取的矿产品,由省级人民政府根据实际情况确定是否减税或免税。

免征或者减征资源税的具体办法,由省、自治区、直辖市人民政府提出,报同级人民代表大会常务委员会决定,并报全国人民代表大会常务委员会和国务院备案。

纳税人的免税、减税项目,应当单独核算销售额或者销售数量;未单独核算或者不能准确提供销售额或者销售数量的,不予免税或者减税。

第三节 资源税的征收管理与会计处理

一、资源税的征收管理

(一)纳税义务发生时间

关于资源税的纳税义务发生时间,具体规定如下。

(1) 纳税人销售应税产品,其纳税义务发生时间为:

① 纳税人采取分期收款结算方式的,其纳税义务发生时间,为销售合同规定的收款日期的当天。

② 纳税人采取预收货款结算方式的,其纳税义务发生时间,为发出应税产品的当天。

③ 纳税人采取除分期收款和预收货款以外其他结算方式的,其纳税义务发生时间,为收讫销售款或者取得索取销售款凭据的当天。

(2) 纳税人自产自用应税产品的纳税义务发生时间,为移送使用应税产品的当天。

(3) 扣缴义务人代扣代缴税款的纳税义务发生时间,为支付首笔货款或首次开具支付货款凭据的当天。

(二)纳税期限

资源税按月或者按季申报缴纳;不能按固定期限计算缴纳的,可以按次申报缴纳。

纳税人按月或者按季申报缴纳的,应当自月度或者季度终了之日起十五日内,向税务机关办理纳税申报并缴纳税款;按次申报缴纳的,应当自纳税义务发生之日起十五日内,向税务机关办理纳税申报并缴纳税款。

(三)纳税环节和纳税地点

1. 纳税环节

资源税的纳税环节具体如下。

(1) 资源税在应税产品的销售或自用环节计算缴纳。纳税人以自采原矿加工选矿产品的,在原矿移送使用时不缴纳资源税,在选矿销售或自用时缴纳资源税。

(2) 纳税人以自采原矿直接加工为非应税产品或者以自采原矿加工的选矿连续生产非应税产品的，在原矿或者选矿移送环节计算缴纳资源税。

(3) 以应税产品投资、分配、抵债、赠与、以物易物等，在应税产品所有权转移时计算缴纳资源税。

(4) 纳税人以自采原矿加工金锭的，在金锭销售或自用时缴纳资源税。纳税人销售自采原矿或者自采原矿加工的金精矿、粗金，在原矿或者金精矿、粗金销售时缴纳资源税，在移送使用时不缴纳资源税。

2. 纳税地点

资源税的纳税地点具体如下：

(1) 纳税人开采或者生产资源税应税产品，应当依法向开采地或者生产地主管税务机关申报缴纳资源税。

(2) 如果纳税人应纳的资源税属于跨省开采，其下属生产单位与核算单位不在同一省、自治区、直辖市的，对其开采或者生产的应税产品，一律在开采地或者生产地纳税。

(3) 扣缴义务人代扣代缴的资源税，应当向收购地主管税务机关缴纳。

(四)纳税申报

资源税申报时需要填制"资源税纳税申报表"。

二、资源税的会计处理

资源税的会计处理通过"应交税费——应交资源税"科目进行。计算应缴纳的资源税时，借记"税金及附加"等科目，贷记"应交税费——应交资源税"科目；缴纳资源税时，借记"应交税费——应交资源税"科目，贷记"银行存款"科目。

【案例点击】

承前例，2020年10月砂石厂的相关会计处理如何？

〖点石成金〗

(1) 10月应纳的资源税

借：税金及附加　　　　　　　　　　200
　　贷：应交税费——应交资源税　　　　　200

(2) 缴纳资源税

借：应交税费——应交资源税　　　　200
　　贷：银行存款　　　　　　　　　　　　200

课 后 练 习

基 础 演 练

单项选择题

1. 扣缴义务人代扣代缴的资源税，应当向(　　)税务机关缴纳。

A. 机构所在地　　B. 生产所在地　　C. 收购地　　D. 销售地

2. 下列结算方式中，不符合资源税纳税义务发生时间的是( )。
　　A. 采取预收货款结算方式的，为收到预收款的当天
　　B. 采取其他结算方式的为收讫销售款或者取得索取销售款凭据的当天
　　C. 代扣代缴税款时，为扣缴人支付首笔货款或者开具应支付货款凭据的当天
　　D. 自产自用的矿产品，为移送使用应税产品的当天

3. 下列表述不符合资源税征税规定的是( )。
　　A. 资源税主要适用比率税率　　　　B. 矿泉水是资源税的应税资源
　　C. 进口的原油在海关需要缴纳资源税　　D. 矿产品包括原矿和选矿产品

4. 以自产液体盐加工成固体盐销售的，计税依据是( )。
　　A. 固体盐的销售数量　　　　　　B. 固体盐的销售金额
　　C. 耗用的液体盐的数量　　　　　D. 加工好的固体盐数量

5. 我国自 2020 年( )起开始施行《中华人民共和国资源税法》。
　　A. 1月1日　　B. 3月1日　　C. 5月1日　　D. 9月1日

提 高 演 练

一、单项选择题

1. 某煤矿企业 6 月销售洗选煤 10 万吨，每吨售价 800 元(不含税)，假定折算率 80%，税率 5%，应纳资源税( )万元。
　　A. 8 000　　B. 6 400　　C. 10 000　　D. 320

2. 下列产品中，不征资源税的有( )。
　　A. 出口的海盐　　B. 铜矿石　　C. 柴油　　D. 二氧化碳气

3. 某有色金属公司 8 月销售自采钼原矿 100 吨，每吨售价 1 500 元(不含税)，假定钼矿原矿与选矿的换算比为 3∶1，资源税率 8%。当月应纳资源税为( )万元。
　　A. 0.4　　B. 1.2　　C. 3.6　　D. 15

4. 纳税人以自采原矿直接加工为非应税产品的，在原矿移送环节计算缴纳资源税，借记( )。
　　A. 税金及附加　　　　　　B. 生产成本
　　C. 物资采购　　　　　　　D. 应交税费——应交资源税

5. 根据现行资源税规定，下列说法中错误的是( )。
　　A. 我国目前的资源税只对部分资源征收，体现了特定征收的立法原则
　　B. 资源税的立法原则充分体现了级差调节
　　C. 资源税实行从量定额征收
　　D. 出口应税产品不免不退已纳资源税

二、多项选择题

1. 不征资源税的矿产品有( )。
　　A. 加热修井用原油　　　　B. 煤油
　　C. 海盐　　　　　　　　　D. 居民煤炭制品

2. 下列单位和个人的生产经营行为应缴纳资源税的有( )。
   A. 冶炼企业进口矿石   B. 个体经营者开采煤矿
   C. 石油单位开采石油   D. 中外合作开采海上石油
3. 煤矿生产并销售原煤，需缴纳( )。
   A. 增值税   B. 消费税   C. 资源税   D. 城市维护建设税
4. 纳税人不能准确提供应税产品销售数量或移送使用数量的，可以根据( )确定课税数量。
   A. 应税产品的产量   B. 当期估计产量
   C. 根据综合回收率折算的数量   D. 主管税务机关确定的折算比换算成的数量
5. 下列表述符合资源税有关规定的有( )。
   A. 资源税按实际产量计算征收
   B. 进口应税资源不纳资源税
   C. 纳税人跨省开采应税产品的，一律在开采地纳税
   D. 自用于连续生产应税产品的，不缴纳资源税

综 合 演 练

山西某煤矿 2019 年 9 月开采原煤 10 万吨，当月对外销售 7 万吨；移送本月开采的原煤 1 万吨加工洗选煤；本月职工单位供暖 0.5 万吨；其余原煤 1.5 万吨待售。每吨原煤不含税价 600 元，适用的资源税率 6%。

要求：计算该煤矿 9 月应纳资源税。

第十章　土地增值税

【本章学习目标】

通过本章的学习，了解土地增值税的概述；掌握土地增值税的基本要素；掌握土地增值额的确定；掌握土地增值税的计算；熟悉土地增值税的纳税申报和会计处理。

【本章重点】

- 土地增值税的基本要素
- 土地增值额的确定
- 土地增值税的计算
- 土地增值税的征收管理及会计处理

【本章难点】

- 土地增值额的确定及土地增值税的计算

【章前导读】

企业分立，原企业将房地产转移、变更到分立后的企业，是否征收土地增值税？

解析：根据《财政部 税务总局关于继续实施企业改制重组有关土地增值税政策的通知》(财税〔2018〕57号)中规定，企业分设为两个或两个以上与原企业投资主体相同的企业，对原企业将房地产转移、变更到分立后的企业，暂不征土地增值税。

【关键词】

土地增值税　纳税人　增值额　计税依据　扣除项目　纳税申报　会计处理

第一节　土地增值税概述

一、土地增值税的概念

土地增值税是对有偿转让国有土地使用权及地上建筑物和其他附着物产权并取得增值性收入的单位和个人所征收的一种税。

二、土地增值税的特点

土地增值税具有以下特点。

(1) 以转让房地产取得的增值额为征税对象。我国的土地增值税属于"土地转移增值税"的类型，将土地、房屋的转让收入合并征收。作为征税对象的增值额，是纳税人转让房地产的收入减除税法规定准予扣除项目金额后的余额。

(2) 征税面比较广。凡在我国境内转让房地产并取得增值收入的单位和个人，除税法规定免税的外，均应依照税法规定缴纳土地增值税。换言之，凡发生应税行为的单位和个人，不论其经济性质，也不分内、外资企业或中、外籍人员，无论专营或兼营房地产业务，均有缴纳土地增值税的义务。

(3) 采用扣除法和评估法计算增值额。土地增值税在计算方法上考虑我国实际情况，以纳税人转让房地产取得的收入，减除法定扣除项目金额后的余额作为计税依据。对旧房及建筑物的转让，以及对纳税人转让房地产申报不实、成交价格偏低的，采用评估价格法确定增值额，计征土地增值税。

(4) 实行超率累进税率。土地增值税的税率是以转让房地产的增值率高低为依据，按照累进原则设计的，实行分级计税。增值率高的，适用的税率高、多纳税；增值率低的，适用的税率低、少纳税。

(5) 实行按次征收。土地增值税发生在房地产转让环节，实行按次征收，每发生一次转让行为，就应根据每次取得的增值额征一次税。其纳税时间和缴纳方法根据房地产转让情况而定。

第二节 土地增值税基本要素

一、征税范围

(一)基本征税范围

土地增值税是对转让国有土地使用权及其地上建筑物和附着物的行为征税，不包括国有土地使用权出让所取得的收入。

国有土地使用权出让，是指国家以土地所有者的身份将土地使用权在一定年限内让与土地使用者，并由土地使用者向国家支付土地使用权出让金的行为，属于土地买卖的一级市场。土地使用权出让的出让方是国家，国家凭借土地的所有权向土地使用者收取土地的租金。出让的目的是实行国有土地的有偿使用制度，合理开发、利用、经营土地，因此，土地使用权的出让不属于土地增值税的征税范围。

国有土地使用权的转让是指土地使用者通过出让等形式取得土地使用权后，将土地使用权再转让的行为，包括出售、交换和赠予，它属于土地买卖的二级市场土地使用权转让，其地上的建筑物、其他附着物的所有权随之转让。土地使用权的转让，属于土地增值税的征税范围。

土地增值税的征税范围不包括未转让土地使用权、房产产权的行为，是否发生转让行为主要以房地产权属(指土地使用权和房产产权)的变更为标准。凡土地使用权、房产产权未转让的(如房地产的出租)，不征收土地增值税。

土地增值税的征税范围包括如下。

1. 转让国有土地使用权

国有土地是指按国家法律规定属于国家所有的土地。出售国有土地使用权是指土地使用者通过出让方式，向政府缴纳了土地出让金，有偿受让土地使用权后，仅对土地进行通水、通电、通路和平整地面等土地开发，不进行房产开发，即所谓"将生地变熟地"，再直接将空地出售出去。

2. 地上的建筑物及其附着物连同国有土地使用权一并转让

地上的建筑物是指建于土地上的一切建筑物，包括地上地下的各种附属设施。附着物是指附着于土地上的不能移动或一经移动即遭损坏的物品。纳税人取得国有土地使用权后进行房屋开发建造然后出售的，这种情况即是一般所说的房地产开发。虽然这种行为通常被称作卖房，但按照国家有关房地产法律和法规的规定，卖房的同时，土地使用权也随之发生转让。由于这种情况既发生了产权的转让又取得了收入，因此应纳入土地增值税的征税范围。

3. 存量房地产的买卖

存量房地产是指已经建成并已投入使用的房地产，其房屋所有人将房屋产权和土地使用权一并转让给其他单位和个人。这种行为按照国家有关的房地产法律和法规，应当到有关部门办理房产产权和土地使用权的转移变更手续；原土地使用权属于无偿划拨的，还应到土地管理部门补交土地出让金。

4. 房地产的赠予

土地增值税只对有偿转让的房地产征税，对以继承、赠予等方式无偿转让的房地产，不予征税。

(1) 房地产的继承。

房地产的继承是指房产的原产权所有人、依照法律规定取得土地使用权的土地使用人死亡以后，由其继承人依法承受死者房产产权和土地使用权的民事法律行为。这种行为虽然发生了房地产的权属变更，但房产产权、土地使用权的原所有人(即被继承人)并没有因为权属变更而取得任何收入。因此，这种房地产的继承不属于土地增值税的征税范围。

(2) 房地产的赠予。

房地产的赠予是指房产所有人、土地使用权所有人将自己所拥有的房地产无偿地交给其他单位与个人的行为。房地产的赠予虽发生了房地产的权属变更，但房产所有人、土地使用权的所有人并没有因为权属的转让而取得任何收入。因此，房地产的赠予不属于土地增值税的征税范围。但是，不征收土地增值税的房地产赠予行为只包括以下两种情况：

① 房产所有人、土地使用权所有人将房屋产权、土地使用权赠予直系亲属或承担直接赡养义务人的行为。

② 房产所有人、土地使用权所有人通过中国境内非营利的社会团体、国家机关将房屋产权、土地使用权赠予教育、民政和其他社会福利、公益事业的行为。其中，社会团体是指中国青少年发展基金会、希望工程基金会、宋庆龄基金会、减灾委员会、中国红十字会、中国残疾人联合会、全国老年基金会、老区促进会，以及经民政部门批准成立的其他非营利的公益性组织。

(二)征税范围的若干具体规定

1. 合作建房

对于一方出地、一方出资金，双方合作建房，建成后分房自用的，暂免征收土地增值税。但是，建成后转让的，属于征收土地增值税的范围。

2. 交换房地产

交换房地产行为既发生了房产产权、土地使用权的转移,交换双方又取得了实物形态的收入,按照规定属于征收土地增值税的范围。但对个人之间互换自有居住用房地产的,经当地税务机关核实,可以免征土地增值税。

3. 房地产抵押

在抵押期间不征收土地增值税。待抵押期满后,视该房地产是否转移产权来确定是否征收土地增值税。以房地产抵债而发生房地产产权转让的,属于征收土地增值税的范围。

4. 房地产出租

房地产出租,出租人取得了收入,但没有发生房地产产权的转让,不属于征收土地增值税的范围。

5. 房地产评估增值

房地产评估增值,没有发生房地产权属的转让,不属于征收土地增值税的范围。

6. 国家收回国有土地使用权、征用地上建筑物及附着物

国家收回或征用,虽然发生了权属的变更,原房地产所有人也取得了收入,但按照《土地增值税暂行条例》的有关规定,可以免征土地增值税。

7. 房地产的代建房行为

对于房地产开发公司而言,虽然取得了收入,但没有发生房地产权属的转移,其收入属于劳务收入性质,故不属于土地增值税的征税范围。

8. 土地使用者转让、抵押或置换土地行为

土地使用者转让、抵押或置换土地,无论其是否取得了该土地的使用权属证书,无论其在转让、抵押或置换土地过程中是否与对方当事人办理了土地使用权属证书变更登记手续,只要土地使用者享有占有、使用、收益或处分该土地的权利,且有合同等证据表明其实质转让、抵押或置换了土地并取得了相应的经济利益,土地使用者及其对方当事人应当依照税法规定缴纳土地增值税等相关税收。

二、纳税义务人

《土地增值税暂行条例》规定,土地增值税的纳税人是转让国有土地使用权及地上建筑物及其附着物产权,并取得收入的单位和个人。包括机关、团体、部队、企业事业单位、个体工商业户及国内其他单位和个人,还包括外商投资企业、外国企业及外国机构、华侨、港澳台同胞及外国公民等。

三、税率

土地增值税实行四级超率累进税率,如表10-1所示。

表 10-1　土地增值税四级超率累进税率表

级数	增值额与扣除项目金额的比率	税率(%)	速算扣除系数(%)
1	不超过 50%的部分	30	0
2	超过 50%至 100%的部分	40	5
3	超过 100%至 200%的部分	50	15
4	超过 200%的部分	60	35

第三节　转让房地产增值额的确定

转让房地产应当缴纳土地增值税，其计税依据是转让房地产所取得的增值额。转让房地产的增值额，是转让房地产的收入减除税法规定的扣除项目金额后的余额。土地增值额的大小，取决于转让房地产的收入额和扣除项目金额两个因素。对这两个因素的内涵、范围和确定方法等，税法都做了较为明确的规定。

一、收入额的确定

纳税人转让房地产所取得的收入，是指转让房地产所取得的各种收入，包括货币收入、实物收入和其他收入在内的全部价款及有关的经济利益。

(1) 对取得的实物收入，要按收入时的市场价格折算成货币收入。

(2) 对取得的无形资产收入，要进行专门的评估，在确定其价值后折算成货币收入。

(3) 取得的收入为外国货币的，应当以取得收入当天或当月 1 日国家公布的市场汇价折合成人民币，据以计算土地增值税税额。当月以分期收款方式取得的外币收入，也应按实际收款日或收款当月 1 日国家公布的市场汇价折合成人民币。

(4) 对于县级及县级以上人民政府要求房地产开发企业在售房时代收的各项费用，如果代收费用是计入房价中向购买方一并收取的，可作为转让房地产所取得的收入计税；如果代收费用未计入房价中，而是在房价之外单独收取的，可以不作为转让房地产的收入。对于代收费用作为转让收入计税的，在计算扣除项目金额时，可予以扣除，但不允许作为加计 20%扣除的基数；对于代收费用未作为转让房地产的收入计税的，在计算增值额时不允许扣除代收费用。

二、扣除项目金额的确定

计算土地增值税应纳税额，并不是直接对转让房地产所取得的收入征税，而是要对收入额减除国家规定的各项扣除项目金额后的余额计算征税(这个余额就是纳税人在转让房地产中获取的增值额)。因此，要计算增值额，首先必须确定扣除项目。税法准予纳税人从转让收入额中减除的扣除项目包括如下几项。

(一)取得土地使用权所支付的金额

取得土地使用权所支付的金额包括两方面的内容:

(1) 纳税人为取得土地使用权所支付的地价款。如果是以协议、招标、拍卖等出让方式取得土地使用权的,地价款为纳税人所支付的土地出让金;如果是以行政划拨方式取得土地使用权的,地价款为按照国家有关规定补交的土地出让金;如果是以转让方式取得土地使用权的,地价款为向原土地使用权人实际支付的地价款。

(2) 纳税人在取得土地使用权时按国家统一规定缴纳的有关费用。它是指纳税人在取得土地使用权过程中为办理有关手续,按国家统一规定缴纳的有关登记、过户手续费。

(二)开发土地和新建房及配套设施成本(简称房地产开发成本)

房地产开发成本是指纳税人房地产开发项目实际发生的成本,包括土地的征用及拆迁补偿费、前期工程费、建筑安装工程费、基础设施费、公共配套设施费、开发间接费用等。

(1) 土地征用及拆迁补偿费,包括土地征用费、耕地占用税、劳动方安置费及有关地上、地下附着物拆迁补偿的净支出、安置动迁用房支出等。

(2) 前期工程费,包括规划、设计、项目可行性研究和水文、地质、勘察、测绘、"三通一平"等支出。

(3) 建筑安装工程费,指以出包方式支付给承包单位的建筑安装工程费,以及以自营方式发生的建筑安装工程费。

(4) 基础设施费,包括开发小区内道路、供水、供电、供气、排污、排洪、通信、照明、环卫、绿化等工程发生的支出。

(5) 公共配套设施费,包括不能有偿转让的开发小区内公共配套设施发生的支出。

(6) 开发间接费用,指直接组织、管理开发项目发生的费用,包括工资、职工福利费、折旧费、修理费、办公费、水电费、劳动保护费、周转房摊销等。

(三)开发土地和新建房及配套设施的费用(简称房地产开发费用)

房地产开发费用是指与房地产开发项目有关的销售费用、管理费用和财务费用。作为土地增值税扣除项目的房地产开发费用,不按纳税人房地产开发项目实际发生的费用进行扣除,而按《实施细则》的标准进行扣除。具体的扣除规定是:

(1) 纳税人能够按转让房地产项目计算分摊利息支出,并能提供金融机构的贷款证明的,其允许扣除的房地产开发费用为:利息+(取得土地使用权所支付的金额+房地产开发成本)×5%以内(注:利息最高不能超过按商业银行同类同期贷款利率计算的金额)。

(2) 纳税人不能按转让房地产项目计算分摊利息支出或不能提供金融机构贷款证明的,其允许扣除的房地产开发费用为:(取得土地使用权所支付的金额+房地产开发成本)×10%以内。全部使用自有资金,没有利息支出的,按照以上方法扣除。上述具体适用的比例按省级人民政府此前规定的比例执行。

(3) 房地产开发企业既向金融机构借款,又有其他借款的,其房地产开发费用计算扣除比例不能同时适用上述(1)(2)项所述两种办法。

(4) 土地增值税清算时,已经计入房地产开发成本的利息支出,应调整至财务费用中计算扣除。

注意，财政部、国家税务总局还对扣除项目金额中利息支出的计算问题做了两点专门规定：一是利息的上浮幅度按国家的有关规定执行，超过上浮幅度的部分不允许扣除；二是对于超过贷款期限的利息部分和加罚的利息不允许扣除。

(四)与转让房产有关的税金

与转让房产有关的税金是指在转让房地产时缴纳的印花税、城市维护建设税，教育费附加也可视同税金扣除。对于个人购入房地产再转让的，其在购入环节缴纳的契税，由于已经包含在旧房及建筑物的评估价格之中，因此，计征土地增值税时，不另作为与转让房地产有关的税金扣除。

(五)其他扣除项目

财政部确定的一项重要扣除项目是，对从事房地产开发的纳税人允许按取得土地使用权时所支付的金额和房地产开发成本之和，加计 20%扣除。在此，应特别指出的是：此条优惠只适用于从事房地产开发的纳税人，除此之外的其他纳税人不适用。这样的规定，目的是抑制炒买炒卖房地产的投机行为，保护正常开发投资者的积极性。

(六)旧房及建筑物的评估价格

纳税人转让旧房的，应按房屋及建筑物的评估价格、取得土地使用权所支付的地价款或出让金、按国家统一规定缴纳的有关费用和转让环节缴纳的税金作为扣除项目金额计征土地增值税。对取得土地使用权时未支付地价款或不能提供已支付的地价款凭据的，在计征土地增值税时不允许扣除。

旧房及建筑物的评估价格是指在转让已使用的房屋及建筑物时，由政府批准设立的房地产评估机构评定的重置成本价乘以成新度折扣率后的价格。评估价格须经当地税务机关确认。重置成本价的含义是：对旧房及建筑物，按转让时的建材价格及人工费用计算，建造同样面积、同样层次、同样结构、同样建设标准的新房及建筑物所需花费的成本费用。成新度折扣率的含义是：按旧房的新旧程度作一定比例的折扣。例如，一幢房屋已使用近 10 年，建造时的造价为 2 000 万元，按转让时的建材及人工费用计算，建同样的新房需花费 4 000 万元；假定该房有六成新，则该房的评估价格为：4 000×60%=2 400(万元)。

纳税人转让旧房及建筑物，凡不能取得评估价格但能提供购房发票的，经当地税务部门确认，根据《土地增值税暂行条例》第六条第(一)、(三)项规定的扣除项目的金额(即取得土地使用权所支付的金额，新建房及配套设施的成本、费用，或者旧房及建筑物的评估价格)，可按发票所载金额并从购买年度起至转让年度止每年加计 5%计算扣除。计算扣除项目时"每年"按购房发票所载日期起至售房发票开具之日止，每满 12 个月计 1 年；超过 1 年，未满 12 个月但超过 6 个月的，可以视同为 1 年。对纳税人购房时缴纳的契税，凡能提供契税完税凭证的，准予作为"与转让房地产有关的税金"予以扣除，但不作为加计 5%的基数。

对于转让旧房及建筑物，既没有评估价格，又不能提供购房发票的，地方税务机关可以根据《中华人民共和国税收征收管理法》第三十五条的规定，实行核定征收。

第四节 土地增值税应纳税额的计算

土地增值税以转让房地产的增值额为税基，依据超率累进税率，计算应纳税额。计算的基本原理和方法是：首先以出售房地产的总收入减除扣除项目金额，求得增值额；再以增值额同扣除项目相比，其比值即为土地增值率；然后，根据土地增值率的高低确定适用税率，用增值额和适用税率相乘，求得应纳税额。

一、计算土地增值税的简便方法

计算土地增值税的简便方法具体如下。
(1) 增值额未超过扣除项目金额 50%的：
$$土地增值税税额=增值额×30\%$$
(2) 增值额超过扣除项目金额 50%未超过 100%的：
$$土地增值税税额=增值额×40\%-扣除项目金额×5\%$$
(3) 增值额超过扣除项目金额 100%未超过 200%的：
$$土地增值税税额=增值额×50\%-扣除项目金额×15\%$$
(4) 增值额超过扣除项目金额 200%的：
$$土地增值税税额=增值额×60\%-扣除项目金额×35\%$$
上述公式中的 5%、15%、35%为速算扣除系数。
以下就转让房地产的不同情况，分别介绍应纳税额的计算方法。

二、转让土地使用权和出售新房及配套设施应纳税款的计算

计算应纳土地增值税，分四步进行。
(1) 计算增值额：
$$增值额=收入额-扣除项目金额$$
(2) 计算增值率：
$$增值率=增值额÷扣除项目金额×100\%$$
(3) 确定适用税率和速算扣除系数：依据计算的增值率，按税率表确定税率和速算扣除系数。
(4) 计算应纳税额：
$$应纳税额=增值额×适用税率-扣除项目金额×速算扣除系数$$

案例点击

某房地产开发公司出售一幢写字楼，收入总额为 10 000 万元。开发该写字楼有关支出为：支付地价款及各种费用 1 000 万元；房地产开发成本 3 000 万元；财务费用中的利息支出 500 万元(可按转让项目计算分摊并提供金融机构证明)，但其中有 50 万元属加罚的利息；转让环节缴纳的有关税费共计 555 万元；该单位所在地政府规定的其他房地产开发费用计

算扣除比例为5%。试计算该房地产开发公司应纳的土地增值税。

〖点石成金〗

(1) 取得土地使用权支付的地价款及有关费用为1 000万元。
(2) 房地产开发成本为3 000万元。
(3) 房地产开发费用=500-50+(1 000+3 000)×5%=650(万元)
(4) 允许扣除的税费为555万元。
(5) 从事房地产开发的纳税人加计扣除20%：
  加计扣除额=(1 000+3 000)×20%=800(万元)
(6) 允许扣除的项目金额合计=1 000+3 000+650+555+800=6 005(万元)
(7) 增值额=10 000－6 005=3 995(万元)
(8) 增值率=3 995÷6 005×100%=66.53%
(9) 应纳税额=3 995×40%－6 005×5%=1 297.75(万元)

三、出售旧房应纳税额的计算

出售旧房及建筑物，首先按评估价格及有关因素计算、确定扣除项目金额，再根据上述方法计算应纳税额。具体计算步骤如下。

(1) 计算评估价格：
  评估价格=重置成本价×成新度折扣率
(2) 汇总扣除项目金额。
(3) 计算增值率。
(4) 依据增值率确定适用税率。
(5) 依据适用税率计算应纳税额：
  应纳税额=增值额×适用税率-扣除项目金额×速算扣除系数

案例点击

某工业企业转让一幢20世纪80年代建造的厂房，当时造价100万元，无偿取得土地使用权。如果按现行市场价的材料、人工费计算，建造同样的房子需600万元，该房子为七成新，按500万元出售，支付有关税费共计10万元。计算企业转让该旧房应缴纳的土地增值税额。

〖点石成金〗

(1) 评估价格=600×0.7=420(万元)
(2) 允许扣除的税金10万元。
(3) 扣除项目金额合计=420+10=430(万元)
(4) 增值额=500-430=70(万元)
(5) 增值率=70÷430×100%=16.28%
(6) 应纳税额=70×30%-430×0=21(万元)

四、土地增值税的优惠政策

土地增值税的优惠政策具体如下。

(1) 建造普通标准住宅出售，其增值额未超过扣除项目金额之和 20%的，予以免税。超过 20%的，应就其全部增值额按规定计税。

所谓"普通标准住宅"，是指按所在地一般民用住宅标准建造的居住用住宅。高级公寓、别墅、小洋楼、度假村，以及超面积、超标准豪华装修的住宅，均不属于普通标准住宅。普通标准住宅与其他住宅的具体界限，2005 年 5 月 31 日前由省级人民政府规定。

2005 年 6 月 1 日起，普通标准住宅应同时满足：住宅小区建筑容积率在 1.0 以上，单套建筑面积在 120 平方米以下，实际成交价格低于同级别土地上住房平均交易价格 1.2 倍以下。

各省、自治区、直辖市应根据实际情况，制定本地区享受优惠政策普通住房具体标准。允许单套建筑面积和价格标准适当浮动，但向上浮动的比例不得超过上述标准的 20%。

对纳税人既建普通标准住宅，又搞其他房地产开发的，应分别核算增值额；不分别核算增值额或不能准确核算增值额的，其建造的普通标准住宅不适用该免税规定。

(2) 因国家建设需要而被政府征收、收回的房地产，免税。

这类房地产是指因城市市政规划、国家建设需要拆迁，而被政府征收、收回的房地产。由于上述原因，纳税人自行转让房地产的，亦给予免税。

(3) 自 2008 年 11 月 1 日起，个人转让房产一律免征土地增值税。

(4) 对企事业单位、社会团体以及其他组织转让旧房作为公共租赁住房房源，且增值额未超过扣除项目金额 20%的，免征土地增值税。

(5) 对个人之间互换自有居住用房地产的，经当地税务机关核实，可以免征土地增值税。

第五节 土地增值税的征收管理及会计处理

一、土地增值税的预征

由于房地产开发与转让周期较长，造成土地增值税征管难度大，应加强土地增值税的预征管理办法。预征率的确定要科学、合理。对已经实行预征办法的地区，可根据不同类型房地产的实际情况，确定适当的预征率。除保障性住房外，东部地区省份预征率不得低于 2%，中部和东北地区省份不得低于 15%，西部地区省份不得低于 1%。

二、土地增值税的纳税期限

土地增值税的纳税人应在转让房地产合同签订后的 7 日内，到房地产所在地主管税务机关办理纳税申报，并向税务机关提交房屋及建筑物产权、土地使用权证书，土地转让、房产买卖合同，房地产评估报告及其他与转让房地产有关的资料。

纳税人因经常发生房地产转让而难以在每次转让后申报的，经税务机关审核同意后，可以定期进行纳税申报，具体期限由税务机关根据相关规定确定。

纳税人因经常发生房地产转让而难以在每次转让后申报，是指房地产开发企业开发建造的房地产、因分次转让而频繁发生纳税义务、难以在每次转让后申报纳税的情况，其土地增值税可按月或按各省、自治区、直辖市和计划单列市地方税务局规定的期限申报缴纳。纳税人选择定期申报方式的，应向纳税所在地的地方税务机关备案。定期申报方式确定后，一年之内不得变更。

三、土地增值税的纳税地点

土地增值税的纳税人应向房地产所在地主管税务机关办理纳税申报，并在税务机关核定的期限内缴纳土地增值税。"房地产所在地"，是指房地产的坐落地。纳税人转让的房地产坐落在两个或两个以上地区的，应按房地产所在地分别申报纳税。

在实际工作中，纳税地点的确定又可分为以下两种情况：

(1) 纳税人是法人的。当转让的房地产坐落地与其机构所在地或经营所在地一致时，则在办理税务登记的原管辖税务机关申报纳税即可；如果转让的房地产坐落地与其机构所在地或经营所在地不一致时，则应在房地产坐落地的税务机关申报纳税。

(2) 纳税人是自然人的。当转让的房地产坐落地与其居住所在地一致时，则在住所所在地税务机关申报纳税；当转让的房地产坐落地与其居住所在地不一致时，则在办理过户手续所在地的税务机关申报纳税。

四、土地增值税的纳税申报

从事房地产开发的纳税人对土地增值税进行清算时，填报"土地增值税纳税申报表"。

五、土地增值税核算的会计处理

(一)主营房地产业务的企业

主营房地产业务的企业，负担的土地增值税会计处理如下。

借：税金及附加
　　贷：应交税费——应交土地增值税

(二)兼营房地产业务的工业企业

兼营房地产业务的工业企业，负担的土地增值税会计处理如下。

借：其他业务成本
　　贷：应交税费——应交土地增值税

(三)转让的国有土地使用权连同地上建筑物及其他附着物

转让的国有土地使用权连同地上建筑物及其他附着物一并在"固定资产"或"在建工程"科目核算的，转让时应交纳的土地增值税会计处理如下。

借：固定资产清理/在建工程
    贷：应交税费——应交土地增值税

(四)企业在项目交付使用前转让房地产取得的收入

企业在项目交付使用前转让房地产取得的收入，按税法规定预交的土地增值税会计处理如下。

借：应交税费——应交土地增值税
    贷：银行存款

待该房地产营业收入实现时，再按上述营业业务的会计处理方法进行处理。

课后练习

基础演练

单项选择题

1. 下列各项中应征土地增值税的有（　　）。
   A. 房地产的继承
   B. 房地产的代建房行为
   C. 房地产的交换
   D. 房地产的出租

2. 某单位转让一幢1980年建造的公寓楼，当时的造价为1 000万元。经房地产评估机构评定，该楼的重置成本价为4 000万元，成新度折扣率为六成。在计算土地增值税时，其评估价格为（　　）万元。
   A. 500
   B. 2 400
   C. 2 000
   D. 1 500

3. 纳税人如果不能按转让房地产项目计算分摊利息支出，其房地产开发费用按地价款加开发成本之和的（　　）计算扣除。
   A. 5%以内
   B. 5%
   C. 10%以内
   D. 10%

4. 纳税人建造普通标准住宅出售，增值额超过扣除项目金额20%的，应就其（　　）按规定计算缴纳土地增值税。
   A. 超过部分的金额
   B. 全部增值额
   C. 扣除项目金额
   D. 出售金额

5. 土地增值税的纳税人隐瞒、虚报房地产成交价格的，按照（　　）计算征收。
   A. 最高一档税率
   B. 扣除项目金额不得扣除的原则
   C. 成交价格加倍，扣除项目金额减半的办法
   D. 房地产评估价格

提高演练

单项选择题

1. 个人之间互换自有居住用房地产，经当地税务机关核实，可以（　　）。

A. 免征土地增值税 B. 不征收土地增值税
C. 减半征收土地增值税 D. 按照正常计税规则征收土地增值税

2. 我国土地增值税的计算采用的税率类型属于( )。

A. 三级超率累进税率 B. 四级超率累进税率
C. 五级超额累进税率 D. 七级超额累进税率

3. 计算土地增值税时，纳税人如果不能按照转让房地产项目计算分摊利息支出的，其房地产开发费用按取得土地使用权所支付的金额和房地产开发成本之和的( )计算扣除。

A. 10%以内 B. 12%以内 C. 15%以内 D. 30%以内

4. 《税法》规定，纳税人转让旧房的，应按房屋及建筑物的评估价格、取得土地使用权所支付的地价款和按国家统一规定缴纳的有关费用以及在转让环节缴纳的税金作为扣除项目金额计征土地增值税。评估价格须经( )确认。

A. 海关 B. 财政机关
C. 当地税务机关 D. 省、自治区、直辖市人民政府

5. 因国家建设需要而被政府征用、收回的房地产( )。

A. 免征土地增值税
B. 减半征收土地增值税
C. 酌情准予减征或免征土地增值税
D. 按照规定的税率和速算扣除数征收土地增值税

二、多项选择题

1. 下列项目中，属于房地产企业的开发费用的有( )。

A. 开发销售费用 B. 耕地占用税
C. 前期工程费 D. 借款利息费用
E. 开发间接费用

2. 下列各项中，不征或免征土地增值税的有( )。

A. 以房地产使用权抵债而尚未发生房地产权属转让的
B. 以房地产对外出租的
C. 居民个人转让其拥有的普通住宅
D. 以出地、出资方式双方合作建房，建成后又转让给其中一方的
E. 企业与个人之间交换的房地产

3. 计算土地增值税扣除项目金额时不得扣除的项目有( )。

A. 取得土地使用权所支付的金额 B. 土地征用及拆迁补偿费
C. 超过国家的有关规定上浮幅度的利息 D. 超过贷款期限的利息部分
E. 加罚的利息

4. 下列征收土地增值税的有( )。

A. 存量房地产买卖 B. 房屋评估增值
C. 转让国有土地使用权 D. 合作建房自用
E. 抵押期满房产抵债

5. 下列情形中，纳税人应当进行土地增值税清算的有( )。

A. 直接转让土地使用权的
B. 整体转让未竣工决算房地产开发项目的
C. 已竣工验收的房地产开发项目，已转让的房地产建筑面积占整个项目可售建筑面积的比例为90%
D. 取得销售(预售)许可证2年仍未销售完的
E. 房地产开发项目全部竣工，完成销售的

综合演练

某市房地产开发公司，2019年发生以下业务：

(1) 1月通过竞拍取得市区一处土地的使用权，支付土地出让金5 400万元，缴纳相关税费210万元。

(2) 以上述土地开发建设恒富小区项目(含住宅楼、会所和写字楼)，住宅、会所和写字楼占地面积各为1/3。

(3) 住宅楼开发成本2 500万元，提供金融机构证明，分摊到住宅楼利息支出300万元，包括超过贷款期限的利息50万元。

(4) 与住宅楼配套的会所开发成本1 000万元，无法准确分摊利息支出，根据相关规定，会所产权属于住宅楼全体业主所有。

(5) 写字楼开发成本4 000万元，无法提供金融机构证明利息支出具体数额。

(6) 9月份该建设项目全部竣工验收后，公司将住宅楼出售，取得收入12 000万元；将写字楼的80%出售，取得收入15 000万元，10%无偿交给政府用于派出所、居委会等公共事业。

假设已缴纳的其他税金额为1 350元。

其他相关资料：该房地产公司所在省规定，按土地增值税暂行条例规定的最高限计算扣除房地产开发费用。

要求：根据上述资料，按下列序号回答问题，每问需计算出合计数。

(1) 计算公司缴纳土地增值税时应扣除的土地使用权的金额。
(2) 计算公司缴纳土地增值税时应扣除的开发成本的金额。
(3) 计算公司缴纳土地增值税时应扣除的开发费用和其他扣除项目。
(4) 计算公司缴纳土地增值税时应扣除的税金。
(5) 计算公司应缴纳的土地增值税。

第十一章　城镇土地使用税

【本章学习目标】

通过本章的学习，了解熟悉城镇土地使用税的基本法律知识；掌握城镇土地使用税的纳税人、计税依据、纳税范围；掌握城镇土地使用税应纳税额的计算；能够填制城镇土地使用税的纳税申报表；熟悉城镇土地使用税的纳税申报与会计处理；熟练运用报税软件进行城镇土地使用税的网上纳税申报。

【本章重点】

- 城镇土地使用税的纳税人
- 城镇土地使用税的征税范围
- 城镇土地使用税的计算

【本章难点】

- 城镇土地使用税的计税依据

【章前导读】

大华供热是新成立的一家专业供热企业，请问是否征收城镇土地使用税？

解析：自 2019 年 1 月 1 日至 2020 年 12 月 31 日，对向居民供热收取采暖费的供热企业，为居民供热所使用的厂房及土地免征房产税、城镇土地使用税；对供热企业其他厂房及土地，应当按照规定征收房产税、城镇土地使用税。对专业供热企业，按其向居民供热取得的采暖费收入占全部采暖费收入的比例，计算免征的房产税、城镇土地使用税。

【关键词】

城镇土地使用税　纳税人　计税依据　纳税申报　会计处理

第一节　城镇土地使用税基本要素

城镇土地使用税是国家对在城市、县城、建制镇、工矿区内，使用土地的单位和个人，依据其实际占用土地的面积，按规定的税额征收的一种税。

一、城镇土地使用税的特点

城镇土地使用税具有以下特点。

(1) 对占用土地的行为征税。城镇土地使用税对占用国有土地这种行为征收税费。拥有土地并不需要缴纳城镇土地使用税，但使用土地的行为就需要缴纳城镇土地使用税。

(2) 征税对象是土地。城镇土地使用税是以国有土地或集体土地为征税对象。以国有土地或集体土地作为征税对象，可以提高土地的使用效率，有利于促进土地的合理利用，也有效地抑制了过度开发行为。将土地作为城镇土地使用税征税对象，较好地调节了各级土地的级差收入，便于地方财政筹集资金。

(3) 征税范围有所限定。并不是所有使用土地的行为均需要缴纳城镇土地使用税，在城镇土地使用税的征税范围中，只有使用城市、县城、建制镇和工矿区内的国有土地和集体所有土地才需要缴纳城镇土地使用税，其他建立在城市、县城、建制镇和工矿区以外的工矿企业不需要缴纳城镇土地使用税。

(4) 实行差别幅度税额。不同地区、不同地段的土地，使用价值不同。城镇土地使用税按照城市级别分别制定有幅度的差别税额，大城市 1.5 至 30 元；中等城市 1.2 至 24 元；小城市 0.9 至 18 元；县城、建制镇、工矿区 0.6 至 12 元。幅度税额有利于调节不同地区、不同地段之间的土地级差收益，较好地平衡了不同收益下的税负。

二、城镇土地使用税的纳税义务人

在城市、县城、建制镇、工矿区范围内使用土地的单位和个人，为城镇土地使用税的纳税义务人(以下简称纳税人)，依照《中华人民共和国城镇土地使用税暂行条例》的规定缴纳土地使用税。

上述所称单位，包括国有企业、集体企业、私营企业、股份制企业、外商投资企业、外国企业以及其他企业和事业单位、社会团体、国家机关、军队以及其他单位；所称个人，包括个体工商户以及其他个人。城镇土地使用税纳税人不包括集体土地的使用者。

城镇土地使用税的纳税人包括以下几方面。

(1) 拥有土地使用权的单位和个人是纳税人。

(2) 拥有土地使用权的单位和个人不在土地所在地的，其土地的实际使用人和代管人为纳税人。

(3) 土地使用权未确定的或权属纠纷未解决的，其实际使用人为纳税人。

(4) 土地使用权共有的，共有各方都是纳税人，由共有各方分别纳税。

(5) 在城镇土地使用税征税范围内，承租集体所有建设用地的，由直接从集体经济组织承租土地的单位和个人，缴纳城镇土地使用税。

三、城镇土地使用税的征税对象

城镇土地使用税的征税对象为包括在城市、县城、建制镇、工矿区范围内的国家所有和集体所有的土地。建立在城市、县城、建制镇和工矿区以外的工矿企业不需要缴纳城镇土地使用税。

上述城市、县城、建制镇和工矿区分别按以下标准确认。

(1) 城市是指经国务院批准设立的市。

(2) 县城是指县人民政府所在地。

(3) 建制镇是指经省、自治区、直辖市人民政府批准设立的建制镇。

(4) 工矿区是指工商业比较发达，人口比较集中，符合国务院规定的建制镇标准，但尚未设立建制镇的大中型工矿企业所在地，工矿区须经省、自治区、直辖市人民政府批准。

上述中的城市的土地是指市区和郊区的土地，县城的土地是指县人民政府所在地的城镇土地，建制镇的土地是指镇政府所在地的土地。

四、城镇土地使用税的税率

城镇土地使用税采用有幅度的差别税额，按照大、中、小城市和县城、建制镇、工矿区分别规定每平方米土地的年土地使用税的应纳税额。城镇土地使用税税率见表11-1。

表11-1 城镇土地使用税税率

级　别	人口(人)	每平方米税额(元)
大城市	50万元以上	1.5～30
中等城市	20万元～50万元	1.2～24
小城市	20万元以下	0.9～18
县城、建制镇、工矿区		0.6～12

各省、自治区、直辖市人民政府可根据市政建设情况和经济繁荣程度在规定税额幅度内，确定所辖地区的适用税额幅度。经济落后地区，城镇土地使用税的适用税额标准可适当降低，但降低额不得超过上述规定最低税额的30%。经济发达地区的适用税额标准可以适当提高，但必须报财政部批准。

考虑到我国各地区土地悬殊较大，同一地区不同地段的土地收益也不尽相同，将城镇土地使用税的税额定为幅度税额，各幅度税额的差距规定为20倍，由各地政府在规定的税额幅度内确定所辖地区的适用税额幅度，平衡不同地区、不同地段的城镇土地使用税税负。

五、城镇土地使用税的计税依据

城镇土地使用税以纳税人实际占用的土地面积为计税依据，依照规定税额计算征收。土地面积计量标准为每平方米，实际占用的土地面积按下列办法确定：

(1) 由省、自治区、直辖市人民政府确定的单位组织测定土地面积，以测定的面积为准。

(2) 尚未组织测量，但纳税人持有政府部门核发的土地使用证书的，以证书确认的土地面积为准。

(3) 尚未核发土地使用证书的，应由纳税人申报土地面积，据以纳税，待核发土地使用证以后再作调整。

(4) 对在城镇土地使用税征税范围内单独建造的地下建筑用地，按规定征收城镇土地使用税。其中，已取得地下土地使用权证的，按土地使用权证确认的土地面积计算应征税额；未取得地下土地使用权证或地下土地使用权证上未标明土地面积的，按地下建筑垂直投影面积计算应征税额。

对上述的地下建筑用地，暂按城镇土地使用税应征税额的50%征收。对统一配建的地下建筑，由于已经按规定计征了城镇土地使用税，则不用重复缴纳城镇土地使用税。

六、城镇土地使用税的税收优惠

(一)城镇土地使用税法定免缴优惠

城镇土地使用税法定免缴优惠具体如下。

(1) 国家机关、人民团体、军队自用的土地。

自用土地是指这些单位本身的办公用地和公务用地,不包括对外出租、经营等其他用地。

(2) 由国家财政部门拨付事业经费的单位自用的土地。

自用土地指这些单位本身的业务用地,如医院的住院楼、办公楼等占用的土地。

(3) 宗教寺庙、公园、名胜古迹自用的土地。

举行宗教仪式、寺庙内宗教人员生活用地等免税。公共参观游览用地及管理单位的办公用地免税。以上单位的生产经营及其他用地,不属于免税范围,如公园、名胜古迹中附设的营业单位如影剧院、饮食部、茶社、照相馆等使用的土地。

(4) 市政街道、广场、绿化地带等公共用地。

(5) 直接用于农、林、牧、渔业的生产用地。

不包括农副产品加工场地和生活办公用地。

(6) 经批准开山填海整治的土地和改造的废弃土地,从使用的月份起免缴城镇土地使用税 5 年至 10 年。

各省、自治区、直辖市地方税务局在《城镇土地使用税暂行条例》规定的具体免税期限内自行确定具体的免税期限。

(7) 对非营利性医疗机构、疾病控制机构和妇幼保健机构等卫生机构自用的土地,免征城镇土地使用税。

(8) 企业办的学校、医院、托儿所、幼儿园,其用地能与企业其他用地明确区分的,免征城镇土地使用税。

(9) 免税单位无偿使用纳税单位的土地(如公安、海关等单位使用铁路、民航等单位的土地),免征城镇土地使用税。纳税单位无偿使用免税单位的土地,纳税单位应照章缴纳城镇土地使用税。纳税单位与免税单位共同使用、共有使用权的土地上的多层建筑,对纳税单位可按其占用的建筑面积占建筑总面积的比例计征城镇土地使用税。

(10) 对行使国家行政管理职能的中国人民银行总行(含国家外汇管理局)所属分支机构自用的土地,免征城镇土地使用税。

(二)其他减免优惠

其他减免优惠具体如下。

(1) 个人所有的居住房屋及院落用地。

(2) 房产管理部门在房租调整改革前经租的居民住房用地。

(3) 免税单位职工家属的宿舍用地。

(4) 集体和个人办的各类学校、医院、托儿所、幼儿园用地。

(5) 2019 年 1 月 17 日,财政部、国家税务总局发出通知,明确由省、自治区、直辖市人民政府根据本地区实际情况，以及宏观调控需要确定，对增值税小规模纳税人可以在50%的税额幅度内减征资源税、城市维护建设税、房产税、城镇土地使用税、印花税(不含证券交易印花税)、耕地占用税和教育费附加、地方教育附加，政策执行时间为2019年1月1日至2021年12月31日。

第二节　城镇土地使用税的计算

城镇土地使用税根据纳税人实际占用的土地面积与该土地的适用税额，计算缴纳应纳税额。其计算公式如下：

全年应纳城镇土地使用税额=应税土地的实际占用面积×单位适用税额

案例点击

A公司坐落在甲市，土地使用证上载明的使用土地面积为2 000平方米，土地使用税年税额为4元/平方米。计算A公司当年应纳城镇土地使用税税额。

〖点石成金〗

应纳城镇土地使用税税额=2 000×4=8 000(元)

案例点击

B公司在甲市中心，实际占用土地面积为5 000平方米。B公司在甲市郊区另设有一座仓库，占地面积10 000平方米。甲市中心地段土地使用税年税额为4元/平方米，郊区地段土地使用税年税额为1元/平方米。计算B公司当年应纳城镇土地使用税税额。

〖点石成金〗

B公司占地应纳城镇土地使用税税额=5 000×4=20 000(元)

B公司仓库占地应纳城镇土地使用税税额=10 000×1=10 000(元)

B公司全年应纳城镇土地使用税税额=20 000+10 000=30 000(元)

第三节　城镇土地使用税的纳税申报与会计处理

一、城镇土地使用税的纳税申报

(一)纳税义务发生时间

城镇土地使用税的纳税义务发生时间具体如下。

(1) 纳税人购置新建商品房，自房屋交付使用之次月起，计算缴纳城镇土地使用税。

(2) 纳税人购置存量房，自办理房屋权属转移、变更登记手续，房地产权属登记机关签发房屋权属证书之次月起计算缴纳城镇土地使用税。

(3) 纳税人出租、出借房产，自交付出租、出借房产之次月起计算缴纳城镇土地使用税。

(4) 房地产开发企业自用、出租、出借房地产企业建造的商品房，自房屋使用或交付之次月起计算缴纳城镇土地使用税。

(5) 纳税人新征用的耕地自批准征用之日起满1年时开始计算缴纳城镇土地使用税。

(6) 纳税人新征用的非耕地自批准征用次月起计算缴纳城镇土地使用税。

(7) 纳税人以出让或者转让方式有偿取得土地使用权,由受让方从合同约定交付土地时间之次月起计算缴纳城镇土地使用税;合同未约定交付时间的,由受让方从合同签订之次月起计算缴纳城镇土地使用税。

(二)纳税地点

城镇土地使用税在土地所在地缴纳,由土地所在地的税务机关征收。

纳税人使用的土地不属于同一省、自治区、直辖市管辖的,由纳税人分别向土地所在地的税务机关缴纳城镇土地使用税;在同一省、自治区、直辖市管辖范围内,纳税人跨地区使用的土地,其纳税地点由各省、自治区、直辖市税务局确定。

(三)纳税期限

城镇土地使用税实行按年计算,分期缴纳的征收方法,具体纳税期限由省、自治区、直辖市人民政府确定。

各省、自治区、直辖市可结合当地情况,分别确定按月、季度、半年等不同的纳税期限。

(四)纳税申报表

自2019年10月1日起,调整城镇土地使用税和房产税申报表单中部分数据项目并对个别数据项目名称进行规范,将城镇土地使用税和房产税的纳税申报表、减免税明细申报表、税源明细表分别合并为《城镇土地使用税 房产税纳税申报表》《城镇土地使用税 房产税减免税明细申报表》《城镇土地使用税 房产税税源明细表》。

二、城镇土地使用税的会计处理

企业应设置"应交税费——应交城镇土地使用税"科目核算应缴纳的城镇土地使用税。计算城镇土地使用税时,借记"税金及附加"等科目,贷记"应交税费——应交城镇土地使用税"科目;缴纳城镇土地使用税时,借记"应交税费——应交城镇土地使用税"科目,贷记"银行存款"科目。

【案例点击】

浦西公司位于上海市区,占地2 000平方米,该地区土地使用税年税额为7元/平方米。计算浦西公司应纳的城镇土地使用税并进行会计处理。

【点石成金】

(1) 计算城镇土地使用税

应纳城镇土地使用税税额=2 000×7=14 000(元)

借:税金及附加　　　　　　　　　　　　　14 000
　　贷:应交税费——应交城镇土地使用税　　　　　14 000

(2) 缴纳城镇土地使用税时

借:应交税费——应交城镇土地使用税　　　14 000
　　贷:银行存款　　　　　　　　　　　　　　　14 000

第十一章 城镇土地使用税

课后练习

基础演练

一、单项选择题

1. 下列城市用地中,不属于城镇土地使用税免税项目的是( )。
   A. 公园自用的土地
   B. 市政街道公共用地
   C. 国家机关自用的土地
   D. 企业生活区用地

2. 下列应缴纳城镇土地使用税的是( )。
   A. 企业生活区用地
   B. 国家机关自用的土地
   C. 名胜古迹自用的土地
   D. 市政街道公共用地

3. 某林场面积共计100万平方米,其中森林公园占地58万平方米、防火设施占地17万平方米、办公用地10万平方米、生活区用地15万平方米,该林场需要缴纳的城镇土地使用税的面积是( )万平方米。
   A. 58   B. 100   C. 42   D. 25

4. 下列不属于城镇土地使用税免税项目的是( )。
   A. 水库管理部门的办公用地
   B. 大坝用地
   C. 堤防用地
   D. 水库库区用地

5. A公司2019年1月1日实际占地面积为5 000平方米,2019年8月18日,经有关部门批准新征用非耕地2 000平方米。已知当地适用的城镇土地使用税为5元/平方米。则A公司2019年应缴纳的城镇土地使用税税额为( )。
   A. 5 000×5
   B. 5 000×5+2 000×5
   C. 5 000×5+2 000×5×4/12
   D. 5 000×5+2 000×5×5/12

6. 下列应缴纳城镇土地使用税的是( )。
   A. 直接用于水产养殖业的生产用地
   B. 名胜古迹园区内附设的小卖部用地
   C. 公园中管理单位的办公用地
   D. 免税单位无偿使用纳税单位的土地

二、多项选择题

1. 下列各项中,属于城镇土地使用税征税范围的有( )。
   A. 集体所有的位于建制镇的土地
   B. 集体所有的位于农村的土地
   C. 集体所有的位于城市的土地
   D. 集体所有的位于工矿区的土地

2. 下列关于城镇土地使用税纳税义务发生时间的表述,正确的有( )。
   A. 纳税人新征用的非耕地,自批准征用次月起缴纳城镇土地使用税
   B. 纳税人新征用的耕地,自批准征用之日起满1年时开始缴纳城镇土地使用税
   C. 纳税人以出让方式有偿取得土地使用权,应从合同约定交付土地时间的次月起缴纳城镇土地使用税
   D. 纳税人购置新建商品房,自房屋交付使用之次月起缴纳城镇土地使用税

3. 下列各项中，城镇土地使用税计税依据的表述，正确的有(   )。
   A. 尚未组织测定的，但纳税人持有政府部门核发的土地使用证书的，以证书确定的土地面积为准
   B. 尚未核发土地使用证书的，应由纳税人据实申报土地面积，并据以纳税，待核发土地使用证书后再作调整
   C. 凡由省级人民政府确定的单位组织测定土地面积的，以测定的土地面积为准
   D. 城镇土地使用税以实际占用的应税土地面积为计税依据

4. 下列各项中，属于城镇土地使用税纳税人的有(   )。
   A. 土地使用权未确定或权属纠纷未解决的，由实际使用人纳税
   B. 土地使用权共有的，共有各方均为纳税人，由共有各方分别纳税
   C. 拥有土地使用权的纳税人不在土地所在地的，由代管人或实际使用人纳税
   D. 城镇土地使用税由拥有土地使用权的单位或个人缴纳

5. A、B两家公司共有一项土地使用权，土地面积为1 500平方米，A、B公司的实际占用比例为3∶2。该土地适用的城镇土地使用税年税额为5元/平方米。下列计算A、B应缴纳的城镇土地使用税，正确的是(   )。
   A. A公司应纳城镇土地使用税为4 500元
   B. A公司应纳城镇土地使用税为7 500元
   C. B公司应纳城镇土地使用税为3 000元
   D. B公司应纳城镇土地使用税为7 500元

提 高 演 练

一、单项选择题

1. A房地产开发公司开发某住宅项目，实际占用面积12 000平方米，建筑面积24 000平方米，容积率为2.0，A公司缴纳的城镇土地使用税的计税依据为(   )平方米。
   A. 240 000   B. 12 000   C. 36 000   D. 18 000

2. 2018年位于某县城的A公司实际占用面积30 000平方米，其中办公楼占地面积500平方米，厂房仓库占地面积22 000平方米，厂区内铁路专用线、公路等用地7 500平方米，已知当地适用的城镇土地使用税为5元/平方米。下列计算A公司当年应缴纳的城镇土地使用税税额中，正确的是(   )。
   A. 30 000×5=150 000(元)
   B. (30 000-7 500)×5=112 500(元)
   C. (30 000-500)×5=147 500(元)
   D. (30 000-22 000)×5=40 000(元)

3. 某地火电厂2018年占地80万平方米，其中厂区围墙内占地40万平方米、厂区围墙外灰场占地3万平方米、生活区及其他商业配套设施占地37万平方米。已知该地适用的城镇土地使用税税额为1.5元/平方米，则2018年需要缴纳的城镇土地使用税税额为(   )万元。
   A. 55.5   B. 60   C. 115.5   D. 120

4. 下列属于免予缴纳城镇土地使用税的是(   )。
   A. 港口的码头用地
   B. 邮政部门坐落在县城内的土地
   C. 水电站的发电厂房用地
   D. 火电厂厂区围墙内的用地

第十一章 城镇土地使用税

5. A公司位于市区,实际占地面积5 000平方米,其中,办公区占地4 000平方米,生活区占地1 000平方米;另外,A公司位于农村的仓库,实际占用面积为1 500平方米。已知,该地区城镇土地使用税的适用税额为5元/平方米,则A公司全年应缴纳的城镇土地使用税税额为( )。

    A. 4 000×5=20 000(元)   B. (5 000+1 500)×5=32 500(元)

    C. 5 000×5=25 000(元)   D. (4 000+1 500)×5=27 500(元)

6. 2018年年初某食品加工厂实际占地面积10 000平方米,其中办公用地8 000平方米,幼儿园用地500平方米,将剩余的500平方米无偿提供给公安局使用。已知当地适用的城镇土地使用税年税额为4元/平方米,该厂当年应缴纳的城镇土地使用税为( )元。

    A. 40 000   B. 32 000   C. 34 000   D. 38 000

7. 下列属于免予缴纳城镇土地使用税的是( )。

    A. 公园内管理单位的办公用地

    B. 农副产品加工场地和生活办公用地

    C. 物流企业自有的大宗商品仓储设施用地

    D. 纳税单位无偿使用免税单位的土地

8. A企业2018年占地5万平方米,其中,2万平方米用于该企业开办的技术应用学校,已知该地适用的城镇土地使用税税额为5元/平方米。A公司2018年应缴纳的城镇土地使用税为( )万元。

    A. 20   B. 25   C. 12.5   D. 15

二、多项选择题

1. 2018年A盐场占地面积为300 000平方米,其中办公用地35 000平方米、生活区用地15 000平方米、盐滩用地250 000平方米。已知该地城镇土地使用税税额为0.8元/平方米,关于A盐场当年应缴纳的城镇土地使用税税额的计算,错误的是( )。

    A. (35 000+250 000)×0.8=228 000(元)   B. 300 000×0.8=240 000(元)

    C. (15 000+250 000)×0.8=212 000(元)   D. (35 000+15 000)×0.8=40 000(元)

2. 下列应缴纳城镇土地使用税的有( )。

    A. 民航机场场内道路用地   B. 商业企业经营用地

    C. 火电厂厂区围墙内的用地   D. 市政街道公共用地

3. A公司和B国家机关共同使用某办公大楼,占用面积比例为4∶1,该办公大楼占用的土地面积为5 000平方米,建筑使用面积为20 000平方米。已知当地适用的城镇土地使用税税额为5元/平方米,下列关于A公司当年应缴纳的城镇土地使用税税额,计算不正确的是( )。

    A. 5 000×5   B. 5 000×4/5×5   C. 20 000×5   D. 20 000×4/5×5

4. 下列关于城镇土地使用税的计税依据,表述正确的有( )。

    A. 凡由省级人民政府确定的单位组织测定土地面积的,以测定的土地面积为准

    B. 尚未组织测定,但纳税人持有政府部门核发的土地使用证书的,以证书确定的土地面积为准

    C. 尚未核发土地使用证书的,应当由纳税人据实申报土地面积,并据以纳税,待核

发土地使用证书后再作调整
D. 纳税人计算城镇土地使用税的计税依据是实际占用的土地面积
5. 下列应缴纳城镇土地使用税的有(   )。
   A. 港口的码头用地				B. 公园内附设的影剧院用地
   C. 水电站的发电厂房用地			D. 火电厂厂区围墙内的用地
6. 下列关于城镇土地使用税纳税义务发生的时间，表述正确的有(   )。
   A. 纳税人新征用的非耕地，自批准征用之次月起缴纳城镇土地使用税
   B. 纳税人出租房产，自交付出租房产之次月起缴纳城镇土地使用税
   C. 纳税人购置新建商品房，自房地产权属登记机关签发房屋权属证书之次月起缴纳城镇土地使用税
   D. 纳税人购置存量房，自办理房屋权属转移、变更登记手续，房地产权属登记机关签发房屋权属证书之次月起缴纳城镇土地使用税
7. 下列可以免征城镇土地使用税的有(   )。
   A. 财政拨付事业经费单位的食堂用地		B. 名胜古迹场所设立的照相馆用地
   C. 学校的营业用地				D. 宗教寺庙人员在寺庙内的生活用地

综合演练

某物流公司拥有大宗商品仓储设施用地8 000平方米，2019年发生如下业务：
(1) 自2019年5月1日起，将自有500平方米的大宗商品仓储设施用地出租给乙企业。
(2) 2019年2月经批准新占用一处耕地6 000平方米用于委托施工企业丙建造仓库。
(3) 2019年3月经批准新占用一处非耕地3 000平方米用于委托施工企业丁建造办公楼。已知：城镇土地使用税每平方米年税额为5元，耕地占用税每平方米税额为8元。
要求：(1) 计算该公司2019年应缴纳的城镇土地使用税。
(2) 计算该公司2019年应缴纳的耕地占用税。

第十二章 耕地占用税

【本章学习目标】

通过本章的学习，了解耕地占用税的基本法律知识；熟悉耕地占用税的纳税人、征税范围、适用税率；掌握耕地占用税的计算方法；能够填制耕地占用税的纳税申报表；熟悉耕地占用税的纳税申报与会计处理；熟练运用报税软件进行耕地占用税的网上纳税申报。

【本章重点】

- 耕地占用税的纳税人
- 耕地占用税的征税范围
- 耕地占用税的计算

【本章难点】

- 耕地占用税的计税依据

【章前导读】

安西公司向某省有关部门申请临时使用 200 亩林地，于 2019 年 11 月收到某省林业厅关于临时使用林地的批复，请问临时使用林地缴纳的耕地占用税在恢复后能否返还？

解析：纳税人因建设项目施工或者地质勘查临时占用耕地，应当按规定缴纳耕地占用税。纳税人在批准临时占用耕地期满之日起一年内依法复垦，恢复种植条件的，全额退还已经缴纳的耕地占用税。

【关键词】

耕地占用税　纳税人　计税依据　纳税申报　会计处理

第一节　耕地占用税的基本要素

耕地占用税是对占用耕地建房或从事其他非农业建设的单位和个人，就其实际占用的耕地面积征收的一种税。

一、耕地占用税的特点

耕地占用税具有以下特点。

(1) 兼具资源税与特定行为税的性质。为了约束纳税人占用耕地建房或从事其他非农用建设的行为，规范土地资源的使用，对占用耕地的行为征收耕地占用税，使耕地占用税除了具有资源税的属性外，还兼具特定行为税的性质。

(2) 采用地区差别税率。我国地域辽阔，不同地区之间人口和耕地资源的分布不均衡，加上各地区的经济发展程度不同，耕地资源悬殊较大。考虑到不同地区的客观条件以及税收调节力度和纳税人的负担能力，将耕地占用税按不同地区分别定制差别税额。

(3) 在占用耕地环节一次性课税。耕地占用税是一次性征收的税费，仅在纳税人获准占用耕地这一环节征收，除对获准占用耕地后超过两年未使用者须加征耕地占用税外，不再征收。

　　(4) 税收收入专用于耕地开发与改良。耕地占用税具有"取之于地，用之于地"的补偿性。耕地占用税收入应按规定建立发展农业专项基金，用于开展宜耕土地开发和改良现有耕地。

二、耕地占用税的纳税义务人

　　在中华人民共和国境内占用耕地建设建筑物、构筑物或从事其他非农业建设的单位和个人，为耕地占用税的纳税义务人。上述所称单位，包括国有企业、集体企业、私营企业、股份制企业、外商投资企业、外国企业以及其他企业和事业单位、社会团体、国家机关、军队以及其他单位；所称个人，包括个体工商户以及其他个人。

　　经批准占用耕地的，纳税人为农用地转用审批文件中标明的建设用地人；农用地转用审批文件中未标明建设用地人的，纳税人为用地申请人，其中用地申请人为各级人民政府的，由同级土地储备中心、自然资源主管部门或政府委托的其他部门、单位履行耕地占用税申报纳税义务。

　　未经批准占用耕地的，纳税人为实际用地人。

三、耕地占用税的征税范围

　　纳税人占用耕地建设建筑物、构筑物或者从事非农业建设的国家所有和集体所有的耕地，为耕地占用税的征税范围。

　　上述所称耕地是指种植农业作物的土地，包括菜地、园地、林地、草地、养殖水面、渔业水域滩涂。

　　园地，包括果园、茶园、橡胶园、其他园地；其他园地包括种植桑树、可可、咖啡、油棕、胡椒、药材等其他多年生作物的园地。

　　林地，包括乔木林地、竹林地、红树林地、森林沼泽、灌木林地、灌丛沼泽、其他林地，不包括城镇村庄范围内的绿化林木用地、铁路、公路征地范围内的林木用地，以及河流、沟渠的护堤林用地；其他林地包括疏林地、未成林地、迹地、苗圃等林地。

　　草地，包括天然牧草地、沼泽草地、人工牧草地，以及用于农业生产并已由相关行政主管部门发放使用权证的草地。农田水利用地，包括农田排灌沟渠及相应附属设施用地。

　　养殖水面，包括人工开挖或者天然形成的用于水产养殖的河流水面、湖泊水面、水库水面、坑塘水面及相应附属设施用地。

　　渔业水域滩涂，包括专门用于种植或者养殖水生动植物的海水潮浸地带和滩地，以及用于种植芦苇并定期进行人工养护管理的苇田。

　　占用耕地建设农田水利设施的，不缴纳耕地占用税。占用已开发从事种植、养殖的滩土、草场、水面和林地等从事非农业建设，由省、自治区、直辖市本着有利于保护土地资源和生态平衡的原则，结合具体情况确定是否征收耕地占用税。

四、耕地占用税的税率和计税依据

(一)税率

耕地占用税在税率上采用地区差别定额税率。税率规定如下。

(1) 人均耕地不超过1亩的地区(以县、自治县、不设区的市、市辖区为单位，下同)，每平方米为10～50元。

(2) 人均耕地超过1亩但不超过2亩的地区，每平方米为8～40元。

(3) 人均耕地超过2亩但不超过3亩的地区，每平方米6～30元。

(4) 人均耕地超过3亩的地区，每平方米5～25元。

人均耕地面积低于0.5亩的地区，省、自治区、直辖市可以根据当地经济发展情况，适当提高耕地占用税的适用税额，但不得超过上述规定税额的50%。

各省、自治区、直辖市耕地占用税适用税额的平均水平，不得低于《各省、自治区、直辖市耕地占用税平均税额表》规定的平均税额，如表12-1所示。

表12-1　各省、自治区、直辖市耕地占用税平均税额　　　　　单位：元

地　区	每平方米平均税额
上海	45
北京	40
天津	35
江苏、浙江、福建、广东	30
辽宁、湖北、湖南	25
河北、安徽、江西、山东、河南、重庆、四川	22.5
广西、海南、贵州、云南、陕西	20
山西、吉林、黑龙江	17.5
内蒙古、西藏、甘肃、青海、宁夏、新疆	12.5

(二)计税依据

耕地占用税的计税依据为纳税人实际占用的耕地面积，计量单位为平方米。

五、耕地占用税的税收优惠

(一)免征耕地占用税

以下土地免征耕地占用税。

(1) 军事设施占用耕地。

免税的军事设施，具体范围包括：地上、地下的军事指挥、作战工程；军用机场、港口、码头；营区、训练场、试验场；军用洞库、仓库；军用通信、侦察、导航、观测台站和测量、导航、助航标志；军用公路、铁路专用线，军用通信、输电线路，军用输油、输水管道；其他直接用于军事用途的设施。

(2) 学校、幼儿园、社会福利机构、医疗机构占用耕地。

免税的学校，具体范围包括县级以上人民政府教育行政部门批准成立的大学、中学、小学，学历性职业教育学校和特殊教育学校，以及经省级人民政府或其人力资源社会保障行政部门批准成立的技工院校。学校内经营性场所和教职工住房占用耕地的，按当地适用税额缴纳耕地占用税。

免税的幼儿园，具体范围限于县级以上人民政府教育行政部门批准成立的幼儿园内专门用于幼儿保育、教育的场所。

免税的社会福利机构，具体范围限于依法登记的养老服务机构、残疾人服务机构、儿童福利机构、救助管理机构、未成年人救助保护机构内，专门为老年人、残疾人、未成年人、生活无着的流浪乞讨人员提供养护、康复、托管等服务的场所。

免税的医疗机构，具体范围限于县级以上人民政府卫生健康行政部门批准设立的医疗机构内专门从事疾病诊断、治疗活动的场所及其配套设施。医疗机构内职工住房占用耕地的，按照当地适用税额缴纳耕地占用税。

(3) 农村烈士遗属、因公牺牲军人遗属、残疾军人以及符合农村最低生活保障条件的农村居民，在规定用地标准以内新建自用住宅，免征耕地占用税。

(二)减征耕地占用税

以下土地减征耕地占用税。

(1) 铁路线路、公路线路、飞机场跑道、停机坪、港口、航道、水利工程占用耕地，减按 2 元/平方米的税额征收耕地占用税。

减税的铁路线路，具体范围限于铁路路基、桥梁、涵洞、隧道及其按照规定两侧留地、防火隔离带。专用铁路和铁路专用线占用耕地的，按照当地适用税额缴纳耕地占用税。

减税的公路线路，具体范围限于经批准建设的国道、省道、县道、乡道和属于农村公路的村道的主体工程以及两侧边沟或者截水沟。专用公路和城区内机动车道占用耕地的，按照当地适用税额缴纳耕地占用税。

减税的飞机场跑道、停机坪，具体范围限于经批准建设的民用机场专门用于民用航空器起降、滑行、停放的场所。

减税的港口，具体范围限于经批准建设的港口内供船舶进出、停靠以及旅客上下、货物装卸的场所。

减税的航道，具体范围限于在江、河、湖泊、港湾等水域内供船舶安全航行的通道。

减税的水利工程，具体范围限于经县级以上人民政府水行政主管部门批准建设的防洪、排涝、灌溉、引(供)水、滩涂治理、水土保持、水资源保护等各类工程及其配套和附属工程的建筑物、构筑物占压地和经批准的管理范围用地。

纳税人改变原占地用途，不再属于免征或减征情形的，应自改变用途之日起30日内申报补缴税款，补缴税款按改变用途的实际占用耕地面积和改变用途时当地适用税额计算。

(2) 农村居民在规定用地标准以内占用耕地新建自用住宅，按照当地适用税额减半征收耕地占用税；其中农村居民经批准搬迁，新建自用住宅占用耕地不超过原宅基地面积的部分，免征耕地占用税。免征或者减征耕地占用税后，纳税人改变原占地用途，不再属于免征或者减征耕地占用税情形的，应当按照当地适用税额补缴耕地占用税。

纳税人因建设项目施工或者地质勘查临时占用耕地，应按规定缴纳耕地占用税。纳税人在批准临时占用耕地期满之日起一年内依法复垦，恢复种植条件的，全额退还已经缴纳的耕地占用税。

第二节　耕地占用税的计算

耕地占用税以纳税人实际占用的耕地面积为计税依据，以每平方米土地为计税单位，按适用的定额税率计税。实际占用的耕地面积，包括经批准占用的耕地面积和未经批准占用的耕地面积。耕地占用税应纳税额的计算公式如下。

应纳税额=实际占用耕地面积(平方米)×适用定额税率

【案例点击】

荣华公司占用耕地4 000平方米用于厂房建设，所占耕地当地适用的耕地占用税定额税率为22.5元/平方米。计算荣华公司应缴纳的耕地占用税。

〖点石成金〗

应纳耕地占用税额=4 000×22.5=90 000(元)

第三节　耕地占用税的纳税申报与会计处理

一、耕地占用税的纳税申报

(一)纳税义务发生时间

耕地占用税的纳税义务发生时间为纳税人收到自然资源主管部门办理占用耕地手续的书面通知的当日。自然资源主管部门凭耕地占用税完税凭证或者免税凭证和其他有关文件发放建设用地批准书。

未经批准占用耕地的，耕地占用税纳税义务发生时间为自然资源主管部门认定的纳税人实际占用耕地的当日。

因挖损、采矿塌陷、压占、污染等损毁耕地的纳税义务发生时间为自然资源、农业农村等相关部门认定损毁耕地的当日。

(二)纳税地点

纳税人占用耕地，应当在耕地所在地申报纳税，即耕地占用税的纳税地点为耕地所在地有批准权的土地管理部门的同级地方税务机关。

(三)纳税期限

耕地占用税实行先缴税后占用的原则，由税务机关负责征收。纳税人应当自纳税义务发生之日起30日内申报缴纳耕地占用税。

纳税人自收到土地管理部门农用地转用批复文件之日起30日内申报缴纳耕地占用税。

单独选址项目占用耕地的,纳税人自收到土地管理部门建设用地批准书之日起30日内申报缴纳耕地占用税。

未经批准占用耕地的,纳税人应当自实际占用耕地之日起30日内申报缴纳耕地占用税。

(四)纳税申报表

耕地占用税的纳税义务人应持县级以上土地管理部门的批准文件向地方税务机关申报纳税,并如实填写"耕地占用税纳税申报表"。

二、耕地占用税的会计处理

耕地占用税按实际占用的耕地面积计税,在批准占用后,实际使用前按照规定税额一次征收。企业缴纳的耕地占用税不需要通过"应交税费"科目核算。

企业按规定计算缴纳耕地占用税时,
  借:在建工程
    贷:银行存款

课 后 练 习

基 础 演 练

单项选择题

1. 根据耕地占用税法律制度的规定,下列选项中免征耕地占用税的有(　　)。
  A. 公立学校教学楼占用耕地　　　　B. 飞机场跑道占用耕地
  C. 医院内职工住房占用耕地　　　　D. 城区内机动车道占用耕地

2. 下列各项中,免征耕地占用税的有(　　)。
  A. 公立医院占用耕地　　　　　　　B. 铁路线路占用耕地
  C. 农村居民新建住宅占用耕地　　　D. 民用飞机场跑道占用耕地

3. 下列各项中,不属于免征耕地占用税的有(　　)。
  A. 养老院为老人提供生活照顾场所占用的耕地
  B. 幼儿园用于幼儿教育场所占用的耕地
  C. 军用机场占用的耕地
  D. 学校内教职工住房占用的耕地

4. 2019年3月,某农村居民经批准占用150平方米耕地新建住宅,当地耕地占用税税额为20元/平方米。该农村居民应缴纳的耕地占用税为(　　)元。
  A. 0　　　　　　　B. 1 500　　　　　　C. 3 000　　　　　　D. 4 000

5. 下列各项中,减按2元/平方米的税额征税耕地占用税的是(　　)。
  A. 农村居民新建住宅占用耕地　　　B. 铁路线路、港口、航道占用耕地
  C. 军事设施占用耕地　　　　　　　D. 学校占用耕地

6. 下列关于耕地占用税减免税优惠的说法,正确的是(　　)。

A. 建设直接为农业生产服务的生产设施占用林地的，不征耕地占用税

B. 专用铁路占用耕地的，减按 2 元/平方米的税额征收耕地占用税

C. 农村居民搬迁新建住宅占用耕地的，免征耕地占用税

D. 专用公路占用耕地的，免征耕地占用税

提 高 演 练

一、单项选择题

1. 2019 年 2 月，A 公司开发某住宅小区，批准占用耕地共计 12 000 平方米，其中 500 平方米建设幼儿园，3 000 平方米建设学校。当地适用的耕地占用税税额为 30 元/平方米。A 公司应缴纳的耕地占用税税额为( )元。

  A. 360 000   B. 255 000   C. 345 000   D. 270 000

2. 下列各项中，不缴纳耕地占用税的是( )。

  A. 占用牧草地建设厂房   B. 占用市区工厂土地建设商品房

  C. 占用果园建设旅游度假村   D. 占用市郊菜地建设公路

3. 2019 年 1 月，某农村居民经批准占用 150 平方米耕地新建住房，另占用耕地 20 平方米用于修建大型鱼塘增氧泵。已知该地适用的耕地占用税税额为 45 元/平方米。该农村居民应当缴纳的耕地占用税税额为( )。

  A. 150×45   B. 150×45×50%

  C. (150+20)×45   D. (150+20)×45×50%

4. 2019 年年初，A 公司经批准占用耕地 10 000 平方米，其中 1 000 平方米用于建造幼儿园，3 000 平方米用于建造医院，1 000 平方米用于建造养老院，其余用于建设办公楼。已知，当地适用的耕地占用税税额为 20 元/平方米。A 公司应缴纳的耕地占用税为( )元。

  A. 160 000   B. 120 000   C. 200 000   D. 100 000

5. 村民李某 2018 年承包耕地 3 000 平方米。2019 年将其中 300 平方米用于新建住宅，其余耕地 700 平方米用于种植药材，2 000 平方米用于种植水稻。已知当地适用的耕地占用税税额为 25 元/平方米。李某应缴纳的耕地占用税为( )元。

  A. 3 750   B. 7 500   C. 125 000   D. 25 000

二、多项选择题

1. 下列各项中，免征耕地占用税的是( )。

  A. 军事设施占用耕地   B. 临时占用耕地

  C. 医院内职工住房占用耕地   D. 学校教学楼占用耕地

2. 下列关于耕地占用税，表述正确的有( )。

  A. 耕地占用税实行有地区差别的幅度定额税率

  B. 耕地占用税以纳税人实际占用的耕地面积为计税依据

  C. 为非农业建设占用集体所有的耕地征收耕地占用税，占用国家所有的耕地不征收耕地占用税

  D. 耕地占用税由土地管理部门负责征收

3. 某县直属中心医院，2019 年 3 月 6 日收到土地管理部门的批复，占用耕地共计 9 万

平方米,其中医院内职工住房占用果树园地 1.5 万平方米,占用养殖水面 1 万平方米,所占耕地适用的耕地占用税税额为 20 元/平方米。下列说法正确的有( )。

  A. 该医院耕地占用税的计税依据是 2.5 万平方米

  B. 耕地占用税在纳税人获准占用耕地环节一次性课征

  C. 养殖水面属于其他农用地,不属于耕地占用税征收范围

  D. 该医院应缴纳耕地占用税 50 万元

4. 下列用地行为中,应征收耕地占用税的有( )。

  A. 新建住宅和办公楼占用林地　　B. 飞机场修建跑道占用耕地

  C. 修建专用公路占用耕地　　　　D. 企业新建厂房占用耕地

5. 下列关于耕地占用税的说法正确的是( )。

  A. 占用园地从事非农业建设,视同占用耕地征收耕地占用税

  B. 耕地占用税由地方税务局负责征收

  C. 减免耕地占用税后纳税人改变原占地用途,不再属于减免税情形的,应当补缴耕地占用税

  D. 耕地占用税采用地区差别比例税率

6. 根据耕地占用税的相关规定,下列说法正确的有( )。

  A. 军事设施占用耕地免征耕地占用税

  B. 农村居民占用耕地新建住宅免征耕地占用税

  C. 公路、铁路线路占用耕地减半征收耕地占用税

  D. 免征耕地占用税后,改变原占有用途不再属于免征情形的应补缴耕地占用税

7. 下列说法中,符合耕地占用税税收优惠政策的有( )。

  A. 军事设施占用耕地免征耕地占用税

  B. 宗教寺庙占用耕地免征耕地占用税

  C. 市政街道占用耕地免征耕地占用税

  D. 学校、幼儿园占用耕地免征耕地占用税

综合演练

  某企业 2019 年 5 月新占用耕地 3 500 平方米用于建造厂房,并临时占用耕地 500 平方米用于堆放沙子,沙子用于建造厂房,预计 2020 年 3 月厂房建造完成,临时占用耕地已获得批准。同年 9 月新占用耕地 2 000 平方米用于兴办学校(所占耕地适用的定额税率为 20 元/平方米)。

  要求:计算该企业应缴纳的耕地占用税。

第十三章 房产税

【本章学习目标】

通过本章的学习，了解房产税的概念；熟悉房产税的纳税人、征税对象、适用税率；掌握房产税的计税依据、应纳税额的计算；熟悉房产税的纳税申报与会计处理。

【本章重点】

- 房产税的纳税人、征税范围
- 房产税的计算

【本章难点】

- 房产税计税依据的确定

【章前导读】

在重庆市渝中区新开了一家农贸市场，请问农贸市场是否征收房产税？

解析：自2019年1月1日至2021年12月31日，对农产品批发市场、农贸市场(包括自有和承租)专门用于经营农产品的房产、土地，暂免征收房产税和城镇土地使用税。对同时经营其他产品的农产品批发市场和农贸市场使用的房产、土地，按其他产品与农产品交易场地面积的比例确定征免房产税和城镇土地使用税。

【关键词】

房产税　纳税人　计税依据　纳税申报　会计处理

第一节　房产税基本要素

一、房产税的概念

房产税是以房产为征税对象，按照房产的计税价值或房产租金收入向房产所有人或经营管理人征收的一种税。我国现行房产税法规是国务院1986年9月颁布、同年10月1日起施行的《中华人民共和国房产税暂行条例》(以下简称《条例》)及国家财政、税务部门陆续发布的有关房产税的规定。

二、房产税的纳税人

房产税的纳税人是指在我国城市、县城、建制镇和工矿区内拥有房屋产权的单位和个人，具体包括产权所有人、承典人、房产代管人或者使用人。其中：

(1) 产权属于国家所有的，由经营管理单位纳税；产权属于集体和个人所有的，由集体单位和个人纳税。

所称单位，包括国有企业、集体企业、私营企业、股份制企业、外商投资企业、外国企业以及其他企业和事业单位、社会团体、国家机关、军队以及其他单位；所称个人，包括个体工商户以及其他个人。

(2) 产权出典的，由承典人纳税。产权出典，是指产权所有人将房屋、生产资料等的产权，在一定期限内典当给他人使用，而取得资金的一种融资业务。由于在房屋出典期间，产权所有人已无权支配房屋，因此，税法规定由对房屋具有支配权的承典人为纳税人。

(3) 产权所有人、承典人不在房地产所在地的，由房产代管人或者使用人纳税。

(4) 产权未确定及租典纠纷未解决的，由房产代管人或者使用人纳税。

(5) 纳税单位和个人无租使用房产管理部门、免税单位及纳税单位的房产，应由使用人代为缴纳房产税。

三、房产税的征税对象和征税范围

(一)征税对象

房产税以房产为征税对象。所谓房产，是指有屋面和围护结构(有墙或两边有柱)，能够遮风避雨，可供人们在其中生产、学习、工作、娱乐、居住或贮藏物资的场所。房地产开发企业建造的商品房，在出售前，不征收房产税；但对出售前房地产开发企业已使用或出租、出借的商品房应按规定征收房产税。

从2006年1月1日起，具备房屋功能的地下建筑，包括与地上房屋相连的地下建筑(如房屋的地下室、地下停车场、商场的地下部分)以及完全建在地面以下的建筑、地下人防设施等，均应当依照有关规定征收房产税。

(二)征税范围

房产税的具体征税范围为：城市、县城、建制镇和工矿区。
(1) 城市是指国务院批准设立的市。
(2) 县城是指县人民政府所在的地区。
(3) 建制镇是指经省、自治区、直辖市人民政府批准设立的建制镇。
(4) 工矿区是指工商业比较发达、人口比较集中、符合国务院规定的建制镇标准但尚未设立建制镇的大中型工矿企业所在地。开征房产税的工矿区须经省、自治区、直辖市人民政府批准。

房产税的征税范围不包括农村，坐落在农村的房屋不征收房产税。独立于房屋之外的建筑物，如围墙、烟囱、水塔、菜窖、室外游泳池等不征房产税。

四、房产税的优惠政策

目前房产税的税收优惠政策主要有：
(1) 国家机关、人民团体、军队自用的房产免征房产税。但上述免税单位的出租房产以及非自身业务使用的生产、经营用房，不属于免税范围。
(2) 由国家财政部门拨付事业经费的单位，如学校、医疗卫生单位、托儿所、幼儿园、敬老院、文化、体育、艺术等实行全额或差额预算管理的事业单位所有的，本身业务范围内使用的房产免征房产税。

由国家财政部门拨付事业经费的单位，其经费来源实行自收自支后，从事业单位实行自收自支的年度起，免征房产税3年。

上述单位所属的附属工厂、商店、招待所等不属于单位公务、业务的用房，应照章纳税。

(3) 宗教寺庙、公园、名胜古迹自用的房产免征房产税。但宗教寺庙、公园、名胜古迹中附设的营业单位，如影剧院、饮食部、茶社、照相馆等使用的房产及出租的房产，不属于免税范围，应照章纳税。

(4) 个人所有非营业用的房产免征房产税。但个人拥有的营业用房或者出租的房产，不属于免税房产，应照章纳税。

自2011年1月28日起，在上海、重庆等省市开始对某些个人住房试征房产税。

(5) 对行使国家行政管理职能的中国人民银行总行(含国家外汇管理局)所属分支机构自用的房产，免征房产税。

(6) 经财政部批准免税的其他房产，主要有以下几方面。

① 损坏不堪使用的房屋和危险房屋，经有关部门鉴定，在停止使用后，可免征房产税。

② 纳税人因房屋大修导致连续停用半年以上的，在房屋大修期间免征房产税。

③ 在基建工地为基建工地服务的各种工棚、材料棚、休息棚和办公室、食堂、茶炉房、汽车房等临时性房屋，在施工期间，一律免征房产税。但工程结束后，施工企业将这种临时性房屋交还或估价给基建单位的，应从基建单位接收的次月起，照章纳税。

④ 为鼓励利用地下人防设施，暂不征收房产税。

⑤ 从1998年1月1日起，对房管部门经租的居民住房，在房租调整改革之前收取的租金偏低的，可暂缓征收房产税。对房管部门经租的其他非营业用房，是否给予照顾，由各省、自治区、直辖市根据当地具体情况按税收管理体制的规定办理。

⑥ 对高校后勤实体免征房产税。

⑦ 对非营利性医疗机构、疾病控制机构和妇幼保健机构等卫生机构自用的房产，免征房产税。

⑧ 老年服务机构自用的房产，免征房产税。

⑨ 从2001年1月1日起，对按政府规定价格出租的公有住房和廉租住房，包括企业和自收自支事业单位向职工出租的单位自有住房，房管部门向居民出租的公有住房，落实私房政策中带户发还产权并以政府规定租金标准向居民出租的私有住房等，暂免征收房产税。

⑩ 向居民供热并向居民收取采暖费的供热企业暂免征收房产税。

五、房产税的税率

我国现行房产税采用的是比例税率。由于房产税的计税依据分为从价计征和从租计征两种形式，所以房产税的税率也有两种：

(1) 以房产原值一次减除10%~30%后的余值计征的，税率为1.2%。

(2) 以房产租金收入计征的，税率为12%。从2001年1月1日起，对个人按市场价格出租的居民住房，用于居住的，可暂减按4%的税率计征房产税。

第二节 房产税的计算

房产税的计税依据是房产的计税价值或房产的租金收入。

一、从价计征

从价计征是指以房产原值一次减除 10%～30% 后的余值为计税依据。各地扣除比例由当地省、自治区、直辖市人民政府确定。房产原值是指纳税人会计账簿中记录的原始价值，若没有记载原始价值的，可参照同类房屋确定房产原值。对原有房产进行改扩建的，应相应增加房产原值。应纳税额计算公式为：

$$应纳税额=应税房产原值×(1-扣除比例)×1.2\%$$

同时应注意以下两个问题。

(1) 对投资联营的房产，在计征房产税时应予以区别对待。对于以房产投资联营，投资者参与投资利润分红，共担风险的，按房产余值作为计税依据计征房产税；对以房产投资，收取固定收入，不承担联营风险的，实际是以联营名义取得房产租金，应由出租方按租金收入计缴房产税。

(2) 对融资租赁的房产，其实际是一种变相的分期付款购买房产的形式，所以应按房产余值计算征收房产税，至于租赁期内的纳税人，由当地税务机关根据实际情况确定。

〖案例点击〗

某企业的经营用房原值为 8 000 万元，按照当地规定允许减除 30% 后按余值计税，适用税率为 1.2%。请计算其应纳房产税税额。

〖点石成金〗

应纳税额 = 8 000×(1-30%)×1.2% = 67.2(万元)

二、从租计征

从租计征是指以房屋出租取得的不含增值税的租金收入为计税依据。如果以劳务或者其他形式为报酬抵付房产租金收入的，应根据当地同类房产的租金水平，确定一个标准租金额从租计征。应纳税额计算公式为：

$$应纳税额=租金收入×12\%$$

〖案例点击〗

某公司出租房屋 10 间，年租金收入为 500 000 元，适用税率为 12%。请计算其应纳房产税税额。

〖点石成金〗

应纳税额 = 500 000×12% = 60 000(元)

案例点击

某公司 2016 年 3 月购进一处房产，2019 年 5 月 1 日用于投资联营(收取固定收入，不承担联营风险)，投资期 3 年，当年取得固定含税收入 160 万元。该房产原值 3 000 万元，当地政府规定的减除幅度为 30%，该公司选择简易办法计算增值税，则该公司 2019 年应缴纳的房产税为多少万元？

〖点石成金〗

2019 年应纳房产税额=3 000×(1−30%)×1.2%×4/12+160/(1+5%)×12%

=8.4+18.29 =26.69(万元)

第三节　房产税的纳税申报与会计处理

一、房产税的纳税申报

(一)纳税义务发生时间

房产税的纳税义务发生时间具体如下。

(1) 纳税人将原有房产用于生产经营，自生产经营之月起纳税。

(2) 纳税人自建新房用于生产经营，自建成之次月起纳税。

(3) 纳税人委托施工企业建造房产，自办理验收手续之次月起纳税。

(4) 纳税人购置新建商品房，自房屋交付使用之次月起纳税。

(5) 纳税人购置存量房产，自办理产权转移、变更登记手续，房地产权属登记机关签发房屋产权证书之次月起纳税。

(6) 纳税人出租、出借房产，自交付出租、出借房产之次月起纳税。

(7) 房地产开发企业自用、出租、出借本企业建造的商品房，自房屋使用或交付之次月起纳税。

【提示】只有第一种情况从"之月"起缴纳房产税，其余都是从"之次月"起缴纳房产税。

(二)纳税期限和纳税地点

纳税期限：房产税实行按年计征、分期缴纳的征收方法，具体期限由省、自治区、直辖市人民政府确定。

纳税地点：房产税在房产所在地缴纳。房产不在同一地方的纳税人，应按房产的坐落地点分别向房产所在地的税务机关纳税。

(三)纳税申报表

自 2019 年 10 月 1 日起，将城镇土地使用税和房产税的纳税申报表、减免税明细申报表、税源明细表分别合并为《城镇土地使用税 房产税纳税申报表》《城镇土地使用税 房产税减免税明细申报表》《城镇土地使用税 房产税税源明细表》。

二、房产税的会计处理

房产税的会计处理通过"应交税费——应交房产税"科目进行。计算应缴纳的房产税时，借记"税金及附加"等科目，贷记"应交税费——应交房产税"科目；缴纳房产税时，借记"应交税费——应交房产税"科目，贷记"银行存款"科目。

> **案例点击**

承前例，做出计算应纳房产税的会计处理。

〖点石成金〗

(1) 计算房产税时

应纳房产税税额=500 000×12%=60 000(元)

借：税金及附加   60 000
  贷：应交税费——应交房产税 60 000

(2) 缴纳房产税时

借：应交税费——应交房产税 60 000
  贷：银行存款   60 000

课 后 练 习

基 础 演 练

单项选择题

1. 以下关于房产税纳税人和征税范围的说法，正确的是(　　)。
   A. 房产税的征税对象是房屋和建筑物
   B. 房产税不对个人征收
   C. 房屋产权出典的，以承典人为房产税的纳税人
   D. 农民出租农村的房屋也应缴纳房产税

2. 下列各项中，应作为融资租赁房屋房产税计税依据的是(　　)。
   A. 房产售价 B. 房产余值 C. 房产原值 D. 房产租金

3. 下列房屋及建筑物中，属于房产税征税范围的是(　　)。
   A. 农民居住用房   B. 建在室外的露天游泳池
   C. 个人拥有的市区经营性用房 D. 公园自用的房产

4. 甲企业2019年年初拥有厂房原值2 000万元，仓库原值500万元。2019年5月10日，将仓库以1 000万元的价格转让给乙企业，当地政府规定房产税减除比例为30%。甲企业当年应缴纳房产税(　　)万元。
   A. 17.65 B. 18.2 C. 18.55 D. 20.3

5. 某公司2015年购置办公大楼原值30 000万元，2018年2月28日将其中部分闲置房间出租，租期2年。出租部分房产原值5 000万元，租金每年1 000万元(不含增值税)。当

地规定房产原值减除比例为20%，2018年该公司应缴纳房产税(　　)万元。

A. 288　　　　　B. 340　　　　　C. 348　　　　　D. 360

提 高 演 练

一、单项选择题

1. 下列各项中，符合房产税纳税义务人规定的是(　　)。

   A. 房屋产权属于国家所有的，不需要缴纳房产税

   B. 房屋产权出典的由出典人纳税

   C. 房屋产权未确定的暂不缴纳房产税

   D. 产权所有人不在房屋所在地的，由房产代管人或使用人纳税

2. 下列房屋及建筑物中，属于房产税征税范围的是(　　)。

   A. 农村的居住用房

   B. 建在室外的露天游泳池

   C. 个人拥有的市区经营性用房

   D. 房地产开发企业尚未使用或出租而待售的商品房

3. 2019年年初，李某有两套住房，其中一套原值为150万元的住房用于自己居住，另一套原值为100万元的住房，于当年4月20日按照市场价格出租交付给李某，租期一年，每月不含税租金4000元。已知当地省政府规定计算房产余值的减除比例为30%，则李某当年应缴纳房产税(　　)元。

   A. 0　　　　　B. 1 280　　　　　C. 1 920　　　　　D. 5 760

4. 某公司拥有一处原值3 000万元的高档会所，2019年4月对其进行改建，更换楼内电梯，将原值50万元的电梯更换为100万元的新电梯，支出200万元在后院新建一露天泳池，拆除100万元的照明设施，再支出150万元安装智能照明，会所于2019年8月底改建完毕并对外营业。当地省政府规定计算房产余值的扣除比例为30%，2019年该公司就此会所应缴纳房产税(　　)万元。

   A. 25.2　　　　　B. 25.48　　　　　C. 26.04　　　　　D. 28.98

5. 某企业2018年购置4 000平方米的土地建造厂房，支付土地使用权价款1 500万元，厂房建筑面积1 800平方米，固定资产科目账面记录房产造价2 500万元(不含地价)，当地省政府规定计算房产余值的减除比例为20%，则该企业2019年应缴纳房产税(　　)万元。

   A. 24　　　　　B. 30.48　　　　　C. 36.96　　　　　D. 38.4

二、多项选择题

1. 根据房产税法律制度的规定，下列有关房产税纳税人的表述中，正确的有(　　)。

   A. 房屋出租的由承租人纳税

   B. 产权属于集体所有的房屋，该集体单位为纳税人

   C. 产权属于个人所有的营业用的房屋，该个人为纳税人

   D. 无租使用房产管理部门的房产由使用人代为缴纳房产税

2. 下列关于房产税的相关政策中，表述不正确的有(　　)。

   A. 对居民住宅区内业主共有的经营性房产，由业主共同缴纳房产税

B. 以劳务或其他形式为报酬抵付房租收入的，按当地同类房产租金水平确定租金额
   C. 免收租金期间由产权所有人按照房产余值缴纳房产税
   D. 融资租赁的房产，按收取的租金从租计征房产税
3. 纳税人从租计征房产税时，适用的税率有(　　)。
   A. 1.2%　　　　B. 4%　　　　C. 10%　　　　D. 12%
4. 甲企业共有两处房产A和B，房产原值共计1 800万元，2018年年初，将两处房产用于投资联营，将原值为800万元的A房产投资于乙企业，甲企业参与投资利润分红，共担风险，当年取得分红40万元；将原值为1 000万元的B房产投资丙企业，不承担联营风险，当年取得不含增值税固定利润分红60万元。已知当地省人民政府规定的房产原值扣除比例为30%。则下列关于上述两处房产的房产税缴纳情况，说法正确的有(　　)。
   A. 甲企业应就A房产缴纳房产税4.8万元
   B. 乙企业应就A房产缴纳房产税6.72万元
   C. 甲企业应就B房产缴纳房产税7.2万元
   D. 甲企业应就B房产缴纳房产税8.4万元
5. 根据房产税的相关规定，下列说法正确的有(　　)。
   A. 凡以房屋为载体，不可随意移动的附属设备和配套设施，无论在会计核算中是否单独记账与核算，都应计入房产原值，计征房产税
   B. 对附属设备和配套设施中易损坏、需要经常更换的零配件，更新后不再计入房产原值，原零配件的原值也不扣除
   C. 融资租赁的房产，合同约定开始日的，由承租人自融资租赁合同约定开始日的当月起依照房产余值缴纳房产税
   D. 融资租赁的房产，合同未约定开始日的，由承租人自合同签订的次月起依照房产余值缴纳房产税

综合演练

1. 某商场2019年房产情况如下：商场主楼"固定资产"账面原值8 000万元，附设与主楼相连的地下停车场"固定资产"账面原值1 000万元，附楼"固定资产"账面原值3 000万元，出租给某饭店，年租金400万元。在主楼楼顶搭建简易用房，建造成本500万元，已于2018年12月交付使用，但仍记在"在建工程"账户。当地政府规定按房产原值的30%计算房产余值，自用商业用途的地下建筑，以房屋原价的80%作为应税房产原值。该商场2019年应缴纳房产税多少万元？

2. 某企业有一栋厂房原值200万元，2019年年初对该厂房进行扩建，2019年8月底完工并办理验收手续，增加了房产原值45万元，另外对厂房安装了价值15万元的排水设备并单独作为固定资产核算。已知当地政府规定计算房产余值的扣除比例为20%，2019年度该企业应缴纳房产税多少元？

第十四章 车 船 税

【本章学习目标】

通过本章的学习,了解车船税的概念;熟悉车船税的纳税人、征税范围、适用税率、税收优惠政策;掌握车船税的计税依据的确定、应纳税额的计算;熟悉车船税纳税申报与会计处理。

【本章重点】

- 车船税的纳税人、征税范围
- 车船税应纳税额的计算

【本章难点】

- 车船税的计税依据

【章前导读】

某企业在 2019 年 6 月购进 10 辆纯电动商用车,根据国家车船税的有关规定该企业是否需要计算缴纳车船税?

解析:纯电动商用车、插电式(含增程式)混合动力汽车、燃料电池商用车属于新能源汽车,免征车船税。

【关键词】

车船税 纳税人 计税依据 纳税申报 会计处理

第一节 车船税基本要素

车船税是以车船为征税对象,向车船的所有人或管理人征收的一种税。

一、纳税义务人

车船税的纳税义务人,是指在中华人民共和国境内的车辆、船舶(以下简称车船)的所有人或者管理人。

车辆所有人或者管理人不缴纳车船税的,使用人应代为缴纳车船税。一般情况下,拥有并使用车船的单位和个人是统一的,纳税人既是车船的拥有人,又是车船的使用人。有租赁关系,拥有人与使用人不一致时,如果车辆拥有人未缴纳车船税,使用人应当代为缴纳车船税。

从事机动车第三者责任强制保险业务的保险机构为机动车车船税的扣缴义务人,在销售机动车交通事故责任强制保险时代收车船税,并开具代收税款凭证。

知识拓展

车船税的扣缴义务人有何规定，如何进行扣缴？

根据《中华人民共和国车船税法实施条例》(中华人民共和国国务院令第611号)十二条的规定："机动车车船税扣缴义务人在代收车船税时，应当在机动车交通事故责任强制保险的保险单以及保费发票上注明已收税款的信息，作为代收税款凭证。"

根据《中华人民共和国车船税法实施条例》(中华人民共和国国务院令第611号)第十三条的规定："已完税或者依法减免税的车辆，纳税人应当向扣缴义务人提供登记地的主管税务机关出具的完税凭证或者减免税证明。"

根据《国家税务总局关于发布〈车船税管理规程(试行)〉的公告》(国家税务总局公告2015年第83号)的规定："第十条 对已经向主管税务机关申报缴纳车船税的纳税人，保险机构在销售机动车第三者责任强制保险时，不再代收车船税，但应当根据纳税人的完税凭证原件，将车辆的完税凭证号和出具该凭证的税务机关名称录入交强险业务系统。"

对出具税务机关减免税证明的车辆，保险机构在销售机动车第三者责任强制保险时，不代收车船税，保险机构应当将减免税证明号和出具该证明的税务机关名称录入交强险业务系统。

纳税人对保险机构代收代缴税款数额有异议的，可以直接向税务机关申报缴纳，也可以在保险机构代收代缴税款后向税务机关提出申诉，税务机关应在接到纳税人申诉后按照本地区代收代缴管理办法规定的受理程序和期限进行处理。

二、征税范围

车船税的征税范围包括：①依法应当在车船管理部门登记的机动车辆和船舶；②依法不需要在车船管理部门登记、在单位内部场所行驶或者作业的机动车辆和船舶。具体包括机动车辆和船舶两类。

1. 车辆

车辆，包括机动车辆和非机动车辆。机动车辆，指依靠燃油、电力等能源作为动力运行的车辆，如汽车、拖拉机、无轨电车等；非机动车辆，指依靠人力、畜力运行的车辆，如三轮车、自行车、畜力驾驶车等。

2. 船舶

船舶，包括机动船舶和非机动船舶。机动船舶，指依靠燃料等能源作为动力运行的船舶，如客轮、货船、气垫船等；非机动船舶，指依靠人力或者其他力量运行的船舶，如木船、帆船、舢板等。

三、税目与税率

车船税规定5个税目、13个子目，实行幅度定额税率。省、自治区、直辖市人民政府根据车船税法所附《车船税税目税额表》确定车辆具体适用税额，见表14-1。

表 14-1 车船税税目税额表

税目	标准	计税单位(年基准税额：)		备注
乘用车[按发动机汽缸容量(排气量)分档]	1.0 升(含)以下的	60～360 元	每辆	核定载客人数9 人(含)以下
	1.0 升以上至 1.6 升(含)的	300～540 元		
	1.6 升以上至 2.0 升(含)的	360～660 元		
	2.0 升以上至 2.5 升(含)的	660～1 200 元		
	2.5 升以上至 3.0 升(含)的	1 200～2 400 元		
	3.0 升以上至 4.0 升(含)的	2 400～3 600 元		
	4.0 升以上的	3 600～5 400 元		
商用车客车		480～1 440 元		核定载客人数9 人以上,包括电车
商用车货车		16～120 元	整备质量每吨	
挂车		按照货车税额的 50%计算		
专用作业车		16～120 元		不包括拖拉机
轮式专用机械车		16～120 元		不包括拖拉机
摩托车		36～180 元	辆	
机动船舶		3～6 元	净吨位每吨	拖船、非机动驳船分别按照机动船舶税额的 50%计算
游艇		600～2 000 元	艇身长度每米	

四、应纳税额的计算

(一)购置新车船的税额计算

购置的新车船,购置当年的应纳税额自纳税义务发生的当月起按月计算。其计算公式为：

应纳税额=(年应纳税额/12)×应纳税月份数

应纳税月份数=12-纳税义务发生时间(取月份)+1

〖案例点击〗

某单位 2019 年 4 月 1 日购买奔驰轿车一辆。该省规定该排量乘用车每辆适用的车船税年税额为 960 元,则该单位这辆轿车 2019 年应纳税月份数=12-4+1=9 个月。

〖点石成金〗

该辆轿车当年应纳车船税=960÷12×9=720(元)

(二)被盗抢、报废、灭失的车船的税额计算

被盗抢、报废、灭失的车船的税额计算如下。

(1) 在一个纳税年度内,已完税的车船被盗抢、报废、灭失的,纳税人可以凭有关管理机关出具的证明和完税证明,向纳税所在地的主管税务机关申请退还自被盗抢、报废、灭失月份起至该纳税年度终了期间的税款。

(2) 已办理退税的被盗抢车船失而复得的,纳税人应当从公安机关出具相关证明的当月起计算缴纳车船税。

案例点击

某企业2019年1月缴纳了5辆客车车船税,其中一辆9月被盗,已办理车船税退还手续;11月由公安机关找回并出具证明,企业补缴了车船税,假定该类型客车年基准税额为480元/辆,该企业2019年实际缴纳的车船税应为多少?

〖点石成金〗

该企业4辆车缴纳全年的税额;1辆车缴纳10个月的税额。

2019年实缴的车船税总计=4×480+480÷12×10=2 320(元)。

(3) 已缴纳车船税的车船在同一纳税年度内办理转让过户的,不另纳税,也不退税。

五、车船税的优惠政策

(一)法定减免

车船税的法定减免政策具体如下。

(1) 捕捞、养殖渔船。

(2) 军队、武装警察部队专用的车船。

(3) 警用车船。

(4) 依照法律规定应当予以免税的外国驻华使领馆、国际组织驻华代表机构及其有关人员的车船。

(5) 对节能乘用车,减半征收车船税;减半征收车船税的节能乘用车应为获得许可在中国境内销售的排量为1.6升以下(含1.6升)的燃用汽油、柴油的乘用车(含非插电式混合动力、双燃料和两用燃料乘用车),且综合工况燃料消耗量符合标准。对使用新能源的车船,免征车船税。免征车船税的新能源汽车是指纯电动商用车、插电式(含增程式)混合动力汽车、燃料电池商用车。纯电动乘用车和燃料电池乘用车不属于车船税征税范围,对其不征车船税。

(6) 省、自治区、直辖市人民政府根据当地实际情况,可以对公共交通车船,农村居民拥有并主要在农村地区使用的摩托车、三轮汽车和低速载货汽车定期减征或者免征车船税。

(二)特定减免

经批准临时入境的外国车船和香港特别行政区、澳门特别行政区、台湾地区的车船,不征收车船税。

第二节 车船税的征收管理与会计处理

一、车船税的征收管理

(一)纳税期限

纳税人购买的应税车辆，应当自购买之日起60日内申报纳税；进口自用应税车辆的，应当自进口之日起60日内申报纳税；自产、受赠、获奖和以其他方式取得并自用应税车辆的，在投入使用前60日内申报纳税。

(二)纳税义务发生时间

车船税纳税义务发生时间为车船管理部门核发的车船登记证书或行驶证书所载日的当月，纳税人未到车船管理部门办理登记手续的，应当以购买车船的发票或者其他证明文件所载日期的当月为车船税纳税义务发生时间。对未办理车船登记手续且无法提供车船购置发票的，由主管税务机关核定纳税义务发生时间。

(三)纳税地点

车船税的纳税地点为车船的登记地或者车船税扣缴义务人所在地。依法不需要办理登记的车船，车船税的纳税地点为车船的所有人或者管理人所在地。

(四)纳税申报

车船税按年申报，分月计算，一次性缴纳。纳税年度为公历1月1日至12月31日。车船税按年申报缴纳。具体纳税申报期限由省、自治区、直辖市人民政府规定。

二、车船税的会计处理

车船税应通过"税金及附加"科目和"应交税费"科目核算，为简化核算也可不从应交税费过渡，支付税款时直接计入"税金及附加"。具体会计分录如下。
(1) 在支付税金前确认应交税费的时候做会计处理
借：税金及附加
　　贷：应交税费——应交车船税
(2) 实际缴纳税款的时候做会计处理
借：应交税费——应交车船税
　　贷：银行存款

案例点击

某船运公司2019年拥有机动船4艘，每艘净吨位为3 000吨；拖船1艘，发动机功率为1 500千瓦。机动船舶车船税年基准税额为：净吨位201～2 000吨的，每吨4元；净吨位2 001～10 000吨的，每吨5元。计算该船运公司2019年应缴纳的车船税并做会计处理。

〖点石成金〗

(1) 计提车船税时

应纳车船税=3 000×4×5+1 500×0.67×4×50%=62 010(元)

借：税金及附加　　　　　　　　　　　　　　62 010
　　　贷：应交税费——车船税　　　　　　　　　　62 010

(2) 实际缴纳车船税时

借：应交税费——应交车船税　　　　　　　　62 010
　　　贷：银行存款　　　　　　　　　　　　　　62 010

如果不通过"应交税费"过渡，直接计入"税金及附加"，做如下会计分录。

借：税金及附加　　　　　　　　　　　　　　62 010
　　　贷：银行存款　　　　　　　　　　　　　　62 010

课 后 练 习

基 础 演 练

单项选择题

1. 根据车船税的有关规定，下列表述正确的是(　　)。
　　A. 在单位内部场所行驶的机动车辆和船舶不属于车船税的征收范围
　　B. 在单位内部场所作业的机动车辆和船舶不属于车船税的征收范围
　　C. 依法不需要在车船管理部门登记的机动车辆和船舶不属于车船税的征收范围
　　D. 依法应当在车船管理部门登记的机动车辆和船舶属于车船税的征收范围

2. 下列有关车船税计税单位的表述，说法错误的是(　　)。
　　A. 客车以"每辆"为计税单位
　　B. 货车以"整备质量每吨"为计税单位
　　C. 机动船舶以"净吨位每吨"为计税单位
　　D. 游艇以"净吨位每吨"为计税单位

3. 下列关于车船税纳税义务发生时间的说法，正确的是(　　)。
　　A. 取得车船所有权的次月
　　B. 合同、协议载明的车船交付日的次月
　　C. 购买车船的发票或其他证明文件所载日期的次月
　　D. 取得车船所有权或管理权的当月

4. 需要办理登记的车船，纳税人自行申报缴纳车船税的，车船税的纳税地点为(　　)的主管税务机关所在地。
　　A. 车船使用地　　　　　　　　　B. 车船的登记地
　　C. 纳税人住所所在地　　　　　　D. 车船的购买地

5. 某旅游公司2019年拥有的船舶情况如下：机动船舶30艘，每艘净吨位1.3吨；5千瓦的拖船1艘。公司所在地人民政府规定机动船舶净吨位小于200吨的，车船税年税额为

3元/吨。2019年该旅游公司应缴纳车船税( )元。

A. 127.5　　　　B. 154.5　　　　C. 122.03　　　　D. 192

提 高 演 练

多项选择题

1. 下列车辆中，不需要缴纳车船税的有( )。
   A. 自行车
   B. 残疾人专用摩托车
   C. 燃料电池汽车
   D. 纯电动汽车

2. 下列各项中，符合车船税征收管理规定的有( )。
   A. 车船税按年申报，分月计算，一次性缴纳
   B. 纳税人自行申报缴纳车船税的，纳税地点为车船登记地主管税务机关所在地
   C. 车船税纳税义务发生时间为取得车船所有权或者管理权的次月
   D. 不需要办理登记的车船不缴纳车船税

3. 下列车船属于法定免税的有( )。
   A. 港口内部作业车
   B. 军用车船
   C. 非机动驳船
   D. 养殖渔船

4. 下列各项中，符合车船税相关免税规定的有( )。
   A. 省级人民政府可以根据当地实际情况，对公共交通车船实行定期减税或免税
   B. 按照规定缴纳船舶吨税的机动船舶，自车船税法实施之日起5年内免征车船税
   C. 非机动驳船免税
   D. 学校自用的客车免税

5. 下列属于车船税的纳税义务发生时间的有( )。
   A. 车船实际发生营运业务的当月
   B. 车船购置发票所载开具时间的当月
   C. 取得车船所有权或管理权的当月
   D. 车船管理部门核发的车船行驶证书记载日期的次月

综 合 演 练

某渔业公司2019年拥有捕捞渔船5艘，每艘净吨位21吨；非机动驳船2艘，每艘净吨位10吨；机动补给船1艘，净吨位15吨；机动运输船10艘，每艘净吨位7吨。机动船舶净吨位小于等于200吨的，车船税适用年税额为每吨3元，计算该公司当年应缴纳多少车船税。

第十五章　印　花　税

【本章学习目标】

通过本章的学习，了解印花税的概念；熟悉印花税的纳税人、征税范围、适用税率；掌握印花税的计税依据、应纳税额的计算；熟悉印花税的纳税申报与会计处理。

【本章重点】

- 印花税的纳税人
- 印花税的计算
- 印花税的计税依据

【本章难点】

- 印花税的计税依据

【章前导读】

机动车交通事故强制责任保险(交强险)是否需要缴纳印花税？

解析：根据《中华人民共和国印花税暂行条例》(国务院令第 11 号)《印花税税目税率表》规定，财产保险合同印花税征税范围包括财产、责任、保证、信用等保险合同。立合同人按保险费收入千分之一贴花。单据作为合同使用的，按合同贴花。交强险属于财产保险，应按上述规定缴纳印花税。

【关键词】

印花税　纳税人　计税依据　纳税申报　会计处理

第一节　印花税基本要素

一、纳税义务人

印花税的纳税义务人，是在中国境内书立、使用、领受印花税法所列举的凭证并应依法履行纳税义务的单位和个人。

所称单位和个人，是指国内各类企业、事业、机关、团体、部队以及中外合资企业、合作企业、外资企业、外国公司和其他经济组织及其在华机构等单位和个人。

上述单位和个人，按照书立、使用、领受应税凭证的不同，可以分别确定为立合同人、立据人、立账簿人、领受人、使用人和各类电子应税凭证的签订人。

(一)立合同人

立合同人指合同的当事人。所谓当事人，是指对凭证有直接权利义务关系的单位和个人，但不包括合同的担保人、证人、鉴定人。各类合同的纳税人是立合同人。各类合同，包括购销、加工承揽、建设工程承包、财产租赁、货物运输、仓储保管、借款、财产保险、技术合同或者具有合同性质的凭证。

所称合同，是指根据《中华人民共和国合同法》订立的合同。所称具有合同性质的凭证，是指具有合同效力的协议、契约、合约、单据、确认书及其他各种名称的凭证。

当事人的代理人有代理纳税的义务，他与纳税人负有同等的税收法律义务和责任。

(二)立据人

产权转移书据的纳税人是立据人。立据人是指土地、房屋权属转移过程中买卖双方的当事人。

(三)立账簿人

营业账簿的纳税人是立账簿人。所谓立账簿人，是指设立并使用营业账簿的单位和个人。例如，企业单位因生产、经营需要，设立了营业账簿，该企业即为纳税人。

(四)领受人

权利、许可证照的纳税人是领受人。领受人，是指领取或接受并持有该项凭证的单位和个人。例如，某人因其发明创造，经申请依法取得国家专利机关颁发的专利证书，该人即为纳税人。

(五)使用人

在国外书立、领受，但在国内使用的应税凭证，其纳税人是使用人。

(六)各类电子应税凭证的签订人

各类电子应税凭证的签订人即以电子形式签订各类应税凭证的当事人。

值得注意的是，对应税凭证，凡由两方或两方以上当事人共同书立的，其当事人各方都是印花税的纳税人，应各就其所持凭证的计税金额履行纳税义务。

二、税目与税率

(一)税目

印花税的税目，指印花税法明确规定的应当纳税的项目，它具体划定了印花税的征税范围。一般地说，列入税目的就要征税，未列入税目的就不征税。印花税共有13个税目。

1. 购销合同

购销合同包括供应、预购、采购、购销结合及协作、调剂、补偿、贸易等合同。此外，还包括出版单位与发行单位之间订立的图书、报纸、期刊和音像制品的应税凭证，例如订购单、订数单等。还包括发电厂与电网之间、电网与电网之间(国家电网公司系统、南方电网公司系统内部各级电网互供电量除外)签订的购售电合同。但是，电网与用户之间签订的供用电合同不属于印花税列举征税的凭证，不征收印花税。

2. 加工承揽合同

加工承揽合同包括加工、定做、修缮、修理、印刷广告、测绘、测试等合同。

3. 建设工程勘察设计合同

建设工程勘察设计合同包括勘察、设计合同。

4. 建筑安装工程承包合同

建筑安装工程承包合同包括建筑、安装工程承包合同。承包合同，包括总承包合同、分包合同和转包合同。

5. 财产租赁合同

财产租赁合同包括租赁房屋、船舶、飞机、机动车辆、机械、器具、设备等合同，还包括企业、个人出租门店、柜台等签订的合同。

6. 货物运输合同

货物运输合同包括民用航空、铁路运输、海上运输、公路运输和联运合同以及作为合同使用的单据。

7. 仓储保管合同

仓储保管合同包括仓储、保管合同，以及作为合同使用的仓单、栈单等。

8. 借款合同

借款合同包括银行及其他金融组织与借款人(不包括银行同业拆借)所签订的合同，以及只填开借据并作为合同使用、取得银行借款的借据。银行及其他金融机构经营的融资租赁业务，是一种以融物方式达到融资目的的业务，实际上是分期偿还的固定资金借款，因此融资租赁合同也属于借款合同。

9. 财产保险合同

财产保险合同包括财产、责任、保证、信用保险合同，以及作为合同使用的单据。财产保险合同，分为企业财产保险、机动车辆保险、货物运输保险、家庭财产保险和农牧业保险五大类。"家庭财产两全保险"属于家庭财产保险性质，其合同在财产保险合同之列，应照章纳税。

10. 技术合同

技术合同包括技术开发、转让、咨询、服务等合同，以及作为合同使用的单据。

技术转让合同，包括专利申请权转让和非专利技术转让。

技术咨询合同，是当事人就有关项目的分析、论证、预测和调查订立的技术合同。但一般的法律、会计、审计等方面的咨询不属于技术咨询，其所立合同不贴印花。

技术服务合同，是当事人一方委托另一方就解决有关特定技术问题，如为改进产品结构、改良工艺流程、提高产品质量、降低产品成本、保护资源环境、实现安全操作、提高经济效益等提出实施方案，实施所订立的技术合同，包括技术服务合同、技术培训合同和技术中介合同。但不包括以常规手段或者为生产经营目的进行一般加工、修理、修缮、广告、印刷、测绘、标准化测试，以及勘察、设计等所书立的合同。

11. 产权转移书据

产权转移书据包括财产所有权和版权、商标专用权、专利权、专有技术使用权等转移书据和专利实施许可合同、土地使用权出让合同、土地使用权转让合同、商品房销售合同等权利转移合同。

所称产权转移书据，是指单位和个人产权的买卖、继承、赠与、交换、分割等所立的书据。"财产所有权"转移书据的征税范围，是指经政府管理机关登记注册的动产、不动产的所有权转移所立的书据，以及企业股权转让所立的书据，并包括个人无偿赠与不动产所签订的"个人无偿赠与不动产登记表"。当纳税人完税后，税务机关(或其他征收机关)应在纳税人印花税完税凭证上加盖"个人无偿赠与"印章。

12. 营业账簿

营业账簿指单位或者个人记载生产经营活动的财务会计核算账簿。营业账簿按其反映内容的不同，可分为记载资金的账簿和其他账簿。

记载资金的账簿，是指反映生产经营单位资本金数额增减变化的账簿。其他账簿，是指除上述账簿以外的有关其他生产经营活动内容的账簿，包括日记账簿和各明细分类账簿。

13. 权利、许可证照

权利、许可证照包括政府部门发给的房屋产权证、工商营业执照、商标注册证、专利证、土地使用证。

(二)税率

印花税的税率有两种形式，即比例税率和定额税率。

1. 比例税率

在印花税的13个税目中，各类合同以及具有合同性质的凭证(含以电子形式签订的各类应税凭证)、产权转移书据、营业账簿中记载资金的账簿，适用比例税率。

印花税的比例税率分为4个档次，分别是0.05‰、0.3‰、0.5‰、1‰。

(1) 适用0.05‰税率的为"借款合同"。

(2) 适用0.3‰税率的为"购销合同""建筑安装工程承包合同""技术合同"。

(3) 适用0.5‰税率的为"加工承揽合同""建筑工程勘察设计合同""货物运输合同""产权转移书据"和"营业账簿"税目中记载资金的账簿。

(4) 适用1‰税率的为"财产租赁合同""仓储保管合同""财产保险合同"。

(5) 在上海证券交易所、深圳证券交易所、全国中小企业股份转让系统买卖、继承、赠与优先股所书立的股权转让书据，均依书立时实际成交金额，由出让方按1‰的税率计算缴纳证券(股票)交易印花税。

香港市场投资者通过沪港通买卖、继承、赠与上交所上市A股，按照内地现行税制规定缴纳证券(股票)交易印花税。内地投资者通过沪港通买卖、继承、赠与联交所上市股票，按照香港特别行政区现行税法规定缴纳印花税。

2. 定额税率

在印花税的13个税目中，"权利、许可证照"和"营业账簿"税目中的其他账簿，适用定额税率,均为按件贴花,税额为 5 元。这样规定,主要是考虑到上述应税凭证比较特殊,有的是无法计算金额的凭证,例如权利、许可证照;有的是虽记载有金额,但以其作为计税依据又明显不合理的凭证,例如其他账簿。采用定额税率,便于纳税人缴纳,便于税务机关征管。印花税税目、税率见表 15-1。

表 15-1 印花税税目、税率表

税 目	范 围	税 率	纳税人	备 注
1. 购销合同	包括供应、预购、采购、购销结合及协作、调剂、补偿、贸易等合同	按购销金额 0.3‰贴花	立合同人	
2. 加工承揽合同	包括加工、定做、修缮、修理、印刷、广告、测绘、测试等合同	按加工或承揽收入 0.5‰贴花	立合同人	
3. 建设工程勘察设计合同	包括勘察、设计合同	按收取费用 0.5‰贴花	立合同人	
4. 建筑安装工程承包合同	包括建筑、安装工程承包合同	按承包金额 0.3‰贴花	立合同人	
5. 财产租赁合同	包括租赁房屋、船舶、飞机、机动车辆、机械、器具、设备等合同	按租赁金额1‰贴花,税额不足 1 元,按 1 元贴花	立合同人	
6. 货物运输合同	包括民用航空、铁路运输、海上运输、公路运输和联运合同	按运输收取的费用 0.5‰贴花	立合同人	含作为合同使用的单据
7. 仓储保管合同	包括仓储、保管合同	按仓储收取的保管费用 1‰贴花	立合同人	含作为合同使用的仓单、栈单
8. 借款合同	银行及其他金融组织与借款人(不包括银行同业拆借)所签订的合同	按借款金额0.05‰贴花	立合同人	含作为合同使用的单据
9. 财产保险合同	包括财产、责任、保证、信用社保险合同	按收取的保险费收入 1‰贴花	立合同人	含作为合同使用的单据
10. 技术合同	包括技术开发、转让、咨询、服务合同	按所记载金额 0.3‰贴花	立合同人	
11. 产权转移数据	包括财产所有权和版权、商标专用权、专利权、专有技术使用权等转移数据和土地使用权出让合同、土地使用权转让合同、商品房销售合同	按所记载金额0.5‰贴花	立据人	上市公司的股权转让书据1‰

续表

税　目	范　围	税率	纳税人	备　注
12. 营业账簿	生产经营用账册	记载资金账簿，按实收资本和资本公积合计金额0.5‰贴花。其他账簿按件贴花5元		从2018年5月1日起，记载资金的账簿，减半征收；其他账簿，免征
13. 权利、许可证照	包括政府部门发给的房屋产权证、工商营业执照、商标注册证、土地使用权证、专利证	按件贴花5元	领受人	

三、税收优惠

对印花税的减免税优惠政策如下。

(1) 对已缴纳印花税凭证的副本或者抄本免税。

凭证的正式签署本已按规定缴纳了印花视其副本或者抄本对外不发生权利义务关系，只是留存备查。但以副本或者抄本视同正本使用的，则另贴印花。

(2) 对无息、贴息贷款合同免税。

无息、贴息贷款合同，是指我国的各专业银行按照国家金融政策发放的无息贷款，以及由各专业银行发放并按有关规定由财政部门或中国人民银行给予贴息的贷款项目所签订的贷款合同。

一般情况下，无息、贴息贷款体现国家政策，满足特定时期的某种需要，其利息全部或者部分是由国家财政负担的，对这类合同征收印花税没有财政意义。

(3) 对房地产管理部门与个人签订的用于生活居住的租赁合同免税。

(4) 对农牧业保险合同免税。

对该类合同免税，是为了支持农村保险事业的发展，减轻农牧业生产的负担。

在商品住房等开发项目中配套建造安置住房的，依据政府部门出具的相关材料、房屋征收(拆迁)补偿协议或棚户区改造合同(协议)，对改造安置住房建筑面积占总建筑面积的比例免征印花税。

(5) 自2019年1月1日至2021年12月31日，对与高校学生签订的高校学生公寓租赁合同，免征印花税。高校学生公寓，是指为高校学生提供住宿服务，按照国家规定的收费标准收取住宿费的学生公寓。企业享受本规定的免税政策，应按规定进行免税申报，并将不动产权属证明、载有房产原值的相关材料、房产用途证明、租赁合同等资料留存备查。

(6) 对公租房经营管理单位建造管理公租房涉及的印花税予以免征。

对公租房经营管理单位购买住房作为公租房，免征印花税；对公租房租赁双方签订租赁协议涉及的印花税予以免征。

在其他住房项目中配套建设公租房，依据政府提供的相关材料，可按公租房建筑面积占总建筑面积的比例免征建造、管理公租房涉及的印花税。

(7) 为贯彻落实《国务院关于加快棚户区改造工作意见》，对改造安置住房经营管理单位、开发商与改造安置住房相关的印花税以及购买安置住房的个人涉及的印花税自 2013 年 7 月 4 日起予以免征。

(8) 自 2018 年 5 月 1 日起，对按 5‰税率贴花的资金账簿减半征收印花税，对按件贴花五元的其他账簿免征印花税。

(9) 对全国社会保障基金理事会、全国社会保障基金投资管理人管理的全国社会保障基金转让非上市公司股权，免征全国社会保障基金理事会、全国社会保障基金投资管理人应缴纳的印花税。

第二节　印花税的计算

一、计税依据的一般规定

印花税的计税依据为各种应税凭证上所记载的计税金额。具体规定如下。

(1) 购销合同的计税依据为合同记载的购销金额。

(2) 加工承揽合同的计税依据是加工或承揽收入的金额。具体规定为：

① 对于由受托方提供原材料的加工、定做合同，凡在合同中分别记载加工费金额和原材料金额的，应分别按"加工承揽合同""购销合同"计税，两项税额相加数，即为合同应贴印花；若合同中未分别记载，则应就全部金额依照加工承揽合同计税贴花。

② 对于由委托方提供主要材料或原料，受托方只提供辅助材料的加工合同，无论加工费和辅助材料金额是否分别记载，均以辅助材料与加工费的合计数，依照加工承揽合同计税贴花。对委托方提供的主要材料或原料金额不计税贴花。

(3) 建设工程勘察设计合同的计税依据为收取的费用。

(4) 建筑安装工程承包合同的计税依据为承包金额。

(5) 财产租赁合同的计税依据为租赁金额；经计算，税额不足 1 元的，按 1 元贴花。

(6) 货物运输合同的计税依据为取得的运输费金额(即运费收入)，不包括所运货物的金额、装卸费和保险费等。

(7) 仓储保管合同的计税依据为收取的仓储保管费用。

(8) 借款合同的计税依据为借款金额。针对实际借贷活动中不同的借款形式，税法规定了不同的计税方法：

① 凡是一项信贷业务既签订借款合同，又一次或分次填开借据的，只以借款合同所载金额为计税依据计税贴花；凡是只填开借据并作为合同使用的，应以借据所载金额为计税依据计税贴花。

② 借贷双方签订的流动资金周转性借款合同，一般按年(期)签订，规定最高限额，借款人在规定的期限和最高限额内随借随还。为避免加重借贷双方的负担，对这类合同只以其规定的最高限额为计税依据，在签订时贴花一次，在限额内随借随还；不签订新合同的，不再另贴印花。

③ 对借款方以财产作抵押，从贷款方取得一定数量抵押贷款的合同，应按借款合同贴花；在借款方因无力偿还借款而将抵押财产转移给贷款方时，应再就双方书立的产权书

据，按产权转移书据的有关规定计税贴花。

④ 对银行及其他金融组织的融资租赁业务签订的融资租赁合同，应按合同所载租金总额，暂按借款合同计税。

⑤ 在贷款业务中，如果贷方系由若干银行组成的银团，银团各方均承担一定的贷款数额。借款合同由借款方与银团各方共同书立，各执一份合同正本。对这类合同借款方与贷款银团各方应分别在所执的合同正本上，按各自的借款金额计税贴花。

⑥ 在基本建设贷款中，如果按年度用款计划分年签订借款合同，在最后一年按总概算签订借款总合同，且总合同的借款金额包括各个分合同的借款金额的，对这类基建借款合同，应按分合同分别贴花，最后签订的总合同，只就借款总额扣除分合同借款金额后的余额计税贴花。

(9) 财产保险合同的计税依据为支付(收取)的保险费，不包括所保财产的金额。

(10) 技术合同的计税依据为合同所载的价款、报酬或使用费。为了鼓励技术研究开发，对技术开发合同，只就合同所载的报酬金额计税，研究开发经费不作为计税依据。单对合同约定按研究开发经费一定比例作为报酬的，应按一定比例的报酬金额贴花。

(11) 产权转移书据的计税依据为所载金额。

(12) 营业账簿税目中记载资金的账簿的计税依据为"实收资本"与"资本公积"两项的合计金额。实收资本，包括现金、实物、无形资产和材料物资。现金按实际收到或存入纳税人开户银行的金额确定。实物，指房屋、机器等，按评估确认的价值或者合同、协议约定的价格确定。无形资产和材料物资，按评估确认的价值确定。

资本公积，包括接受捐赠、法定财产重估增值、资本折算差额、资本溢价等。如果是实物捐赠，则按同类资产的市场价格或有关凭据确定。

其他账簿的计税依据为应税凭证件数。

(13) 权利、许可证照的计税依据为应税凭证件数。

二、计税依据的特殊规定

印花税计税依据的特殊规定具体如下。

(1) 凭证以"金额""收入""费用"作为计税依据的，应当全额计税，不得作任何扣除。

(2) 同一凭证，载有两个或两个以上经济事项而适用不同税目税率，如分别记载金额的，应分别计算应纳税额，相加后按合计税额贴花；如未分别记载金额的，按税率高的计税贴花。

(3) 按金额比例贴花的应税凭证，未标明金额的，应按照凭证所载数量及国家牌价计算金额；没有国家牌价的，按市场价格计算金额，然后按规定税率计算应纳税额。

(4) 应税凭证所载金额为外国货币的，应按照凭证书立当日国家外汇管理局公布的外汇牌价折合成人民币，然后计算应纳税额。

(5) 应纳税额不足 1 角的，免纳印花税；1 角以上的，其税额尾数不满 5 分的不计，满 5 分的按 1 角计算。

(6) 有些合同，在签订时无法确定计税金额，如技术转让合同中的转让收入，是按销售收入的一定比例收取或是按实现利润分成的；财产租赁合同，只是规定了月(天)租金标准而无租赁期限的。对这类合同，可在签订时先按定额 5 元贴花，以后结算时再按实际金额计税，补贴印花。

(7) 应税合同在签订时纳税义务即已产生，应计算应纳税额并贴花。所以，不论合同是否兑现或是否按期兑现，均应贴花。

对已履行并贴花的合同，所载金额与合同履行后实际结算金额不一致的，只要双方未修改合同金额，一般不再办理完税手续。

(8) 对有经营收入的事业单位，凡属由国家财政拨付事业经费，实行差额预算管理的单位，其记载经营业务的账簿，按其他账簿定额贴花，不记载经营业务的账簿不贴花；凡属经费来源实行自收自支的单位，其营业账簿，应对记载资金的账簿和其他账簿分别计算应纳税额。

(9) 商品购销活动中，采用以货换货方式进行商品交易签订的合同，是反映既购又销双重经济行为的合同。对此，应按合同所载的购、销合计金额计税贴花。合同未列明金额的，应按合同所载购、销数量依照国家牌价或者市场价格计算应纳税额。

(10) 施工单位将自己承包的建设项目，分包或者转包给其他施工单位所签订的分包合同或者转包合同，应按新的分包合同或转包合同所载金额计算应纳税额。这是因为印花税是一种具有行为税性质的凭证税，尽管总承合同已依法计税贴花，但新的分包或转包合同是一种新的凭证，又发生了新的纳税义务。

(11) 从 2008 年 9 月 19 日起，对证券交易印花税政策进行调整，由双边征收改为单边征收，即只对卖出方(或继承、赠与 A 股、B 股股权的出让方)征收证券(股票)交易印花税，对买入方(受让方)不再征税。税率仍保持 1%。

(12) 对国内各种形式的货物联运，凡在起运地统一结算全程运费的，应以全程运费作为计税依据，由起运地运费结算双方缴纳印花税；凡分程结算运费的，应以分程的运费作为计税依据，分别由办理运费结算的各方缴纳印花税。

对国际货运，凡由我国运输企业运输的，不论在我国境内、境外起运或中转分程运输，我国运输企业所持的一份运费结算凭证，均按本程运费计算应纳税额；托运方所持的一份运费结算凭证，按全程运费计算应纳税额。由外国运输企业运输进出口货物的，外国运输企业所持的一份运费结算凭证免纳印花税；托运方所持的一份运费结算凭证应缴纳印花税。国际货运运费结算凭证在国外办理的，应在凭证转回我国境内时按规定缴纳印花税。

必须明确的是，印花税票为有价证券，其票面金额以人民币为单位，分为 1 角、2 角、5 角、1 元、2 元、5 元、10 元、50 元、100 元 9 种。

三、应纳税额的计算方法

纳税人的应纳税额，根据应纳税凭证的性质，分别按比例税率或者定额税率计算。其计算公式为：

应纳税额=应税凭证计税金额(或应税凭证件数)×适用税率

案例点击

2019 年 1 月，甲公司将闲置厂房出租给乙公司，合同约定每月租金 3 000 元，租期未定，签订合同时，预收租金 8 000 元，双方已按定额贴花，6 月底合同解除，甲公司收到乙公司补交的租金 10 000 元。甲公司 6 月份应补缴印花税多少元？

〖点石成金〗

甲公司 6 月份应补缴印花税=(8 000+10 000)×1‰-5=13(元)

案例点击

某房地产开发企业 2019 年开发建造普通住宅，与当地农业银行签订借款合同一份，合同注明借款金额 2 000 万元；以借款和自有资金购买土地使用权，合同注明地价款 2 600 万元，已取得土地使用证；至 2019 年底对外销售普通住宅 60 000 平方米，取得收入 29 200 万元，全部签订售房合同。该房地产开发企业 2019 年就上述业务应缴纳印花税多少元？

〖点石成金〗

该房地产开发企业应缴纳印花税=20 000 000×0.05‰+26 000 000×0.5‰+5+292 000 000×0.5‰=160 005(元)

案例点击

某运输公司与甲公司 2019 年 3 月签订了一份运输合同，注明运费 45 万元；以价值 60 万元的仓库作抵押，从银行取得抵押贷款 80 万元，并在合同中规定了还款日期，到期后，该运输公司由于资金周转困难而无力偿还贷款，按合同规定将抵押的仓库的产权转移给银行，签订了产权转移书据，并用现金 20 万元偿还贷款。该运输公司以上经济行为应缴纳印花税多少元？

〖点石成金〗

应纳印花税=450 000×0.5‰+800 000×0.05‰+600 000×0.5‰=565(元)

第三节 印花税的征收管理与会计处理

一、印花税的征收管理

(一)纳税方法

印花税的纳税办法，根据税额大小、贴花次数以及税收征收管理的需要，分别采用以下三种纳税办法。

1. 自行贴花办法

自行贴花办法，一般适用于应税凭证较少或者贴花次数较少的纳税人。纳税人书立、领受或者使用印花税法列举的应税凭证的同时，纳税义务即已产生，应当根据应纳税凭证的性质和适用的税目税率自行计算应纳税额，自行购买印花税票，自行一次贴足印花税票并加以注销或划销，纳税义务才算全部履行完毕。值得注意的是，纳税人购买了印花税票，支付了税款，国家就取得了财政收入。但就印花税来说，纳税人支付了税款并不等于已履行了纳税义务。纳税人必须自行贴花并注销或划销，这样才算完整地完成了纳税义务。这也就是通常所说的"三自"纳税办法。

对已贴花的凭证，修改后所载金额增加的，其增加部分应当补贴印花税票。凡多贴印花税票者，不得申请退税或者抵用。

2. 汇贴或汇缴办法

汇贴或汇缴办法，一般适用于应纳税额较大或者贴花次数频繁的纳税人。一份凭证应纳税额超过500元的，应向当地税务机关申请填写缴款书或者完税证，将其中一联粘贴在凭证上或者由税务机关在凭证上加注完税标记代替贴花。这就是通常所说的"汇贴"办法。

同一种类应纳税凭证，需频繁贴花的，纳税人可以根据实际情况自行决定是否采用按期汇总缴纳印花税的方式，汇总缴纳的期限为1个月。采用按期汇总缴纳方式的纳税人应事先告知主管税务机关。缴纳方式一经选定，1年内不得改变。主管税务机关接到纳税人要求按期汇总缴纳印花税的告知后，应及时登记，制定相应的管理办法，防止出现管理漏洞。实行印花税按期汇总缴纳的单位，对征税凭证和免税凭证汇总时，凡分别汇总的，按本期征税凭证的汇总金额计算缴纳印花税；凡确属不能分别汇总的，应按本期全部凭证的实际汇总金额计算缴纳印花税。

凡汇总缴纳印花税的凭证，应加注税务机关指定的汇缴戳记，编号并装订成册后，将已贴印花或者缴款书的一联粘附册后，盖章注销，保存备查。

经税务机关核准，持有代售许可证的代售户，代售印花税票取得的税款须专户存储，并按照规定的期限，向当地税务机关结报，或者填开专用缴款书直接向银行缴纳，不得逾期不缴或者挪作他用。代售户领存的印花税票及所售印花税票的税款，如有损失，应负责赔偿。

3. 委托代征办法

委托代征办法主要是通过税务机关的委托，经由发放或者办理应纳税凭证的单位代为征收印花税税款。税务机关应与代征单位签订代征委托书。所谓发放或者办理应纳税凭证的单位，是指发放权利、许可证照的单位和办理凭证的鉴证、公证及其他有关事项的单位。如按照印花税法规定，工商行政管理机关核发各类营业执照和商标注册证的同时，负责代售印花税票，征收印花税税款，并监督领受单位或个人负责贴花。税务机关委托工商行政管理机关代售印花税票，按代售金额5%的比例支付代售手续费。

印花税法规定，发放或者办理应纳税凭证的单位，负有监督纳税人依法纳税的义务，具体是指对以下纳税事项进行监督：①应纳税凭证是否已粘贴印花；②粘贴的印花是否足额；③粘贴的印花是否按规定注销。

对未完成以上纳税手续的，应督促纳税人当场完成。

(二)纳税环节

印花税应当在书立或领受时贴花，具体是指在合同签订时、账簿启用时和证照领受时贴花。如果是在国外签订，并且不便在国外贴花的，应在将合同带入境时办理贴花纳税手续。

(三)纳税地点

印花税一般实行就地纳税。对于全国性商品物资订货会(包括展销会、交易会等)上所签订合同应纳的印花税，由纳税人回其所在地后及时办理贴花完税手续；对地方主办、不涉及省际关系的订货会、展销会上所签合同的印花税，其纳税地点由各省、自治区、直辖市人民政府自行确定。

(四)纳税申报

印花税的纳税人应按照有关规定及时办理纳税申报表，并如实填写《印花税纳税申报表》。

二、印花税的会计处理

印花税的会计处理借方通过"税金及附加"科目进行核算，企业交纳的印花税由于不需要预计应交数额，因此贷方不通过"应交税费"核算。计算应缴纳的印花税时，借记"税金及附加"等科目，贷记"银行存款"科目。

> **案例点击**

承前例，做出计算应纳房产税的会计处理。

〖点石成金〗

借：税金及附加　　　　　　　　13
　　贷：银行存款　　　　　　　　　　13

课 后 练 习

基 础 演 练

单项选择题

1. 下列不属于印花税购销合同列举范围的是(　　)。
   A. 电网与用户之间签订的供用电合同　　B. 采煤单位和用煤单位间的供应合同
   C. 以货易货合同　　　　　　　　　　　D. 预购合同

2. 下列合同中，应当征收印花税的是(　　)。
   A. 会计咨询合同　　　　　　　　　　　B. 法律咨询合同
   C. 技术咨询合同　　　　　　　　　　　D. 审计咨询合同

3. 下列合同或凭证中，应缴纳印花税的是(　　)。
   A. 商标注册证
   B. 企业仓库设置的产品进出统计簿
   C. 企业与某会计师事务所签订的会计咨询合同
   D. 电网与用户之间签订的供用电合同

4. 下列各项中，不属于印花税应税凭证的是(　　)。
   A. 无息、贴息贷款合同
   B. 发电厂与电网之间签订的电力购售合同

C. 与高校学生签订的高校学生公寓租赁合同
D. 银行因内部管理需要设置的现金收付登记簿

5. 下列应按"产权转移书据"计征印花税的是(　　)。
A. 专利申请权转让　　　　　　　B. 技术开发合同
C. 非专利技术转让　　　　　　　D. 商标专用权转移书据

提 高 演 练

一、单项选择题

1. 某运输公司与甲公司2018年2月签订了一份运输合同,注明运费45万元;以价值60万元的仓库作抵押,从银行取得抵押贷款80万元,并在合同中规定了还款日期,到期后,该运输公司由于资金周转困难而无力偿还贷款,按合同规定将抵押的仓库的产权转移给银行,签订了产权转移书据,并用现金20万元偿还贷款。该运输公司以上经济行为应缴纳印花税(　　)元。
A. 265　　　　B. 565　　　　C. 575　　　　D. 580

2. 某学校委托一服装加工企业为其定做一批校服,合同载明原材料金额为80万元由服装加工企业提供,学校另支付加工费40万元。服装加工企业的该项业务应缴纳印花税(　　)元。
A. 240　　　　B. 360　　　　C. 440　　　　D. 600

3. A公司从B汽车运输公司租入5辆载重汽车,双方签订的合同规定,5辆载重汽车的总价值为240万元,租期10个月,月租金为1.28万元。则A公司应缴印花税(　　)元。
A. 32　　　　B. 128　　　　C. 600　　　　D. 2 400

4. 下列说法符合印花税征收管理规定的是(　　)。
A. 一份凭证应纳税额超过500元的,应当向当地税务机关申请填写缴款书或完税凭证,将其中一联粘贴在凭证上代替贴花
B. 同一种类的应税凭证,需要频繁贴花的,由税务机关决定是否采用按期汇总缴纳印花税的方式
C. 纳税人自行计算应纳税额、购买印花税票,并自行一次贴足税票的,即履行完印花税纳税义务
D. 对已经贴花的应税凭证,凡多贴印花税票的,可以申请退税或抵用

5. 北京市甲公司受托分别为乙、丙企业各加工一批产品。与乙企业签订合同,注明原材料金额200万元由乙企业提供,甲公司向乙企业收取加工费50万元;与丙企业签订合同,注明原材料金额40万元由甲公司提供,合同又注明加工费10万元。甲公司就这两项加工业务应缴纳印花税(　　)元。
A. 120　　　　B. 300　　　　C. 400　　　　D. 420

二、多项选择题

1. 下列各项中,符合印花税有关规定的有(　　)。
A. 企业债权转股权新增加的资金应贴花
B. 企业改制中经评估增加的资金应贴花

C. 企业因改制签订的产权转移书据应贴花
D. 以合并方式成立的新企业其资金账簿的资金原已贴花部分不再贴花

2. 下列应税凭证的计税依据分别为(　　)。
A. 购买股权转让书据，为书立当日证券市场成交价格
B. 货物运输合同为运输、保险、装卸等各项费用合计
C. 融资租赁合同为租赁费
D. 以物易物的购销合同为合同所载的购销金额合计

3. 甲公司于8月与乙公司签订了数份以货易货合同，以共计750 000元的钢材换取650 000元的水泥，甲公司取得差价100 000元。下列各项表述正确的有(　　)。
A. 甲公司8月应缴纳的印花税为225元
B. 甲公司8月应缴纳的印花税为420元
C. 甲公司可对易货合同采用汇总方式缴纳印花税
D. 甲公司可对易货合同采用汇贴方式缴纳印花税

4. 采用自行贴花方法缴纳印花税的，纳税人应(　　)。
A. 自行申报应税行为
B. 自行计算应纳税额
C. 自行购买印花税票
D. 自行一次贴足印花税票并注销

5. 按照印花税的有关规定，下列各项中，正确的涉税处理包括(　　)。
A. 对技术开发合同，以合同所载的报酬金额和研究开发经费作为计税依据
B. 作为正本使用的合同副本，交印花税
C. 房地产管理部门与个人签订的租房合同，凡用于生活居住的，可免贴花
D. 在国外签订、在国内使用的应税合同，其纳税义务发生时间为合同签订时

综合演练

1. 某高新技术企业2019年12月开业，注册资本500万元，当年发生经营活动如下。
(1) 领受工商营业执照、房屋产权证、土地使用证、银行开户许可证各一份。
(2) 建账时共设7个营业账簿，其中记载资金的账簿一本，记载实收资本500万元。
(3) 签订以货易货合同1份，用自己价值100万元的货物换进乙企业价值150万元的货物，并支付差价款50万元。
(4) 与银行签订借款合同1份，记载借款金额50万元，当年支付利息1万元。
(5) 与广告公司签订广告牌制作合同1份，分别记载加工费3万元，广告公司提供的原材料7万元。
(6) 签订房屋租赁合同1份，记载每月租金为5万元，但未约定租赁期限。
要求：根据上述资料，回答下列问题。
(1) 计算领受权利、许可证照应缴纳的印花税。
(2) 计算设置营业账簿应缴纳的印花税。
(3) 计算签订以货易货合同应缴纳的印花税。
(4) 计算签订借款合同应缴纳的印花税。
(5) 计算签订广告牌制作合同应缴纳的印花税。

(6) 计算签订房屋租赁合同应缴纳的印花税。

2. 某企业2019年度有关资料如下。

(1) 与机械厂签订设备安装合同一份，合同注明设备价款600万元，按设备价款的5%支付安装费用。

(2) 与某银行签订贴息贷款合同一份，注明借款8 000万元；与某金融机构签订借款合同，注明借款5 000万元，年利率5%。

(3) 当年6月，实收资本比上年增加3 000万元，当年新设其他营业账簿10本。

(4) 自境外运进一台设备，由境外运输公司运入境内，双方签订的货物运输合同注明运费100万元。

(5) 与某技术开发企业签订合同，委托其开发某项技术，技术开发完成后双方共有，约定该企业提供专项资金1 000万元用于购买研发设备和专业耗材，支付开发企业的研发报酬为300万元。

要求：根据上述资料，分别计算该企业业务(1)、(2)、(3)、(4)、(5)应缴纳的印花税。

第十六章　车辆购置税

【本章学习目标】

通过本章的学习，了解车辆购置税的概念；熟悉车辆购置税的纳税人、征税范围、适用税率；掌握车辆购置税的计税依据的确定、应纳税额的计算；熟悉车辆购置税的纳税申报与会计处理。

【本章重点】

- 车辆购置税的纳税人
- 车辆购置税的征税范围
- 车辆购置税的计算

【本章难点】

- 车辆购置税的计税依据

【章前导读】

小张于2019年7月1日在成都购置一辆小汽车，在重庆上的牌照，请问小张是在成都还是在重庆缴纳车辆购置税？

解析：《车辆购置税法》第十一条规定，纳税人购置应税车辆，应当向车辆登记地的主管税务机关申报缴纳车辆购置税；购置不需要办理车辆登记的应税车辆的，应当向纳税人所在地的主管税务机关申报缴纳车辆购置税。

【关键词】

车辆购置税　纳税人　计税依据　纳税申报　会计处理

第一节　车辆购置税基本要素

车辆购置税是对在中华人民共和国境内购置应税车辆的单位和个人征收的一种税。车辆购置税为中央税，专用于国道、省道干线公路建设和支持地方道路建设。

一、纳税义务人与征税范围

(一)纳税义务人

在中华人民共和国境内购置汽车、有轨电车、汽车挂车、排气量超过150毫升的摩托车(以下统称应税车辆)的单位和个人，为车辆购置税的纳税人。

车辆购置税的应税行为包括：购买使用行为；进口使用行为；受赠使用行为；自产自用行为；获奖使用行为；以及以拍卖、抵债、走私、罚没等方式取得并使用的行为。

案例点击

小刘在4S店买了一辆原装进口车，属于进口自用车辆吗？

〖点石成金〗

不属于。纳税人进口自用应税车辆，是指纳税人直接从境外进口或者委托代理进口自用的应税车辆，不包括在境内购买的进口车辆。

(二)征税范围

以列举的车辆为征税对象，征税范围包括汽车、有轨电车、汽车挂车、排气量超过150毫升的摩托车。地铁、轻轨等城市轨道交通车辆，装载机、平地机、挖掘机、推土机等轮式专用机械车，以及起重机(吊车)、叉车、电动摩托车，不属于应税车辆。征税范围具体规定如下。

1. 汽车

汽车包括各类汽车。

2. 有轨电车

有轨电车是以电能为动力，在轨道上行驶的公共车辆。

3. 汽车挂车

(1) 全挂车：无动力设备，独立承载，由牵引车辆牵引行驶的车辆；

(2) 半挂车：无动力设备，与牵引车共同承载，由牵引车辆牵引行驶的车辆。

4. 摩托车

摩托车是排气量超过150毫升的摩托车。

案例点击

小王于2019年7月1日购置一辆排气量为125毫升的摩托车，需要申报缴纳车辆购置税吗？

〖点石成金〗

不需要缴纳。车辆购置税的纳税义务发生时间为纳税人购置应税车辆的当日。按照自2019年7月1日起实施的《中华人民共和国车辆购置税法》的规定，排气量在150毫升(含)以下的摩托车，不属于车辆购置税的征收范围，因此不用缴纳车辆购置税。

二、税率与计税依据

(一)税率

我国车辆购置税实行统一比例税率，税率为10%。

(二)计税依据

车辆购置税实行从价定率、价外征收的方法计算应纳税额，应税车辆的价格即计税价格就成为车辆购置税的计税依据。

1. 购买自用应税车辆

纳税人购买自用的应税车辆，其计税价格由纳税人支付给销售者的全部价款和价外费用组成(不包括增值税税款)，代收款项不包含在内。计算公式为：

$$计税价格=(含增值税的全部价款+价外费用)÷(1+增值税税率或征收率)$$

计税依据包含的项目如下。

(1) 随购买车辆支付的工具件和零部件价款，并入计税价格中征收车辆购置税。

(2) 支付的车辆装饰费，应作价外费用并入计税价格中计税。

(3) 销售单位开展优质销售活动所开票收取的有关费用(各项费用并在一张发票上难以划分)。

计税依据不包含的项目如下。

(1) 支付的控购费。控购费是政府部门的行政性收费，不属于销售者的价外费用，不应并入计税价格计税。

(2) 销售单位开给购买者的各种发票金额中包含的增值税税款。

2. 进口自用应税车辆

纳税人进口自用应税车辆，是指纳税人直接从境外进口或者委托代理进口自用的应税车辆，不包括在境内购买的进口车辆。纳税人进口应税车辆自用的，由进口自用方纳税；如果进口车辆用于销售、抵债、以物易物等方面，不属于进口自用应税车辆的行为，进口方不缴纳车辆购置税。相关计算公式为：

$$计税价格=关税完税价格+关税+消费税$$
$$计税价格=(关税完税价格+关税)÷(1-消费税税率)$$

3. 其他自用应税车辆

其他自用应税车辆的计税依据具体如下。

(1) 纳税人受赠使用、获奖使用和以其他方式取得并自用的应税车辆的计税价格，主管税务机关参照国家税务总局规定的最低计税价格核定。

(2) 国家税务总局未核定最低计税价格的车辆，计税依据为纳税人提供的有效价格证明注明的价格。有效价格证明注明的价格明显偏低的，主管税务机关有权核定应税车辆的计税价格。

(3) 下列车辆的计税价格为纳税人提供的有效价格证明注明的价格。纳税人无法提供有效价格证明的，主管税务机关有权核定应税车辆的计税价格。

① 进口旧车。

② 因不可抗力因素导致受损的车辆。

③ 库存超过3年的车辆。

④ 行驶8万公里以上的试验车辆。

⑤ 国家税务总局规定的其他车辆。

4. 特殊情形下自用应税车辆

免税条件消失的车辆，自初次办理纳税申报之日起，使用年限未满10年的，计税价格以免税车辆初次办理纳税申报时确定的计税价格为基准，每满1年扣减10%；未满1年的，计税价格为免税车辆的原计税价格；使用年限10年(含)以上的，计税价格为0。

三、应纳税额的计算

(一)购买自用应税车辆应纳税额的计算

购买自用应税车辆应纳税额的计算公式为:

$$应纳税额=(全部含税价款+价外费用)\div(1+增值税税率)\times 适用税率$$

案例点击

2019年3月,李某从某销售公司(增值税一般纳税人)购买轿车一辆供自己使用,支付含增值税的价款226 000元,另支付工具件和零配件含税价款6 000元,车辆装饰费4 000元,支付的各项价款均由销售公司统一开具普通发票。李某应纳车辆购置税为多少?

〖点石成金〗

应纳车辆购置税=(226 000+6 000+4 000)÷(1+13%)×10%=20 884.96(元)

(二)进口自用应税车辆应纳税额的计算

进口自用应税车辆应纳税额的计算公式为:

$$应纳税额=(关税完税价格+关税+消费税)\times 适用税率$$

$$应纳税额=(关税完税价格+关税)\div(1-消费税税率)\times 适用税率$$

案例点击

某汽车贸易公司2019年1月进口11辆小轿车,海关审定的关税完税价格为25万元/辆。当月销售8辆,取得含税销售额240万元;2辆供公司自用;1辆用于抵偿债务,合同约定的含税价格为30万元。计算该汽车贸易公司应纳车辆购置税。(小轿车关税税率为28%,消费税税率为9%)

〖点石成金〗

只需对公司自用的两辆小轿车征收车辆购置。

应缴纳车辆购置税=2×(25+25×28%)÷(1-9%)×10%=7.03(万元)

(三)其他自用应税车辆应纳税额的计算

其他自用应税车辆应纳税额的计算公式为:

$$应纳税额=最低计税价格\times 适用税率$$

案例点击

某汽车制造厂将排量为2.0的自产A型汽车3辆转作固定资产,2辆对外抵偿债务,2辆奖励给企业优秀员工。A型汽车不含税市场售价为180 000元,国家税务总局核定的最低计税价格为160 000元。另外,一辆已缴纳车辆购置税的汽车,因交通事故更换底盘,国家税务总局核定的同型号新车最低计税价格为250 000元。该汽车制造厂应纳车辆购置税多少元?

〖点石成金〗

自产自用的车辆需要缴纳车辆购置税;对外抵债的3辆由接受并自用的一方缴纳车辆

购置税；奖励员工的由取得自用的员工缴纳车辆购置税。底盘发生更换的车辆需要再次缴纳车辆购置税，但计税依据为最新核发的同类型车辆最低计税价格的70%。

应纳车辆购置税=180 000×3×10%+250 000×70%×10%=71 500(元)

(四)特殊情形下自用应税车辆应纳税额的计算

特殊情形下自用应税车辆应纳税额的计算公式为：

$$应纳税额=初次申报时计税价格×(1-已使用年限×10\%)×税率$$

案例点击

回国服务留学人员赵某于2019年2月10日用现汇购买了一辆个人自用国产小汽车。2019年3月，赵某将该车转让给宋某，转让价为138 000元，并于3月10日办理了车辆过户手续。已知该小汽车初次办理纳税申报时确定的计税价格为180 000元。宋某应纳车辆购置税多少元？

〔点石成金〕

回国服务的留学人员用现汇购买一辆个人自用国产小汽车免征车辆购置税，2年后转让，免税条件消失，计税价格以免税车辆初次办理纳税申报时确定的计税价格为基准，每满1年扣减10%。

宋某应纳车辆购置税=180 000×(1-2×10%)×10%=14 400(元)

四、税收优惠

(一)车辆购置税的减免税规定

车辆购置税的减免税规定具体如下：

(1) 依照法律规定应当予以免税的外国驻华使馆、领事馆和国际组织驻华机构及其有关人员自用的车辆；

(2) 中国人民解放军和中国人民武装警察部队列入装备订货计划的车辆；

(3) 悬挂应急救援专用号牌的国家综合性消防救援车辆；

(4) 设有固定装置的非运输专用作业车辆；

(5) 城市公交企业购置的公共汽电车辆。

城市公交企业购置的公共汽电车辆免征车辆购置税中的城市公交企业，是指由县级以上(含县级)人民政府交通运输主管部门认定的，依法取得城市公交经营资格，为公众提供公交出行服务，并纳入《城市公共交通管理部门与城市公交企业名录》的企业；公共汽电车辆是指按规定的线路、站点、票价营运，用于公共交通服务，为运输乘客设计和制造的车辆，包括公共汽车、无轨电车和有轨电车。

根据国民经济和社会发展的需要，国务院规定并报全国人民代表大会常务委员会备案的其他免征车辆购置税的车辆具体如下。

(1) 回国服务的在外留学人员用现汇购买一辆个人自用国产小汽车。

(2) 长期来华定居专家进口一辆自用小汽车。

(3) 防汛部门和森林消防部门用于指挥、检查、调度、报汛(警)、联络的由指定厂家生产的设有固定装置的指定型号的车辆。

(4) "母亲健康快车"项目专用车辆。
(5) 北京冬奥组委新购车辆。
(6) 2018年1月1日至2022年12月31日,购置的新能源汽车。
(7) 原公安现役部队和原武警黄金、森林、水电部队改制后换发地方机动车牌证的车辆(公安消防、武警森林部队执行灭火救援任务的车辆除外)。
(8) 2018年7月1日至2021年6月30日,对挂车减半征收车辆购置税。

> **案例点击**

小康于2019年7月5日购买了一辆新能源汽车,可以享受免税政策吗?
〖点石成金〗
小康购买的新能源汽车,如果在《免征车辆购置税的新能源汽车车型目录》内,可以享受免税政策。
根据《财政部 国家税务总局、工业和信息化部、科技部关于免征新能源汽车车辆购置税的公告》(2017年第172号)、《中华人民共和国工业和信息化部、财政部、国家税务总局公告》(2018年第17号)的要求,工业和信息化部会同国家税务总局等部门对企业提交的申请材料、无产量或进口量的车型进行了审查。截止到2018年12月14日,《免征车辆购置税的新能源汽车车型目录》已经公告了22批。

(二)车辆购置税的退税

已经缴纳车辆购置税的车辆,发生下列情形之一的,准予纳税人申请退税。
(1) 车辆退回生产企业或经销商的——自纳税人办理纳税申报之日起,按已缴纳税款每满1年扣减10%计算退税额;未满1年的,按已缴纳税额全额退税。
(2) 符合免税条件的设有固定装置的非运输车辆但已征税的。
(3) 其他应予退税的情形。

第二节 车辆购置税的征收管理与会计处理

一、车辆购置税的征收管理

(一)纳税申报

车辆购置税实行一次性征收。购置已征车辆购置税的车辆,不再征收车辆购置税。车辆购置税实行一车一申报制度。

(二)纳税环节

纳税人应当在向公安机关等车辆管理机构办理车辆登记注册手续前,缴纳车辆购置税。即最终消费环节缴纳。

(三)纳税地点

纳税人购置应税车辆,应当向车辆登记注册地的主管税务机关申报纳税;购置不需办理车辆登记注册手续的应税车辆，应当向纳税人所在地主管税务机关申报纳税。

(四)纳税期限

车辆购置税的纳税义务发生时间为纳税人购置应税车辆的当日。纳税人应当自纳税义务发生之日起60日内申报缴纳车辆购置税。

购买自用的应税车辆，自购买之日(即购车发票上注明的销售日期)起60日内申报纳税；进口自用的应税车辆，应当自进口之日(报关进口的当天)起60日内申报纳税；自产、受赠、获奖和以其他方式取得并自用的应税车辆，应当自取得之日起60日内申报。

> **案例点击**
>
> 小黄购买新车后没有及时纳税，逾期申报缴纳车辆购置税是否加收滞纳金？
>
> 〖点石成金〗
>
> 要加收滞纳金。依据《中华人民共和国税收征收管理法》第三十二条的规定，纳税人未按照规定期限缴纳税款的，扣缴义务人未按照规定期限解缴税款的，税务机关除责令限期缴纳外，从滞纳税款之日起，按日加收滞纳税款万分之五的滞纳金。

(五)纳税申报

纳税人办理纳税申报时应当如实填报《车辆购置税纳税申报表》，同时提供车辆合格证明和车辆相关价格凭证。

车辆合格证明为整车出厂合格证或者车辆电子信息单。

车辆相关价格凭证，境内购置车辆为机动车销售统一发票或者其他有效凭证，进口自用车辆为《海关进口关税专用缴款书》或者海关进出口货物征免税证明；属于应征消费税车辆的还包括《海关进口消费税专用缴款书》。提供这些凭证的目的是准确确定计税依据。

(六)车辆购置税的缴纳

纳税人应当在向公安机关交通管理部门办理车辆注册登记前，缴纳车辆购置税。

公安机关交通管理部门办理车辆注册登记，应当根据税务机关提供的应税车辆完税或者免税电子信息对纳税人申请登记的车辆信息进行核对，核对无误后依法办理车辆注册登记。

免税、减税车辆因转让、改变用途等原因不再属于免税、减税范围的，纳税人应当在办理车辆转移登记或者变更登记前缴纳车辆购置税。计税价格以免税、减税车辆初次办理纳税申报时确定的计税价格为基准，每满一年扣减10%。

二、车辆购置税的会计处理

在中国境内购置规定车辆的单位和个人都应缴纳车辆购置税。购买车辆缴纳的车辆购置税，应当计入固定资产成本。

> **案例点击**
>
> 某单位2019年5月1日购买一辆汽车(用于管理部门)，价款为100 000元，增值税税款

13 000 元，车辆购置税为 10 000 元，车辆牌照费为 500 元，假如不考虑车辆保险费和车辆报废残值，该单位按 5 年计提折旧。

〖点石成金〗

借：固定资产　　　　　　　　　　　　　110 500
　　应交税费——应交增值税(进项税额)　 13 000
　　贷：银行存款　　　　　　　　　　　　　　　123 500

课后练习

基础演练

单项选择题

1. 根据车辆购置税的有关规定，下列各项中，属于车辆购置税纳税义务人的是(　　)。
   A. 进口应税车辆用于对外捐赠的国有企业
   B. 自产应税车辆用于销售的私营企业
   C. 购买应税车辆用于对外投资的股份制企业
   D. 获奖取得应税车辆自用的个体工商户

2. 下列车辆，属于车辆购置税征税范围的有(　　)。
   A. 农用运输车　　　　　　　　B. 无轨电车
   C. 半挂车　　　　　　　　　　D. 排气量125毫升的摩托车

3. 最低计税价格是指国家税务总局依据机动车生产企业或者经销商提供的车辆价格信息，参照一定的价格核定的车辆购置税计税价格，所参照的价格是(　　)。
   A. 市场最高交易价格　　　　　B. 市场最低交易价格
   C. 市场平均交易价格　　　　　D. 组成计税价格

4. 按照《车辆购置税暂行条例》的规定，下列车辆免征车辆购置税的是(　　)。
   A. 汽车　　　　　　　　　　　B. 挂车
   C. 有轨电车　　　　　　　　　D. 设有固定装置的非运输车辆

5. 下列关于车辆购置税纳税期限的说法，正确的是(　　)。
   A. 纳税人购买自用的应税车辆，自购买之日起60日内申报纳税
   B. 进口自用的应税车辆，应当自进口之日起30日内申报纳税
   C. 自产、受赠和以获奖方式取得并自用的应税车辆，应当自取得之日起15日内申报纳税
   D. 以其他方式取得并自用的应税车辆，应当自取得之日起30日内申报纳税

提高演练

多项选择题

1. 下列各项中，属于车辆购置税应税行为的有(　　)。
   A. 购买使用行为　　　　　　　B. 进口使用行为

C. 受赠使用行为 D. 获奖使用行为

2. 以下由主管税务机关参照国家税务总局规定的最低计税价格核定计税价格的有( )。

  A. 甲汽车制造厂自产自用大卡车   B. 乙运输企业受赠使用小货车
  C. 丙运动员获奖使用小轿车   D. 丁外贸企业进口自用中型客车

3. 下列选项中，符合车辆购置税计税依据相关规定的有( )。

  A. 购买自用应税车辆时，支付的车辆装饰费并入计税依据中计税
  B. 购买自用应税车辆时，支付的控购费，不应并入计税依据计税
  C. 汽车销售公司代收的保险费并入计税依据计征车辆购置税
  D. 非贸易渠道进口车辆的最低计税价格，为同类型新车最低计税价格

4. 下列关于车辆购置税纳税地点的说法中，正确的有( )。

  A. 纳税人购置不需办理车辆登记注册手续的应税车辆，应当向纳税人所在地主管税务机关申报纳税
  B. 纳税人购置应税车辆，一律向纳税人所在地的主管税务机关申报纳税
  C. 纳税人购置需办理车辆登记注册手续的应税车辆，应当向车辆登记注册地的主管税务机关申报纳税
  D. 纳税人购置需办理车辆登记注册手续的应税车辆，应当向车辆购买地的主管税务机关申报纳税

5. 某旅游公司 2019 年 8 月从游艇生产企业购进一艘游艇，取得的增值税专用发票注明价款 120 万元、税额 15.6 万元；从汽车贸易公司购进一辆小汽车，取得增值税机动车统一销售发票注明价款 40 万元、税额 5.2 万元；游艇的消费税税率为 10%，小汽车消费税税率为 5%。下列关于上述业务相关纳税事项的表述中，正确的有( )。

  A. 汽车贸易公司应缴纳消费税 2 万元
  B. 游艇生产企业应缴纳消费税 12 万元
  C. 旅游公司应缴纳游艇车辆购置税 12 万元
  D. 旅游公司应缴纳小汽车的车辆购置税 4 万元

综合演练

  某市经批准从事城市公交经营的甲公交公司 2019 年 5 月对新设的公交线路购置了 10 辆公交巴士和 10 辆无轨电车，其中 10 辆公交巴士的含增值税购置价格合计 113 万元，10 辆无轨电车含增值税购置价格合计 105.3 万元；当月该公交公司为管理部门购入办公用小轿车 2 辆，含增值税购置价格合计 45.2 万元，支付车辆保险费 1 万元并取得保险公司开具的票据。计算甲公交公司上述业务应纳的车辆购置税。

第十七章 契 税

【本章学习目标】

通过本章的学习，了解契税的概念与特点；熟悉契税的纳税人、适用税率；掌握契税的计税依据的确定、应纳税额的计算；熟悉契税的纳税申报与会计处理。

【本章重点】

- 契税的纳税人
- 契税的征税范围
- 契税的计算

【本章难点】

- 契税的计税依据

【章前导读】

张某欠下李某150万元债务，无力偿还，只好用价值160万元房屋抵债给李某。请问：张某用房屋抵债的行为是否要缴纳契税?是张某缴还是李某缴?怎样确定计税依据?

解析：房屋抵债，需要缴纳契税，由李某缴纳，按债务金额150万元作为计税依据。

【关键词】

契税 纳税人 计税依据 纳税申报 会计处理

第一节 契税基本要素

契税是以在中华人民共和国境内转移土地、房屋权属为征税对象，向产权承受人征收的一种财产税。征收契税有利于增加地方财政收入，有利于保护合法产权，避免产权纠纷。

一、契税的纳税人

契税的纳税义务人是境内转移土地、房屋权属，承受的单位和个人。境内是指中华人民共和国实际税收行政管辖范围内。土地、房屋权属是指土地使用权和房屋所有权。单位是指企业单位、事业单位、国家机关、军事单位和社会团体以及其他组织。个人是指个体经营者及其他个人，包括中国公民和外籍人员。

二、契税的征税范围

契税的征税对象是境内转移的土地、房屋权属。具体包括以下五项内容。

(1) 土地使用权出让。受让者应向国家缴纳出让金，以出让金为依据计算缴纳契税。不得因减免土地出让金而减免契税。

(2) 土地使用权的转让，包括出售、赠与、互换，不包括土地承包经营权和土地经营权的转移。

(3) 房屋买卖。以下几种特殊情况，视同买卖房屋。

① 以房产抵债或实物交换房屋。经当地政府和有关部门批准，以房抵债和实物交换房屋，均视同房屋买卖，应由产权承受人，按房屋现值缴纳契税。

对已缴纳契税的购房单位和个人，在未办理房屋权属变更登记前退房的，退还已纳契税；在办理房屋权属变更登记后退房的，不予退还已纳契税。

② 以房产作投资、入股。这种交易业务属房屋产权转移，应根据国家房地产管理的有关规定，办理房屋产权交易和产权变更登记手续，视同房屋买卖，由产权承受方按契税税率计算缴纳契税。

以自有房产作股投入本人独资经营的企业，免纳契税。因为以自有的房地产投入本人独资经营的企业，产权所有人和使用权使用人未发生变化，不需办理房产变更手续，也不办理契税手续。

③ 买房拆料或翻建新房，应照章征收契税。例如，甲某购买乙某房产，不论其目的是取得该房产的建筑材料或是翻建新房，实际构成房屋买卖。甲某应首先办理房屋产权变更手续，并按买价缴纳契税。

(4) 房屋赠与。房屋的受赠人要按规定缴纳契税。

(5) 房屋互换。随着经济形势的发展，有些以特殊方式转移土地、房屋权属的，也将视同土地使用权转让、房屋买卖或者房屋赠与。一是以土地、房屋权属作价投资、入股；二是以土地、房屋权属抵债；三是以获奖方式承受土地、房屋权属；四是以预购方式或者预付集资建房款方式承受土地、房屋权属。

第二节 契税的计算

一、契税的税率

契税实行3%～5%的幅度税率。考虑到中国经济发展的不平衡，各地经济差别较大的实际情况，实行幅度税率。因此，各省、自治区、直辖市人民政府可以在3%～5%的幅度税率规定范围内，按照该地区的实际情况决定。

二、契税的计税依据

契税的计税依据为不动产的价格。

(1) 土地使用权出让、出售，房屋买卖，以土地、房屋权属转移合同确定的成交价格为计税依据，包括应交付的货币以及实物、其他经济利益对应的价款。

(2) 土地使用权赠与、房屋赠与以及其他没有价格的转移土地、房屋权属行为，由征收机关参照土地使用权出售、房屋买卖的市场价格核定。

(3) 土地使用权互换、房屋互换，为所互换的土地使用权、房屋的价格差额。也就是说，互换价格相等时，免征契税；互换价格不等时，由多交付的货币、实物、无形资产或者其他经济利益的一方缴纳契税。

(4) 以划拨方式取得土地使用权,经批准转让房地产时,由房地产转让者补交契税。计税依据为补交的土地使用权出让费用或者土地收益。

(5) 房屋附属设施征收契税的依据如下。

① 不涉及土地使用权和房屋所有权转移变动的,不征收契税。

② 采取分期付款方式购买房屋附属设施土地使用权、房屋所有权的,应按合同规定的总价款计征契税。

③ 承受的房屋附属设施权属如为单独计价的,按照当地确定的适用税率征收契税;如与房屋统一计价的,适用与房屋相同的契税税率。

(6) 个人无偿赠与不动产行为(法定继承人除外),应对受赠人全额征收契税。

归纳总结如表 17-1 所示。

表 17-1 契税不同征税对象对比表

征税对象	纳税人	计税依据(不含增值税)	应纳税额
土地使用权出让	买方	成交价格	计税依据×税率
土地使用权转让			
房屋买卖			
土地使用权及房屋赠与	受赠方(法定继承人除外)	参照市场价格核定	
土地使用权及房屋互换	支付差价的一方	差价	
以划拨方式取得土地使用权,经批准转让房地产的	由房地产转让者补交契税	补交的土地使用权出让费用或者土地收益	

三、契税的税收优惠

(一)契税的免税规定

(1) 国家机关、事业单位、社会团体、军事单位承受土地、房屋权属用于办公、教学、医疗、科研、军事设施。

(2) 非营利性的学校、医疗机构、社会福利机构承受土地、房屋权属用于办公、教学、医疗、科研、养老、救助。

(3) 承受荒山、荒地、荒滩土地使用权用于农、林、牧、渔业生产。

(4) 婚姻关系存续期间夫妻之间变更土地、房屋权属。

(5) 法定继承人通过继承承受土地、房屋权属。

(6) 依照法律规定应当予以免税的外国驻华使馆、领事馆和国际组织驻华代表机构承受土地、房屋权属。

根据国民经济和社会发展的需要,国务院对居民住房需求保障、企业改制重组、灾后重建等情形可以规定免征或者减征契税,报全国人民代表大会常务委员会备案。

(二)契税的其他减免规定

(1) 因土地、房屋被县级以上人民政府征收、征用,重新承受土地、房屋权属。
(2) 因不可抗力灭失住房,重新承受住房权属。

上述规定的免征或者减征契税的具体办法,由省、自治区、直辖市人民政府提出,报同级人民代表大会常务委员会决定,并报全国人民代表大会常务委员会和国务院备案。

纳税人改变有关土地、房屋的用途,或者有其他不再属于规定的免征、减征契税情形的,应当缴纳已经免征、减征的税款。

四、契税的计算公式

契税应纳税额依照省、自治区、直辖市人民政府确定的适用税率和税法规定的计税依据计算征收。其应纳税额的计算公式为

$$应纳税额=计税依据×税率$$

案例点击

2019年2月,星空公司将一套房屋以500万元的价格卖给奇艺公司,试计算奇艺公司应缴纳的契税。(当地的契税税率为4%)

〖点石成金〗

奇艺公司应缴纳的契税=500×4%=20(万元)

第三节 契税的纳税申报与会计处理

一、契税的纳税申报

(一)纳税义务发生时间

契税的纳税义务发生时间是纳税人签订土地、房屋权属转移合同的当日,或者纳税人取得其他具有土地、房屋权属转移合同性质凭证的当日。

(二)纳税期限

纳税人应当在依法办理土地、房屋权属登记手续前申报缴纳契税。

(三)纳税地点

契税在土地、房屋所在地的征收机关缴纳。

(四)契税申报

契税申报应注意以下事项。
(1) 报送资料,见表17-2。

表 17-2　契税申报报送资料表

序　号	资料名称	数量(份)	备　注
1	《契税纳税申报表》	2	
2	身份证明原件及复印件	1	
3	不动产权属转移合同	1	
4	发票原件及复印件	10	
以下为条件报送资料			
享受契税优惠	减免契税证明材料原件及复印件	1	

(2) 纳税人对契税进行纳税申报时，应当填报"契税纳税申报表"。

(3) 根据人民法院、仲裁委员会的生效法律文书发生土地、房屋权属转移，纳税人不能取得销售不动产发票的，可持人民法院执行裁定书原件及相关材料办理契税纳税申报，税务机关应予受理。

(4) 购买新建商品房的纳税人在办理契税纳税申报时，由于销售新建商品房的房地产开发企业已办理注销税务登记或者被税务机关列为非正常户等原因，致使纳税人不能取得销售不动产发票的，税务机关在核实有关情况后应予受理。

(五)征收管理

纳税人办理纳税事宜后，税务机关应当开具契税完税凭证。纳税人办理土地、房屋权属登记，不动产登记机构应当查验契税完税、减免税凭证或者有关信息。未按照规定缴纳契税的，不动产登记机构不予办理土地、房屋权属登记。

税务机关应当与相关部门建立契税涉税信息共享和工作配合机制。自然资源、住房城乡建设、民政、公安等相关部门应当及时向税务机关提供与转移土地、房屋权属有关的信息，协助税务机关加强契税征收管理。税务机关及其工作人员对税收征收管理过程中知悉的纳税人的个人信息，应当依法予以保密，不得泄露或者非法向他人提供。

【实例运用】纳税人买房后又退房的，已缴纳契税能否申请退税？

分析：对已缴纳契税的购房单位和个人，在未办理房屋权属变更登记前退房的，退还已纳契税；在办理房屋权属变更登记之后退还的，不予退还已纳契税。

二、契税的会计处理

企业和事业单位取得土地使用权、房屋所有权按规定缴纳的契税，计入所取得土地使用权和房屋所有权的成本。其中：企业缴纳的契税，借记"固定资产""无形资产"等科目，贷记"银行存款"科目。

(一)房地产企业缴纳的契税

(1) 如果土地购入后就进行开发则作为开发成本处理
借：开发成本——土地出让及拆迁补偿费
　　贷：银行存款

(2) 如果土地购入后仅作为土地储备则作为无形资产处理

借：无形资产——土地使用权

　　贷：银行存款

(二)其他企业缴纳的契税

对于企业承受房屋权属所应缴纳的契税，不管是有偿取得还是无偿取得，按规定都应当计入固定资产价值。

(1) 股东以房产增资或者出资

借：固定资产

　　贷：实收资本(或股本)

　　　　资本公积——资本溢价(或股本溢价)

(2) 如果是直接用银行存款或者现金缴纳契税的话，在取得完税凭证时

借：固定资产

　　贷：银行存款

案例点击

2019年4月，星空公司从乐谷公司购入一套价值500万元的房产，以银行存款支付，试计算星空公司应缴纳的契税(当地的契税税率为4%)，并进行会计处理。

〖点石成金〗

星空公司应缴纳的契税=500×4%=20(万元)

借：固定资产　　　　　520万元

　　贷：银行存款　　　　　520万元

课 后 练 习

基 础 演 练

单项选择题

1. 下列行为中，应当缴纳契税的是(　　)。
   A. 个人以自有房产投入本人独资经营的企业
   B. 企业将自有房产与另一企业的房产等价交换
   C. 公租房经营企业购买住房作为公租房
   D. 企业以自有房产投资于另一企业并取得相应的股权

2. 赠与房屋时，确定契税计税依据所参照的价格或价值是(　　)。
   A. 房屋原值　　　　　　　　B. 摊余价值
   C. 协议价格　　　　　　　　D. 市场价格

3. 甲企业2019年1月因无力偿还乙企业已到期的债务3 000万元，经双方协商甲企业同意以自有房产偿还债务，该房产的原值5 000万元，净值2 000万元，评估现值9 000万

元，乙企业支付差价款6 000万元，双方办理了产权过户手续，则乙企业计缴契税的计税依据是(　　)万元。

　　A. 5 000　　　　　　　　　　　B. 6 000
　　C. 9 000　　　　　　　　　　　D. 2 000

4. 下列关于契税征管制度的表述中，正确的是(　　)。
　　A. 对承受国有土地使用权所支付的土地出让金应计征契税
　　B. 非法定继承人根据遗嘱承受死者生前的房屋权属免征契税
　　C. 对个人购买普通住房且该住房属于家庭唯一住房的免征契税
　　D. 以自有房产作股权投资于本人独资经营的企业应按房产的市场价格缴纳契税

5. 下列行为中，应缴纳契税的是(　　)。
　　A. 个人将自有房产无偿赠与法定继承人
　　B. 企业以自有房产等价交换另一企业的房产
　　C. 个人以自有房产投入本人独资经营的企业
　　D. 企业以自有房产投资于另一企业并取得相应的股权

提 高 演 练

多项选择题

1. 下列行为中，应缴纳契税的有(　　)。
　　A. 以实物交换房屋
　　B. 法定继承人继承土地、房屋权属
　　C. 以出让方式承受土地权属
　　D. 以自有房产作价入股本人独资经营的企业

2. 以下列方式获取的房屋权属中，可以免征契税的有(　　)。
　　A. 以实物交换取得的房屋权属
　　B. 因买房拆料取得的房屋权属
　　C. 全资子公司承受母公司划转的房屋权属
　　D. 债权人承受破产企业抵偿债务的房屋权属

3. 居民甲有四套住房，第一套价值80万元的房产自用，将第二套价值120万元的别墅抵偿了乙100万元的债务；将第三套价值100万元的房产与丙的房产交换，并收到丙支付的差价款20万元；将第四套市场价值50万元的公寓房折成股份投入本人独资经营的企业。当地确定的契税税率为3%。下列说法正确的有(　　)。
　　A. 甲不缴纳契税，乙纳契税30 000元，丙纳契税6 000元
　　B. 甲缴纳契税6 000元，乙纳契税36 000元，丙不缴纳契税
　　C. 甲、丙交换房产，应该由丙缴纳契税
　　D. 甲将房产投资到本人经营的个人独资企业，应纳契税

4. 甲企业2019年3月以自有房产对乙企业进行投资并取得了相应的股权，办理了产权过户手续，经有关部门评估，该房产的现值为24 000万元，当月丙企业以股权方式购买该房产并办理了过户手续，支付的股份价值为30 000万元。下列各企业计缴契税的处理中，

正确的有(   )。

　　A. 甲企业以房产投资的行为不缴纳契税
　　B. 丙企业按 30 000 万元作为计税依据计缴契税
　　C. 乙企业向丙企业出售房产不缴纳契税
　　D. 乙企业从甲企业取得房屋按房产现值 24 000 万元作为计税依据计缴契税

5. 关于契税的计税依据，下列表述正确的有(   )。

　　A. 出让国有土地使用权的，以成交价格作为计税依据
　　B. 房屋赠与的，由征收机关参照房屋买卖的市场价格核定计税依据
　　C. 土地使用权交换的，以所交换的土地使用权的价格差额为计税依据
　　D. 土地使用权出售的，以评估价格为计税依据

综 合 演 练

　　林某拥有面积为 140 平方米的住宅一套，价值 96 万元。黄某拥有面积为 120 平方米的住宅一套，价值 72 万元。两人进行房屋交换，差价部分黄某以现金补偿林某。已知契税适用税率为 3%。题中金额均为不含税金额，根据契税法律制度的规定，黄某应缴纳的契税税额为多少万元？

第十八章　环境保护税

【本章学习目标】

通过本章的学习，了解环境保护税的概念；熟悉环境保护税的纳税人、税目和税率；掌握环境保护税的计税依据的确定、应纳税额的计算；熟悉环境保护税的纳税申报与会计处理。

【本章重点】

- 环境保护税的纳税人和税目
- 环境保护税应纳税额的计算

【本章难点】

- 环境保护税的计税依据

【章前导读】

计算环境保护税需要监测污染物排放量数据，是不是增加了纳税人环境管理成本。

解析：《环境保护税法》第十条规定的计税方法共有自动监测、委托监测机构监测、排污系数和物料衡算方法以及抽样测算方法核定计算等四种，并没有强制要求所有纳税人安装自动监测设备或者委托第三方机构监测，纳税人有多种计税方法可供选择，因此在制度设计上，没有增加纳税人的监测成本。同时，为了减轻企业监测投入负担，对安装使用属于《关于印发节能节水和环境保护专用设备企业所得税优惠目录(2017年版)》中列举的环境监测设备的纳税人，可按10%的比例抵扣企业所得税。

【关键词】

环境保护税　纳税人　税目　税率　计税依据　应纳税额　纳税申报　会计处理

第一节　环境保护税基本要素

环境保护税是对在我国领域以及管辖的其他海域直接向环境排放应税污染物的企事业单位和其他生产经营者征收的一种税。《环境保护税法》的立法目的是保护和改善环境，减少污染物排放，推进生态文明建设。

一、环境保护税的纳税人

环境保护税的纳税人是指在中华人民共和国领域和中华人民共和国管辖的其他海域直接向环境排放应税污染物的企业事业单位和其他生产经营者。

但有下列情形之一的，不属于直接向环境排放污染物，不缴纳相应污染物的环境保护税。

(1) 企业事业单位和其他生产经营者向依法设立的污水集中处理、生活垃圾集中处理场所排放应税污染物的。

(2) 企业事业单位和其他生产经营者在符合国家和地方环境保护标准的设施、场所贮存或者处置固体废物的。

(3) 达到省级人民政府确定的规模标准并且有污染物排放口的畜禽养殖场,依法对畜禽养殖废弃物进行综合利用和无害化处理的。

二、环境保护税的税目

环境保护税的税目包括大气污染物、水污染物、固体废物和噪声四类。

三、环境保护税的税率

环境保护税采用定额税率,其中,对应税大气污染物和水污染物规定了幅度定额税率,具体适用税额的确定和调整,由省、自治区、直辖市人民政府统筹考虑本地区环境承载能力、污染物排放现状和经济社会生态发展目标要求,在《环境保护税法》所附《环境保护税税目税额表》规定的税额幅度内提出,报同级人民代表大会常务委员会决定,并报全国人民代表大会常务委员会和国务院备案。

环境保护税税目税额表见表 18-1。

表 18-1　环境保护税税目税额表

税　目		计税单位	税　额	备　注
大气污染物		每污染当量	1.2~12 元	
水污染物		每污染当量	1.4~14 元	
固体废物	煤矸石	每吨	5 元	
	尾矿	每吨	15 元	
	危险废物	每吨	1 000 元	
	冶炼渣、粉煤灰、炉渣、其他固体废物(含半固态、液态废物)	每吨	25 元	
噪声	工业噪声	超标 1~3 分贝	每月 350 元	1. 一个单位边界上有多处噪声超标,根据最高一处超标声级计算应纳税额;当沿边界长度超过 50 米有两个以上噪声超标,按照两个单位计算应纳税额。 2. 一个单位有不同地点作业场所的,应当分别计算应纳税额,合并计征。 3. 昼、夜均超标的环境噪声,昼、夜分别计算应纳税额,累计计征。 4. 声源一个月内超标不足 15 天的,减半计算应纳税额。 5. 夜间频繁突发和夜间偶然突发厂界超标噪声,按等效声级和峰值噪声两种指标中超标分贝值高的一项计算应纳税额
		超标 4~6 分贝	每月 700 元	
		超标 7~9 分贝	每月 1 400 元	
		超标 10~12 分贝	每月 2 800 元	
		超标 13~15 分贝	每月 5 600 元	
		超标 16 分贝以上	每月 11 200 元	

第二节　环境保护税的计算

一、计税依据

(一) 一般规定

应税污染物的计税依据，按照下列方法确定。
(1) 应税大气污染物按照污染物排放量折合的污染当量数确定。
(2) 应税水污染物按照污染物排放量折合的污染当量数确定。
(3) 应税固体废物按照固体废物的排放量确定。
(4) 应税噪声按照超过国家规定标准的分贝数确定。

(二) 以污染当量数为计税依据的具体规定

环境保护税以污染当量数为计税依据的具体规定如下。

(1) 应税大气污染物、水污染物的污染当量数，以该污染物的排放量除以该污染物的污染当量值计算。其计算公式为

应税大气污染物、水污染物的污染当量数＝该污染物的排放量÷该污染物的污染当量值

每种应税大气污染物、水污染物的具体污染当量值，依照《环境保护税法》所附《应税污染物和当量值表》执行，具体见表 18-2 至表 18-6。

污染当量是指根据污染物或者污染排放活动对环境的有害程度以及处理的技术经济性，衡量不同污染物对环境污染的综合性指标或者计量单位。同一介质相同污染当量的不同污染物，其污染程度基本相当。

(2) 每一排放口或者没有排放口的应税大气污染物，按照污染当量数从大到小排序，对前三项污染物征收环境保护税。

(3) 每一排放口的应税水污染物，按照《环境保护税法》所附《应税污染物和当量值表》，区分第一类水污染物和其他类水污染物，按照污染当量数从大到小排序，对第一类水污染物按照前五项征收环境保护税，对其他类水污染物按照前三项征收环境保护税。

(4) 从两个以上排放口排放应税污染物的，对每一排放口排放的应税污染物分别计算征收环境保护税；纳税人持有排污许可证的，其污染物排放口按照排污许可证载明的污染物排放口确定。

(5) 省、自治区、直辖市人民政府根据本地区污染物减排的特殊需要，可以增加同一排放口征收环境保护税的应税污染物项目数，报同级人民代表大会常务委员会决定，并报全国人民代表大会常务委员会和国务院备案。

(6) 纳税人有下列情形之一的，以其当期应税大气污染物、水污染物的产生量作为污染物的排放量。

① 未依法安装使用污染物自动监测设备或者未将污染物自动监测设备与环境保护主管部门的监控设备联网。

② 损毁或者擅自移动、改变污染物自动监测设备。

③ 篡改、伪造污染物监测数据。
④ 通过暗管、渗井、渗坑、灌注或者稀释排放以及不正常运行防治污染设施等方式违法排放应税污染物。
⑤ 进行虚假纳税申报。

表 18-2　大气污染物污染当量值

污染物	污染当量值(千克)	污染物	污染当量值(千克)
1. 二氧化硫	0.95	23. 二甲苯	0.27
2. 氮氧化物	0.95	24. 苯并(a)芘	0.000002
3. 一氧化碳	16.7	25. 甲醛	0.09
4. 氯气	0.34	26. 乙醛	0.45
5. 氯化氢	10.75	27. 丙烯醛	0.06
6. 氟化物	0.87	28. 甲醇	0.67
7. 氰化氢	0.005	29. 酚类	0.35
8. 硫酸雾	0.6	30. 沥青烟	0.19
9. 铬酸雾	0.0007	31. 苯胺类	0.21
10. 汞及其化合物	0.0001	32. 氯苯类	0.72
11. 一般性粉尘	4	33. 硝基苯	0.17
12. 石棉尘	0.53	34. 丙烯腈	0.22
13. 玻璃棉尘	2.13	35. 氯乙烯	0.55
14. 碳黑尘	0.59	36. 光气	0.04
15. 铅及其化合物	0.02	37. 硫化氢	0.29
16. 镉及其化合物	0.03	38. 氨	9.09
17. 铍及其化合物	0.0004	39. 三甲胺	0.32
18. 镍及其化合物	0.13	40. 甲硫醇	0.04
19. 锡及其化合物	0.27	41. 甲硫醚	0.28
20. 烟尘	2.18	42. 二甲二硫	0.28
21. 苯	0.05	43. 苯乙烯	25
22. 甲苯	0.18	44. 二硫化碳	20

表 18-3　第一类水污染物污染当量值

污染物	污染当量值(千克)
1. 总汞	0.0005
2. 总镉	0.005
3. 总铬	0.04
4. 六价铬	0.02
5. 总砷	0.02
6. 总铅	0.025

续表

污染物	污染当量值(千克)
7. 总镍	0.025
8. 苯并(a)芘	0.0000003
9. 总铍	0.01
10. 总银	0.02

表 18-4 第二类水污染物污染当量值

污染物	污染当量值(千克)	污染物	污染当量值(千克)
11. 悬浮物(SS)	4	37. 五氯酚及五氯酚钠(以五氯酚计)	0.25
12. 生化需氧量(BOD5)	0.5	38. 三氯甲烷	0.04
13. 化学需氧量(COD)	1	39. 可吸附有机卤化物(AOX)(以 Cl 计)	0.25
14. 总有机碳(TOC)	0.49	40. 四氯化碳	0.04
15. 石油类	0.1	41. 三氯乙烯	0.04
16. 动植物油	0.16	42. 四氯乙烯	0.04
17. 挥发酚	0.08	43. 苯	0.02
18. 总氰化物	0.05	44. 甲苯	0.02
19. 硫化物	0.125	45. 乙苯	0.02
20. 氨氮	0.8	46. 邻-二甲苯	0.02
21. 氟化物	0.5	47. 对-二甲苯	0.02
22. 甲醛	0.125	48. 间-二甲苯	0.02
23. 苯胺类	0.2	49. 氯苯	0.02
24. 硝基苯类	0.2	50. 邻二氯苯	0.02
25. 阴离子表面活性剂(LAS)	0.2	51. 对二氯苯	0.02
26. 总铜	0.1	52. 对硝基氯苯	0.02
27. 总锌	0.2	53. 2,4-二硝基氯苯	0.02
28. 总锰	0.2	54. 苯酚	0.02
29. 彩色显影剂(CD-2)	0.2	55. 间-甲酚	0.02
30. 总磷	0.25	56. 2,4-二氯酚	0.02
31. 元素磷(以 P 计)	0.05	57. 2,4,6-三氯酚	0.02
32. 有机磷农药(以 P 计)	0.05	58. 邻苯二甲酸二丁脂	0.02
33. 乐果	0.05	59. 邻苯二甲酸二辛脂	0.02
34. 甲基对硫磷	0.05	60. 丙烯腈	0.125
35. 马拉硫磷	0.05	61. 总硒	0.02
36. 对硫磷	0.05		

说明：1. 第一、二类污染物的分类依据为《污水综合排放标准》(GB 8978—1996)。

2. 同一排放口中的化学需氧量(COD)、生化需氧量(BOD5)和总有机碳(TOC)，只征收一项。

表 18-5　pH 值、色度、大肠菌群数、余氯量污染当量值

污染物		污染当量值
1. pH 值	1.0-1，13-14	0.06 吨污水
	2.1-2，12-13	0.125 吨污水
	3.2-3，11-12	0.25 吨污水
	4.3-4，10-11	0.5 吨污水
	5.4-5，9-10	1 吨污水
	6.5-6	5 吨污水
2. 色度		5 吨水·倍
3. 大肠菌群数(超标)		3.3 吨污水
4. 余氯量(用氯消毒的医院废水)		3.3 吨污水

说明：1. 大肠菌群数和总余氯只征收一项。

　　　2. pH5-6 指大于等于 5，小于 6；pH9-10 指大于 9，小于等于 10；依此类推。

表 18-6　禽畜养殖业、小型企业和第三产业污染当量值

类　型		污染当量值
禽畜养殖场	1.牛	0.1 头
	2.猪	1 头
	3.鸡、鸭等家禽	30 羽
4. 小型企业		1.8 吨污水
5. 饮食娱乐服务业		0.5 吨污水
6. 医院	消毒	0.14 床
		2.8 吨污水
	不消毒	0.07 床
		1.4 吨污水

说明：1. 本表仅适用于计算无法进行实际监测或物料衡算的禽畜养殖业、小型企业和第三产业等小型排污者的污染当量数。

　　　2. 仅对存栏规模大于 50 头牛，500 头猪，5 000 羽鸡、鸭等的禽畜养殖场征收。

　　　3. 医院病床数大于 20 张的按本表计算污染当量。

(三)以排放量和分贝数为计税依据的具体规定

环境保护税以排放量和分贝数为计税依据的具体规定如下。

(1) 应税固体废物的计税依据，按照固体废物的排放量确定。固体废物的排放量为当期应税固体废物的产生量减去当期应税固体废物的贮存量、处置量、综合利用量的余额。

固体废物的贮存量、处置量，是指在符合国家和地方环境保护标准的设施、场所贮存或者处置的固体废物数量；固体废物的综合利用量，是指按照国务院发展改革、工业和信息化主管部门关于资源综合利用要求以及国家和地方环境保护标准进行综合利用的固体废物数量。

纳税人应当准确计量应税固体废物的贮存量、处置量和综合利用量，未准确计量的，不得从其应税固体废物的产生量中减去。纳税人依法将应税固体废物转移至其他单位和个人进行贮存、处置或者综合利用的，固体废物的转移量相应计入其当期应税固体废物的贮存量、处置量或者综合利用量；纳税人接收的应税固体废物转移量，不计入其当期应税固体废物的产生量。

纳税人有下列情形之一的，以其当期应税固体废物的产生量作为固体废物的排放量。
① 非法倾倒应税固体废物。
② 进行虚假纳税申报。

(2) 应税噪声按照超过国家规定标准的分贝数确定每月税额，超过国家规定标准的分贝数是指实际产生的工业噪声与国家规定的工业噪声排放标准限值之间的差值。

(3) 应税大气污染物、水污染物、固体废物的排放量和噪声的分贝数，按照下列方法和顺序计算：
① 纳税人安装使用符合国家规定和监测规范的污染物自动监测设备的，按照污染物自动监测数据计算。
② 纳税人未安装使用污染物自动监测设备的，按照监测机构出具的符合国家有关规定和监测规范的监测数据计算。
③ 因排放污染物种类多等原因不具备监测条件的，按照国务院环境保护主管部门规定的排污系数、物料衡算方法计算。
④ 不能按照第①项至第③项规定的方法计算的，按照省、自治区、直辖市人民政府环境保护主管部门规定的抽样测算的方法核定计算。

二、应纳税额的计算

(一)应税大气污染物应纳税额的计算

应税大气污染物的应纳税额为污染当量数乘以具体适用税额。其计算公式为

$$应税大气污染物的应纳税额=污染当量数\times 适用税额$$

案例点击

某企业2019年3月向大气直接排放二氧化硫450千克、氟化物300千克、一氧化碳200千克、氯化氢150千克。假设二氧化硫每污染当量税额5元，其他气体每污染当量税额1.4元。该企业只有一个排放口。请计算企业本月大气污染物应缴的环境保护税。(已知污染当量值(千克)：二氧化硫0.95，氟化物0.87，一氧化碳16.7，氯化氢10.75)

〖点石成金〗
(1) 第一步，计算各污染物的污染当量数
二氧化硫：450/0.95=473.68　　　　氟化物：300/0.87=344.83
一氧化碳：200/16.7=11.98　　　　氯化氢：150/10.75=13.95

(2) 第二步，按污染物的污染当量数排序(每一排放口或者没有排放口的应税大气污染物，对前三项污染物征收环境保护税)
二氧化硫(473.68)＞氟化物(344.83)＞氯化氢(13.95)＞一氧化碳(11.98)

该企业只有一个排放口，选取前三项污染物：二氧化硫、氟化物、氯化氢

(3) 第三步，计算应纳税额

二氧化硫：473.68×5=2 368.4(元)　　氟化物：344.83×1.4=482.76(元)

氯化氢：13.95×1.4=19.53(元)

应纳税额=2 368.4+482.76+19.53=2 870.69(元)

(二)应税水污染物应纳税额的计算

应税水污染物的应纳税额为污染当量数乘以具体适用税额。

1. 一般水污染物的应纳税额的计算

一般水污染物的应纳税额为污染当量数乘以具体适用税额。其计算公式为

应税水污染物的应纳税额=污染当量数×适用税额

案例点击

某企业2019年4月向水体直接排放第一类水污染物总汞、总镉、六价铬、总砷、总铅、总铍各8千克。排放第二类水污染物悬浮物(SS)、挥发酚、硫化物、甲醛各10千克。假设水污染物每污染当量税额按《环境保护税税目税额表》最低标准1.4元计算。请计算企业当月水污染物应缴纳的环境保护税。

〖点石成金〗

(1) 第一步，计算第一类水污染物的污染当量数

总汞：8/0.0005=16 000　　　　总镉：8/0.005=1 600

六价铬：8/0.02=400　　　　　总砷：8/0.02=400

总铅：8/0.025=320　　　　　　总铍：8/0.01=800

(2) 第二步，对第一类水污染物污染当量数排序(每一排放口的应税水污染物按照污染当量数从大到小排序，对第一类水污染物按照前五项征收环境保护税)

总汞(16 000)＞总镉(1 600)＞总铍(800)＞六价铬(400)=总砷(400)＞总铅(320)

选取前五项污染物：总汞、总镉、总铍、六价铬、总砷

(3) 第三步，计算第一类水污染物应纳税额

总汞：16 000×1.4=22 400(元)　　总镉：1 600×1.4=2 400(元)

总铍：800×1.4=1 120(元)　　　　六价铬：400×1.4=560(元)

总砷：400×1.4=560(元)　　　　　总额=26 040(元)

(4) 第四步，计算第二类水污染物的污染当量数

悬浮物(SS)：10/4=2.5　　　　　挥发酚：10/0.08=125

硫化物：10/0.125=80　　　　　　甲醛：10/0.125=80

(5) 第五步，对第二类水污染物污染当量数排序(每一排放口的应税水污染物按照污染当量数从大到小排序，对其他类水污染物按照前三项征收环境保护税)

挥发酚(125)＞硫化物(80)=甲醛(80)＞悬浮物(SS)(2.5)

选取前三项污染物：挥发酚、硫化物、甲醛

(6) 第六步，计算第二类水污染物应纳税额

挥发酚：125×1.4=175(元)　　　　硫化物：80×1.4=112(元)

甲醛：80×1.4=112(元)　　　　　　　　总额=399(元)

(7) 第七步，计算当月水污染物的应纳税额

应纳税额=26 040+399=26 439(元)

2. pH 值、色度、大肠菌群数、余氯量应纳税额的计算

pH 值、色度、大肠菌群数、余氯量应纳税额为污染当量数乘以具体适用税率。

(1) pH 值、大肠菌群数、余氯量的污染当量数以该污染物的污水排放量除以该污染物的污染当量值计算。其计算公式为

$$应纳税额=污水排放量÷污染当量值×适用税额$$

(2) 色度的污染当量数，以污水排放量乘以色度超标倍数再除以适用的污染当量值计算。其计算公式为

$$色度的污染当量数=污水排放量×色度超标倍数÷污染当量值$$

$$应纳税额=色度的污染当量数×适用税额$$

3. 禽畜养殖业的水污染物应纳税额的计算

禽畜养殖业的水污染物应纳税额为污染当量数乘以具体适用税额。其污染当量数以禽畜养殖数量除以污染当量值计算。禽畜养殖场的月均存栏量按照月初存栏量和月末存栏量的平均数计算。

【案例点击】

某养殖场 2019 年 3 月养鸡存栏量为 6 000 羽，养鸭存栏量为 5 490 羽，假设当地水污染物适用税额为每污染当量 2.8 元。请计算该养殖场当月应缴纳的环境保护税。

〖点石成金〗

水污染当量数=(6 000+5 490)÷30=383

应纳税额=383×2.8=1 072.4(元)

4. 小型企业和第三产业排放的水污染物应纳税额的计算

小型企业和第三产业排放的水污染物的应纳税额为污染当量数乘以具体适用税额。其污染当量数以污水排放量(吨)除以污染当量值(吨)计算。其计算公式为

$$应纳税额=污水排放量(吨)÷污染当量值(吨)×适用税额$$

【案例点击】

某餐馆 2019 年 3 月排放污水量为 35 吨，假设当地水污染物适用税额为每污染当量 2.8 元。请计算该餐馆当月应缴纳的环境保护税。

〖点石成金〗

水污染当量数=35÷0.5=70

应纳税额=70×2.8=196(元)

5. 医院排放的水污染物应纳税额的计算

医院排放的水污染物应纳税额为污染当量数乘以具体适用税额。其污染当量数以病床数或者污水排放量除以污染当量值计算。其计算公式为

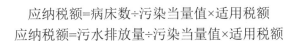

应纳税额=病床数÷污染当量值×适用税额
应纳税额=污水排放量÷污染当量值×适用税额

案例点击

某县医院有病床42张,每月按时进行消毒,无法计量月污水排放量,假设当地水污染物适用税额为每污染当量2.8元。请计算该医院当月应缴纳的环境保护税。

〖点石成金〗
水污染当量数=42÷0.14=300
应纳税额=300×2.8=840(元)

(三)应税固体废物应纳税额的计算

应税固体废物的应纳税额为应税固体废物的排放量乘以具体适用税额。应税固体废物的排放量为当期应税固体废物的产生量减去当期应税固体废物贮存量、处置量、综合利用量的余额。其计算公式为

应税固体废物的应纳税额=(当期应税固体废物的产生量-当期应税固体废物贮存量-
　　　　　　　　　　　当期应税固体废物的处置量-当期应税固体废物的综合
　　　　　　　　　　　利用量)×适用税额

案例点击

某企业2019年4月产生煤矸石70吨,其中综合利用的煤矸石20吨(符合国家和地方环境保护标准),在符合国家和地方环境保护标准的场所处置10吨。请计算该企业当月煤矸石应缴纳的环境保护税。

〖点石成金〗
应纳税额=(70-20-10)×5=200(元)

(四)应税噪声应纳税额的计算

应税噪声的应纳税额为超过国家规定标准分贝数对应的具体适用税额。计算公式为:
应税噪声的应纳税额=超过国家规定标准分贝数×适用税额
一个单位的同一监测点当月有多个监测数据超标的,以最高一次超标声级计算应纳税额。

案例点击

某工业企业2019年3月有一个生产场所,分别在昼间和夜间生产,边界处声环境功能区类型为2型。昼间,该企业生产时产生噪声为70分贝;夜间,该企业生产时产生噪声为55分贝。《工业企业厂界环境噪声排放标准》规定2类功能区昼间的噪声排放限值为60分贝,夜间的噪声排放限值为50分贝,当月超标天数为20天。请计算该企业当月噪声污染应缴纳的环境保护税。

〖点石成金〗
昼、夜均超标的环境噪声,昼、夜分别计算应纳税额,累计计征。
第一步,计算超过国家规定标准的分贝数
昼间超标分贝数=70-60=10(分贝)

夜间超标分贝数=55-50=5(分贝)

第二步，计算应纳税额

昼间应纳税额=2 800(元)

夜间应纳税额=700(元)

应纳税额=2 800+700=3 500(元)

三、税收减免

(一)暂免征税项目

下列情形，暂予免征环境保护税。

(1) 农业生产(不包括规模化养殖)排放应税污染物的。

(2) 机动车、铁路机车、非道路移动机械、船舶和航空器等流动污染源排放应税污染物的。

(3) 依法设立的城乡污水集中处理、生活垃圾集中处理场所排放相应应税污染物，不超过国家和地方规定的排放标准的。

(4) 纳税人综合利用的固体废物，符合国家和地方环境保护标准的。

(5) 国务院批准免税的其他情形，由国务院报全国人民代表大会常务委员会备案。

(二)减税项目

下列情形，减征环境保护税：

(1) 纳税人排放应税大气污染物或者水污染物的浓度值低于国家和地方规定的污染物排放标准30%的，减按75%征收环境保护税。

(2) 纳税人排放应税大气污染物或者水污染物的浓度值低于国家和地方规定的污染物排放标准50%的，减按50%征收环境保护税。

第三节　环境保护税的纳税申报与会计处理

一、环境保护税的纳税申报

(一)纳税义务发生时间

环境保护税纳税义务发生时间为纳税人排放应税污染物的当日。

(二)纳税期限

环境保护税按月计算，按季申报缴纳。不能按固定期限计算缴纳的，可以按次申报缴纳。

纳税人按季申报缴纳的，应当自季度终了之日起十五日内，向税务机关办理纳税申报并缴纳税款。纳税人按次申报缴纳的，应当自纳税义务发生之日起十五日内，向税务机关办理纳税申报并缴纳税款。

(三)纳税地点

纳税人应当向应税污染物排放地的税务机关申报缴纳环境保护税。应税污染物排放地是指：应税大气污染物、水污染物排放口所在地，应税固体废物产生地，应税噪声产生地。

纳税人跨区域排放应税污染物，税务机关对税收征收管辖有争议的，由争议各方按照有利于征收管理的原则协商解决；不能协商一致的，报请共同的上级税务机关决定。

(四)纳税申报表

环境保护税申报时需要填制"环境保护税纳税申报表"。

二、环境保护税的会计处理

根据是否能按固定期限缴纳税款，环境保护税会计处理的方式可分为：定期和不定期两种方式。

(一)定期计算申报的会计处理

计算出环境保护税时，借记"税金及附加"，贷记"应交税费——应交环境保护税"，实际缴纳税款时，借记"应交税费——应交环境保护税"，贷记"银行存款"。

 案例点击

某企业2019年3月31日计算出当月应交环境保护税3 200元。做出计算应纳环境保护税、缴纳环境保护税的会计处理。

〖点石成金〗
(1) 计算环境保护税时
借：税金及附加　　　　　　　　　　　　　　3 200
　　贷：应交税费——应交环境保护税　　　　　　　　3 200
(2) 缴纳环境保护税时
借：应交税费——应交环境保护税　　　　　　3 200
　　贷：银行存款　　　　　　　　　　　　　　　　　3 200

(二)不定期计算申报的会计处理

环境保护税按次申报缴纳时直接借记"税金及附加"，贷记"银行存款"。

课 后 练 习

基 础 演 练

单项选择题

1. 下列各项中，属于环保税征税范围的是( )。
   A. 建筑噪音　　　　　　　　　　　　　B. 工业噪音

C. 生活噪音　　　　　　　　　　　　D. 商业活动噪音

2. 下列情形中，应当缴纳环境保护税的是(　　)。
   A. 企业事业单位在不符合国家和地方环境保护标准的设施场所贮存固体废物的
   B. 企业事业单位向依法设立的生活垃圾集中处理场所排放应税污染物的
   C. 其他生产经营者在符合国家和地方环境保护标准的设施场所处置固体废物的
   D. 其他生产经营者向依法设立的生活垃圾集中处理场所排放应税污染物的

3. 下列各项中，应当缴纳环境保护税的是(　　)。
   A. 农业生产(不包括规模化养殖)排放应税污染物的
   B. 机动车等流动污染源排放应税污染物的
   C. 依法设立的城乡污水集中处理、生活垃圾集中处理场所排放应税污染物的
   D. 纳税人综合利用的固体废物，符合国家和地方环境保护标准的

4. 下列各项中，不符合环境保护税政策规定的是(　　)。
   A. 环境保护税的纳税义务发生时间为纳税人排放应税污染物的当日
   B. 纳税人应当向机构所在地的税务机关申报缴纳环境保护税
   C. 环境保护税按月计算，按季申报缴纳
   D. 纳税人按季申报缴纳的，应当自季度终了之日起十五日内，向税务机关办理纳税申报并缴纳税款

5. 纳税人排放应税大气污染物或者水污染物的浓度值低于国家和地方规定的污染物排放标准50%的，减按(　　)征收环境保护税。
   A. 30%　　　　　B. 50%　　　　　C. 75%　　　　　D. 90%

提 高 演 练

单项选择题

1. 以下有关应税污染物的计税依据的说法，正确的是(　　)。
   A. 应税大气污染物的计税依据为污染物的污染当量值
   B. 应税水污染物的计税依据为污染物的污染当量数
   C. 应税固体废物的计税依据为固体废物的产生量
   D. 应税噪声的计税依据为实际产生的噪声

2. 下列关于《环境保护税法》的说法中，不正确的是(　　)。
   A. 夜间频繁突发和夜间偶然突发超标噪声，按等效声级和峰值噪声两种指标中超标分贝值高的一项计算应纳税额
   B. 一个单位的同一监测点当月有多个监测数据超标的，以最高一次超标声级计算应纳税额
   C. 对存栏规模大于50头牛的禽畜养殖场征收水污染物的环境保护税
   D. 同一排放口中的化学需氧量(COD)、生化需氧量(BOD5)和总有机碳(TOC)，需合并征收水污染物的环境保护税

3. 某污水处理厂直接向河流排放污水800吨，色度为200度，色度标准为50度，污染当量值为5吨水·倍，则该污水的色度污染当量数为(　　)。

A. 200   B. 400   C. 480   D. 1 000

4. 某企业2019年4月向大气排放铍及其化合物285kg，铍及其化合物的污染当量值为0.000 4kg，当地适用税额为每污染物当量12元，则该企业当月应缴纳环境保护税(　　)万元。

A. 855   B. 8 550   C. 712.5   D. 7 125

5. 下列关于环境保护税纳税人和征税范围的说法，正确的是(　　)。

A. 在中华人民共和国管辖的其他海域，直接向环境排放应税污染物的个人为环境保护税的纳税人，应当依照规定缴纳环境保护税

B. 在中华人民共和国领域，间接向环境排放应税污染物的企业事业单位和其他生产经营者为环境保护税的纳税人，应当依照规定缴纳环境保护税

C. 依法对畜禽养殖废弃物进行无害化处理的，应当缴纳环境保护税

D. 达到省级人民政府确定的规模标准并且有污染物排放口的畜禽养殖场，应当依法缴纳环境保护税

综合演练

1. 某市甲企业2019年3月在A作业场存在噪声超标的情况。昼间，A作业场所超标4~6分贝，沿边界长度超过100米只有一处噪声超标，超标天数为12天；夜间，A作业场所超标1~3分贝，沿边界长度超过100米有三处噪声超标，超标天数为16天。请计算甲企业当月噪声污染应缴纳的环境保护税。

2. 甲化工厂仅有一个污水排放口且直接向河流排放污水。该排放口2019年3月排放第一类水污染物总汞、总镉、总铬、总砷、总镍、总银各10千克。排放其他类总有机碳(TOC)、化学需氧量(CODcr)、总氰化物各24.5千克，pH值检测出为5、污水排放量300吨。当地水污染物适用税额为第一类水污染物每污染当量2.4元，其他类水污染物中其他类水污染物1.8元/污染当量。第一类水污染物的污染当量值分别为0.000 5、0.005、0.04、0.02、0.025、0.02；第二类水污染物的污染当量值分别为0.49、1、0.05(单位：千克)；pH值4~5的污染当量值为1吨污水。请计算甲化工厂当月水污染应缴纳的环境保护税。

税收理论与实务参考答案

参 考 文 献

1. 中国注册会计师协会. 税法[M]. 北京：中国财政经济出版社，2019.
2. 全国税务师执业资格考试教材编写组. 税法（Ⅰ）[M]. 北京：中国税务出版社，2019.
3. 全国税务师执业资格考试教材编写组. 税法（Ⅱ）[M]. 北京：中国税务出版社，2019.
4. 2019 年注册会计师考试应试指导及全真模拟测试税法：上册[M]. 北京：北京科学技术出版社，2019.
5. 2019 年注册会计师考试应试指导及全真模拟测试税法：下册[M]. 北京：北京科学技术出版社，2019.
6. 梁文涛. 税法[M]. 3 版. 北京：中国人民大学出版社，2019.
7. 王珮，李翠红. 税收理论与实务[M]. 北京：知识产权出版社，2019.
8. 奚卫华. 中华会计网校注会网上辅导税法基础班讲义，2019.
9. 梁文涛，苏杉，耿红玉. 税务会计[M]. 2 版. 北京：中国人民大学出版社，2019.
10. 王红云，李蕾，李树奇. 税法[M]. 第 8 版. 北京：中国人民大学出版社，2019.
11. 盖地. 税务会计[M]. 北京：人民邮电出版社，2019.
12. 董汉彬，韩祥国. 税法[M]. 北京：人民邮电出版社，2019.
13. 陈娟. 税法理论、案例与实务[M]. 北京：人民邮电出版社，2019.
14. 陈立. 税法[M]. 3 版. 北京：清华大学出版社，2019.
15. 梁文涛，苏杉. 税务会计实务[M]. 2 版. 大连：东北财经大学出版社，2018.
16. 梁伟样. 税法教程[M]. 6 版. 北京：高等教育出版社，2018.
17. 曹越，谭光荣，曹燕萍. 税法[M]. 3 版. 北京：中国人民大学出版社，2018.
18. 国家税务总局，http://www.chinatax.gov.cn/.
19. 百度百科，https://baike.baidu.com/.